東紀州の山々

〈東紀州10マウンテンの会〉18年の記録

川端 守・東紀州10マウンテンの会

はじめに

「鈴鹿にセブン・マウンテンがあるんだから、東紀州にテン・マウンテンがあってもおかしくない」と言う人がいて、それが「東紀州10マウンテンの会」という名前になった。当初は東紀州の山々の中で登りたい山10座を固定しようと考えた。

便石山、大烏帽子山、大丹倉・表丹倉、一族山、八鬼山、天狗倉山、高峰山、妙見山、玄谷山、子ノ泊山、龍門山。会が発足した平成11年度に出かけた山々である。いずれも東紀州の尾鷲市や熊野市を代表する山名が並ぶ。

3年めに事務局を「山の喫茶 山帰来」へ移した頃から、10座を固定することにこだわらずに、東紀州の山々を1年に10回登ることにしようと、目的を変更した。10座にこだわると、年間の山行に変化が乏しく、楽しくないというのが理由だった。

以来、東紀州を中心に荷坂峠以北の奥伊勢の山、熊野川以南の新宮市や古座川町の周辺の山、さらに大台山系や大峰山系まで山行の計画に組み入れた。ただし、どこへ出かけるにしても尾鷲・熊野から日帰り可能というところに限定した。

会の規約は特に定めなかった。年会費や入会費も徴収しなかった。一回ごとに参加費1000円をいただき、年1回以上の参加者を会員と見なし、案内状を送付した。

会の運営はなんとなく集まってきたスタッフが中心になって行った。年間山行計画の策定、下見山行の実施、山行コースの整備、当日の案内等を20名前後のスタッフが行った。

以来18年、大きな事故もなく、のべ人数8600名を超える参加者の御案内を楽しみながら実施してきた。山行を終えると、山行記念の写真と山行記を参加者に送った。今年度で会を解散するにあたって、「東紀州の山々」というタイトルの山行記録を刊行することになった。

東紀州を中心に有名無名の山々を登り続けて18年、会の記録として保存しておきたいとの思いが強く、さほど楽しく読んでいただけるものにはなっていないが、手許に置いていただければ幸いです。

なお、山行記は会長の私が書き続けてきたので、「10マウンテンの会」の名前と私の名前で刊行することとした。長い年月、ありがとうございました。

2018年1月

川端　守（「東紀州10マウンテンの会」会長）

尾鷲・紀北町の山々

熊野市・南牟婁郡の山々

大台山系の山々

大峰の山々

奥伊勢の山々

新宮・古座川の山々

A 地 区　大紀町・大台町・松坂市・度会町・南伊勢町・東吉野村

第 回	年	月	日	山名・地名	標 高	大紀町	南伊勢町 度会町	大台 他	参加者	三角点 等
32	14	7	21	姫越山	502.6		✔		44	二等(姫坂越)
101	21	12	13						58	
48	16	4	18	南亦山	981.8	✔			62	一等(南亦)
104	22	3	14						48	
63	17	11	13	七洞岳	778.1	✔			56	一等(白岩峰)
135	25	12	8						55	
71	18	11	12	門の倉～南総門山	827 952			✔	48	
72		12	10	浅間山	733.4	✔			58	二等(浅間山)
81	19	12	9	獅子ヶ岳	733.1		✔		53	三等(小萩)
89	20	11	30	網掛山	544	✔			61	
98	21	9	17	薊岳～明神平	1406 1380			✔	32	
100		11	26	笠木山	726	✔			39	
108	22	10	17	高見峠(大峠)～伊勢辻山	895～ 1290			✔	37	
111	23	1	9	局ヶ頂	310.5		✔		45	二等(大江山)
116		10	2	塩浜遊歩道～芦浜	189.8	✔			30	三等(福浜)
123	24	7	8	国見山(国見岩山)	734	✔			37	
132	25	6	2	栃原～下楠～三瀬谷	60～ 120			✔	31	
139	26	4	13	馬山・龍仙山	198.8 402.1		✔		48	三等(奥谷) 三等(龍仙山)
141		6	1	大河内山	545.9	✔			37	三等(古和口)
147	27	2	8	座佐の高	429		✔		33	
148		3	8	白猪山	819.4			✔	36	二等(白猪山)
162	28	11	13	中の又の高	993	✔			39	
166	29	3	12	郡界嶺	535.6	✔			51	三等(伯父ノ谷)
計				山行回数 23回 (内 再訪 3回)		12	6	5	1038	

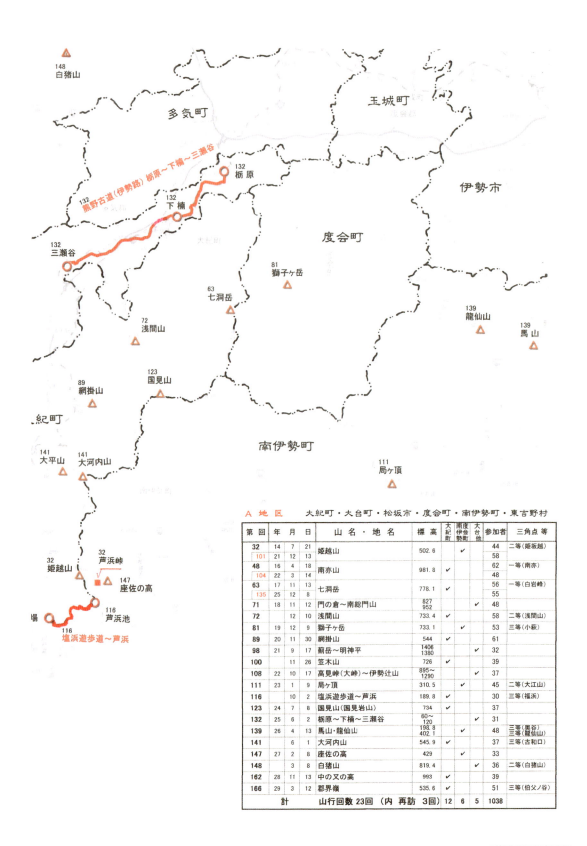

東紀州 10•マウンテンの会

山行記録位置図（Ａ地区）

大紀町・松坂市・度会町・南伊勢町・東吉野村・大台町の一部

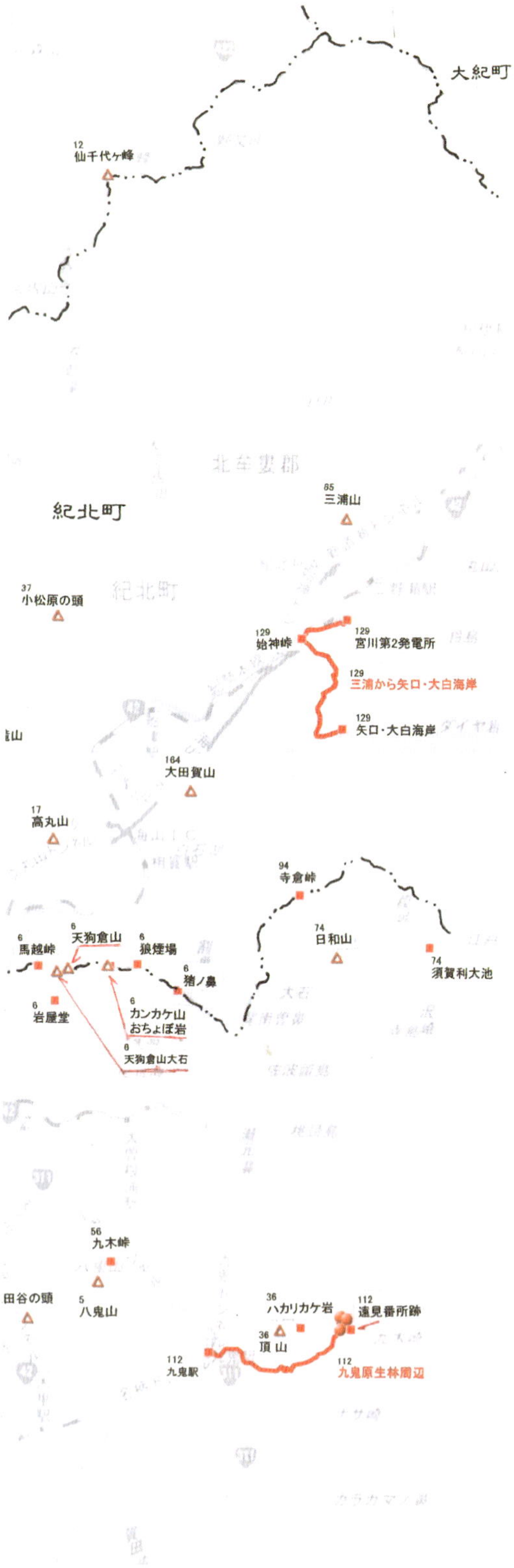

B 地区　　尾鷲市・紀北町・上北山村・大台町の一部

第回	年	月	日	山名・地名	標高	尾鷲	紀北	上北山・大台町	参加者	三角点等
1	11	5	16	便石山 (便石山周辺を含む)	599.2	✔			154	三等(便石)
13	12	5	14						56	
26	14	1	6						42	
47	16	3	13						71	
83	20	2	10						56	
5	11	10	3	八鬼山	647	✔			170	
6	11	10	10	天狗倉山 カンカケ山 (天狗倉山周辺を含む)	522 494.1	✔			45	三等(小渡鹿)
45	16	1	18						78	
88	20	10	12						50	
118	24	1	15						46	
136	26	1	12						54	
7	11	10	11	高峰山	1045.0	✔			49	一等(高小屋山)
16	12	11	12						58	
76	19	4	8						53	
151	27	6	7						45	
9	11	11	3	亥谷山	688.5	✔			65	二等(石ヶ塔)
18	13	1	14						48	
75	19	3	11						48	
12	12	4	9	仙千代ヶ峰	1099.6		✔		81	二等(桑ノ木谷)
17	12	12	10	高丸山	607.3		✔		53	二等(相賀)
57	17	2	20						55	
21	13	6	3	三津河落山	1654			✔	50	
24	13	11	4	猪鼻水平道～馬越峠	332	✔			40	
28	14	3	3	ゲジョ山	927.5	✔			81	三等(茶ノ又)
35	14	11	17						45	
29	14	3	31	嘉茂助の頭	1380.3		✔		103	三等(嘉茂助)
77	19	5	13						68	
31	14	6	16	西大台周辺	1400			✔	56	
33	14	8	24	粟谷小屋周辺	テンネンコウシ 1431		✔		25	堂倉滝 (泊)粟谷小屋
34	14	9	22	木組峠	1200		✔		39	
36	14	12	15	頂 山 ハカリカケ岩	397.9 368	✔			51	二等(九木浦)
130	25	3	10						50	
37	15	1	19	小松原の頭	639.5		✔		39	四等(湯谷)
40	15	8	24	大台ヶ原 日出ヶ岳	1695.1			✔	22	一等(大台ヶ原山
41	15	9	26	栃の森から賀田掘割	450 500 750	✔			43	
42	15	10	19	堂倉山から地池高	1470 1398.8		✔		47	三等(地池)
140	26	5	11						64	
46	16	2	15	清五郎滝	827		✔		97	
49	16	5	23	マブシ嶺	1411.0		✔		45	三等(雷峠1)
122	24	5	13						49	
51	16	8	22	大普賢岳・和佐又山	1780.1 1344.2			✔	29	三等(普賢森) (泊)和佐又ヒュウッテ
53	16	10	17	西大台～竜口尾根	1529.0			✔	49	三等(経堂塚)
54	16	11	14	伯母ヶ峰	1262			✔	51	
56	17	1	16	三田谷の頭	751.5	✔			62	三等(三田谷)
110	22	12	12						49	
62	17	10	16	行者還岳	1546.6			✔	52	三等(行者還)
65	18	1	15	三浦山	405.7		✔		57	二等(三浦)
70	18	10	29	又剣山	1377.4			✔	82	三等(又劔)
149	27	4	12						43	
74	19	2	11	日和山から須賀利大池	301.1	✔			80	四等(日和山)
80	19	11	11	高塚山	1363.7			✔	65	三等(高塚)
144	26	10	19						33	
86	20	7	13	橡 山～清五郎滝	1008.8 827		✔		79	三等(栃山)
87	20	9	14	小処温泉～笙の峰	1317.1			✔	76	三等(笙の内)
94	21	4	12	寺倉峠越え	182.6	✔			80	四等(寺倉峠)
95	21	5	10	和佐又周辺	700～1170			✔	58	
97	21	7	22	矢ノ川峠越え	250～800	✔			46	
112	23	2	13	九鬼原生林周辺	228	✔			57	
129	25	2	10	三浦～矢口・大白海岸まで	170		✔		42	
131	25	4	14	五ノ滝山	626.3		✔		70	四等(五ノ滝)
134	25	10	13	中の嶺	1297.6		✔		44	二等(西原)
142	26	7	13	光 山 周辺	1184		✔		58	
154	27	12	13	海路山	400.7	✔			59	三等(川ノ奥)
156	27	3	13	汐ノ坂	575	✔			43	
161	28	10	30	又口辻～竜辻	1163 1265	✔			51	
163	28	12	11	鈴ノ谷の頭	473.3	✔			59	三等(鈴ノ谷)
164	29	1	15	大田賀山	380.4		✔		47	三等(小浦)
計				山行回数 67回 (内 再訪22回)		34	20	13	3912	

東紀州 10・マウンテンの会

山行記録位置図（B地区）

尾鷲市・紀北町・上北山村・大台町の一部

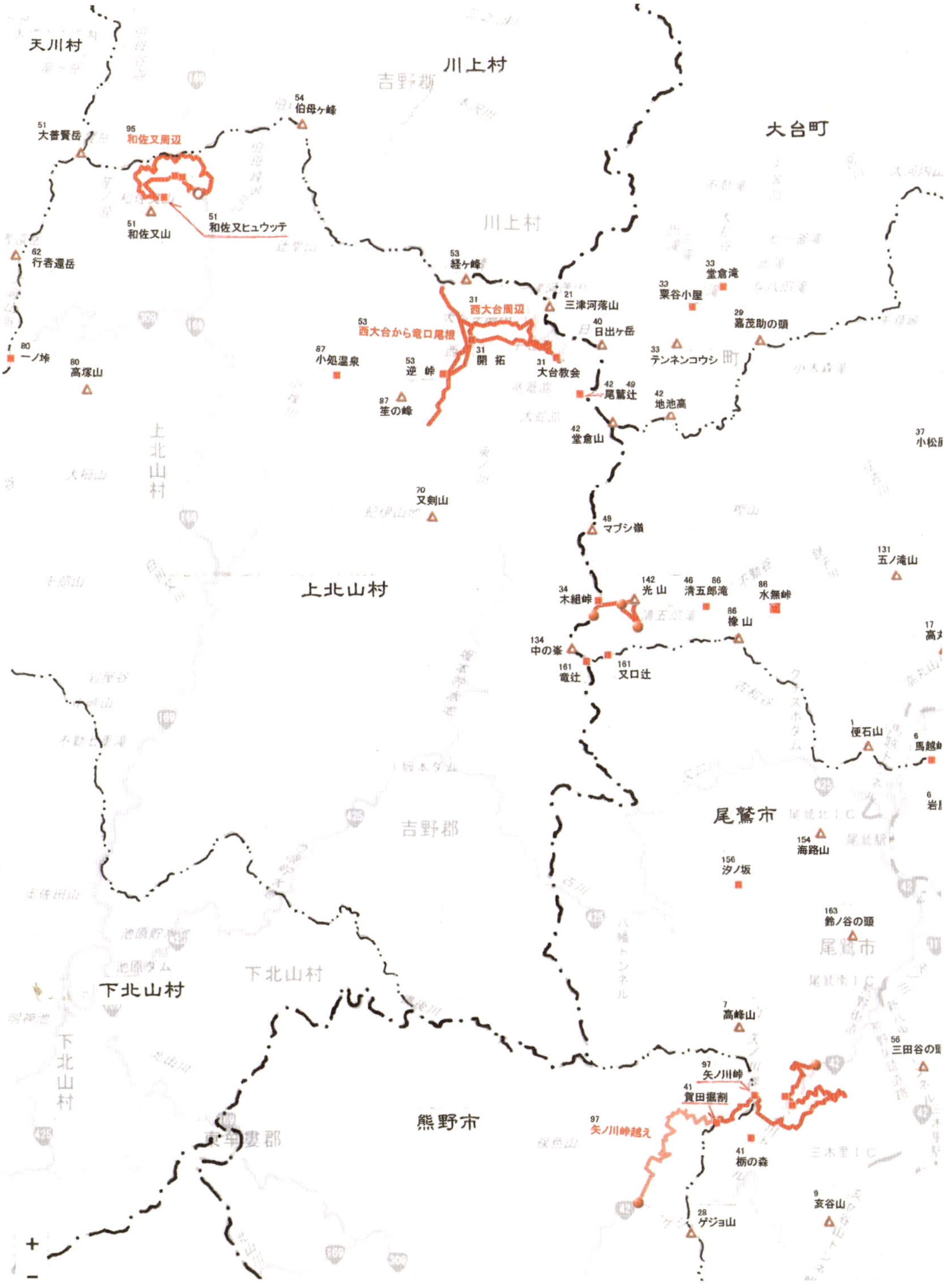

C 地区 熊野市・御浜町・紀宝町・北山村・下北山村・十津川村の一部

第回	年	月	日	山名・地名	標高	熊野	南牟婁	北山他	参加者	三角点等
2	11	5	23	大烏帽子山	362.4		✔		19	二等（大山）
19	13	2	18						48	
27	14	2	3						25	
158	28	6	12						47	
3	11	7	17	大丹倉・表丹倉	大 488 表 599	✔			37	
107	22	9	12						50	
4	11	9	19	一族山　布引の滝	800.8	✔			22	二等（大峰）
43	15	11	16						38	
8	11	10	17	妙見山	749.1		✔		26	三等（三ツ岩）
15	12	10	15						42	
23	13	10	7						33	
10	11	11	17	子ノ泊山	907.2		✔		35	一等（子ノ泊山）
14	12	9	10						36	
25	13	12	2						41	
58	17	4	17						47	
90	20	12	14						33	
11	12	3	12	龍門山	688.6	✔			59	四等（龍門山）
127	24	12	9						37	
20	13	5	6	大蛇峰	687.3	✔			76	二等（大蛇峰）
84	20	3	9	烏帽子岩	541				60	
128	25	1	13						51	
22	13	7	1	長尾山	782.8	✔			63	二等（前山）
99	21	10	15						38	
30	14	5	19	オタオ山	509.3	✔			57	三等（波田須）
38	15	2	16	大地山	601.1		✔		29	三等（大地山）
60	17	7	17	トロトロ坂					59	
39	15	4	20	鷲の巣山	807		✔		39	三等（比代）
64	17	12	18	ヒヨドリ山	813.0				40	
138	26	3	9						51	
44	15	12	14	保色富士	845	✔			118	
109	22	11	7						31	
50	16	7	18	前鬼川沢登り	810			✔	36	
52	16	9	19	行仙岳	1227.3			✔	38	三等（大峰山）
160	28	9	11						35	
55	16	12	19	浅間山（御浜）	210.0		✔		47	二等（浅間山）
59	17	5	15	笠捨山	1352.7			✔	50	二等（笠捨山）
61	17	9	18	保色山	1028.5	✔			61	三等（大又）
66	18	2	19	遊木狼煙場跡～丹羽の平	331.4	✔			82	二等（遊木）
93	20	3	8	高代山	937.5	✔			50	二等（高代山）
102	22	1	10	大馬神社周辺	595	✔			63	
105	22	4	11	前鬼山周辺	1230			✔	59	
113	23	4	10	玉置山・卯月山	1076.8 943.1			✔	38	一等（玉置山） 三等（高滝）
117	23	12	11	不動峠周辺	611.6			✔	49	四等（不動峠）
119	24	2	12	コシキ（甑）山周辺	456		✔		43	
120	24	3	11	大瀬山	626.9	✔			52	三等（高森）
124	24	9	9	西谷の頭	991.3			✔	45	二等（西谷）
125	24	10	14	蛇崩山	1172			✔	36	
126	24	11	4	奥佐田山 周辺　展望台	847.8 1000			✔	35	三等（上池原）
145	26	12	14	水大師～大馬神社への道	310 225	✔			36	
146	27	1	18	泥山～ツエノ峰	704 645.2	✔			43	三等（板屋）
150	27	5	10	香精山	1121.9			✔	47	三等（三本杉）
155	28	1	10	島津・木津呂 周辺	336	✔			56	
157	28	4	10	三ツロ山	944	✔			38	
159	28	7	10	奥瀞・木津呂 周辺	200	✔			57	
165	29	2	19	丸尾山	851	✔			54	
計				山行回数 55回（内 再訪20回）		25	19	11	2537	

東紀州 10・マウンテンの会

山行記録位置図（C地区）

熊野市・御浜町・紀宝町・北山村・十津川村の一部

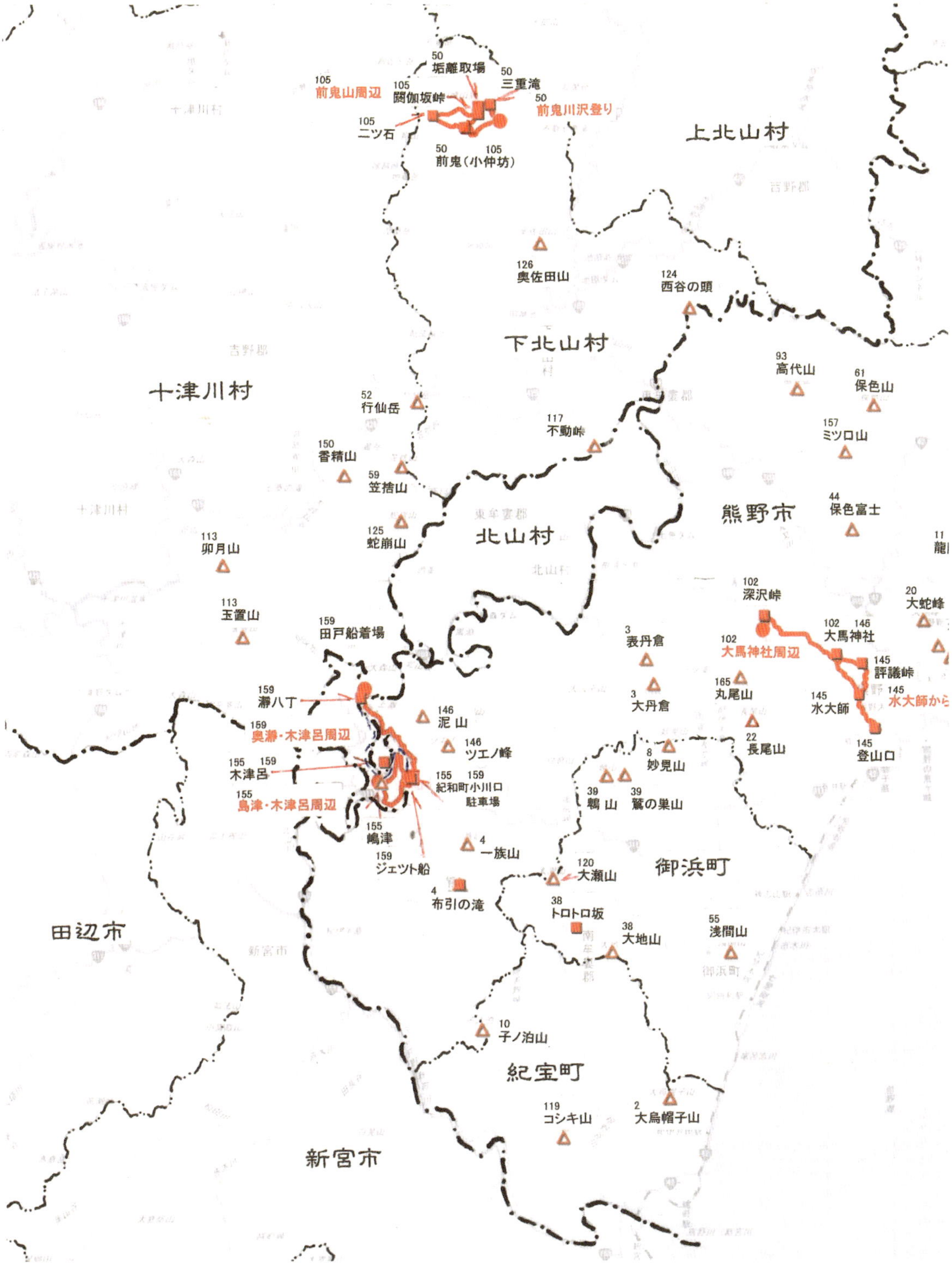

東紀州 10・マウンテンの会

山行記録位置図（Ｄ地区）

新宮市・那智勝浦町・古座川町・田辺市・十津川村の一部

Ｄ 地 区　新宮市・那智勝浦町・古座川町・田辺市・十津川村の一部

第回	年	月	日	山名・地名	標高	新宮市	東牟婁	田辺他	参加者	三角点等
67	18	3	19	(那智)烏帽子山	909.5	✔			57	一等(帽子石山)
68		4	9	小雲取越え　(中辺路)	460			✔	65	
69		5	14	大雲取越え　(中辺路)	870		✔		75	
73	19	1	14	那智山～妙法山　中辺路	749.5		✔		63	三等(妙法山)
78		9	9	大辺路　紀伊浦神～湯川	休平峠 147		✔		58	
79		10	14	小辺路　果無峠越え	果無峠 1114			✔	57	
82	20	1	13	神倉山～千穂が峰	199 253.4	✔			70	三等(権現山)
85		4	13	大黒天神岳～七越峰	573.9 291.7 251.6			✔	67	二等(上切原) 四等(下モ山在) 四等(七越峰)
91	21	1	11	中辺路　赤木越え・大日越え	749.5			✔	60	三等(鍋割峠) 四等(足谷)
92		2	8	小笠丸山	562	✔			57	
96		6	14	牛馬童子～小広峠　中辺路	280～535			✔	60	
103	22	2	14	光ヶ峰	685.8	✔			59	三等(市野々)
106		5	9	果無山脈縦走　冷水山～果無山	1262.3 1155.6 1139.8			✔	62	一等(果無山) 三等(公門谷) 二等(桑畑)
114	23	5	8	野竹法師	971.1			✔	52	二等(飯盛)
115		7	10	小広峠～発心門　中辺路	250～675			✔	50	
121	24	4	8	滝尻王子～近露　中辺路	688			✔	48	
133	25	7	14	峯　山	482.2		✔		34	一等(峯の山)
137	26	2	9	田原荒船海岸	115		✔		48	三等(下田原)
143		9	7	八郎山	250.0		✔		29	一等(八郎山)
152	27	9	13	果無山脈縦走　安堵山～冷水山	1184.1 1262.3			✔	38	三等(東原) 一等(果無山)
153		10	4	白見山	926.3	✔			40	二等(栂ノ戸)
計				山行回数21回（内 再訪 0回）		5	6	10	1149	

十津川村
79 昴の郷
79 果無集落
106 果無山脈縦走（冷水山～果無山）
106 果無山
79 小辺路（果無峠越え）
152 果無山脈縦走（安堵山～冷水山）
106 石地力山
106 公門崩の頭
79 果無峠
152 安堵山
106 冷水山
106 ブナノ平
79 七色分岐
106 カヤノダン
田辺市
79 本宮町八木尾
85 大黒天神岳
115 中辺路（（小広峠～発心門）
115 発心門王子
85 本宮町上切原 登山口
91 115 船玉神社
115 猪鼻王子
85 山在峠
115 三越峠
96 中辺路（（牛馬童子～小広峠）
115 岩神王子
91 本宮大社
85 吹越山
85 大黒天神岳～七越峰
96 中川王子
91 鍋割地蔵
91 大日越え
85 七越峰
96 比曽原王子
115 湯川王子
赤木越え
96 115 小広峠
96 継桜王子
85 本宮町備崎
91 中辺路（赤木越え・大日越え・本宮大社）
91 湯ノ峰温泉
121 大坂本王子
68 本宮町請川
新宮市
121 中辺路（（滝尻王子～近露）
96 121 牛馬童子
96 121 近露王子
114 春尾峠
68 百間グラ
121 十条峠
68 小雲取越え
68 小雲取山
121 飯盛山
114 権荷役山
114 野竹法師
121 滝尻王子
68 桜峠
68 69 小口自然の家
田辺市
新宮市
69 越前峠
69 石倉峠
69 大
69 色川辻
73 富
白浜町
那智
古座川町
すさみ町
串本
137 田原湿地帯
133 峯山
137 田原荒船海岸周回
137 あらふねリゾート 周回コース出発
串本町

尾鷲・紀北町の山々

紀北町三浦

三浦山

◉405・6m／2006年1月15日・参加者57名

山のあなたの空遠く
「幸」住むと人のいふ。
ああ　われひとと尋めゆきて、
涙さしぐみ、かへりきぬ。
山のあなたになほ遠く
「幸」住むと人のいふ。

カール・ブッセ（1872―1918）の「山のあなた」という人口に膾炙した詩から始めよう。日本人によく知られているこの詩人・小説家は、地元ドイツでよりも、この詩によって日本で有名になったということだが、それは上田敏（1874―1916）の訳がすぐれていたことに起因する。原作よりも訳詩のほうが優れているという珍しい例である。明治36年（1903）の4月の発表だから、100年以上前のこととなる。

「幸《さいわい》」を探して、山の向こうへ行ってきたが、求めるものはなく、「幸」は、その山のもっと遠い遠い向こう側にあるのだと世間の人は言います――というそれだけのことだが、私たちの山行もこれによく似たところがあるように思う。

3年程前の地元新聞に「紀伊長島三戸から山を越えて三浦にいたる、かっての生活道を復活させた」との記事が出ていた。それは、赤羽側の三戸川から、海側に入る「三浦谷」という名の谷があって、その名に惹かれての道の掘り起しであった。その記事を目にしたときから、これは是非歩いてみたいと思った。

去年の冬、道を復活させた中心人物である紀伊長島在住の鼎さんに電話をして「連れてってもらえないだろうか」と、お願いしたところ、快く引き受けていただいた。9月末の大豪雨の後だったから、三戸川はでんぐりかえっていた。田畑は河原と境がわからず、そこに流木が竜の残骸のような姿で、あちこちに乱れた様を見せていた。

三戸側とその流域は、災害のすさまじさを残していたが、幸いにも、川の右岸はそれほどの被害を受けていなかった。私たちスタッフは、道の発掘者である鼎さんの案内で「山の向こう」の三浦の集落を、405・6mの三角点の頂から眼下に眺めた。キラキラと輝く熊野灘の向こうに、島勝や白の浦々が見えていた。山と山の間に挟まれて尾鷲湾が湖のように見えていた。遠くに高峰山が独特の三角形の山頂を冬空に突き立てているのが見事だった。尾根道の途中からは、かすかに南亦山も見えていたが、この二つの山は一等三角点を有し、実はこの「三浦山」はその間に位置する二等三角点の点石が設置されているのである。

「三浦山」と表記したが、この山名は三角点の点名から借用したのであって、地図上には山名の表示はない。地元の人は「三ツが谷山」というようだが、わたしたちは勝手に三浦山と呼んで来たので、この呼び方で御免被りたい。とにかく、ほとんど人に登られないこの山は、二等三角点の山として、それなりの眺望の良さを持った山として紹介し続けていきたいと思った。

午前8時、始神峠登り口の駐車場に集合。熊野古道・伊勢路の登

全員集合写真

眼下に三浦の集落

三浦集落の背の山並みの一つが三浦山

り口でこれほど駐車場を含めて整備されているところはない。地元の峠を発掘し整備を続けてきた人たちの熱意のたまものであろう。津市から、那智勝浦からと57名の参加者が次々と駐車場に入ってくる。新春山行だから、少し遅いが、挨拶は「あけましておめでとうございます」である。例によって石倉先生の指導で準備体操。これが快い。参加者の中には、かなり身体が硬くなっていて、苦労している人もいる。国道を三浦の方に歩いて、ガソリンスタンド横の信号を渡り、三浦公民館の前を通り、集落の中の道を進む。標高「８・５ｍ」とかの災害対策用の標示がある。本日の最高地点は４０５・６ｍとそんなに高くはないが、それでも実質４００ｍの高さを歩くことになるのだから、侮れない。

　三浦の集落は奥が深くて、何となくゆったりしている。「海辺の村のなんともいえない暖かさが感じられるね」と名張さんと話しながら歩く。花にはまだまだだが梅林があり、大瀬川の岸辺にナントカナントカの植物が、見事に咲いているといって山ちゃんや洋ちゃんが騒いでいたりする。植物にほとんど関心のない私は、

「ああ、きれいに咲いているな」という程度。急傾斜の登り口にさしかかる前の30分ほどだが、平坦路の歩きが快い。準備運動としても適当だ。私たちの山行は林道を利用することが多いので、歩き始めが急登というのが多い。歩き始めと、急な登り口が苦手な私は、いつもふうふう言うのだが、今回のコース設定は良くできているなと感心しながら歩く。

山行の一週間前、スタッフ16人で下見をした。今回は道が荒れているかもしれないので、私も滅多に持たない鎌を持参した。山ちゃんはチェンソウである。登り始めの急斜面はシダが覆い茂っていたので、念入りに刈った。道を塞いでいる倒木を山ちゃんが切り取っている。山頂では、休憩場所を確保するのにこれまた、シダを刈るのに汗を流す。

尾根に出て、右折して山頂へ向かったが、仙千代の峯が赤羽の谷を隔てて、近くに大きく見えていた。この山はどこから見ても、特徴ある台形が大きくて、アップダウンが厳しくて登るのはしんどいが、眺めるには良い山だ。山頂から野又峠へ向かって延々と下ったことがあったが、それが稜線としてすっきり見えている。稜線の向こうは宮川の谷筋だが、あの大水害から立ち直っているのだろうか。上里から大杉へ抜ける県営林道はいつ復旧するのだろうか。

今回は、往復3時間程度の、時間的にも距離的にも比較的ゆったりしたコースだったが、中には物足りなく思った人がいたかもしれない。副会長の田中さんや尾鷲のグループは解散後、始神峠のコースを歩きに出かけたから、かなり物足りなかったのかもしれない。私も誘われたのだが、このゆったりとした山行に満足していたのと、今次山行の最少年齢参加者、五歳の北川空くんと、その兄・太洋くんを慰労しなければならなかったので遠慮した。全員無事に下山。今年も、ゆったり、ゆっくり歩き続けましょう。

紀北町便の山

高丸山

◉607・15m／2005年2月20日・参加者55名

高丸山《たかまる》は「相賀富士」とも呼んでいるが、麓に住む名張幸夫さんは「相賀槍」と呼んでいた。私にとっても、子どもの頃から毎日眺めていた親しい山なのだが、単に「タカマル」と呼んでいた。

「日本山名事典」(三省堂)には、「高丸」が2つ、「高丸山」17、「鷹丸山」が1つ、「タカマル」と名のつく山が20山、記載されていて、山名としては多いほうである。私たちの登ったのは「高丸山」の一つとして、次のように説明がある。

「たかまるやま　高607m　三重県北牟婁郡海山町。紀勢本線相賀駅の北西2km。台高山脈南東端に位置し、尾鷲湾を望む。」

参考までに記すと、「日本山名事典」には2万5000の山名が掲載されているが、最も多いのは「城山」で298山、2位が「丸山」で187山、続いて「愛宕山」の121山である。2位の「丸山」というのは「こんもりと盛り上がった山容に多い」というから、「高丸山」というのは、文字通り「高くてこんもりと盛り上がった山」という意味だろう。尾鷲からは天狗倉山と便石の間の鞍部(馬越峠のあたり)の向こうに、特徴ある山容を見ることができる。

明治22年10月発行の「三重県紀伊国　北牟婁郡地誌」の相賀村の項を見ると、相賀村は昔は木本村といい古乃毛登、粉本または古本と記し、明治11年8月12日に古本村を改めて相賀村と称したとある。なお相賀の読みは「阿布加《あふか》」である。つづいて、山の説明を見ると、筆頭に「相賀峯《あふかみね》」とあって、つぎのように説明されている。

全員集合写真

「高丸山という。高さ海抜およそ二百八十八丈。周囲の広さの詳細はわからない。相賀村の西北にあって頂上で二つに分かれ、西北は便の山、船津村に所属し東南部は本村に属している。山なみは西北に延び、そして大和の国吉野郡大台山の支脈である雷峠・木組峠などに連なり、樹木が鬱葱としている。登り道は数本あるが谷沿いの道であったり、あるいは尾根筋であったりするが、いずれも険しい道であって、頂上にいたる距離も一様ではない。山中には渓流が多くある。」

10マウンテンの会としては、5年前の12月10日に高丸山に登っている。その時は、便の山から自動車で林道を1㎞ほど登り、東側から送電鉄塔に沿って歩いた。途中で、初参加の若い女性がギブアップしてしまうという滅多にないこともあったが、それほどにこの山は、高さの割りに厳しさがある。それは、上り始めたら平坦な道がまったくなくて、あるのは緩やかな上りか、急な上り道だけ。頂上まで、2時間弱の行程が思ったよりもきついのはそのためである。たらたら道が大好きで、そこで呼吸を整え、体力調整をしている私などにとっても、どちらかといえば苦手なコースではある。

去年の9月末、大台山系東側

便石山の向こうに尾鷲の山々

山頂へ至る植林山

を襲った大雨は2日間で1000ミリにも及ぶ記録的なものだったが、海山町相賀から宮川村にいたる地域に大きな被害を与えた。話題にはならなかったものの、この地域の山間に這う林道は壊滅的な被害に遭い、ほとんどが通行不能となってしまった。

便の山から高丸山の東側を巻く林道も通行不能になり、ために前回と同じコースをたどることができなくなった。下見山行では、沖見団地から上るコースをたどることとし、林道までの草刈をした。スタート地点から林道までの20分余の距離を前回より余分に歩くことになった。

頂上からの展望は見事だった。眼下に相賀の家並み。屋根だけ見ていると、5ヶ月前に、そのほとんどが床上浸水の被害にあったのがうそのよう。渡利、白石湖、潮見団地、その左側に船津川のまっすぐな流れが見える。かって、小松原の頭から、眺めたのと逆の方向からの眺めである。視界を転ずると、銚子川がいつもよりもよどんだ青色で、熊野灘にそそいでいる。少し寒かったが、2月の空は晴れ渡り、狼煙山、おちょぼ岩、天狗倉山、便石と続く山なみの向こうに高峰山、さらに亥ガ谷の頂の鉄塔も見えている。相賀富士というのが納得できる眺望であった。陽だまりで弁当を食べながら名張さんと水害時の苦労について話したりしていた。

山頂に二等三角点。スタッフの牛場誉人さんは、1年ほど前から三角点の勉強を猛烈な勢いで始めたのだが、その牛場さんの調査によると、

「所在地は大字相賀峯1368、埋標（この石標を設置した年）は、明治34年12月24日のこと。今から104年前、日清戦争と日露戦争の間ということになります。古田盛作という人が設置責任者です。この人たちは便の山分教場の横から、谷沿いの道をまっすぐに北に登って、70kgの石標を背負って登ったとのことです」

牛場さんは当日所用で参加できなかったので、事前に、雪の中を一人で歩いて、三角点を確認してきた。「正面・西へ10度振っている。柱石幅・15センチ。上面の角4ヶ所が少し欠けている」というのが状況報告である。

東紀州の一等三角点は、高峰山と南亦山にあり、その間に二つの二等三角点が設置されている。一つはこの高丸山、今ひとつは、紀伊長島町三浦の背後の山、三浦山にある。実は、山行の翌日スタッフ8人で、三戸の三浦谷から三浦まで歩いてきたが、途中三浦の二等三角点も確認した。偶然のことだったが、近接する二つの二等三角点を目にすることができ、なにごとにも感激性の薄い私も不思議な感動を覚えたのであった。

さて、今年度の山行も今回で無事終了した。延べ参加者500人余。事故という事故もなく、10回の山行予定のうち9回も実施でき、何よりも天候に恵まれたことに感謝しています。1回の山行参加者平均60名。東紀州以外の地からも、松阪・伊勢・津・久居・那智勝浦等からも参加いただいています。今年度は11月に実施された尾鷲市主催の「海・山ツーテーウォーク」にもスタッフを中心に協力するなど、会の活動も広がりを見せています。四月からも、「ゆっくり・ゆったり地元の山を歩く」ことを目標に全員で力をあわせて安全登山を実施していきます。今年度はありがとうございました。

来年度もよろしくお願いいたします。

紀北町便の山

橡山・清五郎の滝

◉2004年2月

2月1日に、海山町主催の「清五郎の滝」体験行事があって、そのときの同行の記者たちによって、氷瀑の見事さが新聞・テレビ等を通して大きく報道された。大げさに言うと、あちらでもこちらでも氷瀑の話題でもちきりであった。

私たちの山行は、昨年の4月に決めていたものなので、この突然のブームには少しと惑っていた。参加者も、それを反映してか97名（申し込み段階では108名）といつもより多い気がした。例によって、十数名で下見に出かけたが、林道木津・木組線のうち「水無峠」から「清五郎の滝」への降口までの間の路面が処処で凍結していて、気がかりであった。が、これは峠の所に車を置いて歩くことで解決した。一番気がかりなのは、林道からの下り道が凍結していないかということであったが、こちらの方は、植林の中を歩くということで、アイゼンの着用が必要ではないと判断した。植林された杉や桧が、道を凍結から守っていたのだ。ありがたいことだと思った。

下見のとき（山行の1週間前）には、第三の滝の氷瀑が殊に見事であって、それが暖気のために緩んで「バシャッ、バシャッ」と大きな音を立てて落下していた。それでも、氷瀑の中心部は、独特の青みを帯びていて、報道のとおり「暖国、東紀州の山中で見る珍しい氷瀑」に感動していた。滝壷はすっかり結氷していて、その厚さ三十センチ以上はあった。その上に全員が立って、「東紀州10マウンテンの会」始まって以来の氷上の写真を撮ったりしていた。

川原で弁当を食べながら「豚汁があればいうことないね」と、私が言い出し、それがすぐさま「作ろう」ということになり、スタッフの皆さんに迷惑をかけることになってしまった。比較的楽しい提案はするが、その実行はすべてスタッフの肩にかかってしまうという、ここ2、3年の間にできあがってきた習慣を、また、やってしまった。ガスボンベや大きな豚汁100人用の鍋などを担いで、あの坂道を登り降りしてくださったみなさんに、深く感謝します。あのブタ汁のなんと美味だったことか。

山行に出かける前から、「清五郎」のことが気になっていた。実は「清五郎の滝」という名前は、滝の名前としてはかなり珍しいのである。滝に人名が、それも無名のそれ故に親しみの持てる名前が用いられているのが、稀少なのである。

一般的に、滝の名前は単純で解りやすいものが多い。例えば「那智の滝」。これなど滝の存在する地名で名づけたもの。「平湯大滝」「養老の滝」「赤目四八滝」、身近なところでは「小木森の滝」「堂倉の滝」など。滝はどこにでもあるものではないから、大体が地名を冠しただけで通じるのである。

次に滝の様子や状態を説明したもの。例えば、「布引の滝」。白いきれいな布を長く垂らしたようなと説明するのも必要ないほどの単純明快な名。紀和町の滝は、一族山への山行の折、眺めてきたばかりだが、六甲山中（神戸市）にも「布引の滝」があって、二つとも「日本の滝百選」に入っている。「白糸の滝」「羽衣の滝」、少し表現が変わるが「天滝」「雨滝」「竜王の滝」などもこの類型。「三条の滝」「三階の滝」なども同類。紀宝町の「飛雪の滝」などは、しゃれた方である。層雲峡には「流星・銀河の滝」があるが、明治以降に開拓の進んだ北海道

清五郎滝への下り、植林山

らしさが読み取れる。

　仏教的な命名の滝もある。「華厳の滝」「不動の滝」「観音滝」など。後ろ二つは我々の身近にもあるが、「滝百選」のなかにある名前。滝そのものが信仰の対象であった時代の名残である。那智の滝の別名は「飛龍大権現」である。

　この三つの命名法がほとんどで、西大台の「中の滝」も「滝百選」に入っているが、この滝は「東の滝」と「西の滝」の真ん中にあるというのである。

　滝の名前を並べてきたが、「日本の滝百選」に「清五郎の滝」は入っていない。どちらかと言うと、観光地や市街地から便利なところにある滝が選ばれているが、ここで言いたいのは「滝百選」の中には太郎も二郎も、花子も春子もまったく出てこないということ。「清五郎の滝」というのは、滝の名前として極めて個性的なのである。

　清五郎とはだれなのか。どのような人だったのか。誰がいつ命名したのか、というようなことを、山行に出かける前から考え続けていた。どうしてもわからないので、スタッフのひとり名張さんに調査を依頼したが、「木津の奥に惣四郎の畑というのがあったらしい」と教えてくれた。惣四郎の畑に、清五郎の滝、語呂合わせのようで何となく楽しいのだが、清五郎さんはなかなか姿をあらわしてくれない。

橡山・清五郎の滝

◉2008年7月13日・参加者79名

　世の中の動きが激しいので、4年前（平成16年・2004年）の9月に海山町相賀を襲った大水害のことなども、すっかり昔のことのように思える。文字通り塵芥に埋まった相賀の町並みもすっかり旧に復したから、何かと忙しい日々の生活の中で、あれこれの災害の記憶が薄れていくのも仕方のないことか。寺田寅彦（1878―1935）は「災害は忘れたころにやってくる」といったが、むしろ、忘れることの速さが、災害を招くのかもしれないと思ったりする。あの豪雨は2日間で1000ミリ近い雨量がもたらしたものだった。相賀や尾鷲や紀北町の平地部の被害は甚大なものがあったが、実は、大台山系の東側斜面の降雨量は、平地のそれをはるかに上回り想像を絶するものだった。大杉谷渓谷と宮川沿いの被害の大きさは、死者が出たこともあって大きく報道されたので周知のことだが、我われの地域でも、あの水害の爪跡は今も山の中に、荒々しく残っている。特に回復の遅れているのは山間を縫う林道や登山道のありようだ。

　大杉谷渓谷沿いの登山道の整備はどうなっているのだろう。上里と大杉を結ぶ県営林道を遮断している大崩落は、いつ回復するのだろう。

中里から栗谷小屋に至る林道は、千尋トンネルまでは進入可能になっているが、それから先は、どうなっているのだろうか。

さて、栃山・木組線林道も大きな被害を受けた路線である。しかし、ここの復旧は他の線と比べると比較的早く、ことし1月の山行計画策定時には、水無峠までは通行可能ということだった。標高803・6mの峠まで車で入ることができるなら、栃山と清五郎の滝の日帰り山行は可能と判断して、今年の山行計画に取り入れた。

山行当日、「ごんべえの里」に8時半集合。栃山は1008・6mと紀北町・海山区では区内に独立して存在する山としては最高峰であること、しかし、単独ではなかなか足を踏み入れがたいことなど、清五郎の滝も林道不通期には出かけにくい場所であったことなどの理由で、79名と多くの参加者があった。津や伊勢からはもとより、和歌山県の古座や勝浦からも5名の参加者があった。いつもの例会よりも、新顔の人が多く、新鮮ではあった。

清五郎滝の直下で昼食

一本杉

梅雨明け宣言はまだだったが、蒸し暑い夏の天気で気温も30度を超えそうな気配だった。出発時、特に熱中症の対策をお願いした。水分を十分に頻繁に補給すること、さらに塩分の補給などである。

今回の山行の下見は、5月のさわやかな日に実施した。最初の上り坂を30分ほど登った急斜面、東側に獣害防護のネットが張ってあるあたりで、のんびり横たわっていた雄鹿、2歳児と思われるが、われわれの足音に驚いて、あわててネットに絡まってしまった。振りほどこうともがけばもがくほど、網が首や口に巻きついて逃れられない。悪いことに、左足の足首を骨折して、逆「く」の字型に折れ曲がっている。防護ネットに首をつっこみそのまま白骨化した鹿や、同じく自由を奪われて何日も経て死んでしまった猟犬などを山行の途次、目にしたことはあったが、ネットに絡まれたばかりの鹿を見るのは、初めてだった。

しばらく考えたが、放置すれば、生命を失うのは必至である。スタッフで助けようと決意して、網を解きほぐすことにした。何重にも絡みついた網を解きほどくのは容易ではない。その上、人が近づくと暴れまわるので、こちらが怪我をする危険性もある。四人で頭と足を押さえ込んで、解くことにした。それでも、鹿は恐れて暴れまわる。「捕らえようとするのではない。助けようとしているのだから、おとなしせーなあかんやないか」と大きな声で、話しかけるのだが、動物の悲しさ、こちらの言葉も善意の行動も理解できない。悪戦苦闘すること20分余、やっとネットをほどき、「一、二、三」で放してやった。
負傷した左足をひきずり、あっという間に鹿は林の中に消えていった。あの程度の負傷では生き抜く上で支障はない、との山ちゃんの診断にほっとしていた。今回の登り道で「恩返し」にやってくるのではと、あちこち見回していたが、そのようなことはなかった、

栃山山頂・三等三角点。例によって石の頭をなでる。周囲は高い樹木に覆われ展望がまったくきかない。残念に思う。少し伐木すれば、絶好の眺望が期待できるだけに。

山頂から西に向かって、一本杉まで、楽しい稜線歩き。この道は、林道が開通するまでは、東の川・木組集落と銚子川・木津集落を結ぶ山間の主要道の一部であった。峠は標高１２４２ｍの木組峠。一本杉から、西へ３００メートルほど進み、林道の切通しにぶつかる手前に道標石地蔵がある。正面に地蔵菩薩像、「右きくみ」「左出口」と彫られている。明治9年1月建立。施主は相賀の「升や嘉兵衛」。

松浦武四郎は明治18年から20年にかけて、3回の大台探検を行っているが、三回とも木津に下りている。彼の木津へのルートは三回とも異なっていて、その跡をたどるのが、地図上でも困難なのだが、明治20年の5月15日、前夜木組に泊まった武四郎一行は、峯へ出て、不動谷、腰森、辻と進み、「此所道分石あり」と記す。道分石とはこの地蔵尊のことかもしれない。さらに次の峠を過ぎて「右の方　海岸におわせ浜見ゆ」とあるので、一本杉のあたりから、尾鷲を眺めたのではないか。健脚の武四郎は早朝に木組を出立、午後二時には木津を出て、粉の本（相賀）で昼食、夕方5時ごろに船津村に着き、中里村の松永平八郎宅に泊まる。

一本杉のやや広い平地で昼食。平地と書いたが、ここは下見のときにスタッフで草刈をしたところ。遠くに、東邦石油のタンク群、古道センターの建物らしいのが見えている。

今回の山行で、清五郎の滝まで出かけるかどうか迷いに迷っていた。2日前の下見では、梅雨時の雨で、清五郎谷の岩場がつるつるに滑って、とても歩けたものではないとの報告。中止と決めた。ところが、前日と当日と晴天で、日差しにあたって岩が乾いているのではとの期待が出てきた。スタッフの植野さんと田中さんに先行してもらって、様子を見てもらった。その報告を昼食中に聞いたら「大丈夫、行けますよ」ということだった。林道から、清五郎の滝までトラロープが張りまわしてあって助かった。梅雨時の豊富な水量を集めた滝は涼しかった。

平成16年の大水害の7ヶ月前、2月15日に、私たちは「清五郎の氷ばく」を見てきた。水無峠までの林道は、大きな岩がごろごろしていて、当分元に戻るとは思えなかった。

紀北町便の山

五ノ滝山

◉２０１３年4月14日・参加者70名

東紀州10マウンテンの会は平成11年（１９９９）の5月に発足したから、本年で創立15年目に入った。会の命名の由来は「東紀州にある山々を登り、地域を代表する10の山を確定しよう」ということだった。鈴鹿にセブン・マウンテンがあるから、東紀州にテン・マウンテンがあってもいいと思っていた。最初の年は、次のような山々に登った。

便石山（５９８・９ｍ　１５４名）

大烏帽子山（362・1m　19名）
大丹倉・表丹倉（37名）
一族山（800・5m　22名）
八鬼山（640m　170名）
天狗倉山（522m　45名）
高峰山（1044・8m　49名）
妙見山（748・8m　26名）
亥谷山（688・5m　65名）
子ノ泊山（906・7m　35名）

（　）内は標高と、それぞれの参加者数だが、東紀州を代表する山々に登ろうとする意気込みの感じられるラインナップである。便石山と八鬼山の参加者が異常に多いのは、熊野古道の世界遺産登録を控えて、県や市の全面的な協力があり、行政との共催的趣が強く、会の実力とはいえない。そもそも、この会の発足には尾鷲市の企画課の働きかけがあって、市のアドバイザーであった成田重行さんや企画課長の高芝芳裕さんの努力に負うことが大きかったことも忘れてはならない。また、この年は5月と11月に2回、10月には4回も、山行を実施していて、発足年の意気込みを感じさせる。

現在のように、年に10回の山行を実施するようになったのは、二年目から。また、年間の予定表を作成するようになったのも、この年からであろう。

参加者の皆さんから、山行ごとに1000円の参加費を徴収するようになったのも、この年からだろう。参加費の徴収に当たっては激論を交わした。特に無料にすべきであるとの強硬な意見があって、保険代も必要だし、年間会費制でなくその都度の徴収ということに落ち着いた。スタッフも参加費を納めて参加するという制度は、きわめて優れたシステムと私は思っている。山行参加者に、参加費を納める人と、納めない人がいることはよくないと私は考えている。案内する人とされる人がいるのは当然だが、それ以外は、同じ山行愛好者のグループでありたいと思っている。保険の加入に当たって、山行当日の証明に写真の提供を要求されたので、そのためもあって、全員写真と地域別写真を撮るようになったが、これはこれで山行の記念として残ることになった。また、年間スケジュールの作成と送付は、この会を特色付けるものとして、現在にまで続けてきている。

安全で安心な山行を実施するうえで、私たちは下見山行を重視してきた。雨の多い東紀州にあっては、林道の損壊や山道のがけ崩れなどが多いので、山行日に近い日に実施する必要がある。1年前に行ってきたでは通用しない。過日のどこかの高校の遭難記事に「10年前にルート確認していたので」とあるのを見て愕然としたが、山や山道は、ましてや自然は歳月とともに変貌するのであって、そのことを前提に下見も山行も実施しなければならない。

今回は、集合場所は「ごんべえの里」駐車場。遠くからお見えの方にも解りやすい。そこから登山口の五ノ滝山の林道と名丸谷林道の分岐まではスタッフの先導が必要。ここでの駐車場確保が比較的難しい。林道歩きから山道に入る40段（下見当日、階段数をチェックしたが失念）近くの階段の安全確認。ルートの安全、ロープを張る必要はないか。さらに山頂近くでの、昼食場所の確保。途中での休憩場所も。鎌で雑草等を刈りながらの確認。これ等は、山ちゃんを中心にスタッフの暗黙の協力で進行する。どこかの学校のように「右良し、左よし、前後よし」などと指差確認はしないが、なんとなく問題ありそうなところでは、立ち止まって相談している。

私自身は、それらの作業にまったく関わらないで、路傍の道標や石

全員集合写真

全員無事にゴール

登山の出発点

造物の有無に気をつけながら、今回の道は昔の生活道か、あるいは山業労務者の作業道か、はたまた順礼の道なのか、と道の歴史と性格を考えながら歩く。今回の道は、生活道の感じはほとんどなく、とはいっても中里と木津を結ぶ道ではなかったのかという疑問をもちつつ歩いていた。道標、石造物はまったくない。五の滝山は、どこにあるのかと事前に問い合わせがあったが、高丸山と高山の中間点にある山ですとしか答えられなかった。

　この道には生活の雰囲気がない。炭焼釜の跡も見つけられなかった。中電鉄塔に沿う道を歩きながら、「五の滝山」の由来について、同行者に尋ねてみたが、これもよくわからない。

　今回の山行の参加者は70名と、最近では比較的多かったが、このよく解らないという点に要因があるのではないか。人は知らないところへ行きたがるものなのだ。「五の滝山」を今年度の山行に組み入れる会議の時にも、その存在を私などは知らなかったのだから、参加者の皆さんもきっとそうだろう。

東紀州の山々で、どこの山が好きですかとの質問をしたことがある。「一番最近行った山」「はじめて参加した山」「苦労した山」「雨のためにいけなかった山」と答えがさまざまでしたが、「山名のよく解らない山」というのも印象に残る山かもしれない。五の滝山という山名の由来が、今もってよくわからない。誰かにはっきりと教えてもらうまでは、この気持ちは続くだろう。

今回は下見にだけ参加して、本番当日は美作の国、宮本村に武蔵の墓などを尋ねる旅に出ていて参加できなかったので、15年目に入った東紀州10マウンテンの会についてのあれこれをつづってみました。14年間で保険適用を受けたのは、転倒による2件です。スタッフの努力と、参加者の皆さんの注意力の賜物と思っています。本年度もよろしくお願いいたします。

紀北町小浦

太田賀山

◉380・3m／2017年1月15日・参加者47名

日本列島全体が大寒波に見舞われるというときが、一冬に一度か二度ある。尾鷲は比較的暖かい地域に属するから、雪がちらほら舞うのは一年に一度か二度、地上がすっぽり雪に覆われて一面に銀世界を呈するのは数年に一度あるかどうかだろう。そういえば、ここ数年、雪が積もった風景など見たこともない。

山行前日の14日、天気予報は、大寒波の到来を告げ、三重県北部の員弁市や菰野町には大雪警報がでており、尾鷲市は降雪2cmほどの予想が出ていた。降雪量も心配だが、寒さの方が気になった。また、当日県内のあちこちからおいでになる参加予定者の、途中の道路状況等も気がかりだった。

山行前日から、天気予報等により遠方からの参加者の取り消し連絡や、当日早朝に出かけようとしたところガレージ周辺が20～30cmの積雪で国道まで出ることができないと判断して急遽参加取り消しの連絡など、北勢地区からの参加取り消しを中心に20数名の取り消しがあった。

太田賀の地名については、子どものころから何度も聞いていた。最近では、特に紀伊山地の霊場と参詣道がユネスコの世界遺産に登録された前後から、速水林業の植林山経営の先進地として知られ、多くの林業者や研究家などが視察に訪れている。太田賀の速水の森林は古道センターや熊野古道等とともにこの地方の、集客の拠点となっている。たとえば東京の自由学園の中学生たちは、毎年秋になると修学旅行で、広島の原爆資料館等を訪れた後、馬越峠を少しだけ歩き、古道センターを見学して古里の民宿に泊まり、翌日は太田賀の森林を見学して東京に帰っていく。その真摯な修学旅行に感心している私は、毎年峠への上り口の案内を担当している。太田賀の森林は、山の北側、紀北町上里地区にある。そこには田賀、太田賀、〆田賀《シメタガ》の三つの小字名が記されている。

そもそもタガという地名は、どのような意味なのだろうか。今回山行にでかけることになって始めて真剣に考えてみた。身の回りにある広辞苑をはじめ、言葉の辞典や地名辞典等探してみたが、どこにも出てこない。いつもの調査方法が通用しないのである。窮してある人に尋ねてみた。「カタという地名は賀田や潟と表記して、海辺に近い干潟に用いることが多く。それに対してタガというのは、川をさかのぼって、内陸部に入ってできた沼地や潟の地形をいうのではないか」との明確な説明。なるほどと納得した。確かに、上里地区に位置するタガは船津川や大河内川をさかのぼった上流に位置し、沼地的な形状を呈している。それを補強する文献に接していないのは残念だが、今日までのところ上記の説明を了としている。

沼地的な里を田賀と呼び、その周辺を〆田賀、あるいは太田賀と呼んだのであろう。どちらにしても極めて個性的な地名であり、山名である。寒風の中を、歩いていった47名の健脚に思いをはせつつ、わたしは家の中に閉じこもっていた。

明治22年10月刊の「三重県紀伊国 北牟婁郡地誌」は、これまでも度々引用してきたように、明治初期および江戸時代の東紀州、北牟婁郡の地名や山岳、人口等について知るには格好の参考資料である。北牟婁郡下32の浦村について詳細な記録があるが、そのうち上里村の41の小字の中に、〆田賀と大田賀があり、山の記録に〆田賀山の説明がある。すこし書き換えて紹介する。

「〆田賀山　高さ、面積については詳しくはわからない。上里村の南部に聳え、山頂から北は本村に属し、南側は小浦村、船津村、中里村に属する。山脈は東西に伸びているが西に向かう峯は小末山と称し、東側に伸びるものを太田賀山と称する。しかしながら〆田賀の山なみ中、頂をそのように呼んでいるに過ぎない。山中は樹木が繁茂して鬱蒼とした森である。登り道は険峻であって、ただ樵夫の通った跡しかない。」

この説明から察するに、山全体を〆田賀といい、山頂付近を大田賀と呼んでいたようだ。

上里の山については、他に西山、と二ノ場山の記述がある。

同書には森林の項目もあって〆田賀林の説明が記されている。

「〆田賀林　民有に属する。東西17町40間　南北11町20間　反別135町5反8歩　村の南部にあり。山腹以下は松杉檜を植えつけ、松は薪用として、杉檜は用材となす。その他は天然の雑木にして皆薪炭用となす。」

1月15日、猛烈に寒い朝、雪がちらほら舞っている紀北町相賀の「道の駅 海山」に午前9時集合。受付を済ませて、それぞれの車に分乗してスタート。国道42号線を北上、相賀の主婦の店前の信号を右折。紀勢本線の踏切を越えて、船津川河口近くにかかる橋をわたる。汐見地区の集落の中の道を進み、右手に前柱集落を見ながら、高速道の下を潜り抜けて、林道を進む。この道を後日、私も走ってみた。ここは大田賀山の南地区に属する。同じ植林山といっても、北側と南側ではまったく条件が異なる。普通、日当たりのよい南側が恵まれていると考えるが、夏と冬の温度差や日照時間の長短が、はっきりしている南側の方が植林には好まれず、条件的にきびしい北側の方に美林が形成されると、昔誰かに教えてもらったことがある。速水林業の模範林は山の反対側にあるので、森林の様子はまったく異なる。登り口にある南斜面の森林は、繁茂して荒れている森林の感じがする。

高速道路の工事中に造られた林道だろうか。曲がりくねって標高差50mは登っただろう。

ちょっとした広場があって、車20〜30台は駐車できる。広場の隅に古材木を集めて造ったような小屋があって、窓もなく閉めっぱなしになっており、何かに使用しているふうには見えない。その小屋の裏手に、大田賀山登山口という小さな看板が立っていた。道はすぐに階段の急な昇り道。山頂のあたりまで電力会社の鉄塔が伸びているのが見える。尾鷲・南伊勢線だろう。眼下には白石湖が見える。その白石湖を囲むように山並みが伸びている。大田賀山を越えて、小浦の後ろの山、さらに白石湖の周りを大きく迂回をして、引本公園、西に向かって渡利の集落へと下っていくこのコースは、地元の山の愛好家たちが推奨するトレッキングコースとなっている。尾根道からは、大台山系をはじめ、海山町のリアス式海岸が、ゆったりと見えて、その向こうに熊野灘が冬の陽を浴びて輝いている。

尾鷲市

便石山

◉2008年2月9日・参加者56名

私たちの会の第1回の山行は、平成11（1999）年5月16日の「便石山山行」でした。三重県の「東紀州体験フェスタ」の一環として実施されたので154名の参加者があり、サポートのスタッフも50名近くの人数でした。この154名を自動的に会員とみなし、山行計画等を連絡して、運営してきたので会員集めで苦労することはありませんでした。

平成16（2004）年3月13日には、創立5周年を記念して祝賀会と記念山行を実施しましたが、そのときも「便石山山行」でした。実は、来年度はは創立10周年になるのですが、その記念行事などはスタッフで相談して実施したいと考えています。どちらにしても「びんし」は私たちの会とは、節目節目に山行を実施してきたという意味で縁の深い山です。

県の総合庁舎の駐車場から北を眺めると、茶地岡の背後の稜線に高圧鉄塔が西に向かって数本立っているのが見える。「宮の上・相賀線」との標示がありましたが、国道42号線から登りはじめ、大体、鉄塔に到着するごとに休憩をとり、びんしに至る尾根に出る。鉄塔の手前はいずれもかなりの急斜面なので、上りの不得手な私はふうふういいながら、鉄塔をめざして一歩一歩と脚を運びました。鉄塔直下は日当りもよく、眺望もよいので格好の休憩場所ですが、なにせ56名の参加者なので全員で休むというわけにもいかず、先頭はその場を通り越して、林の中で休んでいます。最後尾の私は、広場を独占したような気分でゆっくりと休みました。ところどころで天狗倉山が見えていましたが、この角度からの天狗倉山は、見事な三角錐で、ふだん馬越方面から眺めているよりも、もっと鋭く天空を突き刺しているように見えていました。最後の鉄塔、6本目だったかの処で矢所方面からの道と合流して、山頂をめざす。ここからは傾斜も緩やかになるので、眼下に尾鷲の町と、湾口と島々の向こうの熊野灘を眺めたりしながら落葉を踏みしめて歩く。

頂上近くになって、北側斜面を歩くあたりでは、杉の木の上に前日に降った雪の残りが小さな氷片になって、北風が吹くとぱらぱらと落ちてくる。前日は、尾鷲はかなりの雨、伊勢では大雪となって、当日も伊勢自動車道は一部通行止めで山行に参加できなかった人も数名いた。大台や高峰あたりは残雪がキラキラしていたが、山行当日は風もなく、暖かい陽射しが射していた。

山頂まで、2時間半ほどかかっただろうか、30分ほど休憩した。久しぶりのびんしなので、「象の背岩」に登って絶景を堪能した。10年前には、「象の背岩」などという名はなかった。この命名者は当時、伊勢文化舎の編集者であり、東紀州10マウンテンの会創設の呼びかけ人でもあった乾淳子さん。私などは、東紀州の山に「象」とは似つかわしくないなと思ったものの、いつのまにか定着してしまい、山頂に案内板まで立っている現状を見ると、これはこれで適当な命名なのであろう考えている。ただ、命名の時期が熊野古道の世界遺産登録の前

全員集合写真

便石山遠景

頂下の樹林帯

後（2003年か）であることと、命名者が乾さんであることについては、はっきりしておきたい。なお、「象の背」の手前、10mほどのところにもう一つ安心して登れる岩があって、あまり知られていないポイントですが、あれは「子象の背」といって、命名者はテン・マウンテンのスタッフです。

私どもは、こどもの時から「びんし」と呼び捨てにしていて、「びんしやま（さん）」などと呼んだことはありません。現在も尾鷲や海山の人たちは「びんしへ行って来たんさな」というふうに使っています。馬越峠を挟んで、天狗倉山の存在は近世の旅人たちにも知られていましたが、170点を越える熊野道中記には一箇所も「便石山」は出てきません。そういう点では旅人たちにはまったく注目されることのなかった山です。当時から、馬越峠を経て天狗倉山へ行く道はあったが、便石へ行く道はなかったのです。

天狗倉山には、仏像と祠がありますが、便石山頂とそこへの道には、お地蔵さんも道標も一つもありません。そこにそま道としてのみ利用されてきた便石への道の特徴があります。現在、使用されている馬越峠から便石に至る山道も、ごく最近になって利用され整備されてきたもの

です。馬越峠は「間越峠」と表記されることがあって、「間」を天狗倉山と便石の間と解釈するのには疑問を持っています。むしろ、鷲下と馬越の間というように解釈したい。前記道中記には「馬士せ村之馬士せ坂」「まこせむらとうけ」という表記が二つだけですがあります。峠の名が先にあったのではなく、馬越の村があって、そこへ行く道としての馬越峠という呼び方が出てきたとの解釈も成り立つのでは考えています。なお、二例中の後者は、十返舎一九（１７６５―１８３１）です。彼は、実際には歩くことなく「道中案内記」を読んだだけで、叙述していることも注目しておきたい。ご存知のように、馬越とは墓地の下辺りの古くからの地名です。地名としての馬越の由来についてもさらなる考察が必要です。

牛場誉人さんの三角点情報によれば、山頂の三等三角点の山名は「便石山」、点名は「便石」です。標高は５９９・08ｍ（従来の記録は５９８・９ｍ）とあって、従来の説より少しだけ高くなっております。ご注意ください。また、便石山の所在地は「紀北町海山区小山浦」となっており、小山浦を父祖の地とする私には、新鮮な驚きがありました。

山頂で大休止をして、30分ほどで東斜面を一気に駆け下りて、道端で昼食にしました。それから、馬越峠を目ざして歩きましたが、尾鷲トンネルのあたりが最低鞍部。標高は３００ｍを切っていますが、このあたりは尾鷲側も海山側も等高線が込み合っていて、双方ともにかなり急峻な崖道となっている。かなり気をつけて観察してみたが、馬越の道が、最低鞍部を通過しなかった大きな理由を見たような気がした。

馬越峠での休憩時に「びんしはそんなに高くないのにきついな。なめたらあかんな」と山ちゃんが言っていた。まったく同感。いつ行っても「びんしはしんどい山」なのだ。また、稜線上で、松下さんが「びんしはいい山なのに……」とつぶやいているのを聞いて、そのとおりと思った。天狗倉山を表とすれば、便石は裏なのかもしれない。しかし、どちらも尾鷲を代表する山であって、どちらが欠けても尾鷲の風景は完結しないのである。

当日天狗倉山の山頂からは、白銀に輝く大台山系が見事に見えていたという。

尾鷲市

天狗倉山・おちょぼ岩・小山狼煙場跡・猪鼻

◉２００８年10月12日・参加者50名

尾鷲は三方を山に囲まれている。南側が行野浦から八鬼山を経て矢の川峠に至る稜線、西側は高峰山から便石あたりまで。紀北町との境界線上の尾根筋は便石山（５９８・９ｍ）、馬越峠（３２５ｍ）、天狗倉山（５２２ｍ）とつづき、おちょぼ岩のすぐ西側に三等三角点（４９４ｍ）があって、この周辺の山名はカンカケ山というらしい。明治22年10月刊行の「北牟婁郡地誌」の「小山越」の説明に「尾鷲の古里より南浦の山地を経てカンカケ山に至る道」との説明があるので、それにしたがっている。「おちょぼ岩」と言い出したのも、ここ数年のことなので、この際「山の名はカンカケ山、岩の名はおちょぼ岩」というように定めておきたい。カンカケとはどういう意味なのか、よくわからない。広辞苑にはなく、ガンカケ（願掛）として、神仏に願をか

全員集合写真

ける意味とあるが、これと関係するかどうか。頂山（九鬼）の東側にハカリカケ岩という絶景の場所があり、他に掛持石などの表記があることなどから考えると、海上から見える大岩を「―カケ」と呼ぶ習慣があったと思われる。

　カンカケ山のおちょぼ岩から下って水地越（小山越）の峠、上って狼煙場跡（３９５ｍ）。ここを狼煙場跡として発掘し、確定したのは海山郷土史会の人たち。もう10数年前のことになるが、当時は天狗倉山系の縦走路は整備されてなく、小山の側から一気に上るルートが唯一のものであった。狼煙場跡にたどり着くのに苦労したことを思い出す。九鬼崎の狼煙場と白浦の二十五山の狼煙場をつないでいた。

　狼煙場跡は標高３９５ｍの高さにあるので、猪ノ鼻までは３００ｍ余の高さを、一気に下ることになる。「猪ノ鼻水平道」という名前は明治道の性格をよく現していて、優れた命名と思っているが、これもここ10年くらいのこと。そのころ、かの有名な黒部の水平道を歩いてきた私は、そのことにヒントを得て「水平道」と最初に言い出した。その上に「猪ノ鼻」をくっつけて「猪ノ鼻水平道」と最初に言い出したのは、私の記憶では、当時海山町のガイドとして積極的に活動していた吉田金好さんだと思う。猪ノ鼻水平道の命名者は吉田さんで、私も少しだけ貢献しているのではと思っている。

　ついでに「猪ノ鼻」について私見を述べると、猪ノ鼻の周辺では、今もよく猪を見かける。水平道の10mほど下のところを、大きな猪が駆けて行くのを一度ならず見たことがある。猪が多い鼻なので「猪ノ鼻」といったとする説。吉田さんもこの説ではなかったか。ただ、たとえば「子ノ泊山」の由来について、「熊野灘から新宮の港に停泊のため入港する際、子すなわち北の方角にあるこの山を目印にしたという説が有力」とする指摘（新日本山岳誌）もあって、そこから考えると「熊野灘から尾鷲の港に入港する際、湾口の亥の方向すなわち北北西にある鼻」ということになるので「猪ノ鼻」といったとも考えられる。前記の「北牟婁郡地誌」では「猪ノ鼻」は小山浦の字地として掲載されていて、表記は「猪ノ鼻」である。なお「鼻」と「岬」の使い方にも、微妙な違いがあって、簡単に言い換えができないと思われる。潮岬や襟裳岬・大王崎などは岬であって鼻ではないし、猪ノ鼻は鼻であって岬ではない。この「岬」「崎」と「鼻」の相違・異同については、日本語の表現の豊かさという観点からの慎重な論考を要するとのみにとどめておこう。

さて山行の歩き始めは、馬越の臨時駐車場から馬越峠までの熊野古道伊勢路の石畳道。近世の道、江戸道である。猪ノ鼻からの終わりのコースは水平道。こちらは明治19年着工、21年春竣工の明治道。天狗倉山周辺の道は、江戸道、明治道、大正道（桜茶屋を経由する本格的な自動車道）、昭和道（現在の国道42号線）、現在進行中の高速道路を平成の道と呼ぶとすれば、さまざまの時代の道が周辺に山麓にほどよく残存しているという点において「道の宝庫」だと、私は言い続けているのだが、今回は、そのうちの二つの道を歩いてきたことになる。特に、水平道の見事な作りようについては、山行の疲れをやわらげてくれるのに十分であったし、江戸と明治の対比を歩くことによって実感できたのではないか。水平道では、尾鷲側から小山へ向かう一組の父と子に出会ったが、この道で人と出会うのは珍しく、あれもよかった。

天狗倉山と猪ノ鼻までの尾根道については、ここ数年かけて10マウンテンの会が中心となって整備してきたが、ご存知のように羊歯の生命力の旺盛な東紀州の山々にあっては、1年間も放置すれば山道はほとんど歩けなくなってしまう。天狗倉山までは、尾鷲の愛好家の人たちが毎日、30～40人歩いているので、道は道として機能しているのだが、その先オチョボまで足を延ばす人は少ない。特に、狼煙場周辺は、整備に力を入れてこなかったせいもあって、文字通りブッシュをかきわけてという状態になっていた。

今回の例会をこのルートに設定した理由のひとつに、この機会に天狗倉山縦走コース、特に狼煙場周辺をしっかり整備しておきたいとの思いがあった。

山行の10日ほど前、スタッフ20名ほどで、全員鎌を持って、3台の草刈機を携えて、整備に出かけた。全体を4班に分けて、天狗倉山からオチョボまで、水地峠からオチョボまで、水地峠から狼煙場まで、猪ノ鼻から狼煙場までの草刈、道普請に臨んだ。特に、狼煙場周辺の班は、生い茂ったシダの刈り取りに苦労した。私自身は「普請奉行」の名称をいただいて、終了時の作業の進捗状況の点検に従事したが、この日の作業場所が長く伸びていたこともあって、全体を点検することができず、山行当日にスタッフの皆さんの苦労をしのびながら歩いていた。

今回の山行ほど好天に恵まれたことはない。秋のひややかさを秋冷というが、当日朝、天狗倉山麓の私の家の気温12度、熊野の大又あたりでは9度であった。秋の空は澄み渡り、天狗倉山の大岩の上からの眺望はすばらしかった。私は、銚子川を眼下にして大台を眺めるのが好きなのだが、正木が原を前においた秀が岳、そこから東に伸びる山稜、地池高、与八高・嘉茂助の頭へといたる流れるような山稜がいい。さらに東のほうにどっしりとしてお椀を伏せたような仙千代ケ岳、遠くには南亦の山も。それらのいずれもが、スタッフとともに歩いた思い出があって、見ているだけで懐かしいのだ。こうして、遙かの地から眺めるために山を歩いているのではないかと思っている。歩いてきたところ、歩いてきていないところ、同じ風景でも、それはまったく別の風景と言えるのだ。

馬越峠・おちょぼ岩・天狗倉山

◉２０１４年１月12日・参加者54名

年迎ふ山河それぞれ位置に就き　鷹羽　狩行

天狗倉山山頂の岩場

おちょぼ岩から引本湾方向を望む

おちょぼ岩への道

一月元日の朝を「初朝」といい、ほのぼのと流れ込んでくる明け方の光を「初明かり」というらしい。元日の朝、山の上から日の出を眺めるのは多くの人の好むところだ。尾鷲での初日の出といえば、先ずは天狗倉山。今年も多くの人が出かけた。海上からではなく、行野の後ろの山辺りから上ってくるのを待ちのぞむ。今年は、おちょぼ岩まで脚を伸ばした人も20名ほどいたらしい。おちょぼ岩からの絶景の中に初日を見る。それは、それですばらしい。便石にも高校生数名と、他地区からの人二人がいたとのこと。「象の背」からの初日の出を見に出かけるという元気に脱帽する。とにかく、天狗倉山半島の初日の出のポイントといえば、以上の3箇所だろうが、山の側から言えば、昨日のように今日があって格別自らの姿を装うということはないが、それでも、新春を迎えるにあたって、運動会のスタートのように、「位置に就いて」用意しているように思えるのだ。冒頭の句の良さはそこにある。テンマウテンの初春山行を迎えるにあたって、東紀州の山々は位置について、身を正して、待っていてくれるのだ。ありがたいことと思う。

当日の集合場所は紀北県民局。乗り合わせて馬越へ移動。公園の駐車場で準備運動。馬越の道は道祖神や地蔵などがないことから、比較的安全な路といわれており、事実その通りなのだが、天保飢饉の折には行き倒れの旅人が数例報告されている（「尾鷲組大庄屋文書」）。峠の安全もさることながら、世の中の安定・安全こそが大事だと教えている。というようなことを年頭のご挨拶で申し上げた。54人の参加者は30分前後で峠に到着。峠に建つ句碑。「夜は花の上に音あり山の水」（「嘉永七年寅春」と側面に記す。尾鷲地区では最も歴史ある文学碑といえる）の作者、可涼園大江桃乙寿邦については詳細はわからないが、滋賀の人であること、雲水と頭書があること、幕末期に当地方を訪れた遊俳であることなどが知られている。「烏日記」なる紀行文を残しているらしいが、ぜひ読みたい思いつつ、いまだ現物に接してない。

今回のコースは、馬越峠から紀北町側へ下り林道馬越線を東に向けて50分ほど歩いた。途中大台山系を展望できる箇所が何箇所かある。雪を抱いて真白になった正木ガ原、その後ろに薄く雪化粧した日出が岳。そこから北東へなだらかに伸びる稜線と、いつ眺めても惚れ惚れとする山容の嘉茂助の頭・与八高。南西へ伸びる稜線に眼を転ずると、この夏出かけた中の嶺が、すっくと空に頂を出している。大台教会に至る通称「尾鷲道」が、土井與八郎氏などの尽力によって開通したのは大正4年（１９１５）12月30日のこと。この記録を最近見つけた。今年で尾鷲道開通１００年ということか。大台スカイラインの開通とともに、一部荒廃していたこの道も、最近修復に努力している人々の力で、新たに全通しようとしている。直線距離に10数キロの大台を目にしながら、尾鷲道の修復に尽力している人たちの営為に感謝していた。

林道から水地峠に至る谷沿いの急坂を上る。ここからおちょぼ岩・カンカケ山・天狗倉山に至るコースは、10年ほど前、10マウンテンの会のスタッフで開削した道なのだが、峠までの谷沿いの道は、ここ数年の豪雨ですっかり流されてしまった。登り口にかなりしっかりした木製の階段を設置したのだが、流されて残骸も見なかった。水地越えのルートは馬越峠を越える道とともに、海山と尾鷲をつなぐ生活道だったが、こちらの方は生活道としても観光の道としても、あるいは山行の道としても利用されなくなって久しい。

おちょぼ岩で昼食休憩。眼下に小山の集落、その向こうに相賀。１９４１年、あの町の一画で私は生まれた。白石湖がきらきらと輝いている。引本が見える。矢口湾が隅から隅まで見えている。１９４７年の7月2日の夜、矢口の地で32歳で亡くなった私の母の遺体は、翌日小さな舟に乗せられて、あの湾を進んで、眼下の小山の浜についた。櫓を漕ぐその舟に7歳の私も乗っていた。夜のことだったが、その矢口湾が静かに見えていた。遠くには志摩半島の和具の浜あたりが見え、国見岳の石灰岩採石場、その奥に七洞岳、いつ見てもオチョボからの展望は申し分ない。

集合写真は、アンテナの設置場所で撮った。広場が整備されていて10年前の山行時とは見違えるばかり。あの時は、幼児2人を含め78名の参加者が、ススキの群れの中に入って撮影に苦労した。天狗倉山で大休止。尾鷲の名峰天狗倉山について「新日本山岳誌」（２００５年刊）に次のように書いた。

三重県尾鷲市と北牟婁郡紀北町（旧海山町）の境に位置する。熊野古道・伊勢路の馬越峠（３２５ｍ）より東側に急坂を30分ほど登ると山頂に至る。山頂に巨岩があり、上からは３６０度の眺望が広がる。北西に大台山系の盟主・日出ケ岳、正木ケ原、眼下の銚子川を隔てて、堂倉山、仙千代ケ峰などの支稜を眺めることができる。東の熊野灘、南は尾鷲湾と市街地、その向こうに高峰山と眺めをほしいままにできる。東紀州の海岸沿いの低山からも同様の展望が得られるが、この山は特別である。

山頂は一枚岩の岩盤になっている。かって東紀州から和歌山東部にかけての太平洋沿岸地域は酸性マグマの巨大な溶岩湖が冷却、凝固した熊野酸性岩の上にあり、これらの花崗斑岩が随所で露出している。赤倉、神倉山、丹倉、大蛇嵓などがこれにあたる。倉とは嵓であろう。倉の名前ではないが、馬越峠から西にある便石山も山頂に巨岩がある。

山頂は二重の岩場になっており、中央の花を外縁の葉が取り囲む、蓮の花にもたとえられている。その巨岩の下に洞穴のような窪みがある。「深サ幾尋ナルヲ度ルベカラズ、里人コレヲ天狗ノ岩屋トイフ」との旧記により天狗倉の山名になったと思われる。

「天狗巌」とも古記にはある。

山容はJR紀勢本線・尾鷲駅から北東に屹立する姿が見えるが、紀北町海山側からは判然としない。――

当日は好天に恵まれ、帰りの馬越峠で私たちのグループを含めて100名を越える人たちで賑わっていた。午年のはじめに馬越峠ということもあろうが、間越、間古瀬、時には孫背などという表記もあって、「馬」との関係は深くないと思われる。

岩屋堂・おちょぼ岩・天狗倉山

◉2012年1月15日　参加者46名

岩屋堂の本尊は聖観音菩薩坐像で仏身36cm、蓮台12cm、光背も含め全体の高さ54cmの比較的小ぶりな石像である。当日はお堂の世話をしている西さんがたまたま居合わせたので、許可を得て、小さな木製の厨子の扉を開けて、その全体像を拝観できた。

「三重県石造物調査報告Ⅰ」（三重県教育委員会、2009年3月30日刊）は東紀州地域の石造物の調査報告書としての労作で、いろいろ教えられることが多いのだが、この本尊の成立について「顔立ち、細い両手、胸腹部の細さ、小さな足など、古い時代の要素をもっている。鎌倉時代末期頃の製品と見る見解がしめされているが、全身に対する頭部のバランスや蓮台の蓮華紋の表現などからは室町時代を中心とした造立と見ておくのが妥当であろう」として、「いずれにしても岩屋堂では最も古い石仏である。」と説明している。

馬越峠にあった岩舟地蔵の造立は享保8年（1723）、八鬼山の供養碑や町石のなかで最も古いとされるものでも永禄（1569―）、岩屋堂の聖観音は尾鷲に現存する石像では最も古い物の一つといえる。

参考までに岩屋堂で最も目に付く三十三所観音の石像群については「市内林町に所在する常声寺寿門和尚、雄郭比丘が延宝7（1679）年に発願建立したものと伝えられている。」としているので、この伝承が正しいとすれば、江戸時代に入ってからのものである。

大紀町・大内山定坂の三十三観音は昭和9年ころの造立、果無峠のそれは大正11、12年の造立なので、それらと比較しても古い。ただ西国三十三所めぐりのミニチュア版にしても、果無峠の場合は350mの距離を置いて配置され、それなりに「めぐり」の気配があるが、この岩屋堂の三十三観音は狭い岩屋に、びっしりと肩寄せ合って配置されていて、いささか窮屈な感じがしないでもない。「北牟婁郡地誌」（明治22年10月刊）には「巌窟　岩屋堂という。東西七間、南北九ばかりの石室の内に三十三体の石仏を安置す。天狗巌より十二町ばかり下にあり」というから、この三十三観音の古さは疑いようがない。「岩窟の左右に三十三体の石仏を安置す」とも記すので、現在の並びようとは趣を異にしていたのかもしれない。

岩屋堂で休憩して、その裏山の急な坂を登って、天狗倉山にいたる尾根道へ出た。この道は、ここ2・3年、私もよく知っている数人の人たちが整備してくれた道だ。階段をしつらえ、草木を刈り込んで見事な道に仕上がっている。ただ、この道を古道、あるいは天狗倉山と岩屋堂を結ぶ古くからの道とすることはできない。歩いていて、踏みしめられた道という感じがまったくしないし、敷石、道標、石造物も一つもないからである。古い道が必ずしもいいとは限らないが、この道は最近になって整備された、山仕事をする人たちのための道であると、はっきりしておきたい。そうでないと、伝承や新しい歴史を作りたがる人たちが、古道の発見などと騒ぎ立てて、新たな伝承を作り上

全員集合写真　天狗倉山の岩の上

岩屋堂からの登り道

天狗倉山から見る尾鷲湾

げたりするからだ。道を開いた人たちに感謝しながら、そんなことを考えていた。

三重大教授の塚本明さんは「熊野古道伊勢路の特質―江戸時代の道中記から―」の講演（２００８年）のなかで、岩屋堂と天狗倉山の関係について、注目すべき発言をしている。

「実は、旅人たちの中には、馬越峠を越えてそのまま尾鷲の街中に下りるのではなく、峠からわざわざ天狗倉山に登りまして、そこから街中に下りていく者が居りました。なぜかと言いますと、天狗倉山から岩屋堂に向かい、そこから尾鷲の街中に下りていくのです。岩屋堂というのは、山中の岩屋のなかに石仏が並んでいるところでありまして、言うまでもなく西国三十三所を模しているわけです。現在、馬越峠から天狗倉山に至る道と山麓から岩屋堂に登る道があるのですが、天狗倉山と岩屋堂を結ぶ道は見出せておりません。年配の方の話を聞きますと、昔は天狗倉山から岩屋堂に下りる道があった。つまり、古来はあって、現在は埋もれている道だということです。おそらくこの道は、中世にまで遡る道ではないかと思います。」

「天狗倉山、岩屋堂に向かいそこから街中に下りていく」との指摘は、きわめて大胆である。私は、いくつかの理由で、天狗倉山から岩屋堂へ直接下りていく道は、あるいはルートは、古来から存在しないと考えている。①天狗倉山へ行く道も、岩屋堂へ至る道もどちらも麓から上る道であって、両者を直接結ぶ道は存在しないし、ルートとしてもなかった。②現在の熊野古道馬越峠道と岩屋堂参詣道は直線距離にして200mほど隔たっているが、その間にある稜線は、西斜面がきわめて急峻で、植林山にはなっているが、旅人が歩いていくようなところではない。現にそこを歩いている人など皆無である。さらに馬越谷が間にあって、小さな谷ではあるが切れ込みが激しく渡渉できるようなところではない。

したがって、馬越峠を越えた旅人は、現在の馬越公園下の大岩のあたりから近道を取って開拓道路のあたりへ出て、やはり下から岩屋堂をめざしたと思われる。どちらにしても、せっかくの指摘だから、そのような道の存在があきらかになるような、今後の探索に期待したい。

ついでに、天狗倉半島を南北に縦断する道は、便の山・鷲下から尾鷲を目指す馬越峠道と、小山と水地をつなぐ水地越えが主要道であった。道は最低鞍部を越えるということを重視するあまり現在の尾鷲トンネルの上辺りを越える道を想定する意見もあるが、地形等を考慮に入れると一考を要するだろう。

おちょぼ岩で昼食。天狗倉山とおちょぼ岩、（山の名はカンカケ山）を結ぶ道は、尾鷲・海山ツーデイウォークのコース設定に際して、私たちの会でルートを開き、整備してきた道。10年近い歳月の中で、すっかり道としての雰囲気が出てきた。山の中の道は、それはそれなりに栄枯盛衰を繰り返す。コース整備の時に設置した木製の案内板も健在であった。

帰りは天狗倉山で、大岩の上に登っての集合写真。あの大岩に50人近い人数で記念撮影ができたことに満足していた。

嘉茂助の頭、与八高から日出が岳に至る大台の主稜線が雪に輝いて、いつもの英姿を見せていたし、眼下の銚子川も豊かに蛇行している。今年の新春山行も、まずは、めでたしめでたしというところか。本年も、ゆったりとゆっくりと歩く続けましょう。

尾鷲市

高峰山

◉1044・6m／2007年4月8日・参加者53名

高い峰の山と書いて高峰山。平凡で率直なネーミングである。天狗倉山、便石、八鬼山などが、なんとなく思わせぶりな名前なのに対して、名のある山としては尾鷲の最高峰であるだけに、その簡明さがいいのであろう。

高峰の山頂には一等三角点の標石が建てられている。埋標は明治28年（1895）の7月2日。柱石は上部は一辺18cmの方形、埋設部分は一辺21cmの方形で地中に61cm入り込んでいる。全体で82cmの長さの石柱ということになる。重さは90kg。明治28年には国道はもちろん、矢の川峠越えの道もできてないから、かってのメインルートである小原野から檜尾峠を越えて、数時間かけて持ち上げたに違いない。石柱のほかに、土台となる盤石（45kg）、その下に敷く砂利や土も運んだに違いないから、数人の人夫が作業に従事したことだろう。その人たちの名前は残っていない。「一等三角点の記」には、埋標者として山

全員集合写真

山頂への登り道

山頂の一等三角点

本五郎と記されている。陸軍参謀本部陸地測量部が創設されたのは明治21年のことであるから、その関係者かもしれない。現場の総責任者だろうが、山本五郎氏と数名の人夫が１１２年前の初夏の一日、私の体重をさらに20kgも上回る重量の柱石等を担いで、高峰の山頂まで歩いていたことを覚えておこう。

一等三角点（本点）と一等三角点（本点）の間隔は約45km、高峰と子ノ泊山の距離に相当する。本点と本点の間に設けられた補点と一等三角点との距離は約25kmだから、高峰と南亦の距離に相当する。大台山頂の秀ガ岳を含め、この三つが高峰をとりまく一等三角点ということになる。言い換えると、一等三角点の地点からは、25kmから45kmの範囲が見通せるということになるのだろう。一等三角点の頂に立てば、眺望が開けるということである。

好天に恵まれた高峰からは、四方八方の眺望が楽しめた。西方に大台ガ原のなだらかな山容、大蛇嵓から秀ガ岳にいたる台形の山稜が谷を隔てて見えている。さらに、東に目を転ずると5月に山行を予定している、嘉茂助の頭・与八高の双子峰がゆるやかで長い稜線の上に見事な姿を見せているし、西の奥には、釈迦岳から大普賢にいたる大峰の峰々。中ほどには行者還岳の特色ある形が小さく見えている。高峰の山頂は、大きな岩塊がごろごろしているので、一箇所にたって方向を代えるだけで周囲を見渡せるというわけには行かないが、10ｍほど場所を移動して東を望むと尾鷲の市街地が見えている。便石の形がいつも見るようなどっしりした形ではなく、三角の形に見えていて、天狗倉山から麓までの傾斜地に山桜が点々と咲いているし、下には尾鷲の北側の町並が見えている。さらに場所を移動すると、南の方角に賀田湾が少しだけ見えていたりする。

尾鷲の町を見下ろすポイントはいくつかある。天狗倉山からの景、背中から尾鷲を見る汐の坂からの景、小坪から八鬼山に至る防火帯からの眺めとさまざまにあるが、それぞれにそれぞれの魅力を感じてはいるものの、高峰からのそれは、紀伊山中の奥深さを視界にとらえつつ、熊野灘に真向かって集落を形成してきた尾鷲のさまが、手にとるように見えて、これはこれで絶景なりと思うのです。

さて、今回の山行は矢の川峠の茶屋跡を出発し、そこに帰ってくるコースでしたが、矢の川峠を第二次世界大戦末期にバスで越えた田部重治（たなべじゅうじ・１８８４－１９７２）の紀行文を紹介しておきます。英文学者として大学で教鞭をとる一方、渓谷と森林の美の発見者として、その歩き方は驚異的です。その足跡は「わが山旅五十年」（平凡社ライブラリー、１９９６年）にまとめられています。最初に矢の川峠を越えたのは昭和17年11月下旬、大台が原に登りたいと思い立っての一人旅。

「私は鳥羽行きの夜行に乗って一途に伊勢へと走った。相可口で尾鷲行きに乗り換え、汽車がまだ紀伊へ通じていない頃なので、尾鷲から省営バスにのり木本に向かった。尾鷲は三方山をめぐらし南は海に向かい暖かい感じを与える。二台のバスは乗客をのせて四十五キロ走る。尾鷲の町を離れると、頭に物をのせて歩く婦人たちの姿が珍しい。乗合は峠を登るにつれ、海はゆるぎなき明鏡を開いて、仰ぐ山々の黒木の間の鮮やかな紅葉が目に立つ。やがて矢の川峠の頂上について休む。一時十分。茶屋があってすしや果物を売っている。風は冷たい。峠を下り始めると渓流が現れる。雑然とした紅葉の間を走る。丸石を並べた屋根の多いのが目につく。やがて木本に達する」

新宮の速玉館に泊り、プロペラ船で田戸へ。山の中を歩いて平谷の千代館にくらがりにつく。難渋しながら、大沼、七色、不動峠、浦向を経て河合の福山旅館。地図の上でコースを辿るのも困難な道を歩いている。小椽から7時間かけて大台に登り、大台教会に泊。田垣内政一氏に会い「人間というより大自然に近いような感じ」の人と記している。

戦争前の最後の旅も「矢の川峠越え」だ。昭和19年5月。山陰地方をまわって、大和上市から河合を経てバスで伯母峰峠を越える。峠でわざわざバスを降り、「河合に向かって歩き始める。道を歩いている者は誰もない。しかし春がこのあたりに訪れて、道にはほころべの花が見られる。北山川の渓流が現れて、幾多の景勝を作りつつ走っている。それを眺めてお弁当をたべる。山の斜面に辛夷の花が白く鮮やかに咲いている。」

河合の福本旅館に泊った翌日、木本に向かう。「小坂に近くなって、乗合がパンクする。一時間もかかってタイヤを取換える。小坂について、また、パンクする。もう、取換えるタイヤがないという。仕方なく下車する。木本へは二里半といっている。木本へ行って鬼ガ城を見てから尾鷲へその日のうちに行かれそうもない。どうしようかと思うているところへ、尾鷲行きの乗合がやってきたので、私はあわてて乗った。矢の川峠にも春が来ている。大又川が轟々の音をたてて、渓谷を白滝の如く走っているのが壮観だ。山にはほころべが白く、八汐つつじが咲いている。尾鷲について玉津館に泊った。夜は灯火管制で真っ暗だ。」かくして、田部重治の50年の山旅は終わった。彼の見た辛夷の花や山椿の花は、この日、高峰の山頂や、道筋で私たちの見たものと変わりないだろう。花には関心のない私だが、辛夷の白、山椿の赤のキリッとした色合いの深さに珍しく感動していた。

裏側からの高峰山◉2015年6月7日・参加者45名

尾鷲市・北牟婁郡の山々の中で、唯一一等三角点の山であり、名のある山では尾鷲市の最高の高さを誇る山、それが高峰山です。山の由緒について調べたくなると、いつも参考にするのは次の二つの書です。『新日本山岳誌』（見出しで取り上げている山座3200、日本山岳会編、ナカニシヤ出版、2005年）。『日本山名事典』（掲載山名項目25000項目、三省堂、2004年）。

『新日本山岳誌』に尾鷲の山は、天狗倉山と八鬼山、高峰の三座掲載されています。高峰についての記述は次のようなものです。

山麓の樹林

「高峰山。たかみねさん　別称高小屋山　標高1045m

台高山脈南部の三重県尾鷲市に位置する。尾鷲市は紀伊半島東部・熊野灘沿岸の中心にあり黒潮の影響を

林道奥の「カツラの巨樹」

直接受ける南海型気候区で、わが国屈指の多雨地帯である。このため、周囲の谷、山腹とも侵食が進み急峻で険しい山容が特徴である。高峰山から南へ延びる尾根が大きな起伏を二つ越え、八鬼山の方向に向きを変えるところに矢の川峠がある。尾鷲と熊野を結ぶ要で、以前は人の往来もあったし、旧国鉄時代には定期バスも運行されていた。矢の川新道が完成してからは静かな昔の姿に戻っている。高峰山と八鬼山に囲まれるように矢の川が流れ落ちている。矢の川とは矢のような急流の意で、多雨もあって激しい浸食が進み、黒雲母花崗斑岩の山体に深い渓谷が刻まれている。この痩せた尾根の向こうに山頂がある。山頂は露岩が突き出た台地となっており、巨鯨のような大台ケ原や太平洋の海原が見える雄大な展望に恵まれている。（中略）植生は全山人工林が占める。山腹の一部で照葉樹林や雑木林が見られる。

登路　国道42号の千仭橋の手前から矢の川峠までは林道を自動車で40分走る。峠から山頂までは尾根伝いで2時間。他に古川林道からも1時間30分で達することができる。」

矢の川峠からの記述が多いが、8年前の2007年の4月山行で、このコースで登った。当日は晴天だった。今回は、古川林道からのコースを取った。

『日本山名事典』の方は、簡明な説明である。

「たかみねさん　高峰山　１０４５ｍ　三重県尾鷲市。紀勢本線尾鷲駅の南西６㎞。台高山脈南端に位置し、一等三角点がある。又口川の源頭。」とあるのみ。両書の特徴がよく出ている。

三角点の記には山名が高峰山、点名が「高木屋山」とある。「木屋」とは木地師といわれる山々を移動しながら、轆轤で木器などを作っていた専門の技術者たちが一時的に住まいした土地のことだが、紀伊山地が山また山の地域だから、近世にはたくさんの木地師が入っていた。八幡トンネルを出て、すぐに入った林道が「林道川原木屋線」。地図上にはその南側に大小屋谷というのもあり、矢の川峠を越えて南に「くまの加田山木地や」とか「紀州牟婁郡ノ内嘉田山下こや」などとあって、尾鷲の西側、北山と接する辺りは木地師の活躍した場所だった。高木屋も、その代表的な地だったと思われる。

山行の前日は小雨。当日の天気予報は、午前中は曇り、午後になると晴れてくるでしょうというものだった。集合場所の「ごんべえの里」からは、木津奥の橡山辺りは重い雲の中。便石も雲間に山裾が見えている程度。午後に晴れてくるという予報を信じて、自動車で移動。魚跳渓谷の左岸を進む。又口で国道４２５号に出る。４年前の紀伊半島豪雨から、ずっと工事中だったのが、１ヶ月ほど前にやっと開通したばかり。久しぶりにキョウラ谷から市の清掃工場の横を抜けて、山中の道を走る。崩壊場所の箇所は見事なコンクリートのアーケードに覆われていて、なんとなくさわやかな気分になる。北山と尾鷲を結ぶ尾鷲街道は明治15―21年に改修され、現在のような自動車道として整備されたのは昭和34年5月のことであった。（坂本ダムの完工昭和37年3月、同池原ダム昭和39年5月、ついでに記せば小森ダムの竣工は昭和40年4月）

川原木屋林道に入って、１㎞弱で林道の崩落場所が工事中。大きな重機が一台駐っている場所に自動車を置く。ここから登山口まで、林道を歩く。所要時間1時間。女王の滝を左に見る。女王の滝の由緒については、道路わきに今にも朽ち果てそうな説明版が立っていた。それには平維盛の娘との関係、あるいは後南朝の皇子の娘等との伝承が説明されていたが、いずれも私には理解できなかった。ただ、こんな奥深い川原木屋の地に女王の名を持つ滝が存在することにいつも不思議な感じがしていて、だれかに明快な説明をいただきたいものだと思っている。林道を歩くこと一時間弱。距離にして４㎞近くあったろうか。林道は行き止まりになっていて、そこが高峰山への登り口だった。

林道の下に古川の源流部が、10ｍ余の幅で流れていたが、登山口付近では、その川底が見事な一枚岩で、長さ１００ｍ以上にわたってつづいているのが見えた。尾鷲側の登り口・小原野の奥にも、谷川を渡る地点にも大きな一枚岩のあったのを想起する。高峰山を挟んで東と西の山麓の谷川に横たうなめら石。そは懐かしくたくましい。

若葉なる清水の底のなめら石

登り口から南谷のコルまで30分。ここで矢の川峠からの道と合流する。峠からはアップダウン激しく2時間弱。裏側の道は高峰へ至るルンルン道だ。ここから山頂まではクマザサの生い茂るブッシュ道だったが、今はクマザサの影も形もなく見通しのよい尾根道が続く。南谷のコルに残る掘割は、ここがキンマの通る、木材等の搬出路の一部だった気配を示すが、詳細は調査を要する。

山頂まで30分。天気予報に反して、全ては霧の中。今度も「霧の高峰ですね」と、誰かが言っていた。前回の「霧の又剣」につづく、霧の山行ということだ。山頂の岩場で弁当を食していたら、ポツポツと雨が降ってきた。尾鷲の町がまったく見えないが、霧の下のわが喫茶

「山帰来」へ電話をしてみたら、尾鷲の町はザアーザアー降っているとのこと。その声が終わるか終わらないうちに、1000m上の、高峰も雨が激しくなってきた。みんな雨具をつけて、傘をさして記念撮影。霧の中なので大事なお顔も不鮮明な写真になってしまったが、お届けします。翌8日、東海地方の入梅が発表された。東紀州の最高峰・高峰山は山行当日の記念撮影の頃、すでに梅雨に入っていたのだろう。

尾鷲市

汐の坂

◉2016年3月13日・参加者43名

塩の道としては、越後の塩を信濃の奥深くまで運んだ糸魚川—大町—松本という姫川沿いの道がよく知られている。海岸近くで造られた塩が、海のない内陸部へ運ばれていく、そんな道が全国あちこちにあったに違いない。汐の坂というのも、そういうことを思わせる名前である。汐の坂すなわち塩を運んだ人が越えていった坂という意味だろう。塩だけではなく海産物も運んだろうから、魚の道でもあった。数年前に、大峰山系の小普賢、大普賢を越えて伯母谷覗きから川上村へと下りてきたことがあったが、とある山村でひとりのお年寄りと話していて、「尾鷲のわっぱがこの村まで入ってきて、村人たちの弁当箱として使われていた」と聞いて、海外沿いの尾鷲から大峰山麓の川上村までの、あるいは北山周辺までの道の遠さに感じ入ったことがあった。これもまた、わっぱの道であり塩の道である。

尾鷲から北山方面へと抜けていく道は、現在では国道311号線沿いの道が主要な道で、それ一本しかない。明治33年（1900）に坂下古トンネルが開通し、10年後には現在の坂下トンネルが開通しているので、明治の終わり頃には、北山への道はこの道になった。しかし、それまではこの汐の坂越えのルートも使用されていたのである。坂下越えに比べると汐の坂越えの方が標高にして200メートルほど高きを越えることになるが、峠を越えて八幡峠に至るには、こちらの方が直線的で距離は短かったから、健脚ぞろいの昔の人は、むしろこちら側を通ったに違いない。汐の坂という地名については明治22年の「北牟婁郡地誌」に尾鷲市南浦の小字名として記載されているし、5万分の1の地形図にも古くから記載があり由緒ある地名といえる。この道が使われなくなったのは、前述の坂下越え道の近代的整備が終わった明治の末期からであろう。あの峠を塩を担いで越えたという人に直接会ったことはないが、父や祖父が越えたという話は聞いたことがあるから、尾鷲から峠を越えて北山方面に向かうに際しての主要な道であったことは間違いない。

戦後まもなく、今から70年ほど前、私は紀北町の矢口浦に住んでいた。敗戦後の食糧難の時代で、小学校に入学したばかりの私はいつもお腹をすかして、ひーひー言っていた。そんなころ、村の一角に土地の人ではない、他所からからやってきた一人の男が、海岸から20mほど上がった空き地に、四本柱の掘っ立て小屋を建て、その真ん中に赤土をもった竈に、縦1m横2m、深さ20cmほどの鉄の箱を載せて、その中に海水を入れて、どんどんと薪をくべて熱しだした。子どもの私にも、どうやら塩を作っているらしいとわかったが、いつ行っても日をどんどん燃やしているだけで、なかなか塩らしいものは見れなかった。あれが、海水から塩を作るのを始めてみた場面であった。戦後

全員集合写真　バックは尾鷲湾

尾鷲の港を東に眺める

の一時期、そんな風景があちこちであったのだろう。その男の人は、一年も経たないうちに姿を見せなくなった。採算が合うほどには、なかなか塩が取れなかったのだろうが、大昔の製塩の有り様を教えてくれた風景ではあった。そんな塩を運んだ坂だったに相違ない。

　私が始めてこの坂道を歩いたのは40年ほど前、泉地区の山林より出火して尾鷲での最大の山火事が起きた（1976年）直後のこと。今回下山ルートに使った湯小屋谷の林道のつめから、谷川を渡り、給水塔のあたりから急坂を上ったと記憶している。30代の青年教師であった私は、今よりもはるかに元気で、山火事で樹木がすっかり消滅し、岩肌がごつごつ出ている急な坂道を登ったのを覚えている。40年の歳月は、その丸裸の坂道を樹木で覆い、汐の坂の道筋は繁茂する雑木の中に隠れてしまった。歳月は山の景色を、あるいは風景を変貌させ、違った世界にしてしまう。にもかかわらず、あの日歩いた汐の坂の旧道は、数年前の豪雨で道が荒れてしまい、山行には危険な道になってしまったので、今回は小原野の奥深くから、高圧鉄塔そいの道を歩くこととした。道も自然も、昔のままということには行かないようだ。

　電源開発の熊野川水系開発の中心施設は池

原発電所（昭和37年＝1962年3月着工、昭和40年3月完成）であった。熊野川水系の7つの発電所の中心である池原発電所と関西電力南大阪変電所を結ぶ送電線（熊野幹線）が完成したのが昭和39年（1964）7月。それと同時に、池原発電所の揚水用電力を供給する中部電力三田火力発電所（第一号機39年7月31日営業開始）と池原を結ぶ池原尾鷲線も39年の8月に完成している。当時、尾鷲では火力発電所の誘致と公害問題をめぐっての住民運動が活発であったが、池原の揚水用電力の供給源としての役割についてはあまり論議されなかったと記憶している。

とにかく、その電源開発池原尾鷲線の鉄塔に沿って整備された作業道をたどって汐の坂をめざした。麓から4つ目の鉄塔が汐の坂の峠に建っていて、それぞれの場所が適当な休憩場所であった。3本目の鉄塔を過ぎて少し行ったところで、昔の道との合流点があり、50mほど旧道が見えていたが、道の幅も広く、雑木に覆われて魅力的な道に見えた。汐の坂の峠まで3時間弱で到着。鉄塔の真下で昼食休憩となった。

尾鷲湾と尾鷲の町を背中から眺めながらの弁当は、いつものように美味だった。食事が終わって、近くに生えている広葉樹の葉っぱに触ったら、ビリビリと電気が走った。高圧鉄塔の電線が2・30mの真上を走っていて、私たちはその直下で食事をしていたのだが、電線からの放電であろう。珍しい体験だった。あちこちの山行で高圧鉄塔の下を歩くということは時々体験しているが、このようなことは初めてだった。みんなでワイワイと騒ぎながら放電を確認していた。汐の坂から八幡峠方面に続く高圧鉄塔が、西に向かって伸びていた。帰路は途中から湯の小屋谷へ下りて、林道に出た。小原野は高速道路の工事中であちこちが掘り返されていて、数年前までの幽静な閑地の風情がまったくなくなっていた。

さて、今年度の山行は雨のため、大台・尾鷲道、一族山、観音道の三箇所が中止となったため、霧の又剣から今回の汐の坂までの7回の実施となった。無事故で実施できたことを喜んでいます。皆出席の参加者は次の皆さん。紹介して健脚をたたえます。（五十音順、敬称略）

上田哲生（津市）　川邑隆男（熊野市）　館俊樹（四日市市）　土井睦子（尾鷲市）　中村敬子（熊野市）　中村恵子（熊野市）　山川治雄（熊野市）　山川白妙（熊野市）

尾鷲市

海路山（川の奥山）

◉2015年12月13日・参加者59名

江戸時代の地理学者、測量家として著名な伊能忠敬（1745—1818）が、熊野灘沿岸の測量を行なったのは文化2年（1805）のこと。今から210年前のことである。2月25日に品川を発ち、測量しながら東海道を上り、4月11日に四日市、参宮街道を南下、山田鳥羽を経て海岸沿いに南伊勢、南島と進み6月16日に紀州領長島に着いている。太陽暦に換算すると、1805年7月12日金曜日ということになり、夏の暑い日だ。

16、17日は、長島浦仏光寺に泊まる。海と陸とから測量をしながら18日は三浦の庄屋川口嶋之助宅に泊まり19日の夜には島勝から須賀利浦に入っている。尾鷲地域の測量は6月19日から27日まで順次実施し、その間14人の測量隊はいつも二手に別れて、一組は陸地を、もう一組

全員集合写真

おおらかな便石山

出発点の土井竹林から山に入る

は乗船して海から岬や島を測量した。海も陸も距離の測定が中心でその精密な仕事はやがて忠敬の死後『大日本沿海輿地全図』として完成するが、紀伊山地の山山については、測量はせず、須賀利や九鬼の沖から眺めた風景で、従来の絵図の域を出ていない。手元で見ることのできる伊能の地図では、海から眺めた尾鷲の奥の山で、山名の記されているのは、八鬼山のみである。当時の船人たちの尾鷲の山の目印は八鬼山であって、「海路山」ではもちろんないし、高峰山もその範疇に入ってこない。

今回の山行の目的地、尾鷲の西方に位置する400・6mの頂の名称について、もう少し述べたい。海路山というのが、ここ二、三年の間に人々の口に上ってきた呼称である。この海路山については登ったことも調べたこともなかったので、新鮮な驚きの気持ちで聞いていた。「待てば海路の日和あり」といわれるように、「日和山」という山名はよくある。尾鷲市内でも、須賀利の日和山はよく知られているし、鳥羽には「鷹一つ見つけてうれし日和山」がある。これらは陸地から海上かなたを眺める地点の名前であり、全国主要な港の近くに多くあるに違いない。ところが「海路山」というのは、どの山名辞典にもでてこない。「海から船乗りたちが見つめた山」との説明も、どこか違和感がある。たとえば熊野の「船石」、尾鷲の「カンカケ山のおちょぼ岩」などは船上からの目印として知られているが、目印となる石・山などと直接的な表現はしない。海路を行く人が目印にしたから海路山というのは、実はできすぎていて、現実的ではない。

４００・６ｍの山が、我々の前に登場してくるのは明治36（１９０３）年のことだ。この山の山頂に三等三角点が設置されたのである。所在地は「三重県尾鷲市大字南浦字川の奥　クチスボ３４３７番地の５」である。一等三角点「高小屋山」（「高峰山」のこと）と二等三角点「相賀山」（『高丸山』のこと）のほぼ中間に位置して設置された。三角点の点名は「川の奥」と記されているが、山名の記述はない。川の奥という地名については説明を要するが、この三角点が設置された明治35年5月8日の時点においては、「川の奥山」と呼んで間違いはないと思われる。「海路山」という呼称は、この時点ではまだ存在しない。伊能忠敬は平地や海岸線の測量は精細に行ったが、山岳については絵図に頼っていたと思われる。

集合場所は国道42号線沿いの遊技場の駐車場の一角。出発点は土井竹林への道の中途から西側の山に入る。

尾鷲の字名で言えば、４００・６ｍの地点までの道は北側に坂場地区を、南側に泉地区の家々を眺めながら、西に向かって歩いていく。上り始めのやや急な坂道の、道の脇に、それは土井竹林が広がっていく南側の境界でもあったが、センリョウが数十センチの高さで見事に実をつけていた。植林山の殺風景な風景の中でその黄色だけが際立っていた。

出発してから、二時間弱で山頂についたが、途中から右前方にびんし（「便石山」）がその全容を見せてきた。私たちは普段南側からだけのびんしを見ているが、ここからは南西の方向からその見事な全容を見ることができた。普段見ることのないびんしの姿を満喫できた。道は3分の2ほど進んだあたりで南西の方向に向きを変えたが、木々の間から尾鷲の町が見えていた。尾鷲の町は周辺のどの山から見ても、真ん中に尾鷲湾が入り込み、それを三方から狭い土地や山が囲み、東側だけが口をあけるように熊野灘へ開け、その湾口に佐波留島や桃頭島が見えている。いつ見ても美しいと思う。西側のおちょぼ岩からはマストの上から眺めおろす感じだし、天狗倉山からの眺めは最も多くの人から賞賛されている。巌上からの大台山系の遠望が又よい。、びんしの象の背からの尾鷲の眺めは、その天狗倉を眼下に尾鷲や海山を等分に眺められるのがよい。それぞれに個性があって、どれもこれも捨てがたい。南側からは、眺望のポイントに恵まれない。八鬼山の山頂からは、九鬼の集落と湾が見事に見えているが、尾鷲の町は見えない。矢の川峠や高峰山からの眺めは、遥かに遠くに尾鷲を眺め下ろす感がして、特に前者にあってはバスで越える旅人たちに深い感銘を与えているが、尾鷲の一部が見えているだけで全体の眺めではない。夕べの宿の娘の働く宿のあたりも見えてはいない。

尾鷲湾とそこに浮かぶ島々を借景にした尾鷲の町の全体像は、尾鷲の西側の山系から見るのをよしとする。汐の坂の上から、あるいは三角山の上から、そして川の奥山の周辺からの眺めは、尾鷲展望の絶好点といえる。

山頂の広場からは、尾鷲は見えない。むしろ、北側の山々の眺めがすばらしい。嘉茂助の頭から仙千代の峰、栃山を前景にした大台の山々、大台尾鷲道の道筋も。この山々の風景の中に、山村や集落など一つもない、たださびさびとした山なみだけが続いている。眼下には又口川に沿って、川は見えないが川の奥と呼ばれる地帯が見えている。

川の奥矢所、川の奥中村、川の奥栗の木谷などと記されるところ。緑の山々の中で人工の給水塔らしきものがひとつきらきらと光っている。電源開発の発電所の導水路へとつづく、坂本ダムからの水を運んでいるものだ。この地点を、海路山と呼ぶか、道の奥山と呼ぶか、それとも別の名前で呼ぶか。これからの山人が決めればよいことだ。どのような地名も山名も、そのように決めた人がいるのであり、眼前の事物にそれにふさわしい名前をつけていくことが、人の営みの中でも大事なことだから。ただ、命名の由来が、明晰なものでありたいと思う。

追記　小原野、泉奥の山火事。昭和51年（1976）2月2日から30時間燃え続ける。あれから40年。焼け跡はすっかり雑木が生えそろっていた。山行の南斜面一帯。

尾鷲市

桂山

◉473・2m／2016年12月11日　参加者59名

天保12年（1841）年に「紀伊続風土記」は完成している。近世の紀州藩の浦村の田畑、家数、人数を始め村々の寺院名所なども記され、この時代を知る上で必須の史料といえる。たとえば、八木山については、巻の九十一、牟婁郡第二十三の尾鷲郷の中で特に項を立てて、次のように詳しく記す。175年前の紀州藩の全容を示す公式記録のなかの1ページといえる。

八木山　勢洲往還　三木荘名柄村とこの荘矢の浜村との間の高山なり　矢浜より峠まで登り五十町　険路絶壁他に類すへきものなし。石を敷きて道を作り崩壊を防ぎてわずかに往来することを得たり。矢濱より峠までの間の半腹を七曲りといふ。その辺殊に険なり。名柄村より登る半腹に十五郎茶屋といふ茶店一軒ありてその前後殊に険なり。頂上呉登呉登石といふを両荘の堺とす。幸神堂一宇あり。側に修験者の庵ありて往来の休足處とす。九木浦より九木峠をへてこの辺へ出る道あり。

頂上より望むに、志摩の国は東にあり。大台山は亥の方、釈迦岳は戌の方、高見峠は子の方、妙法山は坤に灯明崎は未の方にあり。冬に至り快晴の日は、日の出より以前に艮に当たりて富士山遥かに海面に顕はるといふ。

同書には尾鷲組10か村の詳細な記録もあるが、つぶさに読んでみたが桂山についての記述はない。尾鷲を取巻く山々の名は、カンカケ山、天狗倉山、びんし、高峰とどれをとってもごつごつとしている感じがするが、この「カツラヤマ」だけが、なんとなく、おっとりとしていてやさしい。他の山々と命名の由来が違うような気がする。

全国的に見ても、カツラヤマという山名は少なく、数例しかない。山口県に桂木山という名の、標高702mの山があるが、山頂の南西に桂の巨樹があって、そこからの命名らしいが、尾鷲の桂山に桂の巨木や群生地との記録に接したことがない。以下、私の桂山の山名の由来についての憶測を記す。なお、旧制尾鷲中学の生徒たちが、桂山の山麓といっても、現在の国道42号線の辺りだろうで、軍事教練で演習をしている写真があって、桂山山麓で演習中という説明がある。大正年間のこと。さらに、明治40年代の神社合祀の折り、国士の濱の神社が尾鷲神社に合祀された際、桂山山麓に神社の遥拝所が設けられたと

全員集合写真

山頂を示す木標

南西より尾鷲湾を望む

いう記録もあって、桂山という名称は明治や大正のころには、定着していたと思われる。最初に引用した八木山の例でも。江戸時代には定着していたようだし、尾鷲周辺の山々が、そのように呼ばれるようになったのは、近世の初頭まではさかのぼれると考えているのだが、個々の山々について、文献的に確定するのは困難なことだ。

　どちらにしても、桂山という呼称は、近世初頭まではさかのぼれるということにしておいて、話を進めたい。なお、尾鷲高校の校歌、旧制尾鷲中学や、高等女学校の校歌等にも桂山は登場していない。新制、旧制の中学、高校の校歌には八木山が登場するのはよく知られているが、この山は麓から眺めて識別しぬくいのに親しまれているのは不思議だ。

「尾鷲市の矢の濱の浜へ高貴な御姿をした老人が、わずかなお供を従えてお着きになりました。享禄4年（1531）十月十八日のことです。主従は浜へ出迎えに出た人たちの案内で、矢浜野田地の隠れ家に落ち着かれました。この隠れ家の周りには、お供をしてきた楠氏や野田氏その一族たちの家が建てられ、隠れ家を囲むように住み着きました。この人たちは隠れ家の主が誰であるか決して口外しませんでしたが、誰言うとなくこの主は南朝の王子だという噂がたち、村の人たちも次第に尊敬するようになりました。この王子には、やさしい待月という夫人が付き添っていて、時々お二人の楽しく散歩される姿が見られましたが、足利方の南朝狩が、きびしくなったため、お二人の隠れ家に閉じこもる日が続きました。この王子は後醍醐天皇の第一皇子の護良親王から六代あとの桂城《かつらぎ》宮つづれ王で、王子は甲府でお生まれになり、父の西陣親王に従って、福島・栃木を経て茨城八溝山に二十三年間も住まわれましたが、享禄元年父の親王が亡くなられたので、度会郡の一ノ瀬村へ移られました。」

尾鷲市の郷土資料館発行の「尾鷲の浦村」にある『矢の濱に隠れ住む　桂城の宮』からの引用です。度会郡の一ノ瀬村から矢の浜へ落ちてきた桂城の宮一行は、平安な生活を続けられたあと、この地でなくなったとのこと。

この「カツラギのミヤ」に関する伝承が、亡くなった地に宝篋印塔がたてられ、その印塔が足利方の追及を恐れて、地下に埋められて350年、明治の初めに掘り出されたという伝承をどこまで信じてよいか難しいが、矢の浜の地に桂城の宮の隠れ住んだ伝承があり、そこから桂山という地名山名が生まれたという連想である。

なおこの伝承の基本に後南朝の歴史伝承がある。史実としての南北朝の時代は、明徳3年の（元中9　1392）閏10月の南北朝の合体で終止符を打つが、その合体に納得しない南朝方の一部が、奈良の川上村や北山村に勢力を保持して抵抗を示したという。この人たちを「後南朝」と呼ぶのだが、上北山村の竜泉寺や熊野にもあちこちに伝承が残る。矢の浜の伝承は、それらの中でも、独特な位置を占めるような気がするが。詳しくはわからない。伝承の果てに山の名前だけが残ったと想像すれば、それはそれでゆかしいことかもしれない。

標高472・3mの桂山からの眺望は、尾鷲を西側から眺める風景としては格別のものらしい。北から南に眺める地点としては、オチョボ岩。天狗倉山、びんしは多くの人が指摘しているし。西から眺めるには汐の坂や『カイロヤマ』、がある。西からとしては、高峰山や矢の川峠などが之まで言われてきたが、間近に尾鷲を眺める地点として桂山も素敵であろう。びんしと天狗倉山の間に相賀富士とも呼ばれる高丸がどっしりとみえているのもよい。桂山というやさしい響きの山頂近くから、尾鷲湾を眼下に納めるのも悪くない。ついでに言えば、東側から尾鷲湾を手前において尾鷲の市街地を眺める絶好地としては。須賀利の日和山あたりからの風景をお奨めしたい。

尾鷲は三方を山に囲まれた土地である。遠くを眺めれば山なみだけがみえている。したがって、それぞれの頂近くに至れば、美しい尾鷲の町が楽しめるということか。

尾鷲市

三田谷高

◉751・4m／2005年1月・参加者62名

尾鷲湾をコの字型に囲んで、三方に山なみが連なっている。海山町との境界をなす北側は、猪の鼻から上りはじめ、狼煙山、水地峠、おちょぼ岩、天狗倉山、下って馬越峠、登りなおして便石である。このコースは、昨年11月の「尾鷲　海・山ツーデーウォーク」の健脚向けコースに指定され、それに伴う整備もあってほぼ完全に整備された。「便石・天狗倉トレッキングコース」として、多くの山行愛好家

全員集合写真

南側から尾鷲市街を望む

を迎える準備が整ったと言っていい。ツーデーウォークの大会以降、おちょぼ岩まで足を延ばす人が着実に増えている。

　南側は、展望の丘から九鬼辻、八鬼山、三田谷高、小坪、矢の川峠とつづく山なみ。この稜線も尾鷲の市街地からは、全体に眺めることができるのだが、そして朝な夕なに市民に親しまれている風景なのだが、天狗倉山側よりも知られていないし、歩かれてもいない。中でも627・7mの八鬼山は、熊野古道伊勢路最大の難所として知られ、世界遺産登録前から、多くの人に親しまれてきた。この山は、九鬼や三木里からはそのなだらかな特色ある山容を目にできるが、尾鷲側から、「あれが、八鬼山です」と指摘できる人は中々いない。辛うじて、最低鞍部の九鬼辻を探し（目印は鞍部に立つ2本の杉の木だが、そのうち1本が先日の台風で倒れている）、そこから、右に西側になだらかに上りきった辺りが八鬼山の山頂と定める程度である。

　この稜線で誰でも識別できる山がある。双耳峰である。この山の名前を知らないとき、その姿、形から「尾鷲双子《ふたご》山」と呼びたいものだと思ったし、今も、そう思っている。751・4mで三角点を有するこの山は、尾鷲の南に連なる山なみ中の最高地点であり、それ故、麓からはっきりと確認できるのだが、国土地理院発行（平成八年六月一日）の5万分の1の地図「尾鷲」にも、山名が記されていない。名前を確定しておかねばならない。矢の川の支流と言うより、矢の川に流れ込む谷の一つに「三田谷」というのがあって、これは前掲の地図にも明記されている。その三田谷の奥にある高地なので、地元の人たちは「三田谷高《サンダタニタカ》」と呼んでいたらしい。私たちも下見山行の時から、そう呼んでいたので、今回の山行でも皆さんにそのように紹介した。とくに指摘や教示がなければ、「三田谷高」として確定しておきたい。なお、双子峰のうち、北側の方が少し高いので、三角点のあるそちらを、そのように呼びたい。

今回の参加者62名。国道42号線から林道矢の川線に入ったが、入り口のところで渡った橋を「大橋」という。国土地理院の昭和6年発行の地図によれば、尾鷲には鉄道はまだ敷設されてなく、国道もこの大橋から小坪へ向けてのルートだけ。横に、2人乗りの安全索道が走っており、プレカット工場の西詰めのところに「麓駅」、小坪のところに「小坪駅」があって、地図上にはっきりと架線ルートが記されている。林道が思いのほかにしっかりしていたのは、かって交通の要所として利用されていたことを示している。地図上では林道は尾根筋まで通っているのだが、途中で切れていて、その先に、道路跡らしきものがなかったのが、不思議であった。

この間の事情について「尾鷲市史」は次のように記している。

「大正十一年七月、尾鷲―木本間に尾鷲自動車株式会社による定期運行が開始されたが、この道路は、明治二十一年の第一次改修の道で、二つ小屋・大橋・七曲り（八鬼山とは別）・小坪・矢の川峠と進む危険なコースであった。そのうえ、冬季になると矢の川峠は積雪のため、通行不能となった。したがって、自動車の交通は、四月一日から十月末日までの、夏季のみに限られた。その夏季も猛雨のため、七曲り付近は道路の土砂が流れ、谷のような状態となるので、欠便することが多かった。」

歩き始めて30分ほど、急な坂道を直に登ったが、あのあたりが「七曲り」の一部かもしれない。とにかく、80年程前には、今回の稜線へ出るまでのルートは、尾鷲と木本を結ぶ陸の主要道であった訳である。

稜線に出てからは、幅十mほどの防火帯。ここ以外に、防火帯というのを通ったことがないので、ずいぶんと珍しかったが、3年前に尾鷲市が伐採作業をしたとか、とても歩きやすくて見事な道だ。その中を、一列になって62人が歩いていくのが、山行の楽しさに満ちて絵を見るよう。特に、三田谷高を過ぎたあたりからの、大台方面の眺望が絶景である。たとえば、一枚のカンバスの最上部に、真っ白に輝く日出が岳・正木が原・嘉茂助の頭までつづき、その下に橡山・樫山につづく海山町の山々、さらに下に便石・天狗倉山、おちょぼ岩の連なり。一番下には、尾鷲湾と尾鷲の町というふうに、上から下へ直列している絵を見ているようで、その絵の中を真下から船津の奥へと続く、送電鉄塔の機械的な並び方までもが美しく見えたものだ。

歩き始めて3時間ほどで八鬼山・桜の森展望所。いつ来ても、広々とした景観に感動する。南に、鉄塔が目印の亥が谷山、ゲジヨ山、その奥に、山容美しい山は「西又山」といって、小又の西に位置するとか。那智烏帽子も見えていたようだ。東は、熊野灘に向かう九鬼や須賀利の集落や山々。須賀利湾口の日和山も。遠くに志摩半島。弁当を食べながら、いつものように満足している。このごろ先頭で山ちゃんや石倉先生と歩くことに喜びを感じてきている北川太洋君は、さすがに空腹になったのか、めはり寿司を三つも食べている。

八鬼山を歩いてきた名古屋のご夫婦に会ったが、例の落書きに落胆していた。実は、下見の時には堂の谷から九鬼辻に登って、八鬼山から小坪に向かって歩いたのだか、それは落書きを皆さんに見せて不愉快な思いをさせたくなかったからです。しかし、車を効率的に移動すること、それでも、やはり八鬼山を通過してもらいたかったことなどを理由に八鬼山を下山ルートに選びました。現実に目をそむけてはならない。たとえ、それが醜悪な現実であったとしてももとの思いもありました。木々はもとより、地蔵さんの背をスプレーで汚すなどということは、文化財とか文化に対する冒涜である。主張は主張として的確な社会的常識にのっとった表現の方法があるだろう。福岡から八鬼山を歩きに来たひとが「わが七十年の生涯で最も不愉快な出来事でした」との感想を残していったとのことです。熊野古道を訪れてくれる人たちの立場にたっての、解決を心から願っています。

途中、荒神堂に立ち寄ったが、あちこち腐りが進み、屋根なども今にも壊れそうな状態になっている。このまま放置すれば、観音道のお堂が崩壊してしまったのと同じになってしまうかもしれない。宗教的施設に対しては、行政の補助、助成が困難なので、所有者の了解を得て、民間の総力を結集して、修復にかからねばならない時期にきている。落書きの問題にしろ、荒神堂修復の課題にしろ、熊野古道が世界遺産に登録されて、その本来の目的であった「古道と古道周辺の、文化財の保全・保存の課題」に直面したということであって、「困った、困った」ではなく、世界遺産に登録されて始めて現実的施策が問われているという立場での、特に行政の真摯な対応が注目される。

新春山行としては、好天に恵まれ、浅尾さんの友人が静岡から参加されるなど、伊勢・久居・那智方面からの参加も得て、バラエティに富んだパーティであった。事故もなく、落伍者もなく、まずまずの山行。今年も、ゆったりとゆっくりと東紀州の山々を駆け巡りましょう。

尾鷲を取り巻く山なみの内、西側の山々、高峰から便石の間は、時々歩いて行く人がいますが、整備ができていません。この区間を、きちんと整備すると「猪の鼻から展望の丘までの尾鷲周遊コース」が完成することになります。本年中にぜひとも完成したいと思っています。鎌と鋸は10マウンテン・スタッフの必携品です。東紀州の山々を、地域の人が誰でも歩けるコースとするために、今年も力をあわせましょう。山々を、地域の人が誰でも歩けるコースとするために、今年も力をあわせましょう。

八鬼山——三田谷の頭◉２０１０年12月12日・参加者49名

三方を山で囲まれている尾鷲の市街地を眺めるポイントはいくつもある。代表的なのは天狗倉山からの眺め。眼下の尾鷲の市街地の中を、南北に主要な道が走る。近世の馬越大道から矢の浜大道へとつづく道は、中井の道や矢の浜街道を含み、熊野古道と呼ばれた昔から今に至るまでメインルートである。昭和9年の紀勢東線尾鷲駅の開業時に、駅と中井を結ぶ今町（後に栄町）通りが完成し、そこを歩く人たちでにぎわった時代があった。映画館、本屋さんをはじめさまざまな商店が軒を連ねた。尾鷲の繁華街は通行人のためのものであり、さまざまな人々が往来していた。高校生だった私もロマン座や大鷲館で映画を観るために急ぎ足で歩いた。時には尚古堂やまさみ書苑で立ち読みをしたりした。この道は東西に走るが鉄道と中井を結ぶ役割を担っていた。

昭和30年代の国道42号の改修工事以来、メインストリートは駅の裏側に移動した。主な建物、市立総合病院や警察署や税務署等々が沿道に移動した。道の変遷は、町の様相を一変させてきたが、主要道が南北に流れていることに変わりはない。天狗倉山の岩頭からは大台の山なみも見えているが、日出ガ岳から嘉茂助の頭へいたる稜線の初冠雪の眺めなどは秀逸である。

西から尾鷲を眺めるのは、小原野から塩の坂を上った尾根からの眺めがお勧め。「ここからの眺めは、尾鷲を背中から見ている」と表現したことがあるが、しばらく歩いてないので、塩の坂越えはどうなっているか気にはなっている。東から尾鷲を眺めるには、須賀利の日和山がよい。尾鷲湾を眼前において遥かにかすむ尾鷲の風景はなかなか

途中の急坂

登り始めの植林山

のものである。
　さて、南側から尾鷲を眺めるポイントを探すのは難しい。八鬼山や九鬼辻からは眺望がきかないし、古道センターや向井や大曽根からの風景も魅力的だが、標高がないのが難点。今回歩いた八鬼山峠から、三田谷の頭への道筋からの眺望がよい。もっとも三田谷の頭の山頂は植林に囲まれていて眺望がきかないので、途中の道筋に立ち止まって眺めることを推奨したい。はじめてこの風景を目にした参加者は「この視点からの尾鷲の眺めは珍しいですね」と語っていたが、たとえば尾鷲中学校のグランドと校舎が真正面に見えていて、その背後に便石や天狗倉山が見える。さらにその向こうに、大蛇嵓に落ち込む地点から日出ガ岳にいたる大台ガ原の稜線が手に取るように見える。さらに、その右へゆるやかに流れる稜線を目で追うと、ひときわ目立つ高みに懐かしい嘉茂助の頭の三角錐が、凛として天空を指している。気をつけてみれば、その横に与八高の小さなピークも遠慮勝ちに立っているではないか。さらに右に目を移すと、独特の山容を持つ仙千代の峯が、どっしりと座っていて、その遥かかなたにかすかに見えているのは高見山の辺りか。目に見える一つ一つの山々をテン・マウンテンの山行で歩いた日々のことを思い出していた。尾鷲を眺めるビュウ・ポイントとして紹介しておきたい。
　今回のコースは、尾鷲やその背景の山々を、南側から眺める絶好の道なのだ。

　午前8時に紀北県民センターの駐車場に集合。車に分乗して国道42号線を南下、国道３１１号線に入り、八鬼山トンネルを出たところで県道７７８号線に入り行野方面に北上、途中から林道新八鬼山線に入る。林道の終点から九鬼辻までは徒歩5分少々。10分足らずで荒神堂の前に着く。正式には八鬼山日輪寺といい、大宝2年（７０２）の開基という。一時衰退したのを天正初年（１５７３—）頃に各真法印が中興したという。堂のなかには、高さ1mの三面六臂の「石像三宝荒神像」が祀られている。「荒神は仏・法・僧の三宝を守護する。怒りの相を示しもっとも不浄を嫌う。火は清浄で不浄を払うので火の神とも竈の神ともいわれる」。
　荒神堂はかなり朽ちてきていて修復が急がれるが、その前を過ぎて八鬼山辻へ登りかけの右手にある石祠、そのなかに埋もれている三体の石仏が気になる。「埋もれた三体石仏」とでも呼びたいが、この像の存在を最初に写真で紹介したのは写真集『くまのみち』の森武史さんだろう。１９９９年刊行のこの写真集は、熊野古道の写真集としても早い時期のもので、その54ページに首まで土に埋もれ顔だけしか見ることのできない仏像と、その左に、これも下半身が土砂に埋没している地蔵菩薩らしき像が映る。「三重県石造物調査報告書」(２００９年刊)は優れた報告書だが、この像についての報告はない。土砂崩れで埋もれたのか、廃仏毀釈の折に仏像を救うために埋めたのか、あれこれ考えると興味が尽きない。

今回は、九鬼辻から桜の森までは熊野古道八鬼山道を歩いた。町石を三体まとめて安置している場所が2カ所あった。もともと町石は一町ごとに設置されたから、同じ場所に三体も設置されるはずがない。ここにも仏像を廃棄した人と、それを元に戻した人たちの営みがある。古道を巡るというのは、単に昔を懐かしんだり、ありがたがったりするだけでなく、石像ひとつにしても建設や破壊の歴史を深く考察することが必要だ。それが、古道を歩くということだ。西国一の難所といわれた八鬼山だけに残された文化財も多く、特に深い考察が必要となるだろう。八鬼山峠から明治道を１００ｍほど歩いて、西側に入り三田谷をめざす。ここは「どんぐりの小径」と表示があった。南は三木里側、急な谷が続きツバキを主とした雑木林。北は尾鷲側、ヒノキの植林山が尾根筋まで迫っている。雑木林と植林山に挟まれた稜線上に幅5ｍほどの防火帯があって、そこを歩く。どうしてこんなに落ち葉が深いのか。ふかふかと足に快い。尾鷲を取り巻く山々で、これほど落ち葉散り敷く道を歩いたことはない。落葉樹の大木が所々に立っているが、大きな樹林を形成しているのではない。両側の植林山と雑木林が落ち葉を吹き飛ばさないのであろう。見事な道といえる。さきほどの古道とは異なり、石の仏像も道標も一つもない。この道は生活道でも、もちろん参詣道でもない。林業に従事する人たちだけが、時々歩いていた道だ。人工の構築物といえば、三田谷の頭に設置された三等三角点だけ。さまざまな道を歩いてきたが、人の気配のしない道というのは、それはそれで興味深い。途中で下北山から来た御夫婦に出会った、このコースは数回出かけているがここで人に会うのははじめて。尾鷲の人さえ滅多に歩かない道を尋ねてくる人に興味を持ったが、ゆっくりと話す時間がなかった。

今年もあと僅か。みなさん、健康で穏やかな新年をお迎えください。

尾鷲市須賀利

日和山・須賀利大池

◉２００７年2月11日・参加者80名

私の尾鷲高校卒業は、１９５９年(昭和34)である。普通科２０１名、商業科47名、水産科18名、家庭科48名の合計３１４名が卒業アルバムに名を連ねている。そのうち尾鷲市須賀利町の出身者は9名。当時、須賀利への自動車道(島勝浦と須賀利浦を結ぶ県道の開通は昭和57年＝１９８２年6月20日のこと)はなかったから、高校生も住民も全員が巡航船を利用していた。高校生30名余とそれ上回る須賀利の住民を乗せた巡航船は、満員・満席の状態で尾鷲、須賀利間を運行していた。

当時の高校進学率は30%ほどであったから、須賀利の中学校には１００名前後の中学生が、小学校にはそれに倍する小学生が在籍していた。須賀利小学校の児童数のピークは、私たちが高校を卒業した年、昭和34年の２２２名である。一学年に平均すると37名ということになる。昭和30年代の須賀利浦には30名程度の高校生と、３００名を超える児童・生徒がいた。その数は、現在の浦の総人口に匹敵する。高度経済成長といい、バブルといい、60年代以降の、この国の政治と経済

全員集合写真

日和山と大池の分岐

大池（元須加利）へ向う

の動きはかかる現実をもたらした。都市は、農・山・海村の若者を吸収し、定着させることによって「成長」してきたが、それらの村々が、高齢化し、小・中学校がなくなってしまっては、都市にも国にも未来はないと言える。

平成17年の調査では、須賀利の家数は201軒、人口は348人である。一家族平均約1・5人であるから、一人住まいが半分、二人で住んでいる人が半分ということになろうか。

今から200年程前の寛政5年（1793）の須賀利の人口は363人であるから、すでに人口において江戸時代の水準を下回っている。なお、昭和30年の国勢調査では、人口1359人、家数201軒、家族平均6・2人であり、少子化が時代の主流となる以前の、人口数から見た須賀利の最盛期を表している。

現在、巡航船を利用している高校生は1人。この一人が巡航船の主要な利用者である。なお、船長さんの話によれば「高校生以外では、病院や介護のための高齢者の利用があったが、これらの人の利用は陸路での送迎になったため、なくなった」「二年半前の相賀の水害の時には、救援に向かう人たちの送迎で、3日間で1000人の人を運んだ」とのこと。地域に進行する過疎化と、陸路の開通は、住民の大切な交通手段であった巡航船の運営を困難としている。

このような事情から、80名の山行参加者の皆さんには、全員船を利用していただきたかったが、乗務員2名定員44名ということなので、44名は船で、残り36名は矢口・島勝周りで須賀利での集合ということにした。どちらにしても満席での運行というのは、水害の時以来ということでしょう。

須賀利湾は天然の良港である。浪穏やかにして、地元民のための漁港としてはもちろん寄港地、避難港・風待ちの港として大坂、江戸間を往来する菱垣廻船や樽廻船などに大いに利用された。文化13年（1806）には年間182艘の入津を記録している。1艘当たり10人としても、年間5000人を超える水主たちが、滞在したり通過したりしているのである。尾鷲組須賀利浦の黄金時代である。この頃には、船宿も8軒（千次郎・泉屋茂七・源三郎・清蔵・長次郎・喜兵衛・嘉衛門・彦二郎）立ち並び、その数は幕末まで変わらない。近世後期に大坂の泉永堂の作成した「国々湊しらべ」には、西前頭18枚目に「伊勢須軽」の名が掲載されている。「海の東海道」の時代、須賀利は、全国の港の中でもベスト50に入る重要で有名な港だった。

日和山頂上から大池を見る

鳥羽の日和山（鳥羽駅背後にある標高69ｍの山。千石船の船頭らがここに登って天気を予測し、出港を判断した。山頂の展望所には十二支の方角石が残る）をはじめとして、全国の主要な港の出入り口にある、小高い丘とか山には「日和山」なる場所と名前が残っている。逆に言えば、須賀利に日和山が存在していることが、この港が江戸時代の重要港湾であったことを示しているのである。

早朝に日和山に登って、天気を占うについては、日和山は「眺望がきき、簡単に登れる低い山である」のがよい。須賀利の日和山は、確かに見晴らしがよかった。尾鷲を望むにも適しているし、これから船を出して向かう志摩方面も、潮岬方面も見事に見えていた。ただ、こ こしか適地はないにしても、301・1ｍは日和を見に行って帰るにしては、少々高すぎるのではないか。私たちの辿ったコースでは、どんなに急いでも2時間以上はかかる。地元の人は、船で対岸に渡り、私たちとは反対側の北西方向から急坂を駆け上ったというから、かつての船頭たちも、伝馬船を利用してそのコースを急いだのであろう。尾鷲組大庄屋文書の中の廻船関係の文書に「日和山に登った船頭」に関する記録があると面白いのだが、いまだその種のものに接していない。

頂上に方角石が残っていることを期待していて、下見山行のときも当日も、私にしては珍しく熱心に、石をひっくり返したりして探したが、それらしきものは見なかった。頂上に残っていた石組みのようなものと、眺望の良さが、この山が、その昔日和山として利用されていたことを示すのであろう。地元の人や、いろんな人に方角石を見なかったか尋ねたが、それを確認したという人はいなかった。ただ、すべての日和山に方角石が設置されていたのではなく、方角石の設置されていない日和山もあるので、日和山という名前が伝承されていることに重きをおきたいと考えている。

日和山の研究は、山の研究者の側からではなく、海運史の側からの研究が進んでいる。むしろこれからの研究課題と思われるが、山関係の辞書では『日本山名事典』（三省堂）に七座が紹介されており、須賀利については、「日和山。３０１ｍ。三重県尾鷲市。紀勢本線相賀駅の南東５㎞。山頂から南に伸びる尾根は尾鷲湾に没する」とある。

午後４時半発の尾鷲行き最終便に乗る私たちに、一人のご婦人が「どうぞ土産に」といって、丁寧に包装した沢庵漬けを下さった。それは、例の漬物独特の匂いであったが、とても甘くて懐かしい香りが船中に満ち満ちていた。

尾鷲市須賀利

寺倉峠越え

◉2009年4月12日　参加者80名参加

寺倉峠という名前をはじめて聞いたのは小学生の頃だった。昭和22年（1947）から5年間、私は引本町立矢口小学校に在籍していたので、村の大人や友人たちから「寺倉峠」の存在を教えられたのだろう。矢口湾には旭丸という名の巡航船が走り、矢口の人たちの重要な交通手段として活躍していたが、長浜から寺倉への渡し舟はすでになかった。矢口から寺倉（寺倉峠を下った引本湾側の小字名）への陸の道はあったのかどうかは知らない。小学6年生になって引本小学校に転校したが、寺倉の地籍は引本浦だったので、引本の人たちが寺倉周辺の土地を所持していて、畑仕事や山の世話のために対岸に渡って行くのを見たり聞いたりした。

明治22年10月に刊行された「三重県紀伊国 北牟婁郡地誌」に次のような記述があって、その頃には長浜と寺倉を結ぶ渡し舟があったと知ることができる。

寺倉ノ渡　一等里道ニ属シ本村（引本）字寺倉ト字長浜町トノ間海湾ニアリテ、同村ヨリ須賀利浦ニ越ル私設ノ場渡スト　渡船一艘賃金一人ニ付キ八厘トス

なお明治22年といえば、鉄道はもちろん、熊野古道の改修計画も始まったばかりで、この地域の川や海を渡す渡船は重要な交通機関で、あちこちに渡船場があった。赤羽川には「二郷村・長島浦堺渡場」、矢口と尾鷲を結ぶ「矢口渡」、白浦と古里（紀北町）を結ぶ「白浦渡」、さらに一番最近まで残っていた九鬼と早田を結ぶ「九木渡」などが運航し、それぞれ料金を徴収している。便の山と鷲下を結ぶ銚子川の渡しは、渡利の渡とともにすでに木の橋が架けられていて、有料で利用されている。

さて、寺倉ノ渡は一等里道とある。当時改修の始まった「熊野街道」は三等県道とあるから、一等里道とは、それにつづく重要な位置づけである。寺倉峠を越えて、渡し舟で長浜に渡るコースを、須賀利の人たちは日常的に利用していた。重要な生活道である。寺倉には2、3軒の家が建ち、渡し舟は引本の浜田某さんが経営していた。日暮れ時、長浜の岸辺に着いた人が提灯をかざして「おーい」と呼ぶと対岸から迎えの舟が来たというから、渡し船の拠点は寺倉にあったのだろう。

さて、寺倉の渡しはいつまでつづいていたか。文政8年（1825）に江戸に向かう御城米船から脱走した水主たちが、この寺倉峠を越えて新宮方面に向かったという記録が残っているから、そのころには既に運行していたことは間違いない。ある事物がいつ消滅したかを知る

全員集合写真

峠にて

峠付近から須賀利湾を見る

のは、その起源よりも記録に残りにくいので難しい。寺倉峠が廃道になったのはいつかの記録はない。したがって、尾鷲・引本・須賀利の巡航船との関連で考えたい。

ひとつの交通手段が開発されると、それまでのものが古き物として捨てられていくのは50年前に国鉄紀勢本線が全線開通したとき、矢の川峠を越えるバスが廃止されたこと、峠を越える道が過去のものとなってしまつた例を見ても明らかである。

須賀利と引本を結ぶ発動機船の巡航船「すめら丸」が、須賀利のひと世古初太郎さんによって営業を始めたのは大正4年（1915）のことである。このころに寺倉越えの道は生活道としての役割を終えたに違いない。以来100年近くになる。須賀利の側は峠にお堂があった（後に中腹に移転された）ので、地域の人がそこへ通う道として残るが、引本側は山仕事の人が時々利用するだけで、シダの中に埋もれてしまい幻の道になりかかっていた。私は10数年前からこの道を復活させたいと思っていたが、なかなか実現できなかった。

昨年の春から秋にかけて、10マウンテンの会のスタッフ20名ほどで、鎌、鋸、チェンソーなどをもって出かけた。シダはかなり茂っていたが、刈り取っていくと、下からきれいに踏み固められた道が出てきた。作業は3日ほどで終わったが、須賀利地区の皆さんにも一日出ていただいた。昨年の第5回「尾鷲海・山ツーデーウォーク」のコースにも組み入れ、100名近くの人が歩いた。

以上のような経過で、今年度の山行は「寺倉越え」のコースから始めることとした。寺倉峠は標高180m弱。最初の上り道30分と下り20分を除くとあとは須賀利・大根林道（尾鷲市部分は平成8年起工、同11年竣工）の坦々たる道を歩く、全長8km強の行程。山歩きというよりウォーキングを楽しむといった趣。今回は、巡航船に乗って出かけること、その昔の復活した峠越えの道を歩くこと、林道から尾鷲の市街地、紀北町の町々を眺め、その背後の大台山系の山々を眺望できることなどの新鮮さが皆さんの興味をひいたのか80名の参加者があった。巡航船の定員は44名なので、船に乗れない人はスタッフを中心に36名、陸路で須賀利に向かった。陸路で須賀利に入れるようになったのは昭和51年（1976）6月20日のこと。すでに33年前のことになるが、地域の人口減と自動車道の開通が、巡航船の乗客者数の大幅な減少をもたらし、須賀利と尾鷲を結ぶ「海の道」の存続が話題となって来ている。

境界石

須賀利小学校校庭で準備体操、普済寺（寛永元年＝1624年創建）にいたる100段ほどの階段をうめつくして上り始める。峠での15分の休憩。徒歩5分ほどのところにある四等三角点を希望者のみ見学。林道までの下り道が、私たちが切り開いてきた道です。当日は雨こそ降らなかったものの、少し雲がかかっていて、遠景の秀が岳から嘉茂助の頭にいたる大台山系の稜線を目にできなくて残念でしたが、またぜひ出かけてください。すべての山行が終わって、須賀利の町で買い物、見学をしていただきましたが、私は巡航船の船長さんに船着場の近くでナマコを捕ってもらって持ち帰り、おいしくいただきました。

尾鷲市　矢《や》の川《こ》林道から亥ケ谷山

◉688・5m／2007年3月11日

熊野古道伊勢路は、峠越えの道であり、明治になって車道として整備していくにあたって多くの困難を抱えていた。なかでも馬越峠と八鬼山越えは険阻な山越え道で改修に苦労したようだ。馬越峠道は、今でいう「猪の鼻水平道」として岬回りにルート変更し、明治21年に竣工している。一方、尾鷲浦と木本浦間の11里余は、従来の八鬼山ルートを廃棄して矢の川越の道を開削することとなった。この決定は明治13年（1880）3月1日のことである。このときのルートは矢浜—二つ木屋—大橋—七曲り—小坪—矢の川峠であり、明治21年に完成している。昭和2年には大橋（現在のプレカット工場への入り口）小坪間に安全索道が竣工し、尾鷲と木本の間を結ぶこととなった。

「海抜807mの矢の川峠にいどむ第二次改修に着工したのは、尾鷲駅の開業（昭和9年12月19日）も間近い昭和9年9月24日のことである。この改修案は二つ木屋から矢の川に沿って南西にのぼり、南谷から南東行して小坪に至り、小坪トンネルの上を回って、再び南西行して矢の川峠に達する。」「いわゆる南谷回りの矢の川峠越えの道が完成したのは昭和11年の10月である。」（『尾鷲市史』）明治13年の熊野街道、改修計画の決定から実に56年の歳月を要している。三重県はこの難工事の開削を記念して、昭和15年3月、矢の川南谷に「矢の川峠開鑿記念碑」を建立した。高さ2mを超える大きな自然石の碑が今も路傍に残っているが、書は29代三重県知事・廣瀬久忠氏のものである。

全員集合写真

同じく昭和11年10月16日に省営自動車（国鉄バス）が運行開始。尾鷲駅—上木本間45kmを2時間45分でつないだ。この矢の川峠越えのバスは、国鉄紀勢本線の全通の前日（昭和34年7月14日）まで、無事故で走り続けた。バスは、峠の茶屋で10分間休憩したので、茶屋のおばさん稲田のぶえさんの求めに応じて、多くの人が色紙に名を記している。

途中尾根から三木里方面を見る

こもれ日の間を皆元気で歩いています

政治家では、片山哲（昭和29年9月）、船田中（28年秋）、斉藤昇（30年8月19日）、長井源、西尾末広、大山郁夫。青木理三重県知事は「紀勢線工事再開祝賀の日に」と記し「天の川鉄路の欠けは八里ほど」と誓子の句を達筆で紹介している。田村元は昭和34年5月に「山々と共に小母さんの面影とわに」と稲田さんへの賛辞を。角屋堅次郎、田中覚、川崎秀二など懐かしい名前が続く。三木浦出身の三鬼陽之助氏は昭和33年の3月。「あわれ旅人はいくたび此の峠にたちてふるさとに眠る父母を思いしぞ」と記す。

「三国連太郎がスポーツカーかなんかでやってきて、あまりの急な道に運転できなくて引き返した」という話を、誰かが言っていたが、「南紀の旅の終りに矢の川を越す」と1956年（昭和31）7月12日と

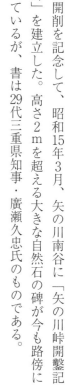

ある。芸能人では春日八郎、藤島桓夫・豆千代・東海林太郎・松山恵子の一行、田端義夫は「雨の日も風の日もたのしく唄うバタヤンカッパ」と記し、ギターを抱いた河童の絵を添えている（1955年11月2日）。珍しいところでは「寿」と一字のみを記した横綱鏡里、豪快な文字だが年月日不詳。

とにかく、多くの旅人が峠での感慨を残している。昭和25年12月に峠を越えた吉川英治については、すでにあちこちで紹介したので割愛するが、彼らはバスではなく尾鷲営林署のトヨペットで通過したことだけを確認しておきたい。

昭和43年4月に、国道42号線が、矢ノ川トンネル・大又トンネルによる現行のルートになったので、南谷経由の矢ノ川峠越の道は廃道になってしまった。尾鷲側はアンテナ整備の道として利用されてきたので、四輪駆動車ならかろうじて使用できるものの、熊野市側はすっかり樹木の生い茂る林に回帰している。

国道42号から南谷に入り約6・5㎞の地点が登山口。急斜面を10分余のぼると尾鷲・賀田送電線の16番鉄塔に出る。亥ケ谷の山頂に立つのは23番鉄塔なので、山行の道は、この鉄塔に沿って歩くことになる。亥ケ谷へのメインルートは、賀田の輪内中学校の横から入り、南側から山頂をめざす。山頂からヒヨ山を経て、農道に下りて行くコースもあるが、今回のコースは、よほど地域の山に知悉してないと歩けないコース。いわゆる鉄塔の巡視のための道なので、歩くには良くない。さらに弓山沿いに、シカよけの防護ネットが張られていて、足場が悪い上にネットにひっかかったりして、あちこちで転倒する人を見かけた。尾根道からの眺望はなかなかのもの。ゲジョ山は谷を隔てて正面に見えるし、新たな熊野尾鷲道路の三木里トンネルの坑口が眼下にはっきり見え、三木里・名柄・小脇の集落とそれを取り巻く白浜が、暖かい陽射しを受けてすっきりと見えている。山頂からは、はるか南に那智烏帽子、西には高峰山、女王の頭、北のはるかに加茂助の頭と10マウンテンの会推奨の峰々が見えて快い。

山頂の二等三角点は、ほとんど土砂に埋もれていて、頭部が10㎝余ほど見えているだけ。「点の記」によれば、点名は「石ケ塔」、所在地が賀田町亥ケ谷口である。今年の干支が〝いのしし〟ということもあって、名前に魅かれて山行に来る人が多いのだが、亥ケ谷山は古くは「石ケ塔山」と呼ばれていたのではないだろうか。明治22年発行の「南北牟婁郡全図」には、石ケ塔山と明記され、南牟婁郡山嶽とわざわざ12の山を紹介している中で「石ケ塔山、北輪内南輪内の境界」にあると説明している。なお同地図には、出発点の16番鉄塔辺りの高所に「白倉山」という表記もあって興味をひく。そういえば、その場所に「白倉山　730ｍ」という標示があった。誰が建ててくれたものか、10日ほど前に下見に出かけた折には見かけなかったから、ごくごく最近に建てられたもの。白倉山という山名は、今回はじめて知っただけに、石ケ塔山とともに教えを乞いたい。

さて今回で平成18年度の山行はすべて終了した。10回の山行計画のうち7月の「源助の滝」と9月の「西大台周遊」が雨天中止となり、年間8回の山行でした。延べ参加人数は519名で、1回の平均参加者は65人、最高は又剣山の82名でした。それぞれ参加の意志があっても、冠婚葬祭等でどうしても参加できないことがあります。健康等に注意した上に、周囲の条件に恵まれることが大事です。今年度の皆勤者は次の皆さんでした。

熊野市―大西敏彦、垣内悟、垣内百代、中村稔、中村恵子、中村敬子　尾鷲市―川端守、川端美智子、田中利明　和歌山県古座川町―萩中進

特に、古座川から毎回参加された萩中さんの熱意と努力に拍手をおくります。

尾鷲市九鬼

九鬼原生林周辺

◉2011年2月13日　参加者57名

天気予報がぴたりと当たると、私のような科学に弱い人間でも、世の中の科学技術の進歩が感じられて気持ちがよい。3連休の初日の11日の金曜日は、太平洋岸でもかなりの雪が降るという予報のとおり、朝6時頃から降り出した雪は、馬越の私の家の庭でも5cmほど積もった。尾鷲での積雪は数年ぶりのこと。屋根も木々も道路も真白になって、夾雑物を全て消して、時たまの雪景色も悪くないと思う。山行当日の13日の日曜日は回復するとの予報どおり、快晴。午前8時に九鬼駅前に集合。

九鬼駅前から歩き出し、九鬼神社の階段を昇り、三思ガ丘の展望所で休憩。野口雨情の句を紹介した説明板が立つ。

九鬼の港は　八鬼山下の　忘れられよか　鰤どころ

三思ガ丘から人家の間を抜けて、猪垣まで30分余。ここまでは人工林の中を歩くが、道の両側には田畑と石垣の跡、この猪垣までが九鬼の人たちの生活圏であったと思わせる。猪垣については説明板もなにもなかったが、もし建てるとすれば次のようなものになろう。

「九鬼の猪垣　村の東方大橋の麓から西方字宮の谷の海岸に至る。長さ20町20間3尺（2217・3m）幅7尺2寸（2・3m）、高さは場所により異なるが、最低でも2mはある。宝暦14年（1764）に築かれた。草木が繁茂して、シカやイノシシなどが自由に現れ、穀物や野菜類を害していた。そこで、樹木をことごとく伐採して害獣の道を断ち、石塁を築いた。以後、今に至るまでその恵みを受けている。（「北牟婁郡地誌」明治22年刊）2・2kmを超える猪垣はその規模において東紀州でも屈指のものである。馬越の石畳とほぼ同じ長さ。石を敷くのと積み重ねる違いはあるが、どちらも相当の苦労を要した。猪垣の全体を歩いてみたいと思いながら、実行できてないが、保存状態はよさそうだ。その猪垣を越えて古田をめざす。カノコの巨木や、イヌマキなどが道を覆い、すでに原生林の雰囲気である。古田まで二時間余。かって住居があったとも、あるいは九鬼の発祥の地だとの説もあるが、いまは頂山の東側の麓に、相当な広さの盆地上の台地を形成していて、周辺散策のベース・キャンプとなっている。40分歩いて、遠見番所跡。尾鷲市教育委員会の建てた説明板がある。

「九木岬遠見番所・常灯場・狼煙場は江戸前期より幕末にかけて、海岸防備と船舶の航海に重要な役割を果たした。これら施設の設置年代は不明だが、常灯場は元和2年（1616）、遠見番所・狼煙場は寛永2年（1635）にはすでに設置されていた。天和2年（1682）九鬼島之助忠房は藩命によって舟見番と常灯場の番人を兼帯で任じられ、給米は15石であった。」

明治2年に廃止され、同6年1月樵夫の失火にて全て消失、今は瓦のみが残る。300坪の敷地（東西25間、南北12間）に建坪6・6坪（東西3間3尺南北2間3尺）の番所小屋が建っていた。今はすっかり樹木に囲まれているが、沖行く異国船を監視するに十分な施設であり、島之助たちが常駐して、熊野灘を往来する船を遠眼鏡で追い続けていた。
30数年前、はじめて古田を訪ねた折には、遠見番所跡を捜し求めて苦労した。シダと雑木に覆われた道なき道をかき分けて、やっとたどり着いた。古田までの道は魚見小屋に毎日通う番人の通路となっていたから、よく整備されていたが、遠見番所への道は放置されていた。ところが今回、そこへの道はよく整備され、案内板も行き届いていた。九鬼公民館の仕事らしい。遠見番所跡の西側斜面に、高さ60cmほどの石碑が二体、立っていた。一体は墓碑らしい。先端が勾配のついた角柱で、正面右に「常久禅門」その右脇下に小さく「仙牛」とあり、正面左に「冷雲禅門」その左脇下に「長安」と刻んである。常久、冷雲は戒名だろう。字面から判断して夫婦と思われるが、仙牛、長安というのが俗名にしては特異なので判断に迷う。修験者かもしれない。墓碑の右側面に「カエイ三年」左側面に「酉二月」とある。西暦1850年の2月、この地で亡くなったのは、多分番所小屋の下働きの夫婦であろう。嘉永と書かずにカタカナ書きにしたのは、石工の工夫だ。馬越峠に桃乙の句碑が立つ4年前のこと。九鬼の寺、医王山真厳寺の過去帖でも確認できてないという。墓碑の右手には合掌した仏像が刻まれ、その清楚な姿が西面して立っている。

古田へ戻って魚見小屋まで10分。眼下に二号鰤大敷の定置網。下見の時にはそこで網を引く人たちの声が聞こえていた。メガマウスとかいう珍しい深海の巨魚がかかって、逃げ出したのもこの間のこと。熊野灘が見える。遥かに志摩半島が見えている。和具や浜島のあたり。その手前の岬らしきところのちょこっとした山は、一月山行で登った局ケ頂だろう。島勝の手前、江戸鼻も見えているし、桃頭島も大きく見えている。

30数年前、「親子劇場」の子どもたちを連れてきた頃には、魚見小屋には番人のおじさんが双眼鏡を手に見張りをしていた。おじさんといっても、今の私よりは少し若かったかもしれない。退屈なのか無線で錦の魚見小屋の番人と話をしていた。「今日は尾鷲の子どもたちがたくさん来て、にぎわっています。どうぞ」といっていた。その小屋が無人になってから久しい。錆ついた錠前をはずして中に入ると、ほこりっぽいが、後片付けもしないで去っていったのか。鍋や釜、呑み残しの二合瓶などが散らばっており、壁にかけた温度計は摂氏4度をさしている。大漁祈願の御札が数枚神棚の近くに落ちている。いずれも八鬼山荒神堂の発行のもの。壁に「ひめくり」のカレンダーが架かっていて、1987年の7月7日が半分千切れて一番上にめくられないままに残っていた。正式に閉所式などしなかったろうから、24年前にこの魚見小屋は役割を終えたのだろう。魚市場の近くの家から毎日通っていたおじさんは、10年ほど前に亡くなったとのこと。九木浦の鰤大敷（一号網）が始まったのは、明治32年（1899）、二号網の設置は翌・明治33年のこと、大正15年（1926）には九木鰤敷組合が結成され、日本三大鰤漁場の一つといわれるほど盛況を極めたが、昭和31年（1956）に一号網がはじめて赤字となり、以降厳しい運営が続いている。魚見小屋の閉鎖については述べたが、設置されたのは記録は目にしてないが、どちらにしても、九木の鰤大敷の盛衰を、海上100m余の崖の上から眺めてきたことに間違いはないだろう。

原生林の中に入って大きなカズラというかツタを眺めて記念写真を撮り、九鬼の集落を抜けて、駅前に戻った。好天の下、頂山がすっくと立っていた。

尾鷲市九鬼

頂山

◉397・9m／2013年3月10日　参加者50名

尾鷲市立九鬼中学校の閉校式は平成21年3月27日に挙行された。その閉校記念誌「心のふるさと九鬼中学校—62年、2187名の想いをこめて—」を見ている。

昭和22年（1947）4月1日、新学制、いわゆる6・3制が発足している。国民学校初等科を改称した小学校はとにかく、新制中学校は財源難のため校舎の建築がはかどらず、九鬼村立九鬼中学校も、九木小学校東側校舎を使用して5月5日に開校式を挙行している。日本国憲法発布の2日後のことである。開校時の生徒数121名、第一回卒業生は17名である。九鬼中学校の生徒数のピークは昭和38年（1963）の278名、この年の卒業生は100名である。今は無人の校舎とグラウンド、プールだけが残る地に、278名もの生徒が学び、遊んでいた。誰が今日の事態を想像したろうか。生徒の声が聞こえない、教職員の働く姿の見えない校舎跡はさびしい。

九鬼駅前の駐車場を出発した私たちは、九鬼中学校跡のプール通用門の横を歩いて、山の中へ入っていった。谷沿いに上って20分ほどで、巨大な猪垣にぶつかる。

「村の東方大橋の山脚に始まり西方字宮の谷の海岸に至る、長さ20町20間三尺（2545・8m）、幅7尺2寸（224cm）」の石垣は九鬼の集落全体を北方で防御している。東側の一部は原生林へ向う道筋で見かけたが、今回私たちが見たのは、西の端の分である。頂山の東麓にあり、集落をぐるりと取り巻いている。全体像を確認したいと思いながら果たしていない。「宝暦14年（1764）に創りはじめて、築く。当時草木が群生して田圃に接していたので、シカやイノシシが穀物や野菜類を奪うので、樹木をことごとく伐採して害獣の道を断ってしまった。」紀伊山地の中で、時々猪垣を見ることがあるが、九鬼の猪垣は、規模や残存の度合いからいっても最大規模のものであろう。「創設以来、今に至るまでその恵みに村人は頼っている。」と「北牟婁郡地誌」（「明治22年刊」）は記す。創設以来、250年を経過して、今なお集落を獣害から守り続けているこの構築物を作り上げた人々の労力と豊かさに頭が下がる。猪垣のない馬越山麓に住む私などは、サルとイノシシの日ごと夜ごとの来襲にうんざりしているので、感銘を受けること大である。

山間の集落を歩いていると、パイプハウスの中で農作業をしている人を見かけることがある。サルやシカやイノシシなどは、その外回りを自由に闊歩している。農業を営む人々にとって獣害は深刻な問題である。生活がかかっているといってもよい。しかし、現在の獣害対策は、個々の農家や住民に対策が任されており、集落全体で対応する点が弱い。その点では、九鬼の猪垣に学ぶ点が多い。集落全体を丸ごと、2kmにわたって城壁のような石垣で囲い込むという、江戸時代中期の発想に学ばねばならない。ただし、「北牟婁郡地誌」に記すように、猪垣の対象はイノシシやシカであって、現在の獣害の主人公であるサルについての記述はない。さすがの猪垣もサルに対しては有効ではないと思うのだが、どうだろうか。山道を歩きながら、そんなことを考えていた。

猪垣を越えて30分ほど歩くと、道が二股に分かれている。分岐点に石の道標。高さ60cmほど、一面10cm余の角柱である。正面に次のよう

「右やまみち　左ゆくの道」と読める

麓から見る頂山

植林山の中を道はつづく

に記す。

みぎ　やま道

ひだり　ゆくの道

実は、中学校跡から山道に入ってここまでの道は、九鬼浦と行野浦とを結ぶ昔の生活道であった。山の中の道にしては、ていねいに石畳が設けられていて、今では元と呼んでいる行野の人や九鬼の人、時には郵便配達の人まで通った道なのである。

数年前に元行野へ出かけたことがある。行野漁協の人に船に乗せてもらっての探訪である。穏やかな波の静かな日であったが、浜には船着場がないので、舟の舳先を岩場に着けて、飛び降りたのを思い出す。私達を下ろすとすぐに舟は岩場を離れて沖で待っていてくれた。この船着場のないことが、行野の人たちを松本へ移住させる原因となった。

「郷土むかしばなし」（伊藤良編、昭和51年刊）は、次のように記す。

「万治元年（１６５９）いよいよ村の移住がはじまりました。そのとき行野浦には18軒の家があり、人口は１３０人、舟14隻、魚網11帖がありましたが、実際に引っ越したのは、わずか4軒だけでした。」「松本は船着きのよい港で、新しい田畑もできたので、次第に引っ越す人が多くなり、文化4年（１８０７）には松本は20軒となりましたが、まだ元行野には5軒が残っていました。」この5軒が完全に引っ越したのは大正の中ごろです。引越しをはじめてから完了まで、２６０年もかかったわけです。」

「ひだり、ゆくの道」の道標がいつ建てられたものか、道標の横やら裏やら何回もながめたが、わからなかった。

「行野浦道　村の中央より北方行野浦堺に至る。長25町33間（約２７８４ｍ）幅広き処6尺、狭きところ4尺2寸。険峻なり」と「北牟婁郡誌」にはある。行野から松本への道は、海上から眺めただけだが、崖ふちのさらに険峻な道であった。

道標には「みぎ　やまみち」とあった。山とは頂山を指すのだろう。イタダキ山という山名は簡明で私は大好きなのだが、全国的にも多くあるだろうと思っていたが、三省堂の「日本山名事典」には、九鬼の頂山だけしか載っていない。ありそうでいて、珍しい名前なのだろう。ハカリカケ岩という名は珍しい。おちょぼ岩のある山は「カンカケ山」大紀町には「アミカケ山」があり、「――カケ」山（岩）というのは、調べたらもっとあるのかもしれない。ただ、ハカリが秤を意味するのかどうか、よく解らない。

さて4月の「滝尻王子―近露」からはじまって、今回の頂山まで、今年度は10回の山行を実施してきました。10回ともに参加されたのは、尾鷲の伊藤登美子さん、植野洋さん、塩崎吉視さん、熊野市の中村恵子さんそれに山川治雄さんでした。紹介して健脚振りを称えます。

尾鷲市賀田

ゲジョ山

◉2002年11月17日

深田久弥にとって、雨飾山（1963m）は特別な山である。「日本百名山」の中では、そのことに触れていないが、じっくり読んでいると深田のこの山への思い入れが、山の姿や高さにではなく、筆者の側の特別の事情にあることが、読みとれるように思われる。それは、妻ある身の深田が、妻ならぬ女性（やがて二番目の妻となるが）と頂に立とうと、秘かに眺めた山だからである。昭和十六年六月半ばのことであるが、詳しくは『日本百名山の背景』（安宅夏夫、集英社文庫）を見ていただこう。

「雨飾《あまかざり》という珍しい名前は、どこから来たものか。小谷《おたり》温泉へ行く途中で道連れになった婆さんは、アマカサンと呼んでいた。（中略）また文政年間に出た青生東谿の「国群全図」の越後の国の地図では、雨節山となっている。これは雨飾の誤記か、あるいは雨節が正名であるか、やはりわからない。」（『日本百名山』）とある。山の名の由来もなかなか難しい。

深田久弥を真似て書く。

ゲジョ山というカタカナ表記の珍しい名前は、どこから来たものか。山行の途次、賀田の大川善士さんや地元の人々に聞いてみたが、よくわからないとのこと。

誰もが、「下女」という言葉しか思いつかない。ところが、下女と山とはどうにも結びつかないのである。下女《ゲジョ》山なんて標記にお目にかかったこともない。アイヌ語から来ていると解く人もいるが、アイヌ語は学んだこともないし、我々の地域がアイヌ語圏だったと聞いたこともない。

念のため、『柳田国男全集』の下女の項を調べてみた。下女については集中、二ヵ所出て来るだけ。思いの外少ない。そのうちの一つは、「炭焼小五郎が事」という文章に出て来る。

ある炭焼きの所に、高貴な女性が訪ねて来て、その男の妻となり、それを契機に男は大金持ちになるという話が、全国あちらこちらに伝わっているという話なのだが、所によっては訪ねて来た女性が、高貴な娘ではなく下女であったりするというのである。

この話の中での女性は、幸運の女神であるから、下女のイメージも、普段われわれが抱いているものと違ってくることになる。

栃の森から、中山、ゲジョ山に至る一帯は賀田奥と呼んでいいのだろうが、昔から炭焼きの盛んな所だったし、尾鷲市内では最も遅くまで炭を焼く煙の立ちのぼっていた所である。現に登山道のあちこちに炭焼きガマの跡を見るし、その中には九十俵だきと言われる大きなものもある。木馬道や杣道が縦横に走っていて、それらが豊かな雑木に

全員集合写真

嶮しい山道を行く

大台方面を望む

覆われている。その中を忙しく働いていた炭焼き人が、朝な夕なに仰ぎみる頂に、幸運の女神の名を冠したとしたら、それはそれで納得のいくことかもしれない。かくして下女山、ゲジョ山は生まれた。

　なぜゲジョ山なのかと長く問いつづけて来たが、私の思いつくのはこの程度である。

　深田久弥は、雨飾山の説明の最後を、「……しかし、そんな詮索はどうでもいい。雨飾山という個性的な美しい名前で十分ではないか。」と結んでいる。

　そうなのだ。ゲジョ山という極めて個性的で意表をつく名前で十分なのだ。紅葉、黄葉の美しい山道を、去年、今年と二つのルートを切り拓き歩いて来ただけで十分なのだ。

（十一月の山行の直後から、スペインの巡礼道の探訪に出かけておりまして、為に、報告が遅くなってしまいました。）

古道歩き　紀伊長島町

荷坂峠越え

◉2017年7月9日　参加者53名

荷坂峠は東紀州から伊勢の国への出口であり、伊勢路を歩いてきた旅人や巡礼から言えば、紀伊の国への入り口である。川端康成ふうに言えば「標高241mの国境の峠を越えると紀伊の国である。」今回の集合場所は、紀伊長島の道の駅「マンボウ」横の、防災対策上設置された駐車場。午前9時の集合。北の方角、2kmほど遠方に、ツヅラト峠から郡界嶺とつづく国堺の山なみが見えている。ただ、梅雨前線が九州北部から北陸地方あたりの上空に延びていて、福岡県や大分県の日田市にかけて「ここ50数年ではじめての大豪雨」との大雨警報が出ていて、山崩れや洪水の被害が出ている。三重県南部は曇りのち雨の予報だが荷坂峠の辺りはガスがかかっていて見えない。雨対策とともに熱中症対策を参加者の皆さんにお願いした。

　徳川家康の10男、徳川頼宣が駿河から和歌山に移封になったのは1619（元和5）年7月のこと。紀州藩の側から言えば、「藩祖頼宣侯入府」ということになる。この時、頼宣がどの道を通って和歌山へ向かったか、熊野古道伊勢路の成立を知る上で大事なのだが、確たる史料を知らない。ただ、伊勢路が紀伊の国に入る道が、ツヅラト峠経由から荷坂峠経由に変わったのは、この頼宣紀州入国の頃というのが通説になっているので、その前提で話を進める。したがって、ツヅラト越えは中世の道、荷坂越えは近世の「江戸道」ということになる。

　寛政（1796）年の春、越後の富裕なちりめん問屋の若き跡継ぎの鈴木牧之（1770・明和7―1842・天保13）が「春、睦月の始めつかた」に同郷の友人たちと8名で「西遊記　神都詣・西国順礼」の旅に出発した。牧之27歳。神都というのは伊勢のことだから、伊勢参宮と、西国三十三所めぐりを目指したのである。

　正月の3が日があけた頃に出発したのであろう。牧之の「西遊記」は一般の道中記とは違って紀行・俳句集といったほうが適当だが、出発や通過の日時などは詳細に記録しないので、旅日記として読むのは難しい。「故郷（新潟県魚沼郡塩沢町）を正月明けに出発して、月末に伊勢に到着している。伊勢に4、5日滞在して、2月の始めに熊野路に出発する。伊勢までは8人の仲間と来たが、ここからはメンバーも入れ替わって6人でのスタート。残りの人の記述はないが、おおかた京都・大阪を巡る遊興の旅だろう。

熊野路の春や淋しき人通り

「熊野路に趣て」と頭書があるが、伊勢路、神都伊勢の賑わいと比較して熊野へ赴く人のなんと少ないことか。昔も今も、熊野を目指す人は伊勢と比べると格段に少ないのだ。旅人牧之の「淋しき人通り」の感想が身にしみる。とにかく寛政8年の春、2月の初め、2日か3日に北越の文人・鈴木牧之は同行5人とともに、荷坂峠に立った。峠の如意輪観世音の石造は、宝暦3年（1753）の2月に傳蔵という人によって建てられていた。牧之がくる43年前に立てられているから、熊野路へ入る牧之たちをやさしく迎えていた。

　221年前の春2月、北越の人鈴木牧之は、荷坂峠に立った。

二サカ峠に見渡せば海上の絶景筆に尽くしかたく、世の人の只熊

の路は恐ろしき噂のみ聞こえけるに、さはなくて長島の町まで一目に見下ろす風情いわむかたなし
長島や世を遁るなら此のあたり
嶋山や霞もこめず千々の景」
(以下口語訳)
昨夜は阿曽の坂本屋義助と言う者の家に泊まり、同郷の三十三所めぐりで阿曽まで来て、倒れてしまった人の話をいろいろ聞いたが、私たちは幸いにも荷坂峠に立つことができて熊野の海を眺めている。ふだらくの海の絶景は私の筆では表現しきれないが、世間の人々は熊野の地方と、そこに住まう人々は恐ろしいとばかり噂しており、そんな噂ばかり聞いてきたが、実際はソウではなくて、長島の町まで眼下に見下ろすこの風景の見事さはただ感心するばかりだ。
長島の町が見えている。熊野路の春の中にいるが、このわずらわしい世の中を嫌って、隠れ住むとすれば此のあたりがいいような気がする。
海上には大小の島々が見えている。春だというのに霞もかからずに、海、そこに浮かぶ島々、沿岸の村々、半島の上の春の雲。此の穏やかな景色こそ熊野路だ。

牧之一行は、荷坂峠を下る。明治道はまだできていないから、尾根道を一気に駆け下る急崖を下る。ただし牧之の「西遊記」は荷坂峠の道も、長島の町も描写しないで、古里、のこ切坂、はじかみ坂での感慨を俳句にして記す。馬越峠や尾鷲の記述はまったくなく、すぐさま八鬼山に差し掛かるが、それはまたの機会に。

荷坂峠がツヅラト道とともに世界遺産登録される2、3年前、峠の麓の人に案内してもらって、私の大好きな歴史学者小山靖憲さんと一緒に此の峠を下ったことがある。当時は明治道を掘り起こしたばかりのときで、これが江戸道ですと説明されても、明治道との差がほとんど識別できなかったことを思い出す。あれから10数年、久しぶりに歩いてみて、ずいぶんと整備されていると見た。尾根道を直線的に下る江戸道が、草木の中からすっきりと姿を見せていた。地元の人たちが「線路道」と呼ぶ国鉄紀勢東線長島駅開業に向けての線路工事用の道も、所々ですっきりと見えていて、この間の地元の人たちの努力の跡が、江戸道・明治道・線路道の整備という形で見えていた。

東紀州の道の歴史、交通・運輸の歴史を知る上で、国鉄・紀勢東線の延長の歴史を知ることが極めて大事なのだが、紀勢東線長島駅の開業は昭和5年(1930)4月29日。当日の長島町民はこぞって歓迎行事に参加した。大内山、長島間11・5km、標高差200m余の峠道を13のトンネルを抜いて完成した。学生の頃、帰省のたびに此のトンネルを越え、窓から入る煙に難儀したことを思い出す。当時、今回利用した梅が谷の駅はできていなかった。梅が谷の駅が開業したのは昭和40年(1965)11月1日のこと。私は教員となって長島高校に勤務していたが、あれから55年、今回の山行で初めて梅が谷の駅へ降り立った。乗車時間11分、そこを3時間かけて歩いたのが、今回の山行であった。

古道歩き　紀北町

三浦から矢口・大白海岸まで

◉2013年2月10日実施　参加者42名

道の中には、いつ作られて、いつから使われなくなったのか、よく解らない道がある。熊野街道、伊勢路なども、長い間放置されていたので消えそうになっていたのが、地元の人々の努力と、世界遺産登録の動きの中で、再び注目されることとなり、道の歴史や周辺の文化財等も保存整備され、新たに「歴史の道」として復活した例もある。そういう点では、「熊野古道・伊勢路」などは幸運な道といえるだろう。道は歩くことによって道たりうるから、それが観光の道としての復活であったとしても、昔の生活道、巡礼道と性格を異にしているとしても、歩く人のいる限り、道は道としての役割を果たし続けるのである。

今回の集合場所で山行の出発点でもあった宮川第二発電所の駐車場からは、発電所に注ぎ込む水圧鉄管が近くの山中に見えていた。この発電所は三重県が昭和27年から5年余の歳月と87億円の費用をかけて、昭和33年の一月に完成したもの。三重県の企業庁が管轄し、往時は28名の県職員が勤務していた。それが現在では売りに出され、関連の宿舎なども買い手を探しているとのこと。熊野古道・伊勢路の江戸道はこの辺を通過していたが、グランドなどに整備され痕跡もとどめていない。

明治22年の地図（「南北牟婁郡全図」）では三浦―現在の明治道―椒峠―大谷平山―（矢口）奥（地）のコースが示され、椒峠から馬瀬までは県道2等、矢口コースは里道1等である。

明治44年測量の地図（「大日本帝国陸地測量部」）には三浦太地―小峠―矢口峠―矢口・奥のコースが図示されている。両方の地図に江戸道の表示はない。思うに、この頃、明治20年代から大正にかけて、熊野街道「江戸道」はいったん姿を消したのであろう。ただし、江戸道にしろ明治道にしろ、椒峠は通過しているので、峠の名が消えたわけではない。

寛政8年（1796）の春2月3日頃、越後の文人鈴木牧之（1770―1842）がこの峠に立つ。

「太洋《おおわだ》に潮の花や朝日の出」

昔も今も標高147mからの眺めは絶景である。あの峠で日の出を眺めるには、相当早くに出立しているのであろう。

「待ちかねて鶯啼くか日の出しお」

確かに朝日に輝く海面の美しさは牧之の胸に響いたろうが、この句の焦点は「鶯啼く」にある。牧之の出身地越後塩沢は日本でも有数の豪雪地帯である。この時期、ふるさとは深い雪の中に違いない。なのに、ここ熊野街道、椒峠では「もう鶯が啼いている」。私を待ちかねていたのか、あるいは春の到来を待ちかねていたのか。どちらにしても、牧之の心象風景には、雪深いふるさと、雪に埋もれるふるさと人の生活がある。峠の遥か向こうの越後への望郷の句と鑑賞すべきであろう。

なお、現在では「始神峠」と表記するが、「椒峠」のほうが、古い。「椒」とは山椒のこと。小粒でもピリリと辛い例のサンショウである。「北牟婁郡地誌」は一名「馬瀬坂」というと記すが、それのほうが解りやすい。椒をサンショウウオとする説もあるが首肯し難い。どちらにしても「ハジカミ峠」というのは、なかなか懐かしく響く名前ではある。

昭和22年（1947）の5月の終わりか、6月の始め頃、私たち家族は相賀から矢口へ転居した。教員をしていた父が4月に転勤して、一足早く赴任していたので、病身の母親が小学6年の長男を筆頭に生まれたばかりの女児を抱いて、5人の子供を引き連れての移動だった。私は相賀小学校に入学したばかりだったが、すぐさまの転校。引本から旭丸という名の巡航船に乗った。船は矢口湾を30分ほど進んだが、私にとっては最初にして最後の母との旅だった。小学6年生になって引本小学校に転校するまでの5年間を矢口で過ごしたので、その頃の矢口の風景について述べておきたい。

当時、北牟婁郡引本町矢口浦には四つの小字があって、学校の周辺が「里」地区、白浦に近い地区が「白越」。シロゴといった。引本側が「生態」地区。集落の北側が「奥」地区。今回資料を見ていたら、「奥地」とあるので、正確にはそうかもしれないが、私たちは「オク」といっていた。今にして思うと、矢口は交通の要衝であった。引本からの道、馬瀬からの道、白・島勝からの道の合流点・分岐点であったのだから。

矢口から北への道は、三浦への道、栗尾への道、鯨越えの道と3ルートがあった。三浦への道は、今回の山行のコースと重なるのだが、少年時代の私は、矢口の山野を歩き回っていたのだが、これ等の道が存在することも知らなかったし、その道を歩いたこともなかった。だから、今回の山行で三浦から矢口へ向って歩き出した時、とても感慨深いものがあった。境界に立つ「矢口峠」という標示に出会ったときには、懐かしい気持ちで、しばし眺めていたものだ。出征兵士が出かけるとき、関係者が矢口側の登り口まで見送りに来たという話も、今回の山行で初めて知った。これらの三つの道が比較的最近まで使われていたことは、この挿話からも窺うことができる。

これらの山中の道が、いつから使われなくなったのか。それは鯨越えのルートが近代的な自動車道に整備されたときからに違いない。今回の山行後、矢口から鯨へ抜けるトンネルの竣工年を知るために「矢口随道」まで出かけた。トンネルの両方の入り口で確認したのだが、昔のトンネルは、トンネル名はあるものの、開通年月日などはまったくない。帰ってから「海山町史」を精読した。「昭和7年（1932）矢口—鯨間の新道工事に着手。この道路は、昭和14年（1949）年に開通した」とある。長島—尾鷲間の熊野街道が、六つのトンネルを抜いて再改修が完成したのは大正5年（1916）10月なので、それに遅れること33年。主要街道と脇街道の差といえる。なお「矢口随道」が改修され、現行の「矢口トンネル」となるのは平成9年（1997）。こちらの方は入口に詳細なプレートがあって、トンネルの概要についての説明がある。

昭和20年代前半の夏のある日、このトンネルを走り抜けて、矢口の里道を馬に乗って駆け抜けて行った人がいる。私は、矢口小学校の校庭から畑ごしに眺めていた。馬など見たこともなかったし、それは驚くべき出来事だった。バスが1日に1回通るかどうか、自家用車など見たこともない時代、馬で田舎道を駆け抜けていったあの人は、どういう人だったのだろう。昭和21年、京都開催の第一回国民体育大会において、馬術競技において優勝し、後にオリンピックにも出場した三浦の人・川口宏一、当時31歳がその人だったろう。

古道歩き　尾鷲市

矢の川峠まで

◉2003年9月28日　参加者42名

私たちが山行で感銘を受けるのは、自然の豊かさそのものからであるのは当然のこととして、実は自然と闘い自然そのものに人間の力でもって挑戦していった造作物、言い換えれば自然の中にある人工の営為にもまた深く感動するのである。その一つに道あるいは街道がある。例えば、矢の川峠を越えていく道。尾鷲市史などを参考にその歴史をたどってみます。

今、世界遺産登録されようとしている熊野古道伊勢路は江戸時代のメインルートでしたが、明治13（1880）年3月1日、従来の八鬼山越えから路線変更して矢の川峠越えにルート変更された。このとき馬越峠ルートは小山から水地に至るコースとなり（明治19年着工）、8キロの海周りコースとして21年に竣工している。いわゆる、猪の鼻水平道である。熊野古道に対して明治道と呼んでいる道々は、熊野古道第一次改修としてこの時期に建設されたものである。序に言えば、これらの明治道は距離が長く勾配も急なため、第二次改修計画によりトンネルで峠を抜いた自動車道として、長島、尾鷲間は大正6年5月に完成、開通している。（着工は明治43年2月）この道は旧国道42号として（馬越越えで言えば桜茶屋の道）、高度経済成長期に大改修されるまで、この地域の幹線道路として利用されていたことはご存知の通りです。

さて、矢の川越えだが、明治21年の熊野古道第一次改修により、矢の浜―二つ小屋―大橋（今のプレカット工場への入り口）―七曲がり―小坪―矢の川峠の経路で一応車道として完成した。峠から見える小坪に至る山腹に細々と伸びていた道らしきもの、あれはこのときの道跡でしょう。昭和2年には大橋、小坪間に安全索道が完成している。二人乗りで、小さな箱の中での輸送のため夫婦以外の男女を乗せることは禁じていたという。昭和9年まで、この索道は運行していた。

「海抜807メートルの矢の川峠にいどむ第二次改修に着工したのは昭和9年9月24日のこと。（竣工は昭和11年10月）。このコースはいわゆる南谷コースで私たちが矢の川峠越えと呼んでいるのはこのルートである。矢の川峠からは大又―小又―小坂とくだり、評議峠を越えて木本に到着した。昭和11年10月16日、省営バス（国鉄バス）が、尾鷲―上木本間45キロを2時間45分で走ったが、峠では眺望の良さを味わうためもあって、茶店の前で10分間停車をした。」

県はこの工事の開削を記念して昭和15年3月南谷に「矢の川峠開削記念碑」を建立した。明治13年の熊野古道改修計画の策定から、数えて56年、矢の川峠の開削に要した年月である。

峠を越えるバスは1959（昭和34）年7月14日の紀勢本線開通の前日まで23年間にわたって、無事故で運行することになるが、多くの旅人が、吉川英治のように自家用車で越えた人もいるが、どちらにしても峠の茶屋で一服することとなる。茶屋を営んでいた稲田のぶゑさんの求めに応じて、多くの人が色紙に感慨を記している。

吉川英治（明治25・1892―昭和37・1962）が、峠の茶屋に一服したのは、昭和25年12月12日。『正午近くに宿を立つ』というから、ずいぶんゆっくりとした出発である。宿は『五丈』。車は尾鷲営林署のトヨペット。昭和25年、尾鷲に何台の自家用車があったのか。営林署以外にどこが持っていたのか。峠についたのは午後2時頃だったか。

全員集合写真

峠の上で降りて一休みする。岩陰に、杉皮と戸板で囲んだ掘っ建て小屋がある。みかん、キャラメルなど少しならべて、赤子を負った30歳がらみの痩せた女性が、土間の焚き火のトロトロ火へ、薬缶をかけて、湯をわかしている。

ぼくらの姿を見、茶をついでくれる。その手の痩せていること、この山中の木の肌にもない。お負いばんてんの背をのぞくと、女の子らしい、何も知らずに眠っている。「この山の中で、商売になりますか」と嘉治さん（同行の週刊朝日の記者）が聞くと「ええ、一日六回ほど、バスが通るものですから」「ほかに人は通らないのでしょ」「めったに」「危険じゃありませんかね、お若いのに」と嘉治さんはほんとに心配顔する。

キャラメルは、森永の黄色い箱入りだろうと、まだ戦後の食糧難のつづいている生活苦を思い浮かべるのだが、売れっ子の大衆小説作家には、もうその苦しみはわからないのかもしれない。

背の乳子も生ひふりかえるよき日あれ峠の茶屋にほだ焚きし母
―矢のこ峠を師走のある日越えて
茶売り女の乳も涸れがてよ冬の山

この色紙に記された短歌と俳句は、吉川英治のものとして出来のよいものとは思わないが、例の尾鷲節の一節として歌い継がれている歌謡の方は優れていると思う。

　矢の川越ゆれば尾鷲が見える、見える夕べの宿の娘が

ところが、この句の色紙は残されていない。吉川英治作として疑いのないところなのだろうが、原典、原書はどこにあるのか。長いこと、気になっているのに未だ遭遇しない。

田部重治の旅

田部重治は、英文学者だったが、紀行文の作者としても著名で、なによりも山旅を愛した旅人だった。

「私は山旅により、日本の国土の独得性と日本民族の性格とに接触しえたことに無上の喜びを感じている。ややもすれば、われわれは都会に住む日本人に関する知識により日本人を判断する傾向をもつ。それは危険である。真の日本的情緒は、田園や山村に生きる人間の間に保存されていることを、私は五十年以上も山を歩いて見て来た。」と語る人である。

その田部重治は、戦時下でも山道や山国を歩き回り、矢の川峠も二度越えている。一度は尾鷲側から、二度目は木本側からである。

１９４２（昭和17）年。

　十一月下旬、熊野の瀞八町を見てから東熊野街道へ出て、できれば大台ヶ原山に登って帰ろうと思った。一人旅だった。この旅を思い立ったのは、山上ガ岳から南方を眺め、山また山の重畳しているのを見て、想像がその間の街道や山村へと走ったのに起因している。

　私は鳥羽行きの夜行に乗って一途に伊勢へと走った。相可口で尾鷲行きに乗換え、汽車が未だ紀伊へ通じてない頃なので、尾鷲から省営バスに乗り木本に向かった。尾鷲は三方山をめぐらし南は海に向かい暖かい感じを与える。二台のバスは乗客をのせて四十五キロ走る。尾鷲の町を離れると、頭に物を載せて歩く婦人たちの姿が珍しい。乗合は峠を登るにつれ、海はゆるぎなき明鏡を開いて、仰ぐ山々の黒木の間の紅葉が目に立つ。やがて矢の川峠の頂上について休む。一時十分。茶屋があってすしや果物を売っている。風は冷たい。

　峠を下りはじめると渓流が現れる。雑然とした紅葉の間を走る。丸石を並べた屋根の多いのが目につく。やがて木本に達する。ここで汽車に乗り新宮市につく。

１９４３（同18）年4月。

　翌日、ここ（上北山・河合、福本旅館）をたって、木本に向かった。（中略）小坂に近くなって、乗合がパンクする。一時間もかかってタイヤをとりかえる。小坂について、また、パンクする。もう、取換えるタイヤがないという。仕方なく下車する。木本へは二里半といっている。木本へ行って鬼ガ城を見てから尾鷲へその日のうちに内に行かれそうもない。どうしようかと思うているところへ、尾鷲行きの乗合がやって来たので、私はあわてて乗った。矢の川峠にも春が来ている。大又川が轟々の音をたてて、渓谷を白滝の如く走っているのが壮観だ。山にはころべが白く、八汐つつじが咲いている。尾鷲について玉津館に泊った。夜は灯火管制で真っ暗だ。

　翌日、ここから汽車で相可口に向かい、乗換えて名古屋に向か

った。尾鷲辺りでは桜の花が満開で散ろうとしている。（中略）熱海では桜の花は咲いていたが、尾鷲でそれがちろうとしていたのと比べると、やや遅いように思われた。東京へ午後の八時についた。まだ桜が咲いていない。

「戦争前の私の山旅の記録は、これが最後だ。」「昭和十九年から私は山旅をあきらめた」と田部重治は記しているが、壮大な紀行文を残した氏にとっても、あるいは多くの旅人が越えた矢の川峠にとってもこの紀行は貴重なものである。第2次世界大戦の終局が迫る緊迫感と欠乏感で、旅など許されなくなって来ている時勢の記録として。

矢の川峠を越える

この9月、久しぶりに矢の川峠まで歩いてきた。久しぶりと言うのは、実は20年ほど前、１９８５年に、大又から南谷までのバス道を歩いて以来だったからである。矢の川峠越えの省営バスに乗る体験のなかった私にとって、ぜひ歩いておきたい道だった。延々と続く道は、とても楽しいとは言えないものであったが、それでも道路としての雰囲気は残っていた。峠の茶屋はまったく姿を消していたが、富士展望台跡などに登って見えるはずのない富士山の方向を眺めたりした。

実はつい先日まで、矢の川峠に至る道が、このバス道以外にあるなどとはまったく考えてもいなかったのである。ところが、この道の存在を指摘してくれる人があって、今回の山行はその下見調査を含めて、矢の川峠に至る新ルートの発掘という楽しい命題を持つことになった。

現在私たちが利用している国道42号線の「矢の川トンネル」は、文字通り矢の川峠の横っ腹をぶち抜いているのだが、トンネルの熊野側を出て、賀田方向との分岐信号を過ぎてすぐのところから栃の森に入る林道がある。林道をしばらく進む。二股に道が分かれていて、右方向が栃の森への林道。そちらへ行かずに、左側を進むと、まもなく車が10数台は駐車できる広場があって、林道の行き止まり。標高４００メートル余であろう。「ゲジョ山・矢の川峠登山道入り口」という大きな道標を立ててきたから、迷う事はない。これが矢の川峠へいたる新ルート、実は古くからあった道を今回私たちテンマウンテンの会が、発掘・整備してきた道の出発点である。

登り始めて30分ほどが急な坂道で、桧の植林山を歩く。稜線に出る手前で右に道をとる。まっすぐに稜線に出て、尾根道をひたすら南下するとおよそ2時間でゲジョ山の頂上へ至るのだが、坂の途中から右に折れて進む矢の川峠への道は、栃の森の奥深くの山をゆったりと登っていくことになる。道はいつのまにか見事な雑木に覆われ、かって炭焼きの宝庫といわれた賀田奥の樹林帯を眺めることができる。

大きな炭焼き窯の跡がある。伐採されて数十年を経過しているので、再生した雑木が独得の生長した姿を見せてくれている。昭和30年代の高度経済成長期までの頃、それは薪炭がこの国の重要なエネルギー源としてだいじにされていた頃と重なるのだが、多くの人々がこの山中で働き、この山の富に寄りかかって生活していた。それらのことを想起させるようにキンマ道が縦横に走っている。私たちはこの時期の山の中の道を何気なくキンマ道というが、ここでは木馬ではなく、鉄輪の荷車様のものが使用されていたというから、キンマ道という表現は適当でないかもしれない。多くの山林労働者の生活と「賀田の黄金時代」を支えてきた雑木林の豊かさを満喫しながら歩く。

峠らしきところにつく。実は、この道は、正確にいうと矢の川峠から熊野側へ１㎞ほど降りたところに通じている。そこのところに見事な『掘割』が姿を見せる。高さ30ｍ弱。幅は、底部で数ｍ。上の方では7、8mほど。長さは50mほどであろうか。

矢の川峠から熊野の側に流れている稜線を、この部分で掘り割って、あるいは切り通して開削しているのである。東紀州は山の国であるから、山の中にはさまざまの人工の造作物がある。土井竹林入り口の素掘りのトンネル、坂下の旧トンネル、青宿洞門、古和谷の奥・インクラの石垣などどれをとっても自然に挑む人工の営為に感動するのだが、この掘割はそれらのなかでも屈指のものである。

今回の山行記を長々とだらだらと記してきたのは、山中に埋もれていたこの掘割の見事さについて伝えたかったからであるのだが、想いがあまってうまく表現できない。まどろっこしいのである。

この掘割の成立時期については定かでない。実は矢の川峠から大又に至る一帯は高瀬山《こうぜやま》とよび、元和8（1622）年、に大又村から1貫20匁で購入したものです。「江戸時代は薪の伐り出し木炭の生産だけでしたが、明治になってから高瀬山の原始林の伐採木挽きによる製材が盛んになり、林産物の搬出のため古川の左岸沿いに、茶の又まで長さ42町の車道ができ、それから高瀬山まで木材の搬出路が作られました」と、伊藤良さんの説明がありますが、掘割についての直接的記述はありません。この説に従えば、明治になって作られたと考えるのがよさそうですが、元和の山林売買のころに起源を求める人もいます。あれだけの造作物を近世初期に作ったとすれば、この地域の先人たちに対する尊敬の念がいや増すだけに、そうであってほしいとの想いが強いのです。

掘割を越えると、そこはかつてのバス道である。ゆっくりと、ゆったりした坂道を小一時間も歩けば、矢の川峠である。道幅は道路跡だけに十分なのだか、いたるところに雑木が生え、数メートルにもなっているので、道路を歩くというよりは雑木林の中を散策するという感じだ。

国鉄バスの廃止から44年、国道42号の改修がなって、この道が完全に廃止されてから35年、矢の川峠から熊野側は森林に回帰してしまった。あと30年もすれば、雑木がさらに繁茂して、かってここをボンネット型のバスが往来していたことなど想像もできなくなっているだろう。歳月とは、そのようなものである。

古道歩き 尾鷲市

矢の川峠越え

◉2009年7月22日　参加者46名

尾鷲、上木本間45kmを2時間45分で越えた省営バスは、昭和11年（1936）10月16日に開業し、紀勢本線全通の前日、昭和34年（1959）年の7月14日に終業している。

開業の昭和11年は、いわゆる「二・二六事件」、日独防共協定の調印など15年戦争のまっただなかにある。23年間に及ぶ省営バス（昭和24年6月1日からは国鉄バス）の前半9年間は戦時体制下にあった。吉川英治（1892―1962）が、海抜808mにある峠の茶屋で一服したのは昭和25年の12月12日のこと、「正午近くに宿（五丈旅館）を立ち、尾鷲営林署提供のトヨペットで越えた」ことについては、何度か記したので、ここでは戦前の暗い谷間の時代に峠を越えた田部重治（1884―1972）の体験について紹介しておきたい。田部重治は小暮理太郎（1873―1944）とともに槍ヶ岳―剣岳、朝日岳―鉢ノ木峠の大縦走など明治から大正にかけて日本登山界で注目された登

全員集合写真

山家であるが、森林と渓谷を訪ね歩く「山旅」を楽しむ方向に境地を開いた点でも注目されている。全国を隅々まで歩いていた田部は、戦争の激化とともに登山や山歩きなどが軽視・蔑視される風潮の中、紀伊山地の山々に足を向けることとなり、その折、二度にわたって矢の川峠をバスで越えることになる。

昭和17年（1942）11月下旬。熊野川や北山川渓谷、不動峠や大台ガ原を訪ねる目的で尾鷲側から峠を越える。

「尾鷲は三方山をめぐらし、一方は海に向かい山が高く、海は明るく紺碧の色を湛え、北をふさぎ、南を面しているだけに、何となく温かい感じに充ちたところである。ここから木本まで45キロの間は省営バスが通って、途中矢ノ川峠を越さなければならない。乗客は二台のバスに分乗させられる。町を離れると、頭に物をのせて歩く婦人たちの幾人かに遭う。牛にひかれる荷車とも度々、すれ違う。段々、登るにつれ俯瞰すれば、海が湖水のように山に抱かれて、揺るぎなき明鏡を開き、仰ぐ山々の黒木の間の紅葉の際立って鮮やかなのが眼につく。颯々としてなびく尾花の間を走り、幾つかのトンネルを潜れば、やがて矢ノ川峠の見晴台につく。時に1時10分、そこには茶屋が二軒あって、寿司だの果物だのを売っている。ここで乗合が休み、乗客は茶屋へ行って腹をこしらえる。風は相当に強く冷たい。峠を下りかける。何となく温かい方面に走っているような気がする。下るにつれ渓流が始まって、両岸の紅葉が枝を交えんばかりに雑然とした彩どりに燃ゆるところを瞬く間に走って、峠を下りきると旅人宿が一軒ある。丸石を並べた屋根の多いのが眼につく。やがて木本に到着する。」（「熊野川より北山川渓谷へ」昭和18年刊）

田部重治が矢ノ川峠を越えてから、67年の歳月が経過した。開業当時の時刻表に従えば、彼は尾鷲駅前を11時55分発のバスに乗り、峠に13時に着く予定が10分遅れで着き、14時5分に上木本に着いたのだろう。汽車に乗り換えて新宮に向かう。「沿線に蜜柑が多い」のに目を留め、新宮の速玉館に宿を取る。東京を前日の20時過ぎの鳥羽行きに乗って、相可口、尾鷲、木本、新宮の旅程。すっかり疲れて翌日のプロペラ船の乗船に備えている。

昭和18年の春、田部重治は大和の国の柏木と河合の間を歩きたく、伯母峰峠越えを歩く。大和の上市をスタート、柏木の朝日館、河合の福本旅館に泊まり、最終日は、木本で鬼ケ城を見学して尾鷲に泊まる予定で出かけるが、「もう小坂へ大分近くなってから乗合がパンクする。国民学校の前だった。一時間もかかってタイヤを取り換える。しばらく行って小坂に達すると、また、パンクする。もう取り換えるタイヤもないというので、皆は下車する。木本へ二里半というところである。」木本を回って、尾鷲へ帰る時間的余裕がなくなった。急に東京へ帰りたいという気持ちがつよくなってくる。

「こんなことを考えているところへ、矢の川峠を越えて尾鷲に向かう省営バスがやってきた。私は鬼ケ城を思い切り割愛して、直ぐに尾鷲に向かうことにした。バスは満員だったが、4・5人は乗れた。私も乗った。矢ノ川峠にも春が訪れている。そして昨秋気がつかなかった大叉川が轟々の音を立てて、急峻な渓間を白龍のようにうねり登っているのがなかなか壮観である。山の斜面にははころべが白く、八汐つつじは赤く燃えている。こうした雄大な景観をもつ峠を乗合の走るところも珍しい。一羽の手負いらしい鷹が、乗合の前をふらふらになって飛ぶ。運転手が乗合をとめて女車掌とで追いかけたが、やがて谷へ遁げた。峠の頂上で休む。昨年の秋は、ここで果物を買ったのを覚えている。降りかける。尾鷲湾は湖水のように脚下に明鏡を開いている。下るにつれて春色が濃くなって行くようである。矢ノ川のほとりにはもう新緑が見られる。」

尾鷲駅に着いたのは16時10分か。最終だとすると18時40分。「紀北館」が満員のため「玉津館」に泊まる。「玉津館で静かないい部屋に入れられた。夕食をすまし、再び洋服に着かえて海岸を、ちょっと歩いてから帰り、7時半に床についた」田部は、翌朝8時前の汽車に乗って東京に帰る。さすが旅好きの田部にとっても、この旅が戦前最後の旅となる。

昭和20年8月15日。紀北町文化協会会長としてご活躍の植村明さんは、田辺海兵団の二等兵として敗戦の日を迎え、「田辺駅から紀勢西線で木本まで、そこから省営バスで尾鷲に着いたのは夕方暗くなってから、もう汽車もなくバスもなく、その夜は尾鷲の親戚の家にお世話に」なっている。（「年金者組合牟婁支部」特別号）思えば、戦地におもむく人、戦地から帰る人も運んだ省営バスであった。

昭和26年11月22日。昭和天皇が地方状況視察のため。来鷲。歓迎式典が市営グランドで開催されたが、南牟婁郡関係の式典は尾鷲高校が会場であった。多くの参加者が矢ノ川峠をバスで越えて集まった。

山行当日は、時々小雨の降る天気で矢ノ川峠からもまったく眺望がきかなかった。大又側の栃谷橋を出発し峠まで8㎞強、薄暗い樹木の中を歩き、賀田奥の掘割を横に見て通過したのは11時過ぎ、周囲はさらに暗くなって夜を思わせる。当日は46年ぶりの皆既日食、その影響であろう。峠からの下り道、9・3kmほどを延々と歩く。五つのトンネルを抜けて、17km余を6時間半ほどかけて歩きとおした。当日は、まったくの悪天候で写真撮影もままならず、峠での集合写真がやっとであった。ために、送付の写真には下見のときのものが混じります。
矢ノ川峠越えの道は、散策コースとして復活しつつあります。

古道歩き

矢の川峠・明治道

◉2017年6月4日　参加者　52名

熊野古道伊勢路は、江戸時代の初め、徳川頼宣の和歌山入国のころ、西暦でいえば1619年（元和5）ころに現在の形にほぼ近い姿で、整備されたと考えられている。和歌山の京橋札の辻を起点とし、松坂にいたる熊野街道は明治初年まで、紀伊山地の霊場を駆け抜ける巡礼たちや、地域住民の貴重な生活道として利用されたが、明治13年（1880）3月1日従来の八鬼山越えの熊野街道は路線を変更して松阪を起点として矢の川峠を越え南牟婁郡御船村に至る線に路線変更し、一等道路に格付けして県費支弁道路に編入した。（熊野街道の第一次改修）

このときの改修は、尾鷲・海山間で言えば、従来の馬越峠越えを避けて、小山浦から猪鼻を回って水地、天満にいたるコース、いわゆる「猪鼻水平道」コースを新設した。馬越峠越えを〔江戸道〕、海岸線を回るコースを「明治道」と名づけたのは、世界遺産登録前後のこと。ついでに言えば、トンネルと橋梁を使用して自動車道が桜茶屋経由で入ってくるのが、大正五年のことなので、この道旧R42号は「大正道」、昭和30年代、高度経済成長期に大改修した現在のR42号は「昭和道」、そして高速道路は「平成道」と私は呼んでいる。この呼び方は、この地域だけではなく全国的に、道路の改修として共通しているので、適当な呼称といってよい。

ただ「矢の川峠越」については、少し説明を要する。先ほどの「猪鼻水平道」は明治19年4月に着工して明治21年5月2日に竣工している。今回歩いた矢の川の明治道も同じ時期で完成している。同じ時期に完成したといっても、猪鼻道は坦々とした水平の道であるのに対して、矢の浜—大橋（二つ木）—七曲がり—小坪（日尾）—矢の川峠の新道は、大橋、小坪間だけで標高差400mほどあり、冬季は道路凍結等のため利用できず、夏季だけの利用であったが、それも大雨等の時には利用できなかった。車道という名前であったが、幅員6尺（約1m80）でとても自動車の走る道とはいえなかった。

急傾斜地に苦労して建設した矢の川峠道の明治道は、何回かの改修を経て見事な石積に覆われた道路になっていた。特に小坪停車場跡が近くなったあたりに築かれた、石積の道がつづら折に続く道は感動的ですらあった。明治20年頃の、この国の土木技術の高い水準を示している。この埋もれていた道を掘り起こしてきたのは「思い出の矢ノ川峠」編集委員会の福村直昭さんや、中森玉子さんたち、熊野の人たち。雑木やシダ生い茂る中を、明治の道を追い求めて苦労している。この道を今あるように歩けるように「道あらけ」してくれたのは、当日の案内をしてくださった林さんや、内山さんなど尾鷲の「やぶこぎたい」のみなさん。この明治道の難路を解消するために、安全索道を作って開業したのは昭和2年（1927）5月のこと。これ以後明治道は、あの自然の中に放置されることになる。見事な石積みで構築された矢の川峠の明治道の命は明治21年（１８８８）年から昭和2年まで、わずか39年のことである。明治道は70年近く経過して廃道となる。

明治道を歩いた人を探すとすれば、天田愚庵だろう。

明治26（１８９３）年の9月20日、秋の彼岸の入りの日に彼は京都を歩き出す。西国33所めぐりの巡礼の旅にスタートした愚庵は、伊勢を経て、9月30日に荷坂を越えて紀伊長島に入る。「長島にたどり着く。前は磯辺なり。修夜浪音高く、枕に響きて、夢穏やかならず。今日は7里余」と記す。磯辺の宿とは多分「嵐屋」のことだろう。

「十月一日。男共、木本まで汽船に乗れと勧む、心願なれば徒歩により行くといふに、強いて乗せんとて口々に罵る、巡礼の大事ここなりと、忍びて立ちいず。（中略）孫背坂の新道（猪鼻水平道のこと―筆者注）なだらかなれども余りに迂りなりと聞けば、故道（馬越峠越えのこと―同）上り十八町、下りも十八町、いと険し、ようやく尾鷲に宿る。けふは六里折々雨ふる。」この日の宿は、どこかわからない。

そして、いよいよ矢の川峠。明治道越え。

「二日　故道は左の方八鬼山越、名高き難所なり。街道は右の方矢の川峠、上り四里、下り三里、八鬼山越に比べては、やや遠しといえども、路の難易、同日の論にあらずといふ、されば今日は新路（矢の川峠明治道）を行く、七里の山中、人家はただ三戸のみ、大又をへて小坂の里に宿る。路八里半天気よし。」

七里の山中に「人家は三戸」とあるが、どう読むのだろう。大又を含むのだろうかどうか。小坂の街道寄りには宿があったらしい。愚庵はそこに泊まる。翌3日「小坂山」を越えて木本に入り、見学。「有馬より右に転じ、神木を歴て、横垣とうげといふを越ゆ。（中略）坂本に下り、尾呂志の民家に宿る」と愚庵の旅は興味を引くが、またにしたい。

明治26年の10月2日、東北福島出身の巡礼天田愚庵は矢の川峠明治道を越えて、小坂まで歩く。彼の巡礼用の白衣の前には、戊辰戦争の最中、行方不明になってしまった父と母の戒名が記された。この旅はちちははの菩提を弔うためのものであり、同時に「同行千五百四十人」と記したのは、戊辰戦争や西南戦争で命を落とした人々の遺族から託された菩提の安寧を祈るものだった。長島の濱で、漁師たちに執拗に舟に乗れと進められても、巡礼の旅を志した愚庵は、難行の道を徒歩にて向かうことこそ大事だった。明治道をひたすら歩いていく愚庵の背姿をみつめつつ、熊野街道最後の巡礼者と思うのです。私たちの歩いた大橋と小坪の急な坂道を、１１４年前の秋の一日、一人の純な巡礼が歩いていったことを銘記しておきたい。

この明治道を草木の中に埋もれさしたのは、「紀伊自動車索道線」といい、日本初の本格的旅客索道として、昭和2年5月に開業した。索道の全長１１８５ｍ、上下駅間の標高差４７９ｍ、両駅間に9基の鉄塔支柱を建て、搬器は二人乗り客用8個、貨物用2個を備え、6分間隔に運転され、1時間に上下40人を輸送した。この安全索道の運転開始によって、尾鷲―大橋間は乗合自動車、大橋―小坪間は安全索道、小坪－木本間は乗合自動車で往来するということになり、矢の川峠明治道は人も車も往来しない道となってしまった。

昭和11年10月、矢の川峠越えの県道として、南谷越えの新道が完成し10月16日から省営自動車（国鉄バス）が走り、明治道は廃止、記録としても消去されてしまった。

熊野市・南牟婁の山々

熊野市五郷

高代山

◉2009年3月8日　参加者50名

特に理由はないのだが、熊野市を代表する山は、保色山と高代山だと思っていて、いつかはこの二つの山に登りたいと思っていた。保色山については6年前、2003年の12月に登っている。私たちの登ったのは標高845mの新保色山。地元の人たちは日々眺めてはいるが、なかなか登る機会がないので、この際、10マウンテンの会と一緒に登ろうということで、118名の参加者で、大いに賑わったことを思い出す。

さて、高代山については、山頂への道が相当きつい上に安全性の確保に自信がもてないことと、山頂からの眺望があまりよくないことを理由に山行計画になかなか上ってこなかった。スタッフの皆さんはあまり乗り気ではなかったが、熊野市を代表する名峰だと思っている私としては、是非にもとお願いして実現した。

今回の下見山行は、高代山の所有者である尾中鋼治さんにご案内いただいた。私たちの会は毎回下見を実施しているが、山頂をふくむ山林の所有者に同行いただくのは初めての体験で、新鮮だった。まず高代山の呼び方について聞いた。「地元ではタカタイヤマと呼んでいる」とのこと。地名や山名は現地音主義（現地でどのように呼んでいるかを基準とする考え方）が基本だから「タカタイヤマ」と呼ぶべきだろう。現に登山口にいたる林道入り口の説明版にも「高代山林道」とあって、わざわざ「たかたいやま」と振り仮名を振ってあった。この点について熊野市史は「高代山《たかだいやま》であろう。この付近で一番高い山、この山で南帝尊雅王は太刀を研いだとの伝説がある」と記す。タカダイと濁っているが、そこまでは許容範囲か。ここにいう尊雅王とは後南朝史に出てくる神山光福寺で死去したといわれる南朝系の王だが、ここでは触れないでおこう。高代山にはそのような伝承もあるというにとどめたい。

下見山行の折の登り道は、山頂へ向けて南側から谷沿いの岩場を通るルート。50名を越える人数では、とても歩ける道ではないと判断した。ブッシュかきわけ山道に入るとき、「これが金《かね》借《か》り道《みち》」と尾中さんが教えてくれた。「五郷町湯の谷字瀬戸谷から、高代山のうら四十八横手とかオシ木屋などと呼ぶ険しい山坂を越えて、飛鳥町大又奥の池の宿へ通ずる山道を俗に金借り道と呼んでいます。明治の少し前の話ですが、この池の宿に、もと近江の国の人で、小椋長兵ヱという木地師が住んで居ました。大変な努力家で商才に富み、本職の木地屋のほか炭焼きや椎茸山を経営したり、蜜蜂を飼ったりして財をため、その頃五郷の百姓大前某が破産したときには、誰もその跡を買受ける人がいないので、藩命により長兵ヱにその跡を継がせる程の大身代になってしまいました。五郷方面の貧しい人々は、盆正その他の年貢の納め時など、いつも長兵ヱのところへ金借りに通ったので、この地名が生まれたのだと言われます。」（「ふるさとのよもやまばなし」熊野市史より引用）

金を借りるのも楽ではない。あの山道を越えて池の宿へ通ったのだが、その池の宿も近くにあった竹の平も、今は住む人のない廃村となっている。村の盛衰もまた激しい。

山ちゃんが得意のチェンソーで山頂南側斜面の雑木を伐っている。76歳の尾中さんは、それほど太くない雑木にするするとのぼって腰に

全員集合写真

下げた鋸で邪魔になる枝を切っている。山頂の北と西側は人工林の杉が大きく成長しているので、手を出せない。山主の尾中さんの了解を得て、高代山の南側の眺望が開けてくる。那智烏帽子が見える。大塔山や百間山も見事な山容を見せている。西側には大峰山系の笠捨山が特徴ある台形の山頂を見せている。紀伊山地南部の山々を望む、絶好のポイントとなった。熊野市の名峰にふさわしい眺望と思う。幾重にもつづく山なみの中に、ぽつんと七色ダムの堰堤も小さく見えている。あのあたりは、かって隆盛を極めた筏師たちを恐れさせた激流の跡だ。

麓からの山頂

急な険しい上りが続く

　山行当日。心配された天候も、快い陽射しの中で歩き始めた。標高４００ｍの登山口・花折峠の辺りから歩き出し、９３７・３ｍの山頂まで高度差５００ｍ余を登る。道は平坦路がなく、急な険しい上りばかり。いつもは健脚を誇る参加者もあちこちで自主的に休憩している。今年度の山行のなかでも、もっとも厳しい道と思う。スタッフが用意したトラロープは３００ｍ、それでも足りなかったのか50ｍほどのザイルが括り付けられ、合計３５０ｍのロープが張り巡らされ参加者の歩行を助けている。スタッフの準備のよさと働きぶりに感心する。

　下り道でも多くの人がスリップしていたが、ロープがなかったらもっと悲惨なことになっていただろう。とにかく、全員無事下山。かやの木資料館で昼食。

樹齢300年余のカヤノキに見守られての休息。昨年はカヤの実がよく生って、6斗も採れたという。秋の風に誘われてカヤの実がパラパラと落ちる夜明けがた、あちこちから出て来て実を拾うリスたちに負けないように拾い集めるという。尾中さんにいただいたカヤの実は、少し硬かったが、噛んでいると奥の方から良質の甘みがにじみ出てきた。

今年度最終の山行も無事終了しました。今年度は5月に予定していた局ケ岳は雨のため中止になりましたが、4月・大黒天神岳―七越峰(67)、7月・橡山・清五郎の滝(79) 9月・温泉―笙の峰(76)、10月・天狗倉山―猪鼻水平道(50) 11月綱掛山(61)、12月・紀和町から子の泊山(33) 1月・赤木越―大日越(60)、2月・小笠丸山(57)そして今回の高代山(50)と歩いて参りました。( )は参加人数です。合計533名で、一回平均の参加者は59・2人でした。参考までに、すべての山行の参加者は、尾鷲市の植野洋、同佳栄子、小倉光善、川端守、同美智子、田中利明と熊野市の垣内悟、中村稔、山川治雄、同白妙の10名のみなさんでした。今年度は、全員スタッフということになりました。

さて、すでにご案内を差し上げましたが、東紀州10マウンテンの会も来年度で10周年ということになりました。5周年の時にもささやかなパーティを催しましたが、今回も4月6日に「10周年記念パーティ」を開催します。たくさんのかたがたに集まりいただき、会の来し方、行く末について語り合いたいと思います。万障繰り合わせてご参加ください。

なお、私事ですが、今月22日(日)、23日(月)のNHKラジオ(第一)、「深夜便―こころの時代」に「古道を歩くことに求めること」ということで話します。早朝の午前4時から5時までの放送です、お目覚めの方はお聞きください。

熊野市五郷

三ツ口山

◉944m/2016年4月10日　参加者38名

私たちの東紀州10マウンテンの会は、平成11年(1999)の5月16日に発足している。第一回の山行は尾鷲の便石山に154名の参加者を得て、東紀州活性化協議会との共催であった。この年は、大烏帽子山、大丹倉・表丹倉、一族山、八鬼山、天狗倉山、高峰山、妙見山、亥谷山、子の泊山の10山に出かけている。以来16年になる。会の山行を支えてきたスタッフも16年の年を重ねてきたということになる。光陰矢の如しという感がする。

さて、本年度の第1回4月山行は熊野市の三ツ口山であった。熊野市五郷町の五郷サークルKに午前9時に集合。それぞれの自動車で、桃崎から湯の谷に入り、谷沿いに林道の終点まで進む。熊野の奥深く本京とか農協前とかのバス停の表示があり、終点近くには「石神神社」の森のなかに階段が見えていた。神社の多い熊野市だが『石神』という名の神社はここだけ、今はひっそりとしているが、大きな楠の下に社務所に並んで『参篭所』という建物があって、その昔、修験者が修行をしていた名残かもしれない。山の奥は今では、ひっそりしているが、林業や筏流しなどが活躍していた時代は、山の奥はある意味で文化や経済の中心であって、それなりの賑わいを呈していた。我々の社会は、あるいは近代はそのような山村の豊かさを失って、都市

全員集合写真

出発点付近

スタート

に全ての価値を集中していく時代であったといえる。紀伊山地の山々を巡る、我々の山行はかっての山村や山道の栄華を訪ねる旅といえよう。温故知新の旅ともいえる。林道の終点に山林保護のため金網の柵があって施錠してある。「三ツ口の里山を守る会」の人に開けてもらう。16年の会の歴史の中で入山料のようなものを支払っての山行は、初めてであったが、その経緯について説明しておく。

我々の山行と同じ時期に、三重県立熊野古道センターで「三ツ口山を紹介する写真展示会」が開催されていた。「三ツ口の里山を守る会」の主催で、15年前から奥さんと二人でこの山の山作りを進めてきた、五郷町桃崎の辻本力太郎さん夫婦の活動の記録でした。

「杉・檜の山が皆伐後、裸地として表土が石ころだらけで剥き出しだった禿山を、杉・檜の山としてではなく広葉樹の山として作ることを決めて、進められてきた山つくりは、15年を経る中で、約10町歩の山では、一定成林し緑あふれる山として蘇ってきました。そして、山の豊かさや美しさを誰もが感じられるような山になっています。辻本さんはこの10町歩の山を森林空間活用林として、みんなが山遊びを楽しめる山として、開放しました」

「辻本さん（77）が、戦後日本の林業政策を営林署職員として現場を担うなかで、つかんできた山への思いが、この三ツ口山の山作りとして実現しつつあります」

守る会の写真展では、皆伐直後の荒廃した禿山の写真があり、その横に15年後の広葉樹の森として回復しつつある森の写真が掲げられていた。辻本さんが私財を投じての山作りは、杉や檜の人工林作りではなく、広葉樹による山の再興という、現代の森を作る人たちの王道ともいえる営みなのである。

三ツ口山という名前は、辻本さんたちの山作りの活動とともに広がったといえる。それまでは、あるいは現在でも、地図上にその名前を見つけるのはむずかしい。三ツ口山の入り口に建てられた山小屋は、作業小屋と言ったほうがいいのだが、「森つくりは100年を越える歳月を要するから、その小屋も100年は維持できるものを」という意気込みで立てたという。巨大な石組みの基礎の上に、太い柱材で建てられた小屋は谷水や台風による暴風雨に耐えて100年は持ちそうに見えた。山作りは開始後10数年だが、この100年という歳月を視野に置いた小屋に、杉本さんたちの壮大な意気込みを感ずることができた。その意気込みが里山を守る会の人たちに伝わったに違いない。

熊野市での最高峰は保色山、1028・3mである。その次は高代山の937・3mだと思っていた。ところが、三ツ口山の944mは、高代山よりも7mほど高い。熊野市では第二位の高峰なのだ。保色山や高代山が山名とともに地図上にしっかりと記されるに対して、こちらは湯の谷の奥、池の宿との境界の山稜に944と記されるだけ。名前がない、名前が知られていないというのは不幸なことなのだ。5月の山行を予定している、「女王の頭」もそのような山。高さにおいて高峰山を上回るのに、「尾鷲の名のある山では高峰が最高峰」と私も記してきた。この山に「女王の頭」などとしゃれた名前をつけたのは、わがスタッフの山ちゃんたちである。八幡の林道の脇に妙麗の「女王の滝」があり、その近くに位置する高い峯なので、かくのごとくに呼ぶことになったと説明するので、山行の案内にも使用している。

三ツ口山の山名の由来はどうなのか。確かに聞きなれない名前である。山に入るのに3箇所の入り口があるのだろうかと思案したことも。里山の会の事務局長に聞いてもよくわからないとの答え。これは山作りを始めた辻本さんにお伺いするしかないと思い、直接お会いしたことがないにもかかわらず、電話でお話を伺った、

「あれは登記の名前でのう」という。荒廃した禿山を購入するに際して、土地台帳に当たったのだろう。その登記名に三ツ口山とあったのだろう。山名についての登記の歴史について勉強したことがないので、今後の課題としたいが、近代に入ってからの出来事だろう。ただ、それ以前のことについてはよくわからない。どうしてでしょうねとしつこく質問する私に、「湯の谷あたりの山は石がごろごろしているところでの、あの辺りの山は、斜面を谷が三つに分かれて出てきていたから」だろうとのお話。「それにしても、あのあたりは甘茶のおいしいことで知られていての、三ツ口山の甘茶として木本辺りまで知られていた」とのこと。とすると、かなり以前からの名前なのだろう。

三ツ口山の山頂や途中の展望所からは、西方に大峰の連峰がはっきりと見えていた。弥山、釈迦、行仙、笠捨と南北につづく稜線が、早春の芽吹き始めた木々の間からたおやかな姿態を見せていた。そんな写真を古道センターの交流棟で眺めつつ、山行の安全を願っていた。思いがけない悪路で、かなり疲労された方もあったが、スタッフの協力で、無事下山できたとのこと。新しい山作りが始まっている三ツ口山の春景色の中を歩くことから今年度の山行がはじまった。

熊野市飛鳥

保色山

◉２００５年９月18日　参加者61名

紀州で一番高い山はどこか。大台山系の海山町との境界にある山々をのぞき、宮川村との境界にある仙千代ガ峰１０９９・７ｍも除外して、純粋にその山麓から頂までを東紀州の地に占めている山の中から選ぶと、尾鷲市・北牟婁郡では高峰山１０４４・８ｍが最高峰である。熊野市・南牟婁郡では、保色山が１０２８ｍで一番高い。

熊野で一番高い山・保色山には是非登りたいと考えていた。東紀州の山々を年に10回登ろうという10マウンテンの会としても、熊野の最高峰はどうしても登っておきたい山であったのだ。

ゲジヨ山への山行のときも、間近に保色山を眺めながら「やまちゃん、保色を登ろうよ」という私の要望に対して「あそこはあまり眺望もよくないし……」と、熊野の人たちは気乗りしない様子で乗ってこないのである。「山高きがゆえに貴からず」という価値観があって、なかなか実現しなかったのである。思うに、山ちゃんは熊野の山よりも尾鷲周辺の山が好きなのである。たとえば頂山に登る。そんなに高くない山なのに、頂周辺からは、大台山系が見えるし、なによりも熊野の海が、そこに複雑に入り組んでいる岬などが眼下に見事に見えて、最近はあまり言わなくなったが「尾鷲周辺の山々からの眺めはすばらしい」と感じていたのである。

しかし、尾鷲に住む私たちからすると、とにかく熊野の最高峰は登ってみたかったのである。今年の山行計画決定にあたって、かなり強引に保色山を組んだのは、熊野の最高峰に登っていないということにこだわっていたせいもある。

保色山は不運な山である。山のガイドブックにほとんど紹介されないのである。２００４年11月発行の山と渓谷社の「三重県の山」には56の三重の山が紹介されるが、その中で、東紀州の山は「天狗倉山・便石山」「高峰山」「八鬼山」「亥谷山」「一族山」「子ノ泊山」の6山であり、保色山はない。

「伊勢山の会」も勢力的に大台周辺の山々を歩いているが、「台高の山　32山」（２００２年４月）では「仙千代」「大河内山」「橡山」「高丸山」「便石山」「大蛇峰」があって、保色山はない。そのほか、手元にある数冊の「紀州の山々」に関するガイドブックをあたっても、保色山の紹介は一つもないのである。思うに、伊勢方面から紀伊の山々を眺めている山岳愛好家にとって、熊野の最高峰・保色山は全く関心のない山なのであろう。和歌山や奈良方面から眺めても事情はおなじである。知られていないということは登られていないということである。伊勢の人にとって、そうなのだから、全国的にも話題になりにくい山であることに間違いはない。残念なこととおもう。

なお、三省堂「日本山名事典」には「台高山脈の主峰大台ケ原から南に派生する尾根の末端に位置する」山として記載され、ホイロという名の山は、全国にこれ一つである。

自治体史に山の説明がないことを、前々から不満に思っているが、「熊野市史」に、珍しく保色山の説明がある。

「標高１０２８ｍ。郡内最高の山である。ホイロはアイヌ語のホムイロの転である。ホムは小さい、イロは洞《うろ》の元を為す語でホラのこと。大又川は峡谷で上流に甌穴《おうけつ》がある。それで保色川と呼び、山を保色山と呼んだらしい」

また、同市史には「保色山の天狗」という話も紹介されている。

「大正のころの話だが、小阪の農家の主婦が、五つくらいの女の子を連れて、川へ洗濯に行った。一所懸命洗濯していると、突如、大きな音とともに強風が吹きぬけた。びっくりして川岸で遊んでいるはずの子どもをみにいったが、どこにも見えない。行方不明。それを聞いた村人たち、大騒ぎして、三日三晩、方々探しまわったが、全くわからない。不思議なこともあるものだと、思案に暮れていた。三日目の夕方頃だったか、キモっ玉の太い猟師がいて、この人が、熊野富士とも呼ばれている保色山の頂上の方で、子どもの泣き声を聞いたのでその方へ近づき、漸く迷い子を見つけ、連れて帰ってきた。子どもが遊んでいた川岸から、保色山までは七キロ、二時間かかるが、五つそこいらの幼児が、どうしてあんな山頂まで、分け入ることができたのか、不可解なことで、これはやっぱり、保色山の天狗にさらわれたもので、天狗かくしにあったのだということになった。」

大正時代には「熊野富士」と呼ばれていたこと、「天狗が住まうような」深山の様相を呈していたことなどが語られている。

頂上からの展望はよくなかったものの、途中、木々の間からは大峰山系の峰みねが手に取るように見えていて、なかなかの眺望であった。とにもかくにも、熊野の最高峰を体験できてよかったと思っています。この山行をきっかけに、多くの人が保色に出かけ、名実ともに熊野の最高峰として親しまれるようになることを期待しています。

私事を少し。9月1日から9日にかけて、世界遺産スペインの巡礼道・サンティアゴ・デ・コンポステーラへの道のうち、ピレネー越えの順礼道を歩いてきました。3日間で70km、初日は20数kmを歩きました。山登りと言うよりはトレッキングと言ったほうが正確ですが、好天の下、放牧地の中の道をふうふう言いながら歩いたのですが、眼下にピレネー山麓の村々が絵のように展開していて、そのおおらかでゆったりした風景を満喫してきました。熊野古道を全国的に紹介してくれた故・小山靖憲さんと出かけるはずでしたが、病に倒れ5月に急に亡くなられたものですから、彼の遺骨を持っての旅になりました。「ピレネーを見たい、ピレネーを歩きたい」と最後まで言い続けていたそうですが、彼の無念の気持ちを胸に、確かに歩いてきました。途中、大きな木の下で、どこまでも広がる山麓の見える丘で、12名の同行者と共に散骨を致しました。小山氏夫人からあずかった生前、小山氏が愛用していたメガネを遠くへ放り投げました。メガネははるかに飛んで、ピレネーの草の中に吸い込まれていきました。

熊野市飛鳥

保色富士

◉８４５ｍ／２００３年12月

熊野市の飛鳥町と五郷町の間に位置する保色山群は、三つの峰を持っている。北から、主峰１０２８・３ｍの保色山、９０３・２ｍの新保色山、一番南にその山容から地元の人々が「保色富士」と呼んでいる峰が連なっている。したがって、飛鳥町大又・国道42号線の側、東側から見れば三つの峰の連なりを目にすることもできようが、五郷町側・国道１６９号線側、南側から望めば、前面の保色富士しか見えないことになる。今回の登山口は、飛鳥町の神山《こうのやま》という集落にあったが、地元の人々にとっては、保色富士しか見えないのだから、保色富士が保色山そのものなのである。

全員集合写真

　里山とはいえ、８４５ｍの高さは、この山を登る山ではなく眺める山としてきたのも無理のないことだ。

「小学校のときは、よく登ったが、50年ぶりやなあ」とか、「毎日、トイレに行くたびに窓から眺めているのだが、登るのは始めてや」とか、地元の人々の会話を耳にしながらの山道は、私も始めてのコースだったが、好天に恵まれ、風もない絶好の山行日和ということもあって、機嫌よく歩いていた。

　我々の会は「地元の山を、地元の人々と共に歩く」ことを目的として設立したので、今回のように20名ほどの、文字通り地元の人が参加されたことは大きな喜びであった。

　それにしても１１８名という参加者の多さには驚いた。「嘉茂助の頭」山行の１０３名を上回る、会創立以来の記録である。私たちの会は、参加者の数の多さを目標においていない。あくまでも、安全に、ゆったりと「地元の山に行って来る」ことが目標なのだが、その趣旨に賛同されて、結果として参加者が多くなることも時には仕方のないことである。参加者の多さは事前の申し込みの段階から予想されていたことなので、今回の山行実施にあたっては、スタッフ一同相当に緊張していた。

　ハンドマイクの携帯、スタッフ帽の着用（数が足りなくて全員に行き渡らなかった）、班別のリーダー・サブリーダーの配置、実際には使用しなかったがスタッフ用のジャンパーも25着用意するなど、いつもより入念に準備した。特に、下見・コース整備を担当した熊野の「四季の会」のメンバーのご苦労と緊張の様子は相当なものだった。山ちゃんは事前に、何度も事務局（山帰来にあります）へやってきた。前日も、最終のコース整備と昼食場所の整備に出かけたほどである。開始前の挨拶では「案内者の前に決して出ないこと。最後尾のスタッフの後ろにならないこと。班と班の間は接近しすぎず、離れすぎないこと。個人でコースを外れるときは、必ずリーダーに連絡すること」など、いつもよりは固い口調で指示した。迷い人、けが人を出さないことを願っていた。なにしろ、初参加の人だけで、60人は超えていたのだから、万全の上にも、万全を期さねばならない。

　頂上からの展望は見事だった。北から高峰山、ゲジョ山。竜門山は国道42号、大又、小又の集落を挟んでまん前に大きく。大蛇峰から七里御浜。これらは会の山行で一度は出かけたことのある山々。はるかに那智烏帽子。それらの向こうに熊野灘がきらきらと輝いている。大蛇峰からの下山途中、豪雨に遭遇したこと、ものすごい雷鳴に肝を冷やしたことなども懐かしい。弁当をいただきながらの皆さんの顔も、充実している。

さてホイロである。広辞苑には「炉火にかざし茶などを焙じ、または物を乾かすに用いる具」との説明がある。子どもの頃「ホウロク」と呼んでいた、あれである。「伝説の熊野」では「お茶を煎るホイロのように暖かい山」との説が述べられているようだが、ホウロクの底をひっくり返した、大きな円形の山という形状から来た名前かもしれない。郷土史家として著名な嶋正央さんの説が面白い。大又学校に勤務した頃、児童とともに頂上を踏んだこと、その山容が富士山型であること、当時から「神山領の保色が、本当の保色だという」人がいたこと、（なお、嶋さんは保色富士と言わず、大又保色と表記している。注目に値する）などを紹介した後、山名の由来について次のように記す。「ホイロとは歓《よろこ》びの古語ではないか。神山保色は富士に似ているが、富士は女性の象徴である。男性型の山をホイロと呼ぶことはないだろう。」

そして、ふたたび、ホイロとは神山保色のことであろうと、なかなかのこだわりようである。頂上には麓にある日進小学校の児童たちが建てた、卒業記念登山の看板が三枚ほど掲げてあったが、一番最近のものは先生の名前を含めて10名足らずの名前が書かれていてさびしかったが、どれにも山の名前は書かれていなかった。思うに、担任教師としても山の名前が確定できなくて困惑したのであろう。私は「保色富士」の名前で確定したいと思っているが、その他に、「保色山（そのもの）、大又保色、神山保色」の呼び名もある。保色山は譲るとして、他の三つは優劣つけがたい。地元の人たちで統一してもらいたいものだ。差しあたっては「保色富士」の名で山頂碑を作り、立ててきたいと考えている。

保色富士・立冬　◉２０１０年11月7日　参加者31名

明治22年（１８８９）８月の大坂市の山嵜滝之助を発行人とする「南北牟婁郡全図」という1枚の地図を見ている。鉄道はもちろん近代的道路も整備されていない１２０年前の東紀州の交通・道路事情が図示されていて興味深いのだが、枠外に「南牟婁郡山岳」という欄があって、当時の南牟婁郡の著名な山11山が紹介されている。標高は尺で示されているがｍ法で現在のものに直し、所在地は原文のまま紹介する。

大蛇ケ峰（新鹿・飛鳥村界　６８７・１ｍ）
烏帽子岳（木ノ本町大字大泊　６４１ｍ）
一族山（入鹿村矢ノ川小栗須　８００、５ｍ）
蔵光山（上川村小野谷界　９０６・７ｍ）
保色山（飛鳥村ニ中立ス　１０２８・３ｍ）
妙見山（神志山神木ニ　６３０ｍ）
日暮山（神川村ニ中立ス　７２３ｍ）
鴇山（尾呂志村ニ在　８１２・８ｍ）
石ケ谷山（北輪内南輪内村界　６８８・５ｍ）
長尾山（有井村大字有馬　７８２・４ｍ）
泥山（入鹿村大字木津呂　６３４・２ｍ）

奈良県との境にある大台ケ原山の日出ケ岳１６９５ｍや多気町宮川村との境にある仙千代ケ峰１１００ｍを除くと、尾鷲市・北牟婁郡の最高峰は高峰山１０４５ｍであり、熊野市・南牟婁郡のそれは保色山である。上記の11山には標高９３７ｍの高代山は登場しないが、保色山は高代山とともに紀南を代表する山であること疑いない。

見事な植林山を行く

保色富士より大蛇峰を見る

山頂に浅間りんどうが咲いていた

平成17年（２００５）に日本山岳会が刊行した「日本山岳誌」には、保色山は次のように紹介されている。

別称　釈迦嶽。三重県熊野市飛鳥町にあり、市内の最高峰である。北の高見山に始まる台高山脈は大台ケ原で最高点に達し、この山で最後の標高１０００ｍの盛り上がりを見せる。北の備後川と南の大又川の源流をなし北山川に注ぐ。高代山と並んで大きな山容を誇る。三重県にとっては最南端の、熊野市にとっても唯一の１０００ｍを超す貴重な山となっている。かっては照葉樹林の自然林だったと推察されるが現在はほとんど姿を消して全山スギ、ヒノキの人工林で覆われている。「大日本管轄分地図」という明治時代中期に出た巡覧記の南牟婁郡の項目に早くも保色山の山名が記載されている。古い時代から「良林区」との観察が記述されて林業が盛んだったことが察せられる。

「日本山学誌」（明治39年　博文館）にも別称「釈迦嶽」の山名とともに紹介されており、かっては信仰の対象であった可能性がある。しかし、現在は登ってみても信仰の名残を示すものは皆無である。（以下略）筆者は西山秀夫さん。名古屋在住の日本山岳会会員。

熊野市の飛鳥町と五郷町との間に位置する保色山群は、保色三山と呼ぶべきで、北から主峰「保色山」１０２８・３ｍ、その３・５kmほど南に二等三角点を有する「新保色山」９０３・２ｍ、さらに南０・5kmに「保色富士」と続く。大台山系から熊野灘へと流れ込む山並みが、ゆったりと低くなっていくさまが、その標高に示されている。

7年前の２００３年12月14日に、10マウンテンの会として保色富士山行を実施している。眺めているだけで登ったことがないという地元の人たちの参加もあって、当日の参加人数は１１８名。この数は、10年を越える私たちの会の山行の中では最高である。全体を6班に分けて、延々と杉林の中を歩いたことを、昨日のことのように思い出す。

今回の集合場所は「道の駅・鬼の国」。午前八時、大又川を通り過ぎていく風が冷たい。国道42号線を佐田坂の交差点で右折、３０９号線を少し走って光福寺を過ぎてすぐに右の林道に入る。林道野口線を10分ほど走って、詰めのところが登山口。一の谷の右岸に沿って登り始め、スギの林の中をどこまでも続く上り道を歩く。歩くこと2時間で保色富士に到着。午前10時半頃か。昼食には少し早いので、山ちゃんの先導でほとんどの参加者は、次なるピーク新保色をめざしていった。紅葉が見事だったとのこと。往復1時間弱。私は本日の目的地保色富士にどっかりと腰を下ろして東南に広がる眺望を楽しんだ。

　正面に大蛇峰、その左に竜門山、矢の川峠らしきものも見えている。七里御浜が手に取るように見え、かすかに那智烏帽子が特徴ある山容を見せる。眼下には小阪や神山の集落が、山村らしい佇まいを見せていて飽きることがない。

　山頂までの道は、細道ながらよく整備されていたが、路傍や山頂には一つの地蔵や庚申像、換言すると一つの石像も見ることがなかった。石の道標も全くなかった。思うに、この道は生活道ではないのだ。ただ山頂近くまで植林山が迫っていたから、保色山中に残る道は、山林で働く人たちだけの道であったに違いない。田戸から小松へ抜ける道、大馬神社から碇へとすすむ道、高田から大杭峠への道、育生から丹倉への道と山中の道をいろいろ歩いてきたが、それらの道にはそこを往来した村人、旅人の足跡のようなものがあり、路傍には種々の石造物を見かけたものだ。ところが保色への道には、山で働く人々の足音しか聞くことができなかった。それがこの山の特徴だろう。

　山頂には標高や山名を記したプレートが掲げられていたが、目立たないところに一枚の木札が立てられていた。「閉校記念　秋の遠足　保色富士　八四五ｍ」とある。つづいて5年生の氏名が4名、6年生が4名、職員名が3名丁寧な墨書である。２００９年11月4日（水）に建てられたこの記念碑は、小さな木の板であったが、「閉校記念」という言葉が重く迫ってくる。保色富士の山麓の熊野市立日進小学校という名前は２００９年の３月に合併によって校名としてはなくなり、飛鳥小学校となった。7年前には山頂に日進小学校卒業生一同として卒業記念登山の記念碑が三枚ほど立っていた。それらは全く朽ちてしまって、閉校記念碑の横に置かれていた。山へいたる道やそこからの風景などは、7年前とほとんど変化らしきものはなかったが、山麓の小学校には大きな変化が押し寄せていた。飛鳥小学校と校名をかえた旧日進小学校の校庭の前の国道を通って、私たちは帰途についた。

熊野市新鹿

大蛇峰

◉２０１３年1月13日　参加者51名

　今年は巳の年である。正式には癸巳《ミズノトミ》の年ということになる。１９４１年生まれの私は辛巳《カノトミ》の年の生まれで、還暦後最初の巳の年を迎えたが、これがわが人生で7度目の巳年ということになる。

　日本では、西暦６０２年、推古天皇のときに中国から天文書や暦本が輸入され、その2年後の６０４年に、はじめて暦日が採用されて「甲子の年」と定められた。したがって最初の巳年は西暦６０９年の己巳《ツチノトミ》、今年で１１７回目の巳年ということになる。いわゆる十干十二支による「干支」による年号の刻み方は60進法に基づいており、それなりの合理性を持っている。壬申の乱（６７２）や戊辰戦争（１８６８）などは受験勉強時代には、意味も解らず丸暗記したので懐かしい。

　巳年の年頭に大蛇峯に登るのは、なんとなくおめでたい気がするから不思議だ。なんでも吉祥と考えたがる人たちは、蛇は脱皮するから復活や再生の意味を、食べなくても長生きするから強い生命力を、毒をもって一撃で敵を倒すところに強い戦闘力を持つものとして、あり

全員集合写真

飛鳥の山村風景

植林山の中の道

がたい存在としているが、私はあまり好きではない。蛇はなぜ人に嫌われるのかと書いたのは誰だったか。旧約聖書でイブとアダムをエデンの園から追放する禁断の木の実の話は有名だが、どうもあのニョロニョロと動く姿と、突然足元に出てくる登場の仕方がよくないのだ。「今から、あなたの足元に出て行きますよ」と声をかけて出てくるなら、こちらもそれなりに心の準備ができるのだが、気がついたときには足元にとぐろをまいていたり、奇妙な動き方でこちらを驚かすのが、彼らが人類一般から嫌悪される原因だろう。その点、まむしは出現以前に独特の生臭い臭いで警告を発するから、山ちゃんなんかに見事に捕らえられるのであろう。どちらにしても、わたしはヘビ好きではない。

２００４年発行の『三省堂日本山名事典』には２５０００の山が収録されている。その中でヘビの山が30山、巳の山が3山、あわせて33山と思ったより少ない。ヘビが年を経て大蛇になり、やがて龍になるという思想は昔からあるから山の名前に使われても不思議ではない。最高峰は赤石山脈の塩見岳の北東にある新蛇抜山の２６６７ｍ。行ったことがないのでよく解らないが、ヘビというより「じゃ抜け」という言葉から、大きながけ崩れの崩壊地を指すという意味ではないか。同書には大蛇峰も収録されている。「687m　三重県熊野市。紀勢本線新鹿駅の西北西2km。大台ケ原から南に派生する尾根の末端に位置し、熊野灘を望む。南の海岸線には獅子岩などの奇勝をもつ鬼ガ城があり、ここを境に北東はリアス式海岸、南東は七里御浜と呼ばれる砂浜海岸となる。」とある。

私が愛用している「南北牟婁郡全図」には南牟婁郡山岳11座の冒頭に「大蛇ケ峰　新鹿飛鳥村界2210尺」とあり、次に「烏帽子岳　木本町大字大泊　1900尺」とある。同図は、一枚刷りの地図だが、刊行は明治22年（1889）。大蛇峰も烏帽子岩（岳）もともに、明治時代には多くの人に知られており、名実ともに南牟婁を代表する名峰と言える。

2008年の3月に、今回と同じルートで大蛇峰・烏帽子岩の山行を実施しているから、会としては5年ぶりの山行だ。私にとっては7月の国見山以来半年ぶりのということになる。急性胆嚢炎と胆嚢摘出手術をしている間に、4回の山行を欠席してしまった。

9月9日。西谷の頭、991・1m。45名参加。前日の雨で道がぬかるんでいて、苦労したとのこと。

10月14日。蛇崩山、1172m。参加者36名。上り口の上葛川集落をゆっくりと歩いてみたかった。

11月4日。奥佐田山周辺。参加者35名。林道の崩壊の様子が写真に残っている。

12月9日。龍門山、688m。37名参加。新鹿の人から、子どもを連れて参加したいと電話での問い合わせかあって、ぜひ参加してくださいと答えていた。

国道42号、佐田坂の船石バス停を少し下ったところが登山道の入口。スギの植林帯の暗い道をぬけて直登分岐を過ぎると大きな炭焼き窯の跡、近くに廃屋がある。五年前には廃屋のままきちんと建っていた。「まだ家の形が残っている。間口3間奥行き2間ほどの建物である。山仕事の人たちが長期にわたって山中で仕事をしたときの泊まり山や、炭焼きの人たちが建てた小屋は、いずれも短期滞在なので掘っ立て小屋で廃屋としても残らないような建物だが、これは違う。柱の下にはきちんと敷石が置いてあるし、居間と思われる6畳ほどの部屋には床板が敷かれていて、部屋の奥には押入れも設けられており、囲炉裏の上には自在鉤もかかっている。土間には、炊事用の流し場も設置されていたらしい。ここには、明らかに生活していた雰囲気がある。」と5年前、記録している。確かに、この家の中を歩き回って、生活の跡を探し回ったのだ。あの時は確かめなかったが、屋根はトタン葺きで、崩壊した建物の上にそれがかぶさって、ぺしゃんこになっている。

登山口からツカギリのコルまでの道は、ところどころ敷石もあって生活道のにおいがしていたが、登り口にバス停か設けられていたように、廃屋周辺には集落らしい物があったに違いない。しかし、「熊野市史」にも報告がないので、これ以上の詮索はできない。とにかく、一軒だけ建物として残っていた廃屋は崩壊していた。この廃村の廃屋の変化はこんなところにあるし、依然訪れた時には谷沿いにエビネランが見事に咲いていたのだが、それも見なくなった。

巳年の大蛇峰ということで、当日はわれわれ以外にも津、松阪、鈴鹿、新宮などから数名のグループの山行の人たちとすれ違った。昨年末にスタッフによる道の整備をしたので、登山道は巳年を迎えるにふさわしくなっていたが、今年はこの山もにぎやかになることだろう。われわれを含めて100名近くの登山者がいたことになる。その一人として、私もいつもよりはもっとスローペースで山頂に辿りついた。ツカギリのコルから烏帽子岩までは歩かなかったが、久しぶりの山行としては上々の出来であった。山頂に腰を下ろして、西の方を眺めると、遥かにどっしりとした笠捨山が、そしてその南側に玉置山がうっすらと見えていて、あの日あの時の山行を思い出して楽しかった。凪もない穏やかな冬の一日を、51名事故もなく下山できた。解散前の会長挨拶はいつになく緊張していた。

熊野市遊木

遊木狼煙場跡——丹羽の平

◉２００６年2月19日　参加者82名

よく知られていることだが、東紀州には「キ」のつく地名が多い。木本、市木、二木島、三木里・三木浦、八鬼山、九鬼（九木）など。紀州木の国というほどだから、「キ」は木のこととするのが一般的で、私などはこの説に賛成なのだが、「鬼」とする説もあって、郷土史家の伊藤良さんは「鬼とは山伏の棟梁に用いる敬称で、神に次ぐ偉い人の意味である。」とし、その一番から九番までの分家筋の住んだところが「市木」から「九鬼」になったとする説を展開している。

　木本の地名については四つの説があるようで、「キ」は鬼、石、柵、木であるとする。ところが「熊野市史」のなかでは、木本の称は風土記にある「柿の木」が元で、この柿の木の元から木本になったとするのが妥当との意見を展開している。ついでに二木島については「和島《にぎしま》または凪島《なぎしま》の意で、湾内の波が常に静かなところから名づけられた」（「ふるさとのよもやまばなし」）との説が、説得力がある。どちらにしても地名考は面白いが、むずかしい。

「遊木」と書いて「ユキ」と読む。私は、このユキという語の柔らかい響きが好きで、いつか遊木の町をゆったりと歩きたいと思っていた。今回の山行で念願がかなったということだが、どこかで「木」という地名が気になっていた。同じ「熊野市史」の伝説の項に地名伝説の一つとして「昔、遊木の木は鬼という字で、鬼ガ城の鬼が坂上田村麻呂に征伐された時、逃げてきた鬼がこの場所で遊んだということで遊ぶ鬼と書いて遊鬼と呼ばれていた」との説明がある。比音山清水寺の創設縁起にも登場する坂上田村麻呂が征夷大将軍に任じられたのは西暦７９７年（延暦16）11月のことなので、この話は今から１２００年位前に起源をもつことになる。同じような伝説が二木島にもあって「鬼ガ城の鬼が田村麻呂に征伐された時、二匹だけがこの地に逃げ込み、村が鬼に支配されたので、二鬼島と呼ばれるようになった」というのである。鬼ガ城の鬼も、あっちへ逃げこっちへ逃げと忙しいことである。

　話題の熊野古道・伊勢路は、二木島から山の中に入り、峠を越えて波田須へと下りて行くので、ここ遊木は通過しない。浜峰さんの駐車場から小学校の横へと下っていく細い道に、何となく古道の雰囲気があって、懐かしい気がした。今回の参加者は82名。久しぶりに、長い隊列となった。町中を通り抜けて、集落の共同墓地の辺りまでが急な坂。墓地手前の高台から眺める、遊木の港、町並み、山の手へと伸びる田畑の風景がよい。遠くには大蛇峰、烏帽子岩が独特の尖った姿を見せている。

　墓地を過ぎると、道はなだらかになって、明治初期に作られたという石を巧みに組み合わせた用水路、このコース唯一の水場、呑んでみたが甘くて美味しい。水場から少し坂を登って展望所。木製の椅子も設けられていて、大崎半島や、その遠くに那智烏帽子が見えている。歩くこと30分足らずで狼煙場跡に着く。標高２１０・６ｍ。

全員集合写真

丹羽の平スタート、どんどん下って林道に入る

眼下に楯ヶ崎を見る

紀州藩は海防のために、寛永12年（1635）に常灯場（灯台）と船見番（遠見番所）を設置したといわれる。紀州領内の遠見番所は17箇所に設置され、塩の御崎（潮岬）から熊野灘に面しては、太地、楯ガ崎、九鬼崎、二郷、田曾崎に設置され番人が任命されていた。遠見番が異国船を発見した時は、近隣の浦村に知らせるため狼煙を上げる定めになっていた。狼煙場は遠見番所から一町ほど離れた処に置かれたらしい。東紀州で狼煙場が置かれたのは、南から井田みさご峠（紀宝町）、萩内ひわ山（御浜町下市木）、口有馬大般若（花の窟）、古泊猪鼻山、遊木丹羽平、楯ガ岬遠見番所（以上熊野市）、梶賀地切山、三木浦木名峠、九鬼崎遠見番所（以上尾鷲市）、小山浦上、白浦二十五峰（以上紀北町）、錦浦（大紀町）であった。遊木丹羽平は遊木浦の善七が狼煙立て番にあたったという。

あちこちの狼煙場跡を見て回ったわけではないので、断定はできないが、ここの狼煙場は保存状態や規模は、東紀州では最も立派なものの一つだと確信した。

直径約3m、高さ1・2mほどに丸い石が円形に積み上げられ、それが4mの間隔で、一直線に並んでいる。かっての狼煙台とはこのようなものであったのかと知ることができる。熊野市の指定文化財で、次のような説明板が立っていた。

「史跡　遊木の狼煙場跡

藩政期に入り異国船の出没が激しくなると、幕府は海岸を防備する必要から、各藩に浦組制度を開設させ、遠見番所や狼煙場を設置させた。奥熊野の狼煙場の創設は、寛永年間といわれ、寛永12年（1635）には文書にも所見される。ノロシを狼煙と書くのは、狼の糞を松の青葉に混入して燃やすと煙がまっすぐ上にあがるという中国の伝説による。狼煙場には二本立てと三本立ての二種類があった。この遊木の狼煙場は三本立てで、完全に近い形で残っているのは市内でここだけである。

指定　平成十二年二月二十四日　　熊野市教育委員会」

狼煙場跡を後にして、ぽつぽつ降ったりやんだりしている空模様を気にしながら、丹羽平。標高331・3m。本日の最高地点。二等三角点の点石を見る。植林の間を抜けて、少しだけ残っている雑木林を歩くこと30分ほどで、林道に出る。岬を回りこんだ所の、道が広くなっている場所で昼食。眼下に二木島湾、その向こうに楯ガ崎が見事な柱状節理を見せている。名勝・楯ガ崎を眺望する絶好のポイントといって間違いない。

全長12kmほどの距離を一周してきて、濱峰さんの駐車場で餅まき・餅拾いをした。10マウンテンの会の会員で、今年還暦を迎えた山川治雄副会長、垣内百代さん、中井マサ子さん、湊芙美子さん、大西佳子さんの5人が、赤いチャンチャンコを着て、還暦を祝って餅をまいてくださったのだ。餅をまく人も、それを拾う私たちも、60年の人生を無事に通過してきたその労苦を楽しく寿いだ。

今年は丙戌の年、山行を終えて餅まきをするというのは10マウンテンの会としては初めてのこと。人生の折り目の祝賀を、山の仲間とともに分かち合おうというその志に感動した。後ろの方にコロコロと転がってくる餅を、私も懸命に追っかけた。

熊野市赤倉

大丹倉・表丹倉

◉2010年9月12日　参加者50名

4月に前鬼山周辺を歩き、5月に果無山脈を縦走するまでは天候に恵まれたが、6月、7月は雨天のため中止、8月は夏休みで予定を組んでなく、3カ月つづけて山行を実施できなかった。今回は久しぶりの山行で、懐かしい顔に会うことができた。炎暑の影響が残り、ために暑い山行となった。下見山行のときも、今回も浴びるほど水分を摂取した。猛暑の中のテンマウンテン山行といえよう。

大丹倉・表丹倉へはこれまでも何回か出かけているが、いずれも赤倉からの林道を利用しての山行なので、山頂付近を散策してくるという趣だった。今回は育生町尾川からのコースで、なだらかな坂道を登り、谷に架かる鉄の橋をいくつも渡り、丁寧に敷かれた石段を踏みしめ、堅固に組まれた石垣を眺めながら「昔の生活道」（尾川―丹倉―赤倉―一の水峠―木本の一部分）を十分に楽しむことができた。紀伊山地のあちこちをこまめに辿れば、世界遺産に匹敵する見事な「生活道」が残されている。尾川から峠（丹倉峠と呼びたい）までの道は、尾川の人たちが草刈をしてくれたばかりで気持ちよく歩くことができた。

歩き始めてから2時間余で表丹倉の岩頭に立つ。眺望がすばらしい。標高599mの絶壁の上からの、北西方面の眺めがよい。眼下

全員集合写真

表丹倉の岩頭から育生町が見える

石を積んだかつての通学路

に粉所の集落。その背後に日暮山の山容がゆったりと横たわる。眼を転ずると尾川や長井の集落。出発点の広場に置いた自動車も見えている。その後ろには、小森ダムの貯水湖と和歌山県北山村の集落、大沼や下尾井も。その背後の西の峯もどっしりとした佇まいを見せている。遠くの稜線は玉置山から釈迦へいたる大峰の峰々。360度とはいかないが、紀伊山地の山々の中に点在する集落が見えている。川筋は見えないが、眼下の中心を右から左に、七色峡、奥瀞、瀞八丁とつづく北山川の清流が流れていて、そこを多くの筏が流れていた。数十年前までの北山川の盛況を、岩の上に腰を下ろして想像していた。時は流れ、多くの日が過ぎ去ったが、筏を荷主に渡した筏師たちが櫓を担いで在所まで帰った「筏師の道」も見える限りの風景の中にある。田戸から小松へ至る道、北山村から浦向(奈良県下北山村)に抜ける不動峠も確かに指摘できる。

昼食場所は大丹倉の頂の上。わずかな木陰に身を寄せて弁当をいただく。標高488mの頂は大きな一枚岩。参加者50人が昇ってもびくともしない。全員の記念写真もここで撮った。東側の絶壁からは恐ろしくて下を覗けない。大丹倉は高さ200m、幅400mの巨大な岩壁だが、上からの眺めよりも、下の県道のあたりにある展望所からの眺めが秀逸だ。東紀州には尾鷲の天狗倉山、熊野の船見石、烏帽子岩、新宮のごとびき岩など奇岩、絶壁が多いが、それらの中でも規模的には最たるものといえよう。それらの奇岩・絶壁のなかでは、山の奥深くに位置するため、訪れる人の少ない名勝といえよう。山頂には昭和37年建立の「高倉剣大明神」なる碑がある。本殿も拝殿もない神社というのが珍しい。300年ほど前、この大丹倉で修行をした河内の国の行者が、後継者がないので、自分の身代わりに剣を刺して去った故事に由来するという。

丹倉と大丹倉の中間のやや台地状になったところに丹倉の集落はあった。今は山崎さんという89歳の女性が、ただ一人で生活している家が1軒残るだけ。他の7軒は杉の林の中に石垣を残すだけになっている。山崎さんは大正10年（1921）4月に、育生町尾川に生まれた。22歳で結婚して丹倉で住むことになった。当時太平洋戦争の時代で、丹倉には山崎さん一家6人を含めて8軒の家があり、40人を超える村民の暮らす山間の集落であった。10人を超える小学生がおり、麓の育生小学校に通学していた。雨の日も、風の日も子どもたちは私たちがふうふう言いながら往復したあの道を通学していたのだ。昔の山村の子供たちの健脚ぶりに感心するが、山村に限らず、村に暮らす子供たちは、かくの如き通学路、あるいは生活環境の中でたくましく育っていた。村の生業は山仕事だったが、山崎さんは主人とともに入鹿鉱山で働き、かなりの蓄えを持ち戦後の四日市に移住してそこで過ごすが、60余歳で主人が病死したのを機に、ふるさとと丹倉に戻った。隣近所の人たちが次々に亡くなる中で、20年ほど前、1990年頃—昭和が終わり平成となる頃に、遂に住民は山崎さん一人となってしまった。山の中での生活は「決してさびしくはない」と繰り返していたが、家の周囲の草引きをしたりして、なかなかお元気である。

私たちは紀伊山地のなかにある山や集落や古道やらを見てきた。その中に廃村となった集落跡をいくつか通り過ぎた。小辺路の重要な宿場であった水ケ峰集落跡、那智烏帽子の登山道脇にあった俵石の集落跡、6月の山行で訪ねるはずだった道湯川集落跡など、廃村となった跡に立ちながらそこで生活していた人々の姿を見、声を聞いて回ったような気がする。山崎のおばさんの話を聞きながら、なんと健気な生き方を、しかも肩に力を入れない自然体で続けていることに感動していた。来年の4月には90歳を迎える。

皆さんにはご覧いただけなかったが、丹倉峠の育生側、10mほど上ったところに石祠があり、その中に高さ70cmほどの石像があった。「あそこまでが私のところの土地で、あの庚申さんもうちのものだよ」と山崎さんは言っていたが、見事な庚申さんであった。育生町尾川の上り口に「庚申」と大書した石碑が立ち、赤倉の上り口にも同様の石碑があるという。そして峠の石像。石面の中央に6手の青色金剛像を彫り、下部に三猿（見ざる、言わざる、聞かざる）を配置した庚申像である。これら三体の像が、この生活道に立つ。私たちの先祖の庚申信仰に寄せる思いの深さを知らされる。「人間の体内には三尸（さんし、三匹の虫）がいて、それぞれ頭、腹、足に巣くっていて、害をなしているが、この虫は庚申の夜になると体内から出て、天界の帝釈天に自分の巣くう人間の罪悪を報告に行く」（「庚申信仰」平野実　角川選書）とのこと。ただし庚申の夜に寝ないで身を慎んでおれば、悪い報告から免れるというので、庚申の夜、人々は夜が明けるまで眠らないで、一つところに集まり宴を催したりしたという。この風習は平安貴族の世界に始まり、江戸時代には庶民の世界にも普及したという。その信仰が、村の境に庚申像を立てて、村人や通行人の安全を祈願する方向に広がっていった。丹倉峠の庚申像も江戸時代の建立だろうが、台座の部分が土に埋もれていて、制作年代、寄進者などが確定できなかった。どちらにしても、丹倉の周辺の江戸時代は、現在よりはもっとにぎやかで、人通りも多く、豊かだった。

熊野市井戸町

大馬神社―深沢峠

◉2010年1月10日　参加者63名

「西国三十三ケ所名所図会」は嘉永4年（1851）の刊行。幕末期の識者のこの地域に対する認識のほどを知ることができる。比音山清水寺の縁起が詳説されているが、大馬神社に関する部分を引用する。。

平城天皇（在位4年、806―809）の時代、諸国在々の鬼神、魔王が蜂起して国土を悩まし人民を殺害した。天皇は坂上田村麻呂（758―811）を将軍に任じ、伊勢の国鈴鹿において悪鬼を鎮圧させたという。八鬼山、九鬼、三鬼などがこの時の鬼という。ところが、これら鬼族は、すべて討たれたわけでなく、残党は深山幽谷に飛行して、その隠れ場所がわからない。将軍は近くの高山によじ登り、一心に観音菩薩の名を唱えたところ、立烏帽子をつけた天女が忽然とあらわれ、「ここより南の海辺に岩屋があり、悪魔が隠れているから討ちなさい。伊勢の海、熊野の奥の末までも大慈の弓に悪魔は退く。我はこの近くの大馬権現である」といって、白馬に乗って西の空に飛んでいった。立烏帽子を着けた天女が下ったところなので、烏帽子岩という。

鬼が城から船に乗り、魔美が島にて悪魔を滅ぼすことになるが、さて、その鬼神のむくろは井土村の深谷に埋葬し、大魔権現と崇め今の世まで多くの人が足を運んでいる。

この由緒に従えば「白馬に乗って権現様が飛翔して行ったから大馬神社」「鬼神のむくろを埋葬したから大魔神社」との二説が有力。

ところが「紀伊続風土記」（天保10年＝1839）によれば「大馬権現は大麻権現」であり、昔は大麻と書いて「オホアサ」と発音していたのを「オホサ」と縮め、さらに「大佐」という文字を当てた例もあると説明している。ところが地元の人は「大麻」の麻の字を音読して「オオアサ」を「オオマ」と読んでしまい、ついには、その音に従って「大馬」なる文字をあて、現在に至ったものであろうと説く。「熊野市史」の熊野地名考の説明は「大麻権現社」説を採用し、近くに馬頭観音を祭ったところがあるのと「有馬」との関係で「大馬」としたのであろうと推測している。

山行の出発前に「大馬神社」について、かなり乱暴な説明をしたが、資料などを用いて詳述しました。本社は大馬権現で、付属施設に「田村社」や「白馬」という石塔があったのは、上記の伝承で明らかでしょう。正式には大馬権現に熊野権現、大神宮、八幡宮を合祀して四社権現というとのことです。文明11年（1479）修造の際の棟札にそのように記してあるとのことです。この神社の創立が、田村麻呂の時代にさかのぼるかどうかは、知りませんが、棟札が記す足利義政の時代には確実に存在していたことに間違いありません。なお、紀伊続風土記は境内の滝にも触れ「境内瀑布あり。大馬滝といふ。上下二段となりて落つ」と記し、「その他境内大杉樹森神境の霊地なるを覚ゆ」という。大杉と滝の見事さは、200年の昔も多くの人に感銘を与えていた。かかる山中に大馬の神社は厳として存在し、私達を誘う。常住の神官はいないものの、それゆえにかえって見事な霊地といえる。

「井戸の奥に天神丸（784・2m、三等三角点）という山があるが、この山の東に深沢峠というところがある。ここは瀬戸から神川の碇を経由して北山方面に通ずる主要街道であった。井戸川の源流に沿って巨石を使用して幅1mの道が残っているのは、よほど主要な街道であったことを物語る。石塁を上りつめると飛鳥の神山と瀬戸との境（深沢峠）になるが、この付近は木地屋の入山していたところである」（「熊野市史」上巻、1209頁）

私たちは大馬から深沢峠へ向かったので、熊野市史の記述とは逆に歩いているが、深沢峠を直進すると大谷峠があって、そこから天神丸山への山道がある。下見山行のとき20名のうち19名は天神丸山へ、私ひとりだけ古道を戻った。木地師の屋敷跡は峠のすぐ上にあるのだが、それをじっくりと検分したかったからである。ここに元禄7年（1694）に2家族の木地師が住んでいた。「木之本　ふかたわやま木地や　銀二匁　宿　利右衛門　壱匁　同　長三郎」（「永源寺町史」下巻　元禄7年奉加帳）。今でも深沢峠は「ふかたわとうげ」と呼んでいるが、300年前には「ふかたわやま」といっていたことが解る。熊野市史の調査は行き届いていて、住居跡屋敷2箇所、畑7箇所が整然と石垣に囲われて図示されており、はずれに茶畑や墓地までしるされている。その屋敷跡の中をかっての生活道が貫いている。もちろん、石垣と落ち葉に埋もれた屋敷跡以外になにも残っていなかったが、かなり広い屋敷跡を歩き終わって、すぐそこの峠をめざして、私は道を失った。峠に戻るまでに30分ほどを要した。それはとにかく、木地師屋敷跡の立派さに驚いている。山地から山地を移動する木地師は、一箇所に長い年月滞在しない。したがって、彼らの住む家も屋敷も、堅固なものを必要としない。木地師の住む跡の確定しがたいのは、そのことに原因があるのだが、「ふかたわやま木地や」は、あまりにしっかりしている。昭和初年まで家屋が残っていたというから、かなり早い時期に定住したのかもしれない。

どちらにしても、今回の山行で歩いた道は往時の生活道。集落と集落を結んだ大事な道だった。村人たちが荷物を担いで往来した。大馬谷の源流付近に石の石造物2体。「嘉永二年再建」とあり、見事な石祠に覆われていた。大谷峠の西側の道の分岐点に、石造仏1体。これは表面の磨耗激しく、判読できなかった。

往時の生活道を地域住民だけでなく、旅人も通った。特に、この道には大馬権現社とともに水大師と呼ばれ、眼病の人に効果ありと信じられていたから、時々遠くから目を病んだ人が訪れた。

弘化四年（1847・未年）の春二月、能登国鳳至郡黒島村の百姓・導念と申すもの眼病を治療せんと、故郷を出立、高野山に弘法大師を訪ね、水大師までやってきた。彼が高野山から、どのような道筋を歩いてきたかは明らかでないが、水大師の効能に期待しての長旅だった。ところが、彼の場合は「次第に眼病、相重り」ついには失明して盲目になってしまう。困り果てた導念は井戸村の庄屋又左衛門に嘆願し、有馬組大庄屋浜田伝三郎の許可を得て、「送り一札」を発行してもらい、故郷まで送り届けてもらうことになる。村から村へと送り届けてもらうのだ。旅での難渋者に対する「村次ぎ」による救済システム。私たちの歩いた道を、目を病む老人が水大師を目指していたと想像しながら私は歩いていた。

熊野市井戸町

水大師――大馬神社

◉2014年12月14日　参加者36名

日本列島全体が寒波に覆われていた。尾鷲・熊野高速道路の新鹿トンネルの表示では午前7時半現在の気温3度。紀南県民局に集合の皆さんの装備も防寒対策はしっかりしている。車で「かんぽの宿」のすぐ上にある公園の駐車場に移動して8時20分スタート。木本の町を前景にした熊野灘が朝日の中に見事に見えている。

2時間弱で水大師に到着したが、途中に石造物二つ。あぶり山（297・9m）の南斜面の道沿いに地蔵尊一つ。「あぶり地蔵」と地元（紺屋地）の人が言い、年に一度はおまいりしているとのこと。台座の上にちょこんと優しい姿。石祠に覆われている。今一つは、水大師直下林中の三叉路に明治35年建立の追分石。「右木本、左井戸」とはっきりと刻んである。

水大師については「熊野市史」中巻の口碑伝承の項に「弘法大師堂―井戸区内大馬にあり、天保九年正月二十一日の創祀にして、最初、今の前田実造氏の先代、その霊験をうけてより、遠近の参詣者、四時絶えず」（「南牟婁郡史」）と記す。さらに境内の大きな石板碑に「水大師縁起」の説明があった。次のようなことが書かれている。

――井戸地区の曽山に仏休場というところがある。弘法大師が修行された霊場といわれていた。常に清水が湧き出し干天の時にも涸れることがなかった。天保10年（1839・己亥）のこと。この村の前田清造という人は普段からお大師さんを深く信仰していたが、ある夜、夢の中に「白衣の僧来たり、仏休場に霊あり、信心深き人が之を服用すれば宿阿の病も平癒すべし」と告げた。その場に行ってみると、清水が流れている。一週間、参篭してその水を服用すると、お告げのとおり苦痛が全く消えてしまった。その白衣の僧の恩に報いるために、その地に堂宇を建立し石碑を刻み、命日の21日に入仏式をおこなって益々深く信仰した。このことを遠近の老幼男女が伝え聞いて、参篭するものが多かった。この碑は水大師のお堂を建ててから百年経った昭和13年に、百年記念として建てたものである。なお、板碑の近くに仏休場地蔵尊という小さなお地蔵さんもたっていた。

来年は弘法大師が高野山を開創してから1200年の記念の年になる。さまざまな行事が開催されることだろう。水大師は弘法大師ゆかりのお堂である。この機会に水大師についての歴史について整理をし、地域の大師信仰の一助としたい。次の3点を確認しておきたい。

水大師のお堂の開設が、天保10年であること。前田清造なる人物の夢の中に登場した白衣の僧は弘法大師だろうが、多くの水伝承に登場するお坊さんが弘法大師その人であることから考えると、夢の中に現れるという設定は、この伝承の作者の工夫が示されていて面白い。水大師堂設立を天保10年とするのは信憑性が高い。

水大師の所在地は、曽山・仏休場である。（「仏の休み場」という地名はユニーク）

水大師への道は、木本道、井戸道、大馬道、評議峠道といろいろある。今回はそのうちの井戸道以外の3ルートを歩いたが、これらの道は近世以前の北山や高野などへと通じる重要な生活道であったと考えてよい。

水大師の堂宇が完成したのは天保10年。8年後の弘化4年（1847・未年）の話をしたい。能登半島の先端に近い黒島村（現在

全員集合写真

水大師の石仏群

□□□□□□□□□□□□

の石川県鳳至郡門前町）を2月に出立した導念というお年寄りが水大師にやってきた。彼は眼を病んでおり、弘法大師ゆかりの地を巡りながら、眼病に効果ありと評判の水大師まで来る。水大師に逗留し治療したのだが、期待に反して眼病は益々重くなり、ついに失明してしまった。その後、導念はどうしたか。当時、このように旅先で途方にくれた旅人を救済するシステムが幕府や藩の指導によって完成していた。困窮した旅人を村から村へと引き継いで故郷まで送り届けようというシステムで、「村次送り」と呼んでいる。失明して困った導念は、紀州牟婁郡新宮領有馬組井土村の庄屋又右衛門に「にわかに盲目に相成り歩行できがたく、至極難渋仕り候につき、なにとぞお慈悲をもって国元へ送り呉候様」願い出て有馬組大庄屋浜田伝三郎より許しを得、村次の送り状を発行してもらう。

導念なる人物が、どのようなルートで能登から紀州井土村の水大師までやってきたか、一切記されてないが、宗祖大師巡拝とあるので高野山経由でやってきたと推測できる。村次送りを出してもらうために、井土の庄屋や有馬の大庄屋を訪ねているので、そこから木本を経て尾鷲までやってきた。実はこの文書は「尾鷲組大庄屋文書」の中に残っていたものなので、水大師から尾鷲までは確実に通過している。その後、故郷まで無事に着いたかどうかを確認することはできない。とにかく導念は、水大師で療養した。宿坊のようなものがあったのだろう。（「諸国旅人帳」尾鷲古文書の会編より）

高野山から本宮大社へ、さらに北山村の碇集落を経て、大馬神社へという道を私は想定している。今回の山行は往年の生活と信仰の道を歩く企画であったが、とても楽しいものとなった。

次に訪ねた大馬神社については、熊野市の文化財に指定されているので、その伝承や歴史的価値については「熊野市史」や「熊野の文化財」等に詳しく説明されている。詳細はそちらに譲るとして、ただ強調しておきたいのは、前回訪れた時には、神社入り口に立っていた大鳥居が全く流失してしまっていたこと、神社への入り口の橋がこれも流されて仮橋になっていたことに注目。平成23年9月3日から4日にかけての台風12号による「紀伊半島大水害」の被害の大きさを知らされた。熊野川流域や那智勝浦町の被害の大きさは、広く報道されたが、熊野市周辺の河川の氾濫等も大きな被害をもたらした。ここ大馬神社周辺でも、大きな被害にみまわれ、まだ修復工事中であった。明治22年の十津川水害の例も示すように、由緒ある神々や仏たちの住み給う神社仏閣も甚大な自然災害からは逃れがたいのである。

今回の計画では、復路は往路と同じ道をとるはずだったが、時間的に余裕があったので、急遽、評議峠を越えて水大師に至る道に変更した。私にとっても評議峠から下っての山道は初めてのコースだったので新鮮だった。あれは木本から小阪へ抜ける往時の生活道だったと山ちゃんの説明があったが、木々の中、杉葉に埋もれた石積が見事で、熊野の奥深さと、その中を貫く生活道の見事さに感心していた。

熊野市井戸町

長尾山

◉782・4m／2009年10月15日　参加者38名

長尾山は熊野の人にとって、親しくて懐かしい山である。朝夕、麓から眺めるとアンテナの林立した山容がくっきりと眺められる。山頂に立つアンテナ群は景観保護の上からは、よしとしない意見もあるが、紀伊山地の山々を遠望するとき、それは山名を確定するのに絶好の指標となることもある。大峰山系で言えば行仙岳の巨大アンテナ、大雲取の柵に囲まれた鉄塔、百間山の山頂直下にもあった。尾鷲では天狗倉山の東側と、矢の川峠から歩いて30分ほどのところにある。

長尾山も二等三角点が設置されているから、アンテナ設置の地としては絶好の地点といえる。金山町長尾山に、熊野長尾山テレビ局が設置されたのは昭和39年（1964）10月6日のこと。4日後の10日は、東京オリンピックの開会式、女子バレーの決勝戦の視聴率が85％を記録し、われわれの家庭にもテレビなるものがようやく入ってきたころである。今から45年前になる。私は23歳、新任の教師として長島高校に勤めていた。長尾山頂には、NHKをはじめとして、NTTほか5基のアンテナ鉄塔が競い合うように建てられていった。

山頂直下10mほどのところまで延びている林道が開設されたのも、このアンテナ建設のためであったろう。アンテナが立つまでは、歩いて登る山であった長尾は、このころから自動車で行くことのできる山となった。

「熊野の山　38山」（たぬき出版、2008年8月）などは自動車で行

全員集合写真

長尾山山頂より熊野市の町・七里御浜が真下に眺められる

くことのできる山として、次のように説明する。「札立て峠のトンネルを抜けてしばらく進んで、右へと林道に入る。旧札立峠に上がり、尾根をどんどん進んでいくと、山頂のすぐ横にある鉄塔下の駐車地に着く。ここに車を停めて、ここから、階段を上がれば、すぐ山頂である。」

「三重の百山」（津・ラ・ネージュ山岳会、２００８年１月）も説明は少し長いが、同様である。

「三重県の山」（吉住友一、岩出好晃、山と渓谷社、１９９６年12月）には「長尾山に登るには２つのルートがある。ひとつは北東側の瀬戸から一の水峠を経るコース、もうひとつはここに紹介する西側の札立コースである」と説明し、林道のヘアピンカーブに駐車して50分ほど歩くコースを紹介している。

今回のコースは、瀬戸からのコース。一の水峠経由でなく、日本一林へ直登のコース。歩き始めのコンクリートの道がきつい。猪よけの柵をあけて閉め、杉林の中に入る。下見山行のおりには、この上り坂が、すっかりシダに覆われ、倒木があったりして、最近はほとんど通る人がいないことは明白だった。これではさすが山好きのひとたちの手になるガイドブックに紹介されようがない。作業に手間取る。最近の下見では久しぶりの道普請となった。山ちゃんはチェンソー持参だったし、その他10名余は、草刈り鎌での作業。シダを刈り、落ち葉を取り除くと、瀬戸から赤倉へといたる生活道が姿を見せてくる。道はやはり、歩く人がいないと、道でなくなるようだ。

今回の参加者の中、松阪から一人で参加された谷口正

瀬戸からの杉林山

こんな案内板も

則（66）さんから「長尾山の思い出」というタイトルの感想文を寄せていただいたので、それを紹介したい。

快晴の秋の例会であった。台風の後でもあったので先頭集団の皆さんは、倒木を切り開いて私達を安全に案内していただきました。有り難うございました。昭和42年だったと思いますが、私には忘れることのできない出来事と、皆さんにお伝えしたいことがありましたのでペンを執りました。

私は、長尾山の麓の有馬中学校が初任地であった。その一年目、陸上部と水泳部の生徒の誰かが声をかけたのか、長尾山に松茸とりに行くことになった。奥有馬、池川を通り、最後はよじ登ったような気がする。頂上は今回訪れた中継所だらけの場所ではなかった。まずは持参の弁当をたべた。その後、全員で松茸探しをした。「あったー」の声が挙がると、その瞬間、陸上部のキャプテンが「先生にとってもらえ」と大きな声が鳴り響いた。おかげさんで私も一生に一度の経験をさせて戴きました。そのことが忘れられなくて例会に参加させて戴きました。

杖とボトルウォーカーも同じく有馬中学校時代の教え子に送って戴いたもので、山やライフワークの石仏めぐりに同行していることを報告させて戴きます。

会員の皆様、今後とも例会に参加させていただきますよう、お願いいたします。

欄外に「すっかり山の様子が変わっていたようです」との添え書きがあった。谷口さんが松茸狩りに出かけたのが昭和42年とすると、40年ぶりの長尾山探訪ということになる。懐かしい山の変貌ぶりに驚いたということ。歳月だけでなく、この間の社会や生活様式の変化が、われわれの身の回りだけでなく、長尾山のありようにも甚大な変化を与えたということ。変わらないのは、山頂からの七里御浜の絶景くらいか。木本から鵜殿にいたる市街地の眺望もあちこちに点在する池なども見事だったが、「方丈記」風に言うならば、あの家々もそこに住む人々も、この40年の間に流れに浮かぶうたかたのように、かつ消えかつ結んだに違いない。

そういえば、道沿いにアサマリンドウが咲いていたが、石仏などは一体もなかった。生活道で行き暮れる人はいないから、そのようなものは残さないのだが、今回は尋ねなかったが、長尾山の延長線上にある一の水峠にはカミトキ地蔵がある。「昔、男と女がこの峠でしばしば逢っていた。一人は神川の人で、一人はこちらのほう（有馬—池川）の人であった。

あるとき、女の人が先に来て待っていたが、男がなかなか来ないので髪をとかしていると、後から来た男が、髪を前に垂らしている姿を見て、お化けだと思って鉄砲で撃ってしまった。それで、その女の菩

提をともらうために地蔵を建てたとのこと」（『熊野市史』下巻）

この話も、旅人に関するものではなくて、峠を挟んで往来した男女の逢う瀬の悲劇を語るが、どちらにしても、私たちの歩いてきた道は、ついこの間までは、熊野市の東と西を結ぶ主要な生活道のひとつであった。

丸尾山

熊野市井門町

◉851m／2017年2月17日　参加者54名

午前9時に紀南県民局に集合し、車に分乗して井戸町瀬戸の馬の戸というところで大きく左折して林道赤倉・瀬戸線に入る。この街道は一の水峠（標高675m）を越えて育生町赤倉へと下り、穴山関所跡、丹倉の天狗鍛冶屋敷跡を過ぎ、ここから先の尾川へは山間の杣道が残るだけだが、その昔赤倉の子どもたちが通学に利用したその道を経て、尾川の集落へ。そして、紀和町平谷から赤木を経て、同町大河内から楊枝川を下り、熊野川を渡って万歳峠を通過して、熊野本宮へと進む旧主要街道であった。

この山道を多くの人々が利用した。薬屋や小間物売りの行商人。山伏や拝みやや、僧侶や雲水、さらには虚無僧や比丘尼などの信仰にかかわる人たち。漫才師や猿回しなどの遊芸人も、時には帰りを急ぐ巡礼も日暮れの道に追い立てられたかもしれない。道は旅人とともにあったし、この旧街道も相当の賑わいを見せていただろう。

この道が一の水の峠、現在のトンネルの上を通過する峠道として貫通したのは、文化10年のことである。西暦1813年、今から200年ほど前の9月のことである。なお、「熊野市の文化財」（2014＝平成26年刊）は建立を文化12年としているが碑の正面に癸酉の銘もあり、年号も十とあるから、文化10年とするのが正しい。2009年—平成21年刊の「三重県石造物調査報告Ⅰ」では、文化10年と記述している。

紀伊山地の山間の集落を結ぶ道が、江戸時代に開かれその記念碑が「供養碑」として残っているのも珍しい。正面に「供養塔」その下に「此道橋ノ谷ヨリ・・の水峠迄　道普請出来」と刻んである。供養塔と称したのは、この道普請によって命を落とした人々の供養を願ってのことであろう。下の段に工事に尽力した平谷村大井沢右衛門以下、尾川村、粉所村赤倉村の庄屋等の名前がある。この供養塔は高さ80cm、幅30cmの板碑型で保存状態もよく、一の水トンネル西口の上方約200mの峠の下の水のみ場の近くに建てられた。峠を越える旅人たちが、この碑を眺めながら一息ついたことであろう。

「三重県営林道一の水線」開設工事が竣工したのは平成3年（1991）4月1日のことである。文化10年から178年にわたって一の水峠の道は、峠を越えて瀬戸と赤倉を結ぶ道として活躍してきた。一の水トンネルの開通は、自動車道としての供用であったから、その開通とともに、峠越えの道はその使命を終え、過去の道として消えていくことになる。新しい道ができると、古い道が消えていく。それは熊野古道の歴史を見ても明らかだ。特にコースの変更が交通手段の変換を伴う場合それが顕著である。熊野古道が、古道として復活したのは、それを雑木やシダの茂みから掘り起こしてきた、それぞれの峠の麓の人たちがいたからであって、決して偶然遺産として残っていたのではない。

全員集合写真

山頂風景

丸尾山からの眺望

今回歩いた一の水峠越えの旧街道も、再び多くの人の注目を浴びるということはないだろうが、峠に残る髪解け地蔵や先ほどの供養碑などがあるかぎり、人々の記憶に残り続けることになるだろう。

熊野市の山や歴史を調べるとき、一番の参考にするのは「熊野市史」である。上、中、下巻の三巻で、全体で4000ページを越える量である。これらのページを隅から隅まで探しても「一の水トンネル」は出てこない。「熊野市史」の刊行は、昭和58年の3月31日、このときには一の水トンネルは竣工してなく、県営林道はまだ貫通していない。

「熊野市史」下巻の伝説の項目に「一の水峠のカミトケ地蔵」説明がある。

「昔、男と女が一の水峠で逢っていた。一人は神川の人で、一人はこちらの方の人であった。あるとき、女の人が先に来て待っていたが、なかなか来ないので髪をとかしていると、あとから来た男が髪を前に垂らしている女の姿を見てお化けだと思い、鉄砲で撃ってしまった。それでその女の菩提をとむらうために地蔵を建てたという。（有馬―池川）

文中『一人はこちらの方』とあるが、こちらとは瀬戸の方を指すのであろうから、神川と瀬戸の男女の出会いということになる。なお、文末の（有馬―池川）は、この話を採取した地域の名前であり、この話を最初に教えてくれたのが池川出身のヤマチャンだったから、この話は池川に伝承されていたのであろう。なお、カミトケ地蔵は今も、一の水峠に立っている。丸尾山への道はその横を通っていく。

熊野市史には、「おきわ坂」という話も、掲載されている。

「新鹿の浅谷から賀田へ越える峠の、およそ一町ばかり手前におきわ坂と呼ばれているところがある。昔、賀田におきわという女がおり、ある男と恋仲になって、いつもこの坂道で逢瀬を楽しんでいたが、あるとき、男があまり遅いので、髪をすき、横櫛をくわえて顔をあげたところへ男がやってきた。ところが、そのざんばら髪に櫛をくわえ、耳の辺りまで口の裂けた、異様な物凄い女の形相を見た男はびっくり仰天し、思わず背にしていた火縄銃をとって撃ち殺してしまった。女は決して決して横櫛をくわえてはならぬという教訓が残っており、今その路傍の草に埋もれている小さな地蔵尊はその供養碑だと伝えられている。」（新鹿―奥）

熊野の山と海辺の集落に伝わっている、この伝承の共通性はどう考えればいいのだろう。

男が、好きな女が髪をすいているのを、お化けと見誤って。鉄砲で撃ち殺してしまう。人里はなれた峠道での悲劇。昔は、こんなことがよくあったのだろうか。松本峠で地蔵を誤射した、話などと重ね合わせても興味がある。一の水峠という名前にも惹かれるし、カミトケ地蔵にも愛着がある。地蔵の顔は、写真で見る限り可憐ではなく、かなり怖さを感じるが。

丸尾山の山頂で昼食。熊野の山々の景観、好天の下遠くまで眺めることができたという。

最近眼にすることのできた「日本山岳ルーツ大辞典」（平成9年刊行、竹書房）によれば、丸尾山とは「阿田和の町や沖から見る山の形が丸く見えるから付けられた山名」とあり、近くに見える長尾山、702mについては「尖った山ではなく、山頂部から左右へ延びた尾根（嶺）が長く延びていることから付けられた。」と説明がある。丸山や長山でなく「―尾山」という呼び方に共通性を感じているが、そのことをどう考えればよいのか。熊野の地の海と山をつなぐ一の水のトンネルの上にも、春が近づいている。

※一の水峠の説明は、熊野市教育委員会によって正しく訂正された。

泥山からツエノ峰

◉2015年1月18日　参加者43名

明治22（1889）年8月22日発行の「南北牟婁郡全図」という、縦40cm横80cmの横長の地図を見ている。大阪の山崎滝之助という人が発行人である。中央に南北牟婁郡、現在風に言えば東紀州の地図が描かれ、上下左右の余白に町村の人口・面積、社寺名表や名所旧跡などが記載され、民間発行の「南北牟婁郡要覧」のようなものである。そのなかに南北牟婁郡の代表的な山岳が10山ほど掲載されている。そのうち、南牟婁郡の11山は次のようになる。標高は尺貫法で記されているので、メートル法で表記する。

大蛇峰　新鹿飛鳥村界　687・1m
烏帽子岳　木本町大字大泊　541m
一族山　入鹿村矢の川小栗須　800・5m

蔵光山　上川村相野谷村界　906・5m（子の泊山のこと）
保色山　飛鳥村に中立す　1028・5m
妙見山　神志山村神木に　748・8m
日暮山　神川村に中立す　723m
鶫山　尾呂志村に在　812・8m
石ケ塔山　北輪内南輪内村界　688・5m（亥谷山のこと）
長尾山　有井村大字有馬　782・4m
泥山　入鹿村大字木津呂　704m

それぞれの麓から眺めることのできる山々を選択していると思われるが、「泥山」が入っていることに注目する。地図上のツエノ峰から木津呂へ向かう稜線の704m高地あたりに「泥山」の記述もあるから、一時期この周辺の山を「どろやま」と呼んでいたことは間違いない。「どろ山」から西へ向かう道は、二手に分かれ北よりの路は直接に田戸に下りていく。そこは、「瀞峡」ジェット船の終点である。天下の名勝地「瀞峡」とその背後にある「泥山」。元来「瀞」という漢字は「水の清澄な」という意味だから、瀞峡はいいとしても山の名としてはふさわしくない。「瀞山」転じて「泥山」ということになったのだろう。「どろやま」という山名は、全国でこれ一つだけであろう。

「どろ」という名のついた山は、北海道の積丹町と古平町の境に「泥ノ木山」（907m）があり、兵庫県美方郡村岡町に「瀞川山」（1039m）がある。どちらも眺めたことが無いので断定できないが、「とろかわやま（瀞川山）」というのが、瀞川の上にある山だとすると、「とろかわやま」が「とろやま」になり、濁って「どろ山」になったと考えるのは自然だ。「瀞」と「泥」とは大違いなのだが、「瀞峡」に流れ込む山の名前の「泥山」は、それだけに魅力的で個性的といえる。瀞峡山、瀞八町山から転じて泥山になったという仮説を提起しておきたい。明治22年前後に使われていた泥山という名前が、いつの間にか消えてしまって、地元の町史にも登場しなくなって、125年が経過した

紀和町海洋センター前の駐車場に集合。ハング・グライダーのスタート地点になっている標高400m余の広場の隅に駐車する。ここは「熊野の山、最大の展望が開ける場所である」（『熊野の山38山』）福井敦美さん）という人もいる絶景ポイントである。眼下に入鹿の集落が盆地状の平地の中に見えている。少し上のほうに丸山千枚田。その背後に「北から順に、大人平山（667・9m）、白倉山（736m）、一族山（800・5m）、大瀬山（626・6m）、和気の森（806・2m）、子ノ泊山（906・7m）などの山々が連なり、紀和町を熊野灘から隔てている。」（『紀和町史』）なかでも真東に聳える白倉山の雄姿が見事だ。「これらの山々は、北は三重県尾鷲市付近から、南は和歌山県那智勝浦町付近にかけて、海岸線にほぼ平行に伸びる熊野海岸山地の一部であり、この山地の幅員がもっとも狭くなるところに風伝峠（257m）が開かれている」。眺めてみると、北から南に伸びる山地が一箇所鋭く切れ込んでいるところがあり、その鞍部を熊野古道の風伝越えの路が通っている。秋の寒い朝、眼下の入鹿の村々に発生した霧が雲海となって盆地を覆い、それがこの切れ目から山地の東側に風伝颪となって流れ込む。古道は熊野本宮をめざした旅人を運び、雲海を霧として運んだ。その峠の上のはるかに熊野の海がきらきらと光って見えていた。「峠にはこのほかに、荷手野峠（550m）などがあり、熊野灘に向かう道が開かれている」。

さて、登山口から林道を北に向かって歩いて一時間ほどで、最近作られた防災用の通信のための鉄塔。鉄塔には「中継所」とあるだけで、

全員集合写真。背後に丸山千枚田

眼下に紀和町の集落

中継所の横を通る

塔の名称はない。ここから見る大雲取山の東西に伸びる姿がすばらしい。10マウンテンの会では、すでに100回を超える山行を実施しているが、そのなかでもハードな行程であった。熊野古道最大の難路であるあの山が、全体の姿を横たえている。

鉄塔横で休憩して、さらに北を目指し、途中で稜線が西に折れ曲がる、704mと地図上に表記のあるあたりが「泥山」のピークであろう。山頂碑も、山の愛好者たちの板碑も何もない。次に来ることがあったら、久しぶりに山名を記した木の標でも立てなければなるまい。とにかく、あの地点が今次山行の最高地点であった。しばらく歩いて木津呂の集落を眼下に、南に見る絶好の展望所へ出た。木津呂の集落、それを迂回する北山川、それらを取巻く山々を眺めながら昼食。瀞峡から南に流れてきた北山川はこの地点で集落を360度回り込んで、屈曲している。そこの狭い航路を上流からと下流からと、観光客を乗せたジェット船が往来している。その交差するさまは、集落の陰に隠れて見えなかったが、しばらくするとまた姿を見せて、上と下へと航行していった。かつては、筏が流れていた北山川。昭和38年の12月を最後に、筏流しはストップしたが、それまではこの木津呂の集落も、筏師たちの休憩場所として、あるいは中継基地として活気を呈していた。明治22年の入鹿村木津呂は戸数27戸、人口は133人とある。眼下の集落は、そのほとんどの家の屋根を眺めたが、そんなに減少しているように見えなかったが、居住者は何人か。昭和40年頃には、木津呂には小学校の分校があって、分校のプール竣工式が行われている。翌年は小森ダムの竣工である。北山川は筏師とともにあり、川に面した村々は筏流しの終息とともにその勢いを失っていった。帰り道、ツエノ峰（644・9m）に登った。杉の木に覆われ、三等三角点はあったが眺望はなかった。

熊野市紀和町

島津・木津呂周辺

◉2016年1月10日　参加者56名

暖かい冬とともに新春を迎えた。年末、年始と好天の日が続き、山行の日の前後の天気予報も全てよし。今年は春から天気だけは恵まれている。それでも、風伝のトンネルを越えた辺りでは外気温マイナス一度、やや冷たいが風がほとんど吹いていないので絶好の山行日和だ。紀和町海洋センター前に午前9時に集合。新年の挨拶を交わして、車で出発点まで移動。10分足らずで紀和町小川口の、ジェット船の乗り場の駐車場に着く。ここから乗船して瀞峡まで行きたい人は瀞流荘で申し込んでくださいとの案内板が建っている。

北山川はこの辺りでも、流れは10mほどの幅しかなく船が通行するのがやっとの感じ。砂洲の川幅は100mほど。対岸の斜面に東を向いて数軒の家が建っている。あそこは和歌山県新宮市熊野川町島（嶋）津。隣の玉置口とともに熊野川町の飛び地である。

ここ小川口は、明治の始めまで島津村の一部（枝郷）であった。「ここはその昔、水路交通の要所であった。人も物もここを中継地としてにぎわった。木材は筏で下流へ。人や荷物は伝馬船・団平船で下流新宮へ。上りの荷物はここで降ろされてさらに、人の肩で上流の村々、山奥まで運ばれた。」平成5年頃までは「かっての商家音無屋の構えが残っていたし、渡し場には茶店があって新屋茶屋と呼んでいた。」「紀和町史」の記述を参考に説明しているが、そこには「仏様のようにやさしい老夫婦が今も菓子や飲み物などを売っている。」と23年前の様子を記しているが、茶屋の跡は全く残っていない。

和歌山県側から言えば「島津の渡し」だが、ここの「渡しは小川口と島津が一日交替で担当していた。女の人だけの家は頼んで別の人にしてもらった。両方の集落（ジゲの人）は無料で、牛も無料であった。昭和4年（1929）ごろの渡し賃は3銭（大工の手間賃とほぼ同じ）であったが、魚売りがくると倍の6銭、牛がわたるときは15～20銭になった。渡し賃は一日の日当になった。イノテ（担いで）くると渡し賃は高いが、セタロテ来る人は安かった。台風が来ると一週間ほど川留めした。普段は竿で渡したが、水の増えたときは櫓で渡した。水の多いときの料金は高かった。一日働いたなかから2銭ぐらいずつ積み立てていって舟の修理などに使った。これをトメギンといった。」（「熊野川町史」通史編）営業時間は午前6時から午後7時まで。ただし郵便脚夫通行の際はこのかぎりにあらずとのこと。

村の生活圏を二分していた熊野川と北山川の流域に住む人々にとって、対岸への唯一の交通手段が渡し舟であったから、島津（小川口）の渡しのほかにも、玉置口、宮井、椋呂など公営のほかに、相須と柳原の上、四滝と和地谷、九重と花井、九重と百夜月などがあった。これらの渡し舟の多くは、川の両岸に一本のワイヤーロープを張り渡し、それに滑車をつけて舟を移動させていたようだ。上記の渡し場の中で、

全員集合写真

筏師の道を歩く

木津呂で曲がる北山川。左手が上流

九重・百夜月間のロープが遅くまで残っていたようで、私もドライブの途中で見たことがある。小川口の渡し場が、ロープを張っていたか記録がないのでよくわからない。島津の墓の近く出会ったおばあさんに聞くとよかったが、耳が遠いのか会話にならなかったのが心残りであった。

小川口と島津を結ぶ瀞大橋（1973年起工、1977―昭和52年9月9日竣工）を渡る。橋ができて40年になるが、歩いて渡るのは始めて。瀞大橋も56名の多人数に渡ってもらえてさぞかし驚いたことであろう。大沼からの筏流しが完全にストップして、木材が全てトラック輸送になったのが1963年、小森ダムが竣工して運転を開始したのが1965年、北山川の渡し場や筏流しは瞬く間に姿を消していく。

島津の集落に入っていく。家の前に腰掛けて我々を眺めていた男性二人。集落のはずれで洗濯物を干している女性一人。その人の子どもらしき幼女二人。5歳と3歳くらいに見えたが、我々の姿を見て興奮したのか走り回る妹を懸命に抑える姉ちゃん。それを追いかけるおばあちゃん。しばらく林道らしき道を歩くと、向こうから乳母車らしきものを押すおばあさん。こんなところまで何をしにと不思議に思ったが、しばらく行くと集落の墓地があった。おばあちゃんはお墓まいりの帰りだったようだ。平成10年の世帯数10、人口18とあるから、6人の人に出会ったのは喜ぶべきことか。なお、墓地内の案内板に江戸中期の、戸数28戸とあったから、当時の賑わい振りが想像できる。参考までに明治22年の戸数は20戸、男65、女55合計120名、一戸当たり6名である。村の人口は明治大正と大きな変化なく、急激に減少し始めるのは昭和40年前後から。全国的に高度経済成長とやらで、地方の若者が都市に流失していく傾向が始まり、今なお終わらない。筏の流れや渡し場の消滅と時を同じくして、人口の減少が進んだ。

墓地から平坦路を川沿いに進むと、右前方に川の中州に島のような森のようなところがある。北山川の流れの中に中州のあるのも珍しいが、その中に小さいながら島のあるのはもっと珍しい。北山川流域で最大の島といえよう。「北山川の中洲にある島地は嘉永の大洪水ののち、人家はなく畑だけになっていたが、今は森林化している」との説明によれば、昔はここに人が住んでいたということか。島津という地名は、ここに由来するのだろう。隣接する玉置口が、玉置山への上り口、対岸の小川口は大河（北山川）に入り込む小川（板屋川）の入り口と考えられるから、納得のいく地名である。

川原を進むとすぐに急な山道に取り付く。道端に石仏を見て標高105mの峠まで一列になって進む。峠の名は木津呂峠。木津呂から越えてくる人は島津峠とよぶ。ここまでが筏師の道であり、それを示す標示板もあった。新宮で筏を売りさばいた人たちが、相野谷、風吹峠、片川、矢の川と進んできた「十津川道」の一部なのだ。峠の右下に石仏が祀ってある。私には読めなかったが、町史には「宝暦十四年　申四月（　）（　）　木津呂村　與左衛門」と建立者の名前が読めるとある。木津呂の庄屋クラスの人であろう。西暦でいえば1764のこと。峠は多くの人々の往来でにぎやかだった。

最近テレビで紹介された展望所からの眺め。真下に木津呂の集落、直下を行くジェット船とその音、すぐ近くに玉置山の堂々たる姿が、新春の光の中でまばゆかった。昼食場所から眺めた南側の眺望。眼下に湯の口の集落。遥かに屹立した野竹法師、その左に和歌山県の最高峰大塔山、法師山のなだらかな山容。昨年出かけた白見山がどっしりとした姿を見せていたのにも驚いた。紀伊山地の豊かな風景と歴史を満喫した一日だった。

熊野市紀和町

奥瀞―木津呂周辺

◉2016年7月　参加者57名

55年ほど前のこと、20歳の私は青春の真っ只中にあった。新宮市史年表によれば、昭和34年（1959）の7月15日に「国鉄紀勢線和歌山と亀山の間が全通し紀勢西線と紀勢東線が一体となって、紀勢本線となった。」とある。この開通まで、私は熊野市にも新宮市にも出かけたことがなかった。ましてや、熊野川・北山川を遡行するプロペラ船などは名前には聞いていたが、乗ったこともなかった。

大学生となって最初の夏休み、高校時代の同級生の女子二人とプロペラ船に乗って瀞八丁を見学しようということになった。尾鷲駅から国鉄紀勢線に乗って新宮駅まで。当時、プロペラ船の乗船場は熊野川の三重県側、相野谷の河口にあった。そこから乗船した。

全員集合写真

瀞八丁

奥瀞からスタート

熊野川も始めて、プロペラ船もはじめて、船は宮井を過ぎたあたりで北山川に入り2時間余で瀞峡に着いたと思う。川原に下りて、帰りの船に乗って、新宮までの船旅だったが、プロペラの音がやかましく東京の大学へ進んだふたりの女子学生とも全く話をすることがなかった。二人のうちの一人はわが女房となり、今一人は大学の教授になるほどの勉強好きだったが、数年前に亡くなった。はるか昔のプロペラ船の思い出である。

なお、同年8月20日「国道168号線（新宮・大和高田間）が、全線開通する。次いで熊野交通十津川行きプロペラ船が廃止され、国鉄・会社線によるバス運行となる。」との記述からは、小辺路・果無越えの区間が168号線の最後までの不通区間であったこと、プロペラ船の交通が十津川村にとっては定期船の役割を果たしていたことが知られる。十津川から新宮中学に進学した子どもたちは、4月にプロペラ船に乗って川を下り寮生活を送り、夏休みになると川をさかのぼって帰郷した。「下りは3時間ほどだったが、上りはその倍以上かかったよ」と新宮中学校を卒業し、関西の大学を経て、やがて故郷十津川村の村長を務めたTさんが懐かしそうに語っていたのを思い出す。プロペラ船はやがてジェット船と名を変えて観光のみで運営されていくことになるが、実は十津川や北山川周辺の人々にとっては定期船として住民の足としての役割を担っていたのだ。今回、乗船場として利用した小川口なども、定期船の乗り場としての役割が大きく、現代まで残ってきているということだろう。

「新宮名物の筏流しが三重県紀和町湯口を出発、大石商店に引き渡されてその幕を閉じる」のが昭和39年（1964）のこと、七色ダムの着工が昭和38年（1963）の8月、同年の10月に小森ダムの着工と熊野の川から筏流しが消え、筏師が消え、やがて総合開発の名の下に、十津川水系も北山川水系もいくつかのダムの堰堤でせき止められ、あちこちにダム湖が形成され、紀伊山地の豊かな山山の風景が一変する。

紀伊山地には、筏流しを終えた筏師たちが新宮から故郷へと歩いて帰っていく道があちこちに続いていた。今回の瀞から木津呂、小川口への道もそのひとつ「筏師の道」だった。

「熊野川は急流のため本宮・新宮間は下航は半日ほどで達するも、上航には三人以上の水夫が岩伝いの曳船にて早くて一日間、冬季渇水のときは二日間以上を要したものである。」と熊野川の曳船の困難さについて、「新宮市誌」は述べて、プロペラ船、当初は飛行艇とも言ったが、その発明の偉大さについて記述する。

「プロペラ艇のきっかけは、大正6年（1917）8月13日、新宮川原においてアメリカ人スミッスが飛行機に搭乗して、その離れ業を観覧させたことに基因する。」「従来新宮川曳船の不便を感じ、なんとかこれを改良しようと海上の発動機船を応用して、種々の工夫を試みたるも、ことごとく失敗し、昔ながらの曳船のままであったのを」「新宮川船の船夫鳥居丈之助、スミッス飛行機を見てこれを川船に応用せんとの考えをいだき、種々工夫の末、ようやくその端緒を得、先代小西正一は大いにこの企画に賛成し、あいともに研究に励んだ。」「二人は莫大の資金を投じ、苦心惨憺・不屈不撓の努力を以って、大正9年に至りようやく大成に近づき、同年10月はじめて新宮川に之を浮かべるにいたりしものなり」

1919年10月11日　発動機通い船（スクリューつき団平船）熊野川の遡航に成功し、新宮・本宮間（一日一回、片道2円）を営業運転

以上が、新宮市誌が述べるプロペラ船開発の歴史である。したがって、これ以前に奥瀞を訪れた人たちは、熊野川そいに新宮から徒歩で探索するということになる。

明治26年（1893）秋に京都を出発し伊勢から熊野を目指し、西国巡礼にでかけた途中に奥瀞を訪れた天田愚庵は10月4日に北山川の東岸小川口に出、さらに山越えで玉置口にいたり、そこで小舟をやとって瀞にはいった。愚庵40歳。前日は尾呂志に泊。

明治の自然主義文学を代表する作家の田山花袋は明治31年3月、28歳のとき、志摩から紀伊長島、那智から瀞に入っている。

奥瀞は江戸時代から、多くの文人墨客に知られた名勝地であったが、プロペラ船就航以前は、苦労してたずねる所ではあった。

1965年10月1日、熊野交通ではプロペラ船に変わって、ウォーター・ジェット船を開発。舟の早さも時速22・1キロから31キロに向上した。かって、十津川をさかのぼって住民の足として、定期便として活躍していたプロペラ船も、ジェット船と名を変えて、宮井・奥瀞間の観光船として活躍している。私は、プロペラ船の時代に乗船したのである。

プロペラ船が開発される以前、筏師が故郷への帰り道に使った「筏師の道」は小川口と奥瀞の間の私たちの歩いた道、対岸には奥瀞から

玉置口をつなぐ道、玉置口から玉置山に至る道などがあり、奥瀞からは東野峠を越えて和歌山県北山村へといたる小道が続いていて、この道は田部重治が第二次大戦末期の、昭和19年の夏、夕暮れ時に歩いていて、郵便配達夫が、健脚でどんどん先を歩いていった道でもある。

熊野市紀和町

一族山

◉2003年11月16日　参加者38名

標高800・5m。山頂からは丸山千枚田を眼下に一望できる。遠くには高峰山や古川山も小さく見えている。日本の滝百選に登録された「布引の滝」から林道を2キロほど登った標高500mの辺りを出発して、およそ2時間で山頂に至る。歩き始めてすぐに100mほど下ってから、また登り返すのが、少しもったいないけれども、コースはよく整備されていて、贅沢を言えば整備されすぎていて、間伐材で作り上げられた階段を歩き続けるのが不満といえば不満であった。しかし、他のコース（小栗須からと、大河内からのコースがある）からの山行を考えると、わかりやすく、安全な登山道と言える。

山行に出かける前から「紀和町史」（平成3年3月発行）を読んでいる。一族山という個性的で珍しい山名の由来について知りたかったからである。今回は、まずそのことについて記そう。

紀和町は、昭和30年3月1日に、西山・入鹿・上川の三つの村が合併して生まれた町である。その三つの村のうち入鹿は古い歴史の土地として有名で、荘園制のもとでは入鹿荘と呼ばれ、湯の口・島津・木津呂・玉置口・板屋・大河内・小栗須・大栗須・丸山の九ヵ村が含まれていた。このうち、島津と玉置口は明治の改変時に和歌山県の熊野川町に編入されて飛び地となったが、他の村々は現在もなお、それらの字名で一族山の麓に点在している。言い方を返れば、一族山はこれらの村々に取り囲まれ、守られるようにしてその中心部にどっしりとした山容を誇示しているのである。

さて、入鹿というい地名は鎌倉時代から登場するらしいが、この地を拓いた人物は入鹿頼兼という人物らしい。この人の出自については諸説があるが、その一つに、藤原氏の末裔が太治3（1128）年に、一族13人と共に来住したというのがある。直接に資料にあたったことがないので「……らしい」という形でしか語れないが、「かなり古い時期に、入鹿頼兼なる人物が、一族と共に来住し、山の麓のあちこちの集落に依拠して住み始めた。その中心にある山を、一族の山と呼び、一族で共有して支配したらしい」と考えて間違いなさそうである。町史には入鹿頼兼は藤原氏ではなく源氏であって、この地に入ってから地名である入鹿を自らの姓としたのが正しいとの記述がある。どちらにしても、彼らは入鹿村八幡宮（初出は延暦3年・1491年とのこと）を氏神として建立し、この地の有力豪族として歩み始めることとなる。

元禄4（1691）年、入鹿八幡宮の上葺遷宮の際、造営費用に不足が生じ、入鹿9ヵ村は寺社山（一族山）を売却してこれに充当しようとしたとき、村人から異議が出て訴訟に及んだことがあった。このときの文書には「一族の寺社山」とか、「大峰山」とか記されているので「一族山」というのは通称であって、正式名称ではないのではとの疑念が残るが、通称がやがて正式名称になることは、よくあることだから、深く詮索しない方がよいかもしれない。これまでに、たびたび紹介してきた「明治22年発行・南北牟婁郡地図」には、はっきりと

「一族山」と記されている。明治になってからは、この山は一族山と呼ばれるようになっていたのであろうことははっきりしている。そういえば、山頂の説明版には一族山（大峰山）とあった。

全員集合写真

丸山千枚田

よく整備された道を歩く

山頂やそこに至る道筋には、仏像、碑などをほとんど見かけなかったが、入鹿一族にとっても、この山は眺める山であって、恵みをいただく山であったのであろう。山の西側は地底に銅採掘のための坑道がはしり、かっての紀州鉱山の盛況を物語っているが、それも今は昔の話である。

12年前に刊行された「紀和町史」は、この地域の自治体史としては比較的新しいものだが（参考までに記せば、尾鷲市史は昭和45年、33年前の刊行）、それだけに注目すべき記述もある。

たとえば、「紀和町の山々は、北は三重県尾鷲市付近から、南は和歌山県那智勝浦町付近にかけて、海岸線にほぼ平行に伸びる熊野海岸山地の一部であり、この山地の幅員がもっとも狭くなるところに、風伝峠（標高２５７ｍ）が開かれている。」との記述中の「熊野海岸山地」に注目したい。この名称は昭和６（１９３１）年に小川琢治・本間不二男氏が命名したという。さらに、この地域の地層は「熊野酸性火成岩体」と呼ばれ１４００万年ほど前に形成されたものという。私は長いこと国語の教師をしていたので、岩石等についての知識がなく理解力もないのだが、「露頭では、（火山）噴出後に（溶岩が）流動したことを示す流理構造が認められることがあるほか、垂直で均一な柱状節理が発達することが多い」などの部分を読むと、後者では楯が岬の柱状節理を思い出し、前者の例としては「天狗倉山」「妙見倉」「丹倉・赤倉」、新宮の「神倉」などを即座に思い出して、わかったような気持ちになるのである。

東紀州の山々を1年に10回は登ろうとする私達にとって、これらは大事な知識である。

要約すれば次のようになるのであろうか。

「東紀州の山々は、1400万年ほど前に形成された熊野酸性火成岩体の上にあり、これらが露頭として姿を見せると独特の岩石よりなる形状を見せる。この堅い岩盤が、直下型地震に強い地層を形成しており、この地域の山々を熊野海岸山地と呼ぶこともある。

以上、一族山についての学習報告です。詳しくは「紀和町史」をご覧ください。

紀宝町

子ノ泊山

◉2005年4月山行

4月は入学式・始業式の季節である。役所や会社でも人事異動があって、去る人もあれば新たに来る人もあり、なんやかやとあわただしい。桜も咲きそろって華やぐ季節でもある。わが10マウンテンの会にとっても、四月山行は年度始めの最初の山行でそれなりの新鮮さがある。

創立7年目を迎えて、子ノ泊山へ47名で出かけた。紀南県民局に8時集合。

紀宝町全図を広げると、北から南に一本の川が流れている。相野谷川。川口は熊野川に流れ込んでいるが、相野谷川の両岸に集落が形成され、道路は川の両岸の山すそをそれぞれ走っている。河口から2キロほど遡ったところ大里の集落で二本の道が一つになって北上する。集落の中を走る道は狭く、徐々に高度を上げていく、井内・平尾井・阪松原と過ぎて最後の集落が桐原である。直進すると御浜町の片川へとつづくが、大きくカーブしてここで林道に入る。「林道桐原・浅里線」。広域基幹林道で昭和32年に着工、33年の歳月をかけて平成元年度に全線開通となった。総延長16・42キロの林道である。この林道は子ノ泊山の東南側の山腹を走っている。

林道を2キロほど上ると、落打の滝入り口の標示があり、そこを過ぎてしばらくすると「登山コース」の案内板と「森林浴コース」の看板があって、入り口を示す鉄製の5mほどの階段が設置されている。横に教育委員会の設置した説明板もある。

「蔵光山（子ノ泊山）

所在地　紀宝町大里蔵光

説明　平家の落武者赤井蔵光が住み着いたところからこの名があるとされる。蔵光は家来とともに逃れてこの山に入り、はじめ岩屋（寝泊り岩）に住んでいた。その後、要害の場所に屋敷を造り住居としていたが、遂に敵の襲撃を受け滅ぼされる。今も蔵光が住んだという屋敷跡があり、主峰子ノ泊山近くにその家臣を葬ったと伝う七十五人塚がある。」

「紀宝町誌」には「今の子ノ泊（頂上）より北に寄った峰が岩屋（子どもの泣く声がした）（寝泊りした）になっていて、そこの岩蔵が光るところから里の人が蔵光《くらみつ》と呼んで、赤井蔵光と呼んだのであろう」との

全員集合写真

説明がある。

赤井蔵光なる人物については史料がなく、実在が証明できないのだが、また「紀宝町誌」には蔵光は源氏の落武者との説明もあって、落ち武者であるにしても源氏なのか平氏なのか判然としない。江戸時代に、赤井高住・元住・清住という三兄弟がいて、こちらの方は実在が確認できるというから、その辺が伝承の元になっているのかもしれない。

子ノ泊山という名前は全国にここひとつと言う。特に「子」の年になると、十二支の山名を巡る人たちでにぎわうのだが、その名の由来を地元の伝承をもとに整理すると次のようになる。

いつのころか、この山に落ち武者が住み着き、その住み着いた岩倉が光るところから「蔵光」の住む山ということで「蔵光山」と山域全体をよぶことになり、その人たちが頂上近くの岩場に「寝泊り」していたので「ネトマリノヤマ」と呼んだ。それが「ネノトマリヤマ」と転化したものであろう。これをいつから「子ノ泊山」と表記したのかは明らかではない。御存知の通り子ノ泊山は一等三角点の埋設地なので、「点の記」に寄れば、この地が一等三角点の地として選定されたのは明治20年（１８８７）8月、埋標は同28年（１８９５）の8月8日であり、点名に「子ノ泊山」と明記されている。従って、遅くとも明治20年代には、この山は「子ノ泊山」と呼ばれていたことになる。なお、三角点の所在地は紀和町大字和気ナベラ谷72番地で、所有者は紀和町となっている。

山の名の由来を知る事は楽しいが、調べることは難しい。手元にある著名なガイドブックには「山名の由来については諸説があるがはっきりとしない」との記述しかない。ただ三重県地域振興部が出版した「ふるさとの散歩道」（昭和60年3月刊）は、次のように説明している。

「昔、源氏の落人赤井蔵光が逃れ住んだことから地元では蔵光山の名で知られている。山頂から東側に少し下りた所に掘割の跡がある。夜になると子どもの泣き声が聞こえたところから、子ノ泊の名がある」

あの９０７mの高所で夜な夜な子どもの泣き声が聞こえたという恐ろしい話だが、その子どもの泊っているところ「コトマリ」がいつのころからか、「子（ネ）トマリ」になったという説である。

どちらの説にしても、あの山頂とその周辺には落人やそれに近い人たちが生活していたことは間違いないようだ。南側の尾根を下ったところで見た石積みは七十五人塚であり、他にも七折地蔵・蔵光屋敷なども史跡としてあり、「落打の滝」とは落人の滝の転じたものとも言う。ただ十二支の山愛好の人たちを喜ばす「子」（ね）あるいはねずみにかかわる伝承は、どこを探しても出てこない。残念なことだが、それはそれで仕方のないことだ。

さて、最初の登り坂の険しさには苦労させられた。歩き始めていきなり急峻というのは楽しいことではない。林道を利用する山行ではよくあることである。

浅里をスタート点する麓からのコースは参考タイムで上りだけで約6時間。立間戸谷に沿って下和気コースは、それよりも時間を要し、もっと危険なコースである。それらを考えると20分余の急峻のつらさは十分我慢できるだろう。私たちは1時間45分くらいで頂上に着いたのだから。

「子ノ泊山」の頂上には一等三角点がある。頂上付近は展望がよく熊野川、七里御浜の海岸線、果無山脈、玉置山、笠捨山、大台ケ原の山並みが展望できる。登山口から7合目くらいに「さかさま川」（この辺では珍しく北向きに流れる谷）があり、そこからは石楠花の群生があり梅雨時には見ごろである。」と登山道入り口にあった説明板を上回る眺望を満喫できた。

頂上から下りて2日後、スタッフと5月山行の予定地笠捨山に行ってきた。どこを見ても山ばかり。紀伊山地の山々は豊かでやさしいと感じつつ、遥かの子ノ泊山を眺めていた。

師走の子ノ泊山◉2008年12月14日　参加者33名

山行前日の夕刻から降り始めた雨は、深夜から早朝にかけてザアザアと音を立てて、かなり強く降っていた。私たちの山行は中止の場合、前日19時までに決定し参加申し込みの皆さんに連絡することになっているので、夜中に雨が降っているからといって中止するわけに行かない。前日正午の天気予報では「曇りのち雨」で傘マークはなかった。山ちゃんと中村稔さんと3人で、テレビの予報を見ながら実施を決定した。3人ともに天気予報を信用したのだ。今年は子の年であるし、その年の暮れに子ノ泊山へ出かけたいという気持ちが強かったのかも知れない。

午前6時半に馬越を出発した。強くはないが、雨は降っている。運転席前のワイパーを動かしながらの運転である。矢の川峠を越えるときも、熊野市に入ってからもワイパーは必要だったが、風伝峠の手前「さぎりの里」で休憩したときには、雨は上がっていた。7時45分に集合場所の紀和町役場前の駐車場に着いたときには、雲は厚かったが雨の心配は全くなくなっていた。「雨具は持たなくてよいな」という声が聞こえた。

今回は当日キャンセルが10人以上あった。前日までのキャンセルを含めると20人近くの人が、参加を見合わせた。ほとんどが、天気予報を見て、雨の中の山行を良しとしなかったのだろう。健全な選択と思う。事故も参加・不参加も自己責任だから、天気予報の判断も、それぞれでやっていただくのがよい。長期にわたる縦走なんかの場合、テントで雨を避けているより、雨中の歩きを選択する場合があるが、私たちのように地元の山を日帰りで歩く場合、雨の日は避けたほうがよい。なにより山行の楽しさが半減する。だから、ほとんど確実に雨が予想される場合、私たちは山行を中止してきた。ただ、中止決定した後、絶好の天気になることもあって、なんともいえないいやな気分になったりするものである。とはいえ、会としては「雨の中の山歩き」は実施しない方向で進めたい。天候や山の状況によって行動を決める

林道の終点から山に入る

山頂から西方向を眺める

という原点を大事にしたい。

今回は幸運に恵まれたというべきだろう。車で登山口まで移動した。板屋から大河内までの林道はいつ通っても魅力的だ。かっての山の生活、山の道はこのようなものだったと思わせてくれるからだ。道沿いに熊野古道伊勢路・本宮道の世界遺産登録された部分の登り口が見えていた。小栗須から小川口（0・6km）、小栗須から湯の口（0・2km）、湯の口から大河内（0・4km）、楊枝川地内（0・2km）合計1・4kmが山の中に点在している。

林道の最高地点あたりの南側に、やや開けた地があって「明倫小学校跡」と記してあった。数年前に通りかかったときには、校舎の残骸らしきものがあったと記憶するが、確かではない。当初から二つのことが気になっていた。ひとつは「明倫」という校名の由来。果たして明倫という地名があったのか。今ひとつは、いかに山村とはいえ、学校の設立場所が余りに集落から離れていないか。どこにおいても、学校は集落のはずれにあるのが普通で、ここはぽつんと山の中に学校だけが建っている感じではないか。

大河内小学校は明治9年（1876）に創立、同地内の大徳寺を校舎として大河内村の児童を教育した。その後、湯の口村と合併し二カ村の学童を大河内学校において教育する。湯の口の子どもたちは、私たちが自動車で駆け抜けたあの道を、毎日通学していたのである。明治34年（1901）になって大河内区は独立して尋常小学校を設け、湯の口区は小川口区と連合して小川口に小川口尋常小学校として分離する。ところが、明治38年の洪水で小川口校舎が流失してしまい、湯の口区は再び大河内区と連合することになるが「通学不便であるため双方熟慮の上、両地区の中央の地をならし新校舎を新築することを決め、明治39年（1906）8月31日より授業を開始」し、40年に大峰尋常小学校と称した。なお、ここでいう大峰山は一族山のことである。その校名は大正5年（1916）4月1日に「明倫尋常小学校」と改称するが、その経緯については「紀和町史」も記さない。「明倫」とは字義からはすっきりとした人の道という意味だろう。

林道をいったん下り、楊枝川の右岸に出る。集落の名も楊枝川、薬師堂のある辺りは楊枝というとのこと。林道三和・片川線を走り、つめの近くから歩き出す。荷手野峠。標高540m。「荷手野」という地名は、「日本山名事典」にはあるものの、「新日本山嶽誌」にはない。説明もない。相野谷と楊枝川を結ぶ昔の生活道だから、多くの人が魚などの荷物を運んだに違いない。「荷物を手で運んでのし」といったかもしれない。「のし」は熊野の人たちが語尾によく使う、あの「のし」である。それがつづまって「にての」となったのではというのが、私の珍説である。

標高差420mほどの山頂をめざす。林道があったり、作業道があったりで道は一様ではないが、スタッフの案内で、道を失う心配はない。途中に赤井蔵光塚なる立派な石塁があり、その前後に、山頂の側からふもとの側にかけて、「一の塚」「二の塚」と「十二の塚」まで、小さな石積みがつづく。塚というから誰かの墓だろうが、赤井蔵光という人物すら、落ち武者というものの、あるいは源氏といい、ある説明では平氏といって定かではない。この説明板自体、最近立てられたらしい。私は、ここ7年ほど平家物語の講読を行っていて、相当程度読み込んでいるつもりだが、物語の中で赤井蔵光なる人物に出会っていない。伝承は伝承として、しっかりとした伝承を伺いたいものだ。

2005年の4月には、桜の花の咲くころに紀宝町の桐原の側から47名で登った。今回は、そのときとは全くの反対側、紀和町の側から登ったことになる。今年は子の年ということで、県外からも沢山の登山者がやってきた。中には遭難されて、死亡した人もいる。子ノ泊山の南斜面は立間戸渓谷を中心とする断崖、絶壁で地元のベテランでも警戒を怠らないところだ。はじめてここに入り、そちらに迷い込んだら、生還も難しい。遭難者の多いことを多くの人に知らせる必要がある。参考までに十二支の名がつく山の中で、最も少ないのが「未」（羊）。全国で4例しかない。次に少ないのが「子」で、子ノ泊のほかに、子の権現（640m、埼玉県飯野市）、子の原（1500mの高原、岐阜県高根村）、甲子山、大鼠山（1590m、岐阜県飛騨市）、大鼠蔵、小鼠蔵の7例しかない。その子ノ泊での昼食時、雲が切れて陽がさし、紀伊山地の山々が見事な山容を見せてくれた。

紀宝町高岡

コシキ（甑）山周辺

◉458m／2012年2月12日　参加者43名

登り口は紀宝町高岡、小字名を和田地というらしい。道路脇に車を止めて、西の方を眺めると鉄塔をいただいたコシキ山が見えている。山頂付近が台地状になっていて「甑《こしき》」に見えないこともない。駐車場の道路を隔てた向かい側、10mほど上の斜面に立派な2階建ての民家があって、主婦らしき人が蒲団を干していたが、昨年9月の水災の折には、その2階まで水が押し寄せ、あわてて2階の窓から逃げ出し、泳いで高所の山まで避難したという。川床から、20m以上はあるに違いない。想像を絶する高さまで、水が押し寄せたのである。

歩き出しは、民家の間を通っていった。2軒の家に人影が見えたので、近づいて話を聞いた。一つは水災時の水位のこと。もう一つは「コシキ山」のこと。コシキとはどういう意味ですかという質問には「さあ」という答えだけ。どちらも年配の人だったから「子供の時からコシキ山と言ってましたか」との問には「そうだよ」という返事。山名の由来ははっきりしないが、とにかくふもとの人たちがコシキ山と呼び、今もそう呼んでいることは間違いない。「コシキ山まで行ってきます」と挨拶すると、「八町坂を登っていくんかい。えらいで」とのご忠告。こちらも、先ほどの麓からの眺めから推して覚悟しているので、「まあ、行ってきます」と挨拶して歩き出した。

八町坂というから、凡そ1km弱、標高差にして200m余の登り坂。これが素敵な道だった。1m余の幅の道が、延々と続くのだが、丁寧

全員集合写真

八町坂を登る

山頂から相野谷の村々を見おろす

に石が敷かれていて、明らかに往時は生活道として使われていたに違いない。地図の上では、高岡から浅里に抜けていく点線の道があるから、重要な生活道であったに違いない。熊野古道伊勢路を本宮から伊勢方面へ帰る旅人は、川端（川丈）街道を通って、浅里から高岡へ抜け、風吹峠を経て片川から横垣峠へと向ったに違いないと勝手に想像していた。

八町坂の中ほどの路傍に、高さ1mほどの石室に保護されたお地蔵さんが立っていた。高さ50cmほどの小さな、かわいらしい表情の石像で、その横にちょろちょろと山水が流れている。

石地蔵の右側に「八町坂水本」左側に「嘉平之立」と刻んである。側面を確かめたが、造立年代についての記銘はない。水本とは、水源という意味だろうが、地元の人が「ああ、水本の地蔵さんか」という言い方から、地名のようにも聞こえた。八町坂で水が流れているのはこの場所だけだったから、旅人にとっても貴重な水場だった。「紀宝町史」には、コシキ山も、八町坂も、この地蔵さんについても記述がないが、制作年代は近世（多分後期）であることは間違いなかろう。麓近くの畑の中に、気になる碑式体を見かけたが、崖下なので確認できなかった。どちらにしても、延々と敷き詰められた石道と地蔵さんの存在が、この道が古くからの街道だったことを示していて、それらへの思いが、急な上り道を行く私を元気づけてくれた。古い道は歩く人に優しさと元気を与えてくれるのだ。

八町坂を登りきり、平坦路をしばらくすすむと、大森山と甑山を結ぶ稜線と交差する鞍部に出た。峠である。峠の名前は知らないし、記録にないが、峠を挟んで浅里の上り口は「和田」、高岡側のそれは「和田地」というところから想像をたくましくすると、「和田峠」といったのかもしれない。タワとかワダとかは峠の古い言い方だから、この想像は思ったより事実に近いかもしれない。むしろ、峠の名前が先にあって、両側の麓の地名ができたのかもしれない。

峠から道を東側に折れて、甑山をめざす。「あと25分」と元気づけられたが、なかなかの急峻ではあった。456mの山頂には関西電力の高圧鉄塔が立っていたが、そこから東側に少し下った岩場で弁当にした。

まさに絶景だった。今年は例年になく寒い冬となっているが、この日は風もなく、ぽかぽか陽気で申し分ない。標高450m余の岩場からの眺望は、思わず息を呑むほどの見事さだった。

南を眺めると、熊野川の大河が千穂が峰の山塊にぶつかって大きく湾曲している様が手に取るように見えている。田辺市から松阪市の間、すなわち東紀州では最大の都市である新宮の市街地のほぼ全部が見えている。鵜殿は山陰だが、製紙工場の煙突から出る白い煙が見えている。眼下には相野谷の全景が広がっている。相野谷川の流域に広がる水田、熊野川に流れ込む鮒田の水門も詳細に見えている。上流の平尾井や桐原の辺りの集落、出発地の駐車所に停めた20台余の車も点のように。相野谷の中央部に展開する水田は、過日の水災では深さ10m以上の湖水になってしまった。その谷を挟んで大烏帽子の背中が、ここより低い位置に見える。その彼方は熊野灘である。北側には、桐原から片川やそして矢の川へと続く筏師の道を包む山々。遠くに佐田坂の上の船石が、その後ろには大蛇峰、ゲジョ山、高峰が。たくさんの東紀州の絶景地を見てきたが、ここはその中でも秀逸の景色であろう。山々と海が織り成す絶景は、ほかにもあるが、ここでは熊野川や新宮の景色がそれに加わるのだ。私の周囲の人たちも、みんな絶賛していた。いい風景を見た。

さて、コシキという山名について。甑山とか甑峠とかは、数は多くないが全国的にあちこちにある。いずれも山容が甑に似ているところからの名づけ。甑とは年の暮れに餅つきをする時に、もち米を蒸す器。「昔は瓦製で、形円く底に蒸気を通ずる細い穴があった。今のは木製で、底に竹の簀を敷いたものでセイロウともいう」と広辞苑は説明する。万葉集にも用例はある。山行マップを作成している牛場さんの国土地理院の原図、紀宝町作成の「紀宝町全図」、「紀南県民局建設部管内図」などには456mの標高を記すものはあるが、山名を記していない。現在では、コシキ山という名前は地図の上では消えてしまっている。

大正2年発行の大日本帝国陸地測量部の地図にもない。私が時々利用する「南北牟婁郡全図」（明治22年8月21日発行）を見る。南北牟婁を10万8000分の1に縮尺したもので民間の発行したものだが、虫眼鏡で探していると「甑峯」と小さな文字で記されていた。明治22年（1889）には、確かに地図の上でも、ふもとの人たちも甑に良く似た山を甑峯と呼んでいた。山行もよかったし、コシキ山の山名の由来も知ることができて満足していた。

御浜町坂本

鷲ノ巣山

◉８０７ｍ／２００５年12月18日　参加者40名

名古屋は58年ぶりの大雪とか。日本列島全体が、大寒波の中にあり、上空マイナス35度の寒気団が紀伊半島まで南下していた。ツーデー・ウォークで知り合いになった大阪の久保さんも、津、久居、伊勢からの参加予定者からも、道路状況が悪くて、とても参加できないとの連絡が前夜から入っていた。この分では、参加は20名前後、歩き始めても途中から引き返すことになるかなと考えながら、午前7時前に尾鷲をスタート。

矢の川トンネルの尾鷲側でマイナス2℃、トンネルの向こうはマイナス3℃だった。大又・小又あたりはすっかり雪景色。スリップしないようにゆっくりと走る。七里御浜も獅子岩のあたりはうっすらと積雪で白くなっている。

紀南県民局に集合した時には、雪は止んでいた。参加者40名。みなさん、この雪の中、なかなか元気である。尾呂志に入ったころから、また激しくなってきた。さぎりの里で準備体操している時には、横なぐりに吹き付けて、これはもう吹雪ではないか。大丈夫かなと心配したが、皆さん防寒具もしっかりしていて、歩く意欲満々というところ。テン・マウテンの会の山行を始めて6年経つが、雪の中の山歩きははじめての体験。不安を感じつつも、なんとなく新鮮な期待もあった。歩き出したら、雪もやみ、うっすらと陽もさして来た。杉林のなかに、雪の少し積もった道を歩く。落葉の上に雪の積もった道では、歩いた跡だけが落葉が浮き出て、道に迷うことがない。

神武天皇遥拝所。昭和15年建立の碑が立派な石組みの中央に。徳富蘇峰の揮毫である。山間にずいぶん立派なものを立てたものである。私の生まれる一年前、１９４０年、「紀元二千六百年」を記念して建てられた。日本軍国主義崩壊前夜の壮大な記念碑といえる。

高チラ山（６２５ｍ）を越えて、鷲ノ巣山山頂をめざす。ヒヨ山（８１２・７ｍで鷲ノ巣山より５・７ｍほど高い、三等三角点）への分岐点のところで、先導の山ちゃんが寄ってきて「今日は鷲巣だけにしますよ」といってくる。酉年の最後の山行は「鳥の名前を持つ二つの山」へと計画したが、この天気では仕方がない。「そうしてください」と答える。

出発から3時間、鷲ノ巣の頂上につく。雪は止み、眼下に尾呂志の集落が見えている。いつみても、山間の豊かな村の風情と思う。特に、今年は秋から冬にかけて、小辺路ルートを高野山から熊野本宮にかけて、数回に分けて歩いたのだが、野迫川村や十津川村の山村があちこちで廃村になったり、廃村寸前だったりする光景を目にしてきただけに、尾呂志の集落が広々と見えたのだ。ここにも少子化や過疎化の波は着実に押し寄せてはいるのだろうが、小辺路で見たものとは違うものを感じた。

それにしても頂上は寒かった。陽がさし風もそんなに吹いてないのに、指先が凍るように冷たいのだ。いつもより厚手の手袋をしてきたのだが、それでも指先の感覚がなくなりそうで、いただいた果物も手袋で掴む始末。帽子やウェアはそれなりの準備をしてきたが、手袋にはもっと気をつけるべきだった。不謹慎ながら、林の中に用をたしにいった人のお尻の冷たさを思った。今井道子さんは、アイガー登頂の折り、ビバークした崖場で、おしっこをしたというが、姿勢も大変だ

全員集合写真

が、寒さも大変だったろう。私も得意の立小便をすることができなかった。氷点下の寒さだった。

眼を転ずると、150mほど下に、鷲ノ巣池がキラキラと輝いている。今から168年前の天保8年(1837)11月に普請をはじめ半年ほどで完成した。標高650mの地点に、堤の長さ30m、池の奥行き50m、45坪ほどの広さである。「東紀州、最高地点の溜池」と書いたことがあるが、丁寧に石を積んだ堤は、自然石を巧みに使ったオーバーフローのための排水溝も備えていて、近世の構造物作成技術の高さを示している。池のすぐ上には、作業小屋でも立っていたのか、石垣積みの屋敷跡もある。その池が冬の光の中でキラキラ輝いている。ここしばらく全く降水がないので、少なくなった池の水が昨日からの寒さで、凍結したのであろう。その上に降り積もった雪も凍って、それがキラキラと輝いているのだ。

この池を構築したのは阪本村の人々、その中心は庄屋の小原源七郎(寛政元年=1789年3月15日—慶応3年=1867年1月18日没。78歳)である。

今回の山行では、往路・復路ともほぼ同じコースを辿ったが、頂上から30分余下ったあたりから、阪本集落へ一気に下っていく道がある。かなりの急傾斜なのと、さらに分岐点の標示も全くないので、案内人なしでは歩かない方が良いのだが、2時間近くで阪本の岩洞院というお寺の横に下りて行く道である。このお寺の境内西側に「小原源七郎の顕彰碑」が立っている。高さ91cmの角柱型で、正面に「池水軒大誉栄寿居士霊位」と戒名を記し、右側面に、161文字から成る小原源七郎の営為についての顕彰文が記され、鷲ノ巣池を作ることによって「不毛の地たちまち変じて良田となり、およそ数十町の開墾田」ができて、村中がその利益を受けたとある。左側には、明治15年(1882)に立てたと記す。なお、同じ場所に、紀州藩から派遣されて池構築にあたった日高小池村の人・白井久蔵の顕彰碑もあって、これは天保13年(1842)に建てられており、源七郎のものより大きく立派である。さらに言えば、折山神社の石灯籠には、「鷲巣池普請」の碑があって、木本代官の名前を記し、源七郎とともに苦労した肝煎・浅蔵、同助・杢平、組頭、十蔵・惣助・友蔵らの名が彫られている。あの池を築くために、紀州藩、木本代官所、阪本村の人々が協力・共同したことが、よく解る。キラキラと輝く鷲ノ巣池は、緊急の時以外には、今は使われていないとのことだが、山間に残る近世の優れた構築物であることに間違いない。

午後2時過ぎに、全員無事に下りることができた。駐車場に着いて、暫時休憩していると、仲村久男さんが、広場の真ん中にバケット入りの蜜柑を置いてくれた。参加者一人に3個はあった。美味しい御浜の蜜柑で、寒さのために適当に冷えていて、山行を終えたばかりの口の中でとろりとしていた。私は、3つも4つもいただいて、残ったものまで土産にいただいてしまった。

今年の山行も、無事終了した。酉年から戌年へあと僅か。皆さん、健康に気をつけてさわやかな新年をお迎えください。

鷲巣池から鷲巣山頂◉２０１４年３月９日　参加者51名

ワシという名を持つ山は多いが、標高のもっとも高いのは「鷲羽岳」（２９２４ｍ）である。三俣蓮華岳から眺めると、その山容は今にも鷲が飛び立とうとする姿に見える。鷲の飛翔する姿が山名の由来であるという。山頂直下、標高２７４０ｍの地点にある鷲羽池のまろやかな美しさとともに忘れられない。

大分県国東半島にある４３７ｍの鷲巣岳。その南端の崖にある洞に鷲が住んでいたという伝承があって、それが名前の由来らしい。「わしのすやま」に「鷲ノ住山」と表記する山もある。山梨県南アルプス市、１５３４ｍ。

東紀州の名峰のひとつ鷲巣山は鷲の飛翔を示しているのか、それとも鷲が生息していたことからの命名なのか。そのどちらでもいいと思うし、両方の意味を兼ね備えていると思ってもいいだろう。どちらにしても、北や南の高地から眺めると鴨山から鷲巣山に連なる稜線は目立つのである。

熊野・尾鷲間の高速道路の開通以来、東紀州の地域の往来が容易になった。尾鷲からさぎりの里まで一時間弱で到着できるようになった。楽になったのである。「三省堂　日本山名事典」には、次のように説明される

「鷲ノ巣山　８０７ｍ　三重県南牟婁郡御浜町。南東は熊野灘の七里御浜に一気に高度を下げる。南の山すそを浜街道から分岐した熊野本宮道が通る」。そういえば、本宮道の横垣峠越えの古道が先の水害で崩落した跡と復旧のさまが、山中に見えていた。

登り口の貯水施設の脇に立てた「鷲巣登山口」の標識が、朽ちもせず横たわっていた。10年ほど前に10マウンテンの会で立てたもの。捨てられてないだけ幸せということ。

上り口の標高は１１５ｍ、従って本日の標高差は６９２ｍ。特に高チラ山までの歩き始めの急な上り坂が厳しい。歩くこと一時間余で「神武天皇遥拝標」に到着。

遥拝「所」でなく遥拝「標」であるのに興味を覚えるが、５ｍ四方ほどの広さに、高さ1ｍほどの石塁で囲まれた中心に堅固な遥拝標が建つ。これを建てたのは尾呂志の青年団。遥拝標を囲むように、小さな石柱が40本ほど立っていて、それぞれに寄進者の氏名と金額が掘り込まれている。3円とか30円とかの金額が彫られていた。この碑が建てられた、１９４０年（昭和15）当時の物価をみると、大工さんの手間賃が3円36銭とある。現在の貨幣価値に換算すると、大体１万分の1ということだろう。これだけのものを立てるには、現在でも１５００万はかかるだろうと、四日市から参加の舘さんが話している声が聞こえたが、相当正確な数字と思う。標高６００ｍ近くのあ

鷲の巣山遠望

植林山の中の道

山頂から麓の村を見おろす

の場所に、あれだけの石造物を建立した尾呂志青年団のエネルギーとそれを支えた経済力の豊かさを知らされる。

そういえば、ふもとから遥拝標までの道は、いたるところに、石が敷かれ石段が設けられて整備された痕跡が残っていたのに対して、遥拝標から鷲ノ巣池や山頂に至る道は純然たる杣道であった。急な坂道を登ってきた私は、自分が生まれたころの日本軍国主義の村々への浸透の道筋を見せられて遥拝標に釘づけになっていた。

遥拝標を建立したのは、昭和15年、西暦では1940年だが、この年は皇紀2600年とのことで、国内は大騒ぎであった。皇紀（神武紀元）は、中国の1260年ごとに大変革があるという讖緯説にもとづき、橿原宮で神武天皇が即位した日が、太陽暦の紀元前660年2月11日と算出された。元号、太陽暦のほかにもうひとつ新たな暦を作ろうとしたそんな年である。この年の動きを追ってみる。

1月1日　NHK「皇紀2600年の黎明を告げる大太鼓」を奈良・橿原神宮から中継放送

同3日　奈良橿原神宮の正月三が日の参拝者は125万人。皇紀2600年ブームで前年の20倍。

2月10日　神武天皇から仲哀天皇までは実在しないという津田左右吉（1873-1961）の「神代史の研究」など、4点が発売禁止・

11月10日　皇紀2600年祝賀式典が盛大に行われる。「祝え元気に朗らかに」という立て看板が立てられ、5日間にわたって提灯行列・旗行列・御輿渡御など、赤飯用モチ米も配布される。

同11日　皇紀2600年奉祝旗行列に、東京府内の全児童が参加。

同15日　祝賀行事が終了し、今度は新たに「祝い終わった、さあ働こう」という立て看板やポスター。

15年戦争の「暗い谷間の時代」。こういう時に、タカチラの中腹に標柱碑は立てられた。

1940年から100年ほどさかのぼって、天保8年（1837）から翌年にかけて、鷲ノ巣の中腹、標高680mほどの地に鷲ノ巣池が構築された。坂本地区の灌漑用水のための溜池であり、東紀州でもっとも高地に位置するものである。初春とはいえ、冷たい風の吹き抜ける高地の溜池は、前日来の雨水をためて、かっての構築物の豊かさを見せていた。堤長約30m、奥行き約50m、最深部5m余りで、最深部には水抜きに松を繰りぬいた樋が取り付けられていたという。現在では溜池としての役目は果たしてないが、三段に積み上げられた堤の構造と、池が満水になったときの排水溝の石積が、見事に残っている。構築当時の坂本村の庄屋は小原源七良（郎）。（寛政1・1789-慶応3・1867）。村人の先頭に立って構築作業に尽力した。その功績に応えて、村人たちはふもとの岩洞院境内に顕彰碑を立てた。明治15年5月15日である。碑の正面に「池水軒大誉栄寿居士霊位」とあり、右側面の銘文に「不毛の地、たちまち変じて良田となる。」と記す。

　池を見学してから、急な坂道を登り、山頂に至り昼食休憩としたが、山頂の木々の間から眼下に池の堤だけが見えていた。

　今年度は5月・地池高、9月・八郎山、11月・高塚山が雨天中止となりました。したがって五ノ滝山から今回まで8回の山行を実施しました。皆出席は植野洋、牛場誉人、田中利明（以上、尾鷲市）、中村敬子（熊野市）の4人でした。いずれもスタッフのメンバーなので下見山行を含めての参加ということです。ご苦労様でした。

御浜町下市木

浅間山

◉209・7m／2004年12月19日

「低い山ですが、なかなか魅力のある山ですよ」と、先頭に立って案内してくれた石倉嘉久先生が、今年の山行計画を立てるときに力説していた。私はセンゲンサンという山名に魅かれることもあって「いいじゃないですか」と賛成した。

　209・7mという標高は馬越峠よりも120mほど低く、我々の会の山行としても最も低い山なのである。「山高きがゆえに貴からず」というが、石倉先生推奨のとおり、展望所からは子の泊り山、一族山、鷲巣山、西の峯、保色山とつづく奥熊野の山々が一望でき、東には、七里御浜の長い濱の向こうに熊野灘を眺める視界360度の絶景。ところどころウバメガシの群落の中、落葉を踏みしめて歩く整備の行き届いた路。そこを抜けると展望の開けた下り路。右に阿田和の集落を、左に市木の村々を眺めながらゆったりと歩いていく。どこを取っても申し分のない山行であった。

　せんげんさん。浅間山。三重県南牟婁郡御浜町。紀勢本線阿田和駅の北西2㎞に位置し、熊野灘を望む。（33°49′13″、136°42′02″）（三省堂「日本山名事典」）同書には40以上の浅間山が記載されており、いずれも1000mに至らない低い山である。

　江戸時代、わが東紀州の浦々は「海の東海道」の重要な寄港地として活況を呈していた。しかし、鎖国下での廻船は帆船ということもあって走行は風次第。その上、方向探知機とか磁石などが装備されていなかったので、自分の今いる位置を確かめるには「山」を見ていなければならなかった。「地乗り航法」とか「地つき航法」とか呼ばれているが、廻船は陸地を見ながらの航法で、にもかかわらずできる限り沖の黒潮に乗って船足を速めたかったので、山の見えるぎりぎりのところを走行したのである。それらの目標の山として、各地の海村の背後に港に入る船から識別しやすい特徴ある山（富士山によく似た形をしているものが多いのだが）、「浅間山」があった。御浜の浅間山もその一つである。

全員集合写真

雑木林の中を気持ちよく進む

珍しい風伝おろしに歓声がわく。右方向は鷲の巣方面

頂上には小祠があって、木花之咲耶姫命、大日如来、あるいは役行者が祀られている。実は、下見山行のとき、小祠の碑を見たのだが、刻字が薄くて解読できなかった。上記の三つの内の一つだが、字数の感じからすると「このはなさくやひめ」の可能性が高い。この姫は「火明命」（ほあかりのみこと）の母と言う。文字から想像すると、灯明台があったのかもしれない。

山行の途次、遠くに「船見石」の見事な一枚岩を見ることができたが、那智烏帽子、那智の滝、妙見山などとともに、沖を行く船人、漁師たちにとって格好の目印であったに違いない。いつの日か、みんなで船に乗って、海上から紀伊の山々を眺めてみたいものだと思っていた。

次に、御浜に下りきるところにあった稚子塚（所在地　阿田和貫木）について触れる。御浜町教育委員会と御浜町文化協会の説明板には次のようにあった。

正徳年間（1711—1716）に

萩内の海岸に、美しい姫をのせた小舟が漂着した。市木村庄屋翁了に助けられた姫は、阿波の国の大名の娘で名を乙姫と言った。姫は萩内の街道筋に茶店を開き生計をたてた。あまりの美人に茶店は大繁盛した。一生独身で信心一途に、平和な一生を終えたという。臨終にあたりお世話になった庄屋翁了に、大切な財産を渡し「私が死んだなら七里御浜が一目に見える高い山の上に葬ってほしい。いつまでも村の人の平和を祈りたい。」と遺言した。遺言通り飛浪山に葬った。それが稚子塚であり、無病長寿の福徳が授かるといって、参詣する人が多い。

正徳年間と言えば、河村瑞賢による東廻り海運・西廻り海運が開かれて40年余が経過しており、菱垣廻船の全盛時代である。沖を往来する船も多く、難船も多かった（記録から拾えるだけでも正徳年間の難船は20件を超えており、正徳4年には、阿波の国西中富船・二人乗りが泉州岡田浦で水船との例もある）から、「小舟」というのが気になるが阿波の船が萩内の海岸に漂着しても不思議ではない。ただ、当時の廻船には女性が水主としてはもちろん、乗客として乗っていることは皆無と言っていいほどなので、姫が、しかもこの上なき美女が流れ着いたと言うのは、極めて理解しがたいことである。ついでに言えば、大名の娘が茶店を開き生計を立てたとの説明にも首をかしげるのだが、原資料にあたっていないのでなんともいえない。ただこの説明には庄屋の名前がはっきり記されていて、あながち伝承としてのみ否定しきれないものがある。「姫塚」でなく、「稚子塚」いうのも気になるが、海岸で拾った丸い石を、塚の前に石倉先生がそっと置いているのを見ていると、疑問は疑問として、地域の人たちの伝承とお祭りを尊重したい気持ちになる。

海との関連で言えば、御浜町役場の庭の一角に「第五福竜丸の歴史」という記念碑が建っていて、はっとした。かって「第五福竜丸と熊野の海」に書いて置いたので、拙著「見えるかぎりの風景」を参考にしてほしいが、この船は「第七事代丸」（神奈川県御崎町網元寺本正一所有　古座の南藤造船所で作る）―「第五福竜丸」（焼津港）―「はやぶさ丸」（東京水産大学練習船）と名前を変え、「はやぶさ丸」が廃船になった昭和43年にエンジンだけが取り外されて「第三千代川丸」（尾鷲市の貨物船）に取り付けられ、その船が昭和43年7月21日に私たちが昼食をとった濱の沖に沈み、エンジンも沈んだのであった。ここまで拙著に書いていたのだが、その後の記録を記念碑から引用します。

平成8年11月20日　御浜町役場下の熊野灘沖合約50m、水深10mの海底でエンジンを発見。
平成8年12月2日　エンジン引き揚げ
平和を願い記念碑を建立する　平成10年6月　御浜町

山行記なのに、海のことばかりになってしまったが、熊野の山と熊野の海との深い関係を知ることができてなによりであった。上々の年忘れ山行といえるだろう。

今年もわずかとなりました。天変地異という言葉が、身にしみるような1年でした。わが山行だけが好天に恵まれ、幸運でしたが、皆さん御揃いで晴れやかな新年を迎えられるよう祈念しております。良いお年をお迎えください。

（追記）
脱稿後、中村稔さんが御浜町関係の文献を持ってきてくれました。その中の「御浜町の石像物」には、浅間山について、次のように記されています。

「御浜町における富士信仰の石像物は、浅間山の頂にあって、上市木と下市木の境界線のところにある。ここは遥拝所であって、富士山の方向に向かって設けられている。

　正面は奉請富士千厳菩薩」とあり、裏面には建立された年、延享元子年正月吉祥日とあって、1744年に建てられたことが解るとの説明があります。

「富士山をご神体とした富士信仰が、なぜ浅間神社とよばれてきたかについては多くの説があって、不明であるが、祭神は浅間大菩薩、浅間大神といわれてきた。室町頃まで、祭神は浅間大菩薩として武士の間で崇められてた。江戸時代になって祭神はコノハナヤサクヤ姫と移り変わっていったが、この移り変わりは、いわば自然神崇拝から人格神崇拝への変化であり、民族的信仰の自然な推移であったとされている」との記述もあります。

　本文中での、私の推論は明らかに間違っておりますが、以上のような「御浜町の石像物」の説明を紹介することによって、訂正させていただきます。

御浜町桐原

トロトロ坂—大地山

◉2005年7月17日　参加者59名

　御浜町片川集落。かつては70~80軒の家があり、村の高台に小学校もあった。その小学校は昭和52年（1977）、創立百周年の記念式挙行とともに閉校になった。校舎の玄関前に初代校長である長田虎彦の顕彰碑が建てられている。氏は村の出身者で、学を修めて村の小学校の校長として赴任し、村の子弟の教育に尽力したという。この国のどこにでもあった教育立村の志をこの碑は伝えている。100年前といえば明治10年。この集落は、地域の子ども達を教育するために、一つの小学校を建設するほどの人口と、村の未来を背負う子ども達を擁していたのである。

　紀南県民局を出発した私達は、16台の乗用車に分乗して、片川小学校運動場跡に集合した。午前9時20分。ここが、トロトロ坂の入り口である。

　トロトロ坂とは、ここから風吹峠にいたる坂道の通称であり、片川と桐原・阪松原を結ぶ「筏師の道」（往時、筏を新宮まで川流しした筏師たちが十津川や北山に帰る道として利用していた）の一部であり、約800段ほどの石段・石畳がつづく見事な古道である。が、1ヶ月ほど前に下見に訪れた時には、その石の道が土砂や杉の落葉に深く覆われていた。どのような立派な古道であっても、そこを歩く人がいなくなると、すぐに自然のなかに埋没してしまう。世界遺産に登録された熊野古道・伊勢路の道々にもそのような時期があったことを思い出す。トロトロ坂は世界遺産にこそ登録されなかったが、私見では、那智の大門坂の石段、馬越峠の石畳に匹敵する堂々たる「石の道」ということができる。

　筏師の道は、また巡礼たちの道でもあった。尾呂志在住の地域史研究家・芝崎格尚さんの「古文書の中の巡礼受難史—送り一札—の事」（御浜町神木地区の旧家に残る古文書を史料としている）を参考に、まとめてみる。

　今から178年前、文政10年（1827）のこと。遠州佐那郡高山村（静岡市清水高山地区か）の太平という老人は、孫の兼二郎を連れて

全員集合写真

大地山から熊野の海を見る

トロトロ坂は大門坂の石段・馬超峠の石畳に匹敵する

熊野の神社仏閣拝礼の旅に出た。巡礼に出る人たちにはさまざまのパターンがある。夫婦であったり、親子であったり、村の講を代表する人であったりするが、太平と兼二郎のような組み合わせ、幼少の孫を連れた祖父という組み合わせは珍しい。巡礼の途中で病死しかねない老人が、何故に幼い孫を連れて旅に出なければならなかったのか。興味をそそられるが、そのような文学的記述は古文書にはない。熊野三山の参詣を終えたと思われる二人が、川丈街道を下り、相野谷川沿いに歩をすすめ新宮領・高岡村（現・紀宝町高岡）にたどり着いたのは、4月の15、16日のこと。この道を帰路にとったのは、熊野古道伊勢路・本宮道の脇街道としてトロトロ坂越えの道があることをよく知っていたからであろう。

　さて、高岡村にたどり着いた時、老齢の太平は「もはや一歩も歩けない」ほどに病んでいた。助けを村の庄屋忠次郎に申し出て宿で介抱されたが、「養生相かなわず」4月20日に死亡してしまった。村では掟にしたがって土葬にしたが、あとに残された孫の兼二郎はどうなったか。

　近世の社会では、このような場合、該当の村の庄屋が「送り一札」なる書状を作成し、村々の責任で、村継によって旅人を送り届けることが制度化されていた。高岡村の庄屋は兼二郎を遠州まで送り届ける手続きを済ませ、隣の桐原村まで送り、それを受け継いだ桐原村の庄屋などが、次の集落片川村まで送り届けたのである。

季節は既に初夏になっていたが、文政10年の4月の末、桐原の庄屋などに連れられて幼い兼二郎は片川を目指してトロトロ坂を越えていた。国境（和歌山本藩と水野新宮領との境）の風吹峠ではゆったりと休息したに違いない。峠にある弘法大師ゆかりの社の前では、縁日ともなると多くの屋台が出てにぎわったと言うし、周辺には上地集落があって、立派な石垣・田んぼ・人家もあって、山村の様相を呈していた。それでも10歳前後の少年にとってこのトロトロ坂越えは大変であった。健気に石の道を歩いていった兼二郎少年が無事に遠州までたどり着いたかどうか。そのことを記録でたどるのも困難だ。

さて風吹峠から片川へ下ること20分ほどの分岐点に、自然石の道標が立っている。「右　かたかわ（片川）　左いるか（入鹿）をへてとつかわ（十津川）」とはっきりと刻まれている。多くの筏師たちは道を左にとって、北山や十津川をめざし、奥地地区（ここもまた廃村になっている）から峠を越えて矢の川へと歩を進めたのだろう。筏師の本道といえようか。兼二郎少年は、道を右にとって谷川の清流で喉を潤し、トロトロ坂を下っていったに違いない。

なお、尾呂志地区から入鹿地区に越える「風の伝う峠」は「風伝峠」として世界遺産に登録されているが、もう一方の桐原から阪松原へ向かう「風の吹く峠」（風吹峠）は登録時には申請されなかった。しかし、歴史的にも文化的にもトロトロ坂を越えていく道は、紀伊山地の数ある古道の中でも、最も古道らしい雰囲気の残る道であることは疑いない。

たとえば、桐原村の「さん」という名の19歳の娘は、片川村の甚兵衛の方に養子として戸籍を移しているが、文化6年（１８０９）巳の年2月にこのトロトロ坂を越えていった。冬の峠道を「さん」が一人で越えていったのか、誰か迎えがあったのか、「紀宝町誌」の説明もそこまでは記さない。

今回の山行の目的地は大地山であった。標高６００・８ｍのこの山は御浜町と紀宝町の町境に突き出た頂を有し、その山容は尾呂志の宝積院の境内からの眺望が素晴らしいのだが、私たちはそこへ至るトロトロ坂の整備に力をそそいだ。下見に一回、土砂と杉の落葉のあらけに数回。梅雨時の暑さの中での作業であったが、熊野の「四季の会」のメンバーが作業の中心であった。鎌や金箒をつかっての清掃の結果、８００段に及ぶ石段は、完全に姿を現した。山道や古道は歩くことによって道として保存されていくが、時にはハード面、ソフト面での整備も必要となる。わが〈東紀州テンマウンテンの会〉も活動をはじめて6年、東紀州のあちこちの山道を整備してきたが、今回の整備作業はそれらの中でも、最も力が入っていた。それほどにトロトロ坂は、掘り起こす魅力に満ちていたということだ。

梅雨明けや風吹く峠へ石の道

御浜町片岡

大瀬山

◉６２６・６ｍ／２０１２年3月11日　参加者52名

「熊野市紀和町の東南には、北から順に、大人平山《オオヒトタイラ》（標高６６７・９

m）、白倉山（736m）、一族山（800・5m）、大瀬山（626・6m）、和気の森（806・2m）、子ノ泊山（906・7m）などの山々が連なり、紀和町を熊野灘から隔てている。これらの山々は、北は三重県尾鷲市付近から、南は和歌山県那智勝浦町付近にかけて、海岸線にほぼ平行に伸びる熊野海岸山地の一部であり、この山地の幅員がもっとも狭くなるところに、風伝峠（標高257m）が開かれている。峠にはこのほかに、荷手野峠（標高550m）等があり、熊野灘に向う道が開かれている。熊野海岸山地の名称は、昭和6年の小川琢治・本間不二男の命名によるもので、……これらの山々には、山頂付近や山腹に、岩峰、岩壁、岩柱が発達するという特徴がある。大人平山では、山頂付近に蟾島岩（ビキシマ岩　高さは山側で30m、谷側で50m）があるほか、風伝峠の北側にも、多数の岩峰がみられる。

熊野海岸山地の山々のほかに、西山（627m）、ツエノ峰（644・9m）があり、これ等の山腹が、北に向って北山川に沈み込むところに、幽玄な峡谷・瀞峡がある。」

平成3年（1991）発行の「紀和町史」の冒頭に紀和町の山について、上記の記述があります。紀和町を代表する山が8山紹介されています。一族山と子ノ泊山については、10マウンテンの会として山行を実施しているので、今回の大瀬山は紀和町の山としては3つ目の山行ということになります。尾鷲から那智勝浦にいたる「熊野海岸山地」という指摘に注目しますが、その範囲は地質からいうと「熊野酸性火成岩体」の分布とほぼ一致し、「岩体は、ほぼ水平な上面と下面をもち、平均の厚さは風伝峠や赤倉の辺りでは300m、最大で500m以上である」という。これらが地表に現れると、岩の峰となり岩の壁となり岩の柱（柱状節理もその一つ）になったりする。出発地点の風伝峠の西側から、通り峠の上の岩壁を見たが、あれもその一つであろう。

登山入口の標高は250mほどなので、大瀬山の山頂までの標高差は380mほど、距離は5㎞弱。スギ林の中の、やや急な上り坂を歩くこと30分余で最初の休息地点。見事な眺望。紀和町の山々、その遥か向こうに大峰山系の第一の秀峰・釈迦が岳（標高1800m）が、独特の姿を見せて、春の雪をいただいて白く輝いている。あれを眺めただけでも今回の山行に満足していた。途中、三箇所ほど急な上り坂があったが、あとは平坦路か緩やかな坂道で、どちらかというと歩きやすい行程だったが、「にせ大瀬」との分岐点を過ぎたあたりからは、西方にこれまた大峰山系の南端の霊場・玉置山（標高1076m）が谷一つ隔てた対面に、あのどっしりとした全体像を見せていて、申し分なかった。玉置山から南へ下る稜線は大峰奥駈道の逆峯コースの最終部分だが、はっきりと見えていて、延々と下る道を「下りばかりなのに、こんなにもしんどいのか」と文句を言いながら、歩いた日のことを思い出していた。苦労して歩いた道を、遠くから眺めるのは山歩きの醍醐味なのである。

山行の途中からの風景は、絶景だったが、山頂の様子はといえば、雑木とスギに覆われて全く眺望が利かない。52人の参加者が、全員座っても十分な台地上の広さがあったが、日陰になっていて、昼食場所としても適当ではない。登頂者の吊したプレートが沢山あって、その近くに三等三角点の碑が立っていたが、全体がスギの落ち葉と腐葉土に埋もれていて、石頭部分が10㎝ほど見えているだけ。あと数年もすれば、全く埋没して見えなくなってしまうのではと心配していた。

山頂から少し下ったところに「御浜町　尾呂志ＮＨＫテレビ中継所」の建物とアンテナが建っている周辺の、日当たりのいいところで昼食にした。その場所から御浜町の尾呂志が眼下に見え、遠くに熊野

全員集合写真

北から見た大瀬山。西斜面は裸山

杉林の中を行く

灘が見える場所もあって、紀和町の側ばかり見てきた目に新鮮だった。

さて、大瀬山の名称について、下見に行ったときから「大瀬」という集落の背後にある山と予測していた。紀和町史でかなり熱心に探したが集落名としての大瀬の説明がない。ただ町内の農道集計表の中に、矢の川地区の「県単大瀬線」というのがある。幅員３ｍ、道路の延長２４０・４ｍの道路である。察するに矢の川地区の、もっとも奥まったところに大瀬という集落があったのではないか。山行の帰路、瀞流荘の喫煙場所で私と同年輩の地元の人、３人にそのことを確かめたが、ご存じなかった。ただ、前回も引用した南北牟婁郡全図には片川の奥地集落（ここも廃村になって久しい）の山を隔てた矢の川側に「大瀬」という地名が記されている。大瀬山というのは、確かに大瀬村の背後の山なのだ。大瀬といえば、今は池原ダムの湖底に沈んでしまったが、北山川と東の川が合流する地点に大瀬という名の集落があった。二つの川が合流する地点だから瀬の流れも速く、大きかったのであろう。熊野川水系ではじめて人工のダムが作られたのが、この場所。大正６年（１９１７）、奈良県下北山村大瀬に発電用の堰堤が作られ、いかだ流しの妨げになるので、大瀬から摺古まで山中に、発電用の水と、いかだ用の水を流す水路が築かれた。大瀬と大瀬ダムは池原のダム湖に沈んでしまったが、無用になった水路は、今もって山中に健在である。多分、矢の川地区の大瀬も、矢倉側に面し、瀬の傍らに立村していたのであろう。

午後2時頃に出発点に戻った。当日は3月11日。東日本大地震発生の14時46分には、少し早かったが、全員で大震災からの復興を祈願して黙祷した。

さて、今回の山行で1911年度の山行を終了しました。光山周辺と西谷の頭の2回は雨のため中止しましたので、山行実施は7回。参加者総人数は360名、一回平均は45人です。

全ての山行参加者は植野洋、佳栄子、川端守、塩崎吉視、田中利明（以上尾鷲市）、中村恵子、中村敬子、山本明子、山川治男（以上熊野市）の9人でした。紹介して、健脚を讃えます。

来年度は、4月の熊野古道中辺路、滝尻王子から近露王子までの古道歩きからスタートします。参加申し込みは、実施一週間前、必着でお願いします。新たな年度を、新たな気持ちで迎えたいものです。よろしくお願いします。

大台山系の山々

紀北町船津

嘉茂助谷の頭

◉2007年5月13日　参加者68名

「きんま（木馬）道」という道が、木材等の運搬路として重要な役割を果たしていた時代があった。「きんま」という言葉は、広辞苑にも出てこないので、「キリ」や「ダシ」や「ナガシ」とともに死語に近くなってしまったが、奥山から木材を搬出するときの「橇」のようなものである。長さ2m余、幅1m余で、樫の木のような堅い材質のものを使った。それに、精一杯の材木を載せて、麓まで下ろした。きんまが通る道が「きんま道」。1mほどの道幅で、緩やかな勾配を保ちつつ山腹に築かれた。道には横木を並べて、きんまが通りやすい工夫もした。急傾斜の登り道では、補助動力として牛の牽引力も使ったし、貴重な道具なので、再び山に帰るときには解体して、山師が背負って登ったりした。組み立て式になっていたのである。

千尋トンネルの手前の登山口から、嘉茂助の頭・与八高の直下までの登山道は、かっての「きんま道」である。谷を渡る箇所は丁寧な石垣を組んであって、しかもなだらかな道作りであるから、これといった急登もなく、時間はかかるが、歩きやすい、あまり疲れないるんるんの上り道が、5キロほど続いていた。あの道が、竣工した頃のことについてまとめておきたい。

あの道を作ったのは土倉庄三郎（1840—1917）である。土倉は吉野郡川上村大滝の大山林地主で、板垣退助（1837—1919）がヨーロッパに渡るときの費用（支度金3000円、渡航費2万円余。金額は「川上村史」による）を援助したといい、自由民権運動の女性闘士であり、社会主義者として婦人解放運動に活躍した福田英子（1867—1927）が故郷・岡山を出奔するに当って、やはり援助を受けたという。生業の林業だけでなく、政治や社会のさまざまの分野で活躍した人である。その土倉が、明治26年に西谷の天然木・約13000本を1万円で払い下げを受けた。近代に入って最初の大杉谷原生林の伐採である。土倉は払下げ材の代償の一部として、木材搬出のための「きんま道」を、大台山系に44キロにわたって開設・整備した。これが、今日「どくら（土倉）道」と呼ばれているもの。なにせ大和の川上村と紀州の船津村をつなぐ山間の道作りであったから「あの道には、三尺幅に二銭銅貨を敷き並べるほど費用がかかった」と語っていたとのこと。

ルートは、川上村筏場—大台辻—西谷—堂倉谷—（終点）—沖見峠—花抜峠—樋ケ谷。

土倉道は、大台辻と川上辻の間などは、登山道としてほぼ完璧な形で残っているし、私たちの歩いたルートも、あちこちで道が狭くなったり、部分的に崩落があったりして完璧とは言えないが、きんま道の面影は、十分に残っている。なお、ルート中（終点）と記した場所は、私たちが昼食休憩をした広場のこと。土倉の川上村から言えば、あの場所は、文字通り終点なのであって、麓の船津村の人たちからいえば出発点なのだが、あの地に集められた材木等が麓の船津村まで下ろされ、さらに引本港から積み出されていった。

当時、材木の多くは大台辻まで牛車で引き上げ、吉野川を筏で和歌山まで運んだという。そのため、粟谷小屋の奥の平地に、木材運搬用の牛が21頭飼われていた。

「原始林の太くて重い木材を引かされるのは、牛でさえ余程つらか

全員集合写真

山頂へとつづく雑木林

あともう少しで、皆さんホッとしている

ったのか、天気のよい日は、仕事に出されるのをいやがって座り込んで動かなかったという。使う方でも、その対策として、牛舎の屋根からバケツで水を注ぎ、今日は雨降りだから労役がなさそうだと思って、牛が立ち上が ったところを引き出して仕事をさせた。」そのため、船津あたりではいまだに仕事嫌いの怠け者を「土倉の牛」と呼んでいるとのこと。この話は、『評伝　土倉庄三郎』（土倉祥子、朝日テレビニュース出版局、昭和41年）に紹介されていて、当会前会長の松永敏さんからも教えていただいた。

松永さんの話によれば、苔の平らとも呼ぶべき「終点」の風景は、30数年前はススキの原であったという。それが、ある時期ススキが一斉に枯れて、その跡に見事な苔が生えたとのこと。誠に、今ある眼前の風景も、幾多の変化の結果であって、常に変わらぬ風景などというのは、なかなか存在しないようである。かって、木材の集積場であった地の変化も無常の世界なのである。そういえば、見事な苔の広がりの中、あちこちに搬器やレールの残骸と思われる鉄くずや、いつどなたがお飲みになったのか一升瓶のガラス片が散らばっていたりした。あの地点は、標高

1280m。弁当を食べている間にも、下からガスが上がってきて、4月も半ばというのに、肌寒さを覚え、早く歩きたくなってきた。

標高差100mほどの岩場を登ると、与八郎滝の源流となる与八高、つづいて嘉茂助谷の最高地点の嘉茂助高。生憎の曇り空で、眺望はあまりきかなかったが、それでも、大台山系の一つの頂を極めたという充足感はあった。

さて、明治45年（1912）、いやこの年は7月30日に大正と改元されているから、大正元年と言ったほうが正確なのだが、夏八月、大坂今宮中学の教師折口信夫（1887—1953）が、16日に、引本から船津、八町滝を経て、花抜峠に向かう。私たちの歩いたコースとどこかで重なっているでしょう。花抜峠、標高999mの標示があったところで休憩しましたが、あれから、大杉の側へ30分ほど下ったところに、小屋があったらしい。その木こり小屋跡に「折口信夫遭難」の説明板が、立っているらしいのですが、折口と同行の生徒二人が、このあたりで迷ったらしい。2日2晩迷って、やっと船津へ降りてくる。土倉道ができて10年くらいの後のことである。

大正6年（1917）夏には、大坂朝日新聞の大道弘道なる記者が、柏木村から大杉の久豆をめざして歩いているが、彼も花抜峠を越えている。柏木村の猟師と三瀬谷村の青年を道案内にしているので、道に迷うことなく、水越谷に向かっている。

土倉道のできていない明治19年（1886）5月8日、船津村の井上藤兵衛方に泊った松浦武四郎は、大杉越えをしているが、彼の場合は上里から入っているので、私たちの歩いたコースとは重ならない。

今回は、4月12日の下見山行の記録です。馬酔木が満開でした。シキミ（コハナ）がきれいな黄色の花を咲かせていたし、地中からはバイケイソウがあちこちで芽を出していました。帰路に見た往古川の川原は、豪雨の痕も痛々しくのた打ち回っているようでした。

紀北町便の山

地池高

◉1398・5m／2003年10月19日　参加者47名

どこから見ても申し分のない山行を実施することは、なかなか難しい。

例えば天候の問題。今年度は、4月の鷲巣山は曇天の中で実施できたが、4・5・6月はいずれも雨のため中止。9月の第三日曜は、どしゃ降りの雨のためやむなく一週間延期して、やっと実施することができた。山ちゃんは「第三日曜日というのがよくないのでは」と言い出す始末。私は「第一や、第二の日曜日に変更したら今度は、雨の周期がそっちへ移動しますよ」答えていたが、「さいころの目と山法師と鴨川の流れ」のほかに、ままならぬものの代表に「天候」を加えて、中止連絡の電話をしている事務局担当の嫁さんを横目で眺めながら憮然としていた。

ところが、今回は天気予報も万全だった。やっとツキがまわってきたとの思い。10月19日（第三日曜）、午前4時30分、馬越の家をスタート。伯母峰トンネルを抜けて大台駐車場に向かうころには、山頂周辺は深い霧に覆われていたが、早朝のガスは好天になる兆しとか、駐車場につく頃には快晴の気配。午前7時の集合時間には、当日参加の人を含めて47名の参加者が勢ぞろい。津から、伊勢から、那智勝浦から、皆さん朝早くからのお出かけである。中には、前日から来ていて駐車場近くでの車中泊の人もあったという。紅葉の大台を散策せんと、駐車場はすでに満杯。道路わきに駐車するために300メートルほど下らなければならなかったが、どちらにしても、楽しい山行の第一条件は好天に恵まれることである。

第二の条件はコース設定のよしあしである。駐車場―尾鷲辻―堂倉山（1474・4メートル）―地池高（1398・5メートル）のコースは、南大台と呼ぶ人もいるが、やわらかな樹木に覆われたなだらかなコースを歩く絶好の道なのだが、尾鷲辻の入り口に「植生保護のため進入禁止」の看板があったように、ここを歩くことは一部の関係者には歓迎されてない。しかし、コースの入り口から2キロほどはかつての「尾鷲道」を歩くのだから、進入禁止の表示はいかがなものかと思う。ましてや「尾鷲道」の復活を願って整備を続けているものにとって、あの表示の無神経さには些か憤慨の念をもつのである。従って、尾鷲辻から地池高までの間には、案内板は一ヶ所もない。コースの南側は、二の股谷の絶壁なので一度そちらに迷い込むと、生還がかなり困難である。道そのものはなだらかなのだが、一度迷うと相当危険であるという理由から、このコースへの進入はベテランの案内人なしにはおすすめできない。

実は、松浦武四郎はこの二の股の谷を下っているのである。（明治18年5月21日のこと）68歳の武四郎は5月17日に大台に入り、木津を目指してこの山中で難渋する。堂倉山（戸倉山と松浦は記す）の南から、この谷に入っているのだが、詳細な紀行にもかかわらず彼の道筋を追うことは私にはできない。さすがの松浦も「弥市にさしあげられ、亀市に引き下げもらい、弥市の肩に足ふみかけなどして」大岩畳かさなる岩場を下るのである。「もしこの辺りにて雨に逢はば後ろに戻るにも戻り難し。先にも進み難し。如何にもなし難き故、まったく立ち往生なるべし」と、この谷の恐ろしさを記し、谷に架かる巨大な一木が台の上に乗っている橋を見て「余遊歴を始めてより斯くの如き独木橋を見たること今が始めなり」と驚いている。生涯を懸けた北海道の探索でも、このような橋は見なかったというのである。

堂倉山をスタートして、地池高、嘉茂助の頭へと至るルートは、南側に樫山、奥坊主、口坊主を眺め、それらは北牟婁郡海山町に属しているので、ふるさとの山々を歩こうという私たちの会の目的と合致しているコースなのだが、未だかって有名登山家が足を踏み入れたことなく、したがってルート案内図も紀行文も存在しない「秘密のルート」なのである。

つい先日寄せられた、当日久居から参加されたOさんの感想を記そう。Oさんは10マウンテンの会設立当初からのメンバーで、かなりの山行経験の持ち主である。

「……堂倉山、地池高の山名は知っていましたが山道等の資料がまったくなく、私には到底頂を踏むのは無理と考えていました。今年度の予定表を目にしたときから、大変な期待を抱いておりました。時は紅葉の真っ盛りで、加えて好天候。感謝、感激の一日となりました。」

Oさんから感想をいただいて、今回の山行の奥深さを、主催者の一員として再認識したものです。

武四郎はこの奥深い谷で、トリモチ取の小屋と、備長炭の炭焼き窯の小屋を見て、そのことも記しているのだが、こんな場所にまで出かけて働いていた地域の先輩達がいたことを知らされて、いつものように山に生きる人々の生活力、生命力に感銘を受ける。

楽しい山行の第三の条件は、入念な下見と優れた案内人の存在である。

今回の山行のリーダーを務めた松永敏さんは、10マウンテンの会

全員集合写真

堂倉山と地池高の鞍部のシャクナゲ群落

堂倉山から眺める地池高

の創始者のひとりであり、初代の会長でもあるが、なによりも「大杉谷の主」。朝な夕なに南大台を眺める船津村に生をうけ、これまで大杉谷に入ること何百回と数知れず。青年期に南大台南斜面で遭難寸前の事態に遭遇し、一夜を山中で過ごした貴重な体験の持ち主で「大杉谷を知悉する日本の第一人者」と私は尊敬し、この人と大台山系を歩くことを誇りにしている。サブリーダーを務め、最後尾を担当した植野洋さんは、大台山系尾鷲道のスペシャリストである。少年期、尾鷲から清五郎の滝辺りの友人を歩いて訪ねていくことを日常としていたという。この二人が、念を入れて下見をしてきたのだから、今次の山行が安全に実施できないはずがない。その通りになった。なにごともなく、なんとなく楽しく山行を実施するためには、優れた案内人の存在が不可欠である。晩年、大台を駆け回った武四郎も、常に3人から5人の案内人を同道していることも参考になる。

楽しく山に入って、安全に帰ってくるには以上のような三つの条件を備えていなければならない。それやこれや考えながら地池高まで行ってきたが、途中で夫婦らしい一組に出会った。松阪から出かけてきたというあの夫婦連れは、無事下山したであろう。

見事な大台山系の秋色のなかを、今回は申し分のない山行を実施できた。感謝、感激。

堂倉山から地池高◉2014年5月11日　参加者64名

紀伊山地を南北に伸びる二つの山脈、大峰山脈と台高山脈は10マウンテンの会にとっても大事な山であり、毎年それぞれの山脈のいずれかの峰に一箇所以上登るようにしている。大峰山は役小角（生没年不詳、669年世を惑わす妖言を吐いたという理由で伊豆に流されたが701年に赦されて京に帰ったという）の入山以来、修験道場として発展したというから、8世紀には道が開けていたことに間違いないだろう。それに対して、大台ケ原山は、近世までまったく未開の状態だった。原因は「魔の山」「迷いの山」と恐れられていたかららしい。「山上までは山深く、小ピークが多く、似たような台地や原がつづくところから迷いやすく、視界が効かなくなると方角が分からなくなる」（「新日本山岳誌」）からである。

近世の大台登山の記録を「大台ケ原・大杉谷の自然　人とのかかわりあい」（菅沼孝之、鶴田正人著）から整理する。

1606（慶長11）　丹誠上人伯母峰より大台に入る。
1721（享保6）　野呂元丈ら5名。徳川吉宗の命によって採薬のため、上北山から大台に。
1726（享保11）　幕命により採薬師植村佐平次政勝、松井半兵衛重康が上北山から登山
1789（寛政元年）　紀州の南画家野呂九一郎介石「従者、山案内人10名を引き連れ、紀州の尾鷲、引本浦を経て、舟津、檜ケ谷から坊主上げを登り、大杉谷上流堂倉たにへ入り、大台ケ原に至り検分」
1834（天保5）　紀州の漢学者仁井田長群、国学者加納諸平のふたり「紀伊続風土記」編纂に際し登山
天保年間　紀州の医師畔田重兵衛伴存（翠山）登山。（「吉野郡名山図誌」）

さて明治になって、大台ケ原は本格的に開拓の時代を迎える。


1869（明治2）　京都曹洞宗興聖寺の寺侍竹崎官治、脇谷、高橋、内田の4人開拓のために入るも、開拓に適さず、1年余で撤退。粉本村木津から入り、案内人は東の川・宮の平の竹本忠兵衛。竹崎は辻堂山の辻堂に妻とともに余生を送る。

1870（明治3）　地元西原の大谷善三郎、黒淵の堀十郎、宇智郡五条の小川治朗の3人、開拓に入るも失敗。撤退。

1871（明治4）　画家・文人の富岡鉄斎入山。詳細不明。

1874（明治7）　大峰行者林実利大峰山に入り、笙の窟で修行、大台では牛石ケ原に小庵を結び千日修業の後、行場を前鬼に移す。下北山の石屋灯、五田仮、那智の滝に移り、明治17年4月1日一の滝から捨身。

1885（明治18）　松浦武四郎（1818—1889）「乙酉掌記」5月17日岩本弥一、射場亀一の案内で天ケ瀬、伯母峰、経塔石、開拓の無人小屋泊　5月21日白崩谷上から二又谷を下り木津に至る。上北山側から入り木津に出るコースは翌年も。

1886（明治19）　松浦武四郎「丙戌前記」

1887（明治20）松浦武四郎「丁亥前記」

明治19年から、3年間にわたって訪れた松浦武四郎の努力によって、大台ケ原は大きく開かれていった。武四郎は西大台の開拓を拠点にして活動していたが、彼の死後、古川嵩（1860＝万延元年―1931＝昭和5）や土倉庄三郎（1840＝天保11―1917＝大正6）の活動によって飛躍的に開発されることになる。

岐阜県郡上郡美並村出身の古川は明治24年の1月、尾鷲から出口峠を越えて東の川村に出て、翌日河合村に入る。同年6月24日、木和田、逆峠を越えて開拓に入る。明治26年4月26日に大台教会の建設に着手、同32年の8月開設式を迎えている。6年4ケ月の歳月は、古川がいかに苦労したかを示している。同じころ、川上村の山林王・土倉は「川上村上多古の落合橋から東に別れ、筏場、大台辻、西谷へくだり沖見峠を越えて船津村に至る50㎞に及ぶ道路（「土倉道」）建設に着手し明治29年に完工している。大台教会開設の前年の明治31年9月には大台辻から大台教会に至る道路を建設して寄付している。

「土倉道」の完成と、大台教会の開設によって、大台ケ原は新たな時代に入った。このルートは「柏木道」と呼ばれ、大台登山のメインルートとして、スカイライン完成（1958・昭和33年着工、1961・昭和36年7月7日完成）まで利用されることとなる。

さて大台登山道「尾鷲道」について触れておきたい。1923・大正12年に大台教会から発刊された「大台が原山」に「土井與八郎氏は紀北第一の名門なり、大正三年（1914）大台教会のため山道25町を開き、もって後年尾鷲道路開通の端緒を成せり。尾鷲は紀北における至要なる港津なると同時に、大台ケ原唯一の海門なり。而してこの間における道路の開通は、大台拓殖上極めて至要なるのみならず、また実に紀北と南大和とを連絡し、運輸交通の便を全うして、彼我の福祉を増進すべき有望の道路なり。この故に先にこの道路の開通を提唱するや尾鷲町民一斉歓呼してこれを迎えしが」、明慶六兵衛、明慶金次郎以下26名の協力者の名前を列挙して、「ついに大正4年（1915）12月30日を以って貫通するに至れり。」と記す。開通の先頭に立って尽力した土井與八郎氏とは土井町土井家の7世。昭和10年に84歳で没しているが、尾鷲道の最大の功労者として記憶しておきたい。昭和30年代の初頭、尾鷲高校の一年生であった私は、町の文化協会の人たちの先導で、同級生100名余と夏の一日を早暁から日暮れまで、10数時間かけて歩いたのだが、その尾鷲道の記憶も遠い日のこととなってしまった。

今回の山行では山頂から尾

堂倉山まで戻ってきた

地池高直下のシャクナゲ群生地

鷲辻を経て堂倉との分岐まで尾鷲道を歩いたが、堂倉山から地池高に至るルートはどの探検家の文書にも出てこない。地池高は開発され尽くした大台山系の中でも、今もって秘境に属するのである。この4月に再開開通した大杉谷ルートについて詳述する余裕はないが、そのルートからも外れている。松浦武四郎の記録した地図には「池地山」と記載しており、本文中でもこの記載なので武四郎は「イケジヤマ」と理解していたに違いない。武四郎は堂倉山から二の又谷に下りているので、はるかにその山頂を眺めただろうが足を踏み入れたという記録はない。シャクナゲがきれいに咲いていて、ヤマツツジも所々に鮮やかな色彩を見せていた。道もしっかりしていたが、あれは、その昔の鳥もち採りや営林署の職員が開いた道であろう。地池高は近くて遠い山である。

地池高◉2017年5月14日　参加者53名参加

4月の山行は雨のため中止したので、今回の地池高山行が今年度最初の山行となった。集合場所は大台駐車場。この駐車場を終点とする「奈良県営大台ケ原有料道路、通称大台ケ原ドライブウェイ」が開通したのは昭和36（1961）年7月7日のこと。私は高校を卒業して2年経っていた。ドライブウェイが開通する4年前の昭和32年の夏、私たちは大台への尾鷲道を歩いて登山をした。尾鷲神社に午前四時に集合して出発。尾鷲の文化協会のおじさんたちがボランティア（当時は、そんなしゃれた言い方はなかったが）で案内してくれたのである。夏の日とはいえ、まだ暗い頃尾鷲を出て、延々と歩いたのである。今回のコースで言えば、堂倉山の麓から尾鷲辻あたりの「尾鷲道」を歩いている頃には、夏の日はすっかり暮れて、くらがりの尾鷲道をふうふう言いながら歩いた。宿舎の大台教会についた頃は真っ暗で、電灯はなかったと思われるが、その暗がりの下で夕食を済ました。高校時代の何かしら汗っぽい思い出。あの頃、尾鷲から大台は遠かった。歩いて歩いて10数時間を要した。そこへ、奈良県側からではあるが自動車道が通った。夏休みに帰省した私は、誰かの車に乗せてもらって、大台駐車場に、そして日出が岳、牛石が原、大蛇嵓などを見て帰った。山岳地帯を通過する観光道路大台ドライブウェイが大変な環境破壊をもたらすという深刻な事実に気がついていなかった。なお山行当日は、午前9時スタートの予定で上北山村主催のマラソン大会が計画され、午前8時集合の私たちの仲間が、駐車できるかどうか心配したが、皆さんお早いお出かけで、全員駐車できたのは何よりだった。マラソン大会の方は13、00時閉会とか、午後3時頃に駐車場に戻った私たちとは、まったく交わることがなかった。

大台への道は、奈良県側と三重県側からの二方面から細々と登られてきた。

明治2年（1869）宇治の曹洞宗興聖寺の寺侍竹崎官治は脇谷、高橋、内田と四人で開拓のため大台に入っているが、木津（北牟婁郡紀北町）から入っている。案内人は東の川宮ノ平（坂本ダム建設時に水没）の竹本忠兵衛である。

明治7年（1874）大峰修験の林実利が入山。案内は天ケ瀬の人たちだから、これは奈良県側からであろう。

松浦武四郎は明治18年から3年間、大台の探索に入っているが、案内はいずれも天ヶ瀬の人たちであり、大台へは上北山からのコースである。ただ帰路はいずれも、銚子川の上流、魚飛峡谷の入り口に位置する木津へ下りている。当時は尾鷲道がまだ整備されていないので、堂倉のあたりから急傾斜の谷をくだり、道なき道を案内人の肩や手を借りながら下っている。彼は、尾鷲へは一度も立ち寄ってない。このころの三重県側のコースは海山町の木津へ下りるのが中心であって、魚跳渓谷に近い水谷重兵衛の家に立ち寄って、休んだり泊まったりしている。

地池高へは過去2回出かけている。最初は平成16年（２００３）の10月19日。大台山系の紅葉に誘われた。参加者47名。地池岳方面は大台山系のなかでもあまり人の出かけないところ。二度目は平成26年（２０１４）。今回と同じくシャクナゲの探索が目的である。そして三度目の今回。尾鷲辻で「尾鷲道」に入り、堂倉山の西麓の広い平地で休憩して、尾鷲道と別れて、堂倉山に上り、地池岳をめざす。所々に平地らしき場所、大平（オオダイラ、これが大台の語源という説がある）、小平（コダイラ）があって人を迷わせる。尾鷲を目指す人々も、ここではゆっくりと休憩して、行く先をしっかり確認したい。この日の朝4時、駐車場を出発して尾鷲を目指して行った4人のグループと前日話をしたが、この場所では行く先を確実にチェックして進むように、なんども念を押した。

山頂で昼食をしていたら、「ガスが出てきたので急いで帰ります」との出発の合図。見事な判断と思う。帰り道。堂倉山の東斜面の上り坂がきつい。堂倉山から地池高への道はほとんど歩く人のいないコースなので、シャクナゲの木が群生している中をそれぞれが自分のコースを設定して歩く。路面がしっかりしてなくて歩きにくい。標高差１００ｍ余の斜面を登るのにふうふうといっていた。みんなから相当遅れていたし、ガスもかなり深くなってきた。３人のスタッフが、前後をガードしてくれていたから、安心して歩いたが。あれが一人ぼっちの歩きだったら、かなりの確率で迷っただろう。

大台山系は私たちの会にとって大峰山系とともに絶好の山行地なので、毎年一箇所は予定に入れるようにしている。日出ケ岳山頂や三津河落など、石楠花についてもシャクナゲ坂やシャクナゲ平など、名の知れたポイントが数ある中で、私たちは地池高に最も多く出かけてきている。石楠花の魅力もあるが、ガイドブックにもほとんど紹介されないこの頂に来るのは、尾鷲や紀北町から眺めることのできる山だということ。参加者からいえば、案内者なしには簡単に入山できないということだろう。前日は低気圧の通過とかで、かなりの雨だったが、予報どおりからりと晴れ渡って、平地のあちこちに、普段は見られないような池のようなものが、あるいは池の跡のようなものができていた。あれが地池なのだろうと、一人で納得していた。松浦武四郎は大台絵図の中で「池地高」と表記しています。

私の勤める熊野古道センターの前庭の芝生広場に立つと、便石と天狗倉の鞍部の向こうに、大台の日出ケ岳は便石の陰に隠れて見えないが、そこから 嘉茂助の頭へと流れる稜線が見えている。堂倉山は便石の影になって見えないが、地池高の頂とそこへ至る西側の斜面が見えている。嘉茂助の頭の姿もいいが、何の特徴もない平凡な地池高の頂をはるかに眺めて満足している。天気のいい日は、芝生広場に出て、ひとり遠くの空の下に地池の高を眺める。その上を春には春の、夏には積乱雲の勢いを、秋になると鰯雲の素敵な雲の形を飽きずに見ている。至福のときというべきか。

心臓バイパス手術から一年、とにかく地池まで10㎞余を往復することができてほっとしています。東紀州10マウンテンの会も、今年度でお終いにしようとスタッフの会で決めました。皆さんと一緒に、大台山系をその中の地池高に出かけるのも、今回が最後ということになります。私を含めて全員が無事に帰ってこれてよかったと思っています。

こぶし（まぶし）嶺

◉1410・8m／2004年5月23日　参加者45名

大台駐車場に午前7時集合なので、四時起床、四時半に尾鷲を出発。雨は落ちていないが、星は見えない。夜明け前の空は厚い雲に覆われている。天気予報の通りである。大又から五郷のあたりでは、どしゃ降りの雨。熊野の参加予定者の中には、この雨では山行は無理と判断して、引き返した人もいるとのこと。主催者としては中止連絡をしてないので、とにかく集合場所まで出向いて、そこで皆さんと相談しょうと考えて車を走らせる。幸い、大台山頂付近は、曇ってはいるが雨は降ってない。それにしても、大台と尾鷲は降っていなくて、熊野だけ降っているとは珍しい。

尾鷲から2時間で駐車場に着く。熊野からもほぼ同じ。当日は、大阪の門真市と寝屋川市から2人の参加者があったが、この人たちも4時前後に出発したとのこと。一番時間をかけて到着したのは、古座川からの参加者。この人も始めての参加だったが、熊野まで2時間弱かかるから、3時半頃にはご出発である。当初の計画日から、1週間延期しての山行であったが、総勢45名、7時半には出発できた。

駐車場から2キロ、30分のところが「尾鷲辻」である。

今から40数年前の、夏のある日、私はこの尾鷲辻を通過している。当時尾鷲高校では、夏休みに入る前に、2年生（多分）に対して「大台登山」希望者の募集があった。学校行事ではなく市の文化協会かどこかの主催で、先生方の引率ではなく、数名の有志のかたがたの案内であったような気がする。尾鷲神社に早朝四時に集合して、暗がりの中を100名近くの生徒が参加していたような記憶がある。当時海山町に住んでいたので、一番の汽車で出かけても間に合わない時間だった。ともに参加した木津の湯浅君とともに彼の親せきの家に前夜から宿泊しての参加であった。

微かな記憶を頼りに、尾鷲道の行程を記す。

尾鷲神社―（2km・45分）
―坂下トンネル―（1・5km・30分）
――又口川・古和谷分岐点―（4km・1時間30分）
―古和谷渡河点・インクラと八丁坂のあたり―（6km・3時間）
―又口辻を経て新木組峠―（6km・3時間）
―木組・雷峠を経て尾鷲辻―（6km・4時間）
―大台教会山の家―（2km・40分）
（「紀州山の会」編「紀州の山々」昭和42年発行を参考にまとめたもの）

21・5kmの延々と続く山道を、ただひたすらに歩き続けた。コースタイムは10時間弱とあるが、私たちは12、13時間以上要したように記憶している。木組峠も雷峠も名前さえ知らない17歳の少年は、ただ前を行く人の背中を見ながら歩いた。尾鷲辻も通過したに違いないのだか、既に周囲は暗くなっていて、その名前すら記憶にとどめる余裕がなかった。翌日、この辻を曲がってふたたび尾鷲への長い道のりを下っていったか、堂倉小屋を経由して船津へ下りたのか、その辺の記憶は定かではない。。。

木組峠までの山行は、入念な下見をしたにもかかわらず雨のため中止した。あるいは、こぶし嶺まで又口辻を経て下見をしたのも、個人的には若い日の山行の跡をたどってみたいとの思いがあってのこと。尾鷲からの大台道を踏破すること、それと同時に「尾鷲辻」からの尾鷲道のルートを整備して復活することができないかと考えていた。

全員集合写真

堂倉山までの尾鷲道

シャクナゲのつぼみ

昭和48年版の「ブルーガイドブックス」の『大峰・大台・奥高野』（仲西政一郎著）では「銚子川から大台」へのコースが紹介されている。清五郎橋―（30分）―清五郎の滝―（3時間）――木組峠―（1時間30分）―雷峠―（2時間）―尾鷲辻―（40分）―大台ケ原とある。健脚の仲西さんでも、清五郎橋から約8時間の行程である。

実は、かっての大台への尾鷲道は、「こぶし嶺」は通らない。又口辻から尾鷲辻まではほとんど稜線上を歩かず、稜線の右・左の山腹を巻くように道がつけられている。こぶし嶺のあたりは雷峠を通過する。現在では、堂倉山のあたりからこぶし嶺にかけて数箇所の大きな崩落があって、かっての尾鷲道はいたるところで寸断されており、新しいルートとして稜線上を歩くこととなっている。

さて「こぶし嶺」とは、コブシ（辛夷）の花からきているのだろうか。周辺にコブシはまったく見当たらなかったし、「こぶしの花を見に来たのに」という声も聞こえたが、どうもコブシの花ではなさそうだ。山容が拳（こぶし）に似ているところからきているという説明の方が説得力がある。言うところのゲンコツ、にぎりこぶしである。コブシ嶺と言い出したのはいつごろのことか、よく解らない。松浦武四郎は「マブシ嶺」と呼んでおり、コブシ嶺は使っていない。この「まぶし」についても、①「目伏」目つき、めざしのこと。②「射翳」鳥獣を射るために、柴などを折って猟師が身を隠す装置、あるいは待ち伏せ、伏兵のこと。③「蚕簿」蚕のすだれ。④「眩しい」（尾鷲弁で言えば「アババイ」である）などの説があって、私は②の説が好きなのだが、武四郎先生もなにも説明してくれてないので、これもよく解らない。ここから解ることは、古くは（明治19年頃）は「マブシ嶺」と地元の人々（西原、小栃、東の川、や木津の人）は言っており、それがいつの頃からか「コブシ嶺」に転化していったということである。

　コブシ嶺の山頂に「三等三角点」があった。上部右から左に「三等」と刻み、縦に「三角點」とあった。実は三角点には人間の戸籍に相当する「三角点の記」、略して「点の記」と言うものがある。

　私たちの見てきたコブシ嶺の点の記によれば、所在地は大字相賀字二ノ俣、（担当）行政名は尾鷲市とあり、肝心かなめの点名（人間でいえば姓名）は、「雷峠1」とある。ここでも「コブシ嶺」は出てこない。三角点の点名は必ずしも山名と一致しないのだが、少なくともここに三角点を設置したとき、（年月日未調査）「コブシ嶺」という名が普及しておらず、それよりポピュラーな「雷峠」の方の名前を使用したのである。コブシ嶺と最初に名づけたのは誰か。それはいつのことかという課題が残る。いわゆるコブシ嶺の三角点は、１４１０・８０メートルで間違いないし、その標高はあの三角点が立てられていた地点のものであることも確かである。従って、コブシ嶺の標示が2箇所に立っており、同一の団体の立てたものであるが、あの三角点の立っていた場所を「コブシ嶺、１４１０・８０」と確定し、それより北２００メートルほどのピークは「雷峠の頭」とでも呼んで区別したほうがよいと考える。

　コブシの花には出会えなかったものの、シロヤシオが満開で、高さ4メートルほどの立派な木に白い花が全開で、それがあちらにもこちらにも姿を見せていたし、たった1本だったがアケボノツツジが見事なピンクの色を見せていたのもよかった。山ちゃんの休憩の取り方も心憎いばかりに配慮が行き届いて、雨にも降られず、全員無事に出発点に戻って解散。晴天なれば、３６０度の景観を楽しめたのだが、下見のときの写真を同封したので、それで想像してください。（写真１　大峰山系遠望　２　眼下に見る東の川　３　尾鷲道木組峠方面）

　前にも書いたことだが、「尾鷲辻」の場所に「尾鷲道」の標示がなく、事実上、進入禁止になっていることが残念でならない。大台スカイラインの開通とともにこのコースを歩く人がなくなって久しいのだが、かっての大台への主要ルートの一つが地図の上から消されようとしていることに寂しさを感じる。尾鷲辻からコブシ嶺にいたるルートに案内板が一つもないのも困る。ついでに言えば、川上辻のところにも大きな「進入禁止」の立て札が、新たに設置されていた。水源地保護の立場と大台の残された自然環境を散策することとを両立させる方策を示してほしいものである。

　帰り道、例によって「小処温泉」に立ち寄って、湯船にどっぷりと浸って山行の疲れを癒していたら、沛然と雨が降ってきた。雨どいから洩れた水の流れが、浴槽の窓ガラスを打ち激しく飛び散っている。その雨の中を合羽を着て黙々と歩く45人の集団の姿を想像していたりした。

こぶし嶺◉2012年5月13日

1年ほど前から、三重県立熊野古道センターへ週2回勤めに出かけている。日本有数の木造建築の豊かさに魅かれて県内外から多くの来訪者があって、東紀州の魅力を味わっているのを見るのは快い。建物の前に芝生広場があって、そこからの眺望がよい。湖のような尾鷲湾の向こうに、便石山と天狗倉山の稜線が横たわり、その遥か向こうに大台山系の山々が、見事な山なみを見せている。日出が岳や正木が原の山頂付近は、便石のかげになって見えないが、山頂から東に延びる稜線は、地池高・与八高・嘉茂助の頭と流れ、特に嘉茂助の頭の鋭峰はいつみても秀逸である。冬、雪を被った姿もまたよい。

山頂から南に延びる稜線は、大台登山道のうちの「尾鷲道」の道筋にあたり、又口辻や木組峠の周辺が眺められる。「尾鷲道」は大台への登山道として、昭和30年ごろはよく利用されていたが、最近はすっかり廃れてしまって、通して歩く人がまったくといっていいほど、なくなってしまった。今回のコブシ嶺も、尾鷲からではなく山頂駐車場からの山行ということになった。牛石が原に向う途中の尾鷲辻から尾鷲道に入ったが、われわれのパーティ以外にこの道を歩く人は皆無であった。誰とも出会わなかった。8年前の2004年5月23日にも、同じコースで出かけたが、あの時も人には会わなかった。が、その時には所々で野生の鹿を見かけたのに、今回は鹿も見なかった。どうしたのだろう。

深田久弥（1903＝明治36―1971＝昭和46）が大台に登ったのは昭和35年の3月のはじめ。バスで入之波まで行き、筏場・大台辻、川上辻のコースであろう。「山の上にはまだ雪があったが、吉野の春の息吹はもうそこそこに這い寄っていた。最高点秀ケ岳（日出が岳）の頂上に立った時、素晴らしい天気に恵まれた。すっかり晴れて、西の方大峰山脈の峰々を一つ一つ数えることができ、東を振り返れば、すぐ眼下に尾鷲の入り江を、小さな島々まではっきり望むことができた」。昭和33年11月着工の大台スカイラインの開通は、翌昭和36年の6月なので、深田が川上辻から「近鉄山の家」に向う道筋では、工事中の様子を見たと思われるが、そのことについては記さない。深田は前年の昭和34年3月から、雑誌「山と高原」に「日本百名山」の連載を始めていたから、その取材のための山行だったに違いない。彼は「山の家」に2泊して、日出が岳、牛石が原、大蛇嵓を散策している。

「それから数年後、再び大台ケ原を訪れた時には、山上まで有料自動車道路が通じていた。往きはそれを利用したが、帰りは大杉谷の方へ下った。これは見事な谷である。次々とすばらしい滝が現れる。水は清く豊かで、渓谷の美しさは日本中で屈指といっていい。」

深田も利用した大台スカイラインについては、自然保護の観点から何かと議論が多かったが、とにかく、大台観光の大衆化をもたらした。深田は2回の探訪で、筏場からのコース、大杉谷コースの二つを体験しているが、「尾鷲道」については、まったく歩いていないし、その存在すら触れていない。山頂から「尾鷲が見えた」と記しているだけで、良しとすべきかもしれない。

第二次世界大戦の末期に大台ケ原に登った人に、山と渓谷の探検家田部重治（1884―1972）がいる。昭和17年11月、紀勢東線尾鷲駅から矢の川峠をバスで越え、新宮の「速玉館」に泊。プロペラ船で田戸へ向い、東野峠を越えて道に迷い、日が暮れてから平谷の「千代館」にたどり着く。翌日は不動峠を歩き、浦向からバスに乗って河合の「福山旅館」に泊まり「ここに風呂があって、東京を出てからはじめて風呂に入った」。

「翌日、大台ケ原に登ることにした。6時間あれば充分ときいて、9時頃に出立した。小橡をへて木和田に向かう。木和田は河合から一里、寒村の面影がある。大台ケ原への登りはここから始まる。道は縷々として山側をまいている。途中に水がある。この先、一里以上も水がないと書いてある。ここで休んでお弁当を食べた。道は思ったより遠い。やがて尾根のようなところへ来たと思うと、俄に下り始める。原始林があって間に流れがあり橋を渡る。ここを逆峠といい、流れはやがて北山川に注ぐという。もう、大台ケ原へは半里と書いてある。河合から7時間半かかって大台教会へ辿りついた。部屋に案内されて炬燵にはいる。間もなく日が暮れてランプが吊るされる。教会を管理している人は河合の人、田垣内政一氏といい、ここへ来てから20年になるという。態度といい、物の言い方といい、人間というよりも大自然に近いような感じを与えた。」

山標の背後は紀北町

大台らしい尾根道

昭和3年（1928）、牛石が原に建立した神武天皇銅像を運んだ道は、尾鷲道古和谷コース。銅像は大阪で作られ、船で尾鷲港に運ばれた。港からはトロッコで北山索道（大正8年完成）の何枚田駅に運ばれ、そこから索道木組駅に着いた。さらに山頂までの16kmは木馬に乗せ分割輸送したという。輸送に奉仕したのは山本満助指揮の尾鷲青年団。この道は、ほぼ尾鷲道といっていい（「ふるさとの石造物」）。

大正15年（1926）旧制尾鷲中学校の登山部の生徒11名（旧制中学2回生今西三郎他）が直田村太郎教諭ら3人に引率されて、大和アルプス大峰山系縦断の山行を実施している。7月31日に「登一丸」で木本に向かい、浦向から前鬼、釈迦岳、弥山、山上を経て吉野にいたるというコースだが、帰途、大台教会に宿泊し、8月7日に日出が岳でご来光を仰ぎ雷峠を経て、午後3時に矢所へ、午後5時に尾鷲神社で解散している。引率教師3人と11人の生徒が、大台登山道・尾鷲道を下っている。（「尾鷲高校五十年史」）

松浦武四郎（1818＝文政元年―1888＝明治21）の明治18・19・20年の3回の大台探訪は、天ヶ瀬や河合方面から入り、いずれも木津に抜けているが、初期の探索なので、必ずしも現在の尾鷲道とは一致していない。明治2年に宇治興聖寺の寺侍三人が開拓の為に西大台に入っているが、そのときは粉本の村の木津から入ったという。そのルートは未詳だが、宇治から木津までの道筋にも興味がある。どちらにしても木津から、古和谷から又口辻を経ての尾鷲道の歴史は古い。私は高校生の頃、昭和32年と思うが、木津出身の湯浅孝也君にさそわれて、数十名の高校生登山の一員として、尾鷲道から大台をめざして歩いた。私を誘ってくれた湯浅君には、高校卒業以来会っていないが、木津から通学していた彼には、大台や尾鷲道に関して深い知識や関心があったに違いない。そのことに気づかず、尋ねもしなかった高校生の私を、70歳を越えた私は恥ずかしい気持ちで振り返っている。

上北山村

西大台

◉2003年8月

大台は雨の山である。一日の最大降水量1011ミリ、最大年間降水量8214ミリ（1920年）を記録している。そのために、遭難を余儀なくされた大和郡山の青年の例（シャクナゲ坂記念碑）もあるが、どちらかといえば、雨は大台山系の豊かさの源であるように思われる。三津河落山（1654m）は西谷源流部の谷を隔てて秀が岳（日出ヶ岳）と対峙する高峰である。そこに降る雨は三方へと流れる。東は、西谷・大杉渓谷を経て宮川へ、西は入之波を経て吉野川へ、南に流れると北山川・熊野川を経て熊野灘へと流れていく。「三つの川へ水の流れ落ちていく山」それが三津河落山なのである。分水嶺というのは、普通二方向への分水をイメージするが、三方へ分かれるというのは珍しい。

川上辻をスタートして、名古屋岳、如来月に至る。三角点がありここがピークらしい。三津河落山というのは、さらに西側の「日本鼻」から「大和岳」に至るこの辺一帯の総称で単独の頂を指すのではないという松永敏さんの説明があったが、ピークから少し下がったあたりの眺望がすばらしい。

紀伊山地にもこんなに眺望のよい所があるのか、と、ここを訪れたことのある人は記す。眼下に開ける、稜線を含む一帯はヒメザサの群生地で、地上10―20センチにしか伸びないササのお陰で、登山者の膝から上が稜線上に浮き上がり、視界をさえぎるものがまったくない。空間に緑の絨毯《じゅうたん》のようなササが広がり　そのなかを一筋の道がくねくねと続く。遥かかなたに高見山が小さく見えている。そこへと曲がりくねって伸びている台高の山々。西に目を転ずれば、行者還しの特徴ある山容や弥山・八経を最高峰とする大峰山系が全体像をあからさまに見せている。

秀が岳、大台駐車場を中心とする、いわゆる東大台一帯は観光化・公園化の波の中ですっかり秘境としての魅力を失ってしまったが、昔日の大台の面影は西大台と呼ばれるここ三津河落周辺にしっかりと残っていると識者は記録するのである。

秀が岳や大台駐車場を中心とする、いわゆる東大台の俗化は1961（昭和36）年の大台ケ原ドライブウェイ、スカイラインの開通に始まる。「日本百名山」の著者深田久弥はドライブウェイ開通の前年に、入之波からのコースで大台ケ原に入り、

「私の登ったのは三月の初めだった。山の上にはまだ雪があったが、吉野の春の息吹はもうそこここに這い寄っていた。最高点秀が岳の頂上に立ったとき、素晴らしい天気に恵まれた。すっかり晴れて、西の方大峰山脈の峰峰を一つ一つ数えることができ、東を振り返れば、すぐ眼下に尾鷲の入江を、小さな島々まではっきり望むことができた」と記す。

「日本百名山」の連載（雑誌「山と高原」に毎月2座掲載）は昭和34年の3月に始まり彼が大台に来たときには、すでに20座の山々が紹介され大好評を得ていた。

百名山の選定に際して、深田久弥は三つの基準を立てたという。山の品格、山の歴史、山の個性である。付加的条件として山の高さ1500m以上というのも考慮したともいう。スカイライン開通以前の東大台は、これら三つの基準と一つの条件を満たしていたのである。

全員集合写真

展望台から大蛇ぐら、中の滝を臨む

こんな巨木も残る

時期的に幸運であったと言える。深田久弥は三津河落山には踏み入っていない。そこまで出かけなくとも、秘境の雰囲気は秀が岳周辺で満喫できたからである。

　松浦武四郎は三津河落と書かずに「三途河落」と記す。こんな見事な三途の河なら、来世の地獄も恐れる必要がないと思われるが、『三途の河』『如来』月などこの周辺に仏教的な名称の多いのは、名古屋岳が「な越えそ岳」（決して越えてはならない山）と言われたことと関係があるのかもしれない。

　明治18年3月19日、未明の午前3時ころ開拓場を出立した武四郎は、高野谷―国見ヶ岳（大和岳）―日本鼻―如来月の順路で三途河落に到達して「……是、大台第一の高山なり。この下、平山、中の滝と東の滝の間になる。七つ池あるなり。池の底、落葉沈みて水色黒く、いかにも毒にてもあるかなと覚ゆれど……。亀一、弥一（ともに上北山村の人、武四郎が雇った案内人）この池はぬしある故に手つけがたしといふ」と記している。要するにどろどろに黒く濁った池があって、地元の人々に恐れられ、この『三途の河』周辺に入ってはならないと言い伝えら

れていたのではないか。武四郎は、

今日よりは七ツが池に住むみずち竜の王とぞ鎮めまつらん

と、枯れた桧に記し、木を削って幣を立て、心経七巻を誦じ薫香を灰の中に投じて、案内人たちを安心させた。なお、歌の中の「みずち」とは、蛇に似て角と四足とを具え毒気を吐いて人を害するという、大台山中に生息していると信じられていた想像上の怪物である。武四郎は案内人たちの目前で、香を焚き、御幣を立ててお経を唱え、水の守り神である八大竜王に変身させたのである。

武四郎は、この年を始めとして3年連続で大台の探訪を試みているが、大杉谷ルートはまだ開かれてなく、土倉古道も開削に着手していない。従って、大台は秘境そのものであってシューリ、シューリとなく鳥や、昼なお暗き原生林の中を歩いたに違いない。草原状の景観を誇る三津河落あたりの風景もうっそうと茂る樹林帯であった。いつ行われたかは知らないが、この地帯の皆伐があって、それから幾星霜を経た後の景観が今の姿であるとすれば、単純に喜んでばかりもいられない。山もまた、植生の変化とともにその姿を変えていくのである。

深田久弥の大台再訪は、昭和40年頃だ。

「再び大台ヶ原山を訪れたときには、山上まで有料自動車道路が通じていた。往きはそれを利用したが、帰りは大杉谷の方へ下った。これは見事な谷である。次々とすばらしい滝が現れる。水は清く豊かで、渓谷の美しさは日本中で屈指といってよい。」（『日本百名山』大台ヶ原山・最終章）

深田の眼前での大台ヶ原の数年間の変化は激しい。その変化についてどのように感じ、どのように考えたかは、直接的には語られていないが、大杉谷を賞賛するばかりで、大台ケ原については一言も触れていない。そのことの中に、著者の深い失望を読み取ることはさして困難なことではないだろう。

西大台・竜口尾根◉２００４年10月山行　参加者49名

33年前の9月9日から10日にかけて、秋雨前線による集中豪雨が東紀州に降り続けた。2日間の雨量は１０９２ミリ、10日午後9時30分頃賀田で３ヶ所、午後4時20分古江で１ヶ所の山崩れが発生。土石流が発生、死者26名、負傷者30人。家屋の全壊40戸をはじめ、甚大な被害を記録した。「三重県南部集中豪雨」とよばれる、このときの降り続く雨は、あちこちの谷から鉄砲水となって国道や町中にあふれ、そのものすごさを昨日のことのように思い出す。

さて。今回。10月28日に１３５・５ミリ。29日には７４０・５ミリとなり、あわせて１０００ミリに近くなっていた。雨に慣れていて、雨に対しては比較的抵抗力のあるわが地域でも、連続雨量が１０００ミリに達してくると、山崩れを含む水災になるというのが、経験則である。これはやばいなと思っていた。

29日の午前10時前後、国道42号が、尾鷲トンネルの海山町側で崩落。通行止め。ＪＲ紀勢線、赤羽川鉄橋で橋脚流失のため不通。

海山町相賀・船津地区では、午前8時頃から浸水が始まり、午前10時過ぎには、濁流が船津川の堤防を一気に越えて、１６００余の家々の床上２ｍまで迫った。見ていた人の話では、船津から潮見町の１キロ余の地域全体に濁流があふれ大きな川となり、全体が盛り上がっていたとのこと。友人の家では、置時計が10時10分を指して止まっていたので、この時刻の前後に濁流が襲ってきた。各家々では、床下50セ

前方の山並みは大峰山系、左・行者還、やや中央左・大普賢岳

ンチほどに浸水していたのが、あっという間に、身の丈まで水がついたというのである。堤防が決壊したのではなく、堤防を越えて、大量の水が流れ込んだのだ。

尾鷲市と海山町の間は、自動車道、鉄道が通行止め、電話も不通、携帯も通じないので、海山の状況がまったくわからない。多くの人が、馬越峠越えの熊野古道を利用した。30日の古道は、海山側で立ち往生して尾鷲へ帰る人、海山の親戚・知人・友人の安否を尋ねる人たちで、道の役割を果していた。リュックの中に握り飯をつめて、手にモップを持った人たちが往来していた。その数、５００人は下るまい。

石畳道は、海山町側の登り口辺りで、ところどころめくれていたが、全体としては、あの大雨にびくともしないで、通行可能であった。古道を作った人たち、古道を守ってきた人たちの知恵と技術の確かさに感動した。

後日、猪の鼻水平道の被害状態も見に出かけたが、こちらも所々で、石が崩れて道に流れ出ている箇所があって、自動車の通行が困難と思われるが、人道としては十分に役割を果せそうで、被害は思ったより小さかった。ついでに、馬越峠越えと交差している林道については、豪雨が道を激しく掘り起こし、歩行は可能なものの自動車ではとても入れない状態になっていた。

今回の雨は、大台山系の東側で猛烈な降り方をしていたと思われる。尾鷲の北川、海山町の船津川・銚子川、紀伊長島の赤羽川、そして宮川、いずれも大台山系に降った雨を集めて流れ、大きな被害をもたらしている。

大台山系の西側は、それほどでもなかったのか。大台スカイラインは、無事に通過することができた。経が峰（１５２８ｍ）下の駐車場に午前8時集合。集合場所の不徹底で、迷惑をかけました。被災後の復旧作業で、精も根も使い果たしていた、スタッフの名張さんや伊藤さんの姿を見つけて、うれしかった。復旧活動は、これからも長く続くことが予想されるだけに、時には、その場を離れてリフレッシュしないと、心身の健康を維持できないと思っていたからである。

西大台のコースは二度目だが、前回とは違ったルートをたどった。大蛇ぐらや中の瀧を谷向こうに眺める展望台までは前回も尋ねたが、それ以後の小処への分岐を経て、標高１３２０ｍの竜口尾根の取っ掛かりにある高所までのコースは、今回初めてであった。笙の峰（１３１６・９ｍ）を間近に眺めての弁当は楽しいものだった。竜口尾根のはるかに又剣山を眺めた。東の川を隔ててコブシ嶺（１４１０・８ｍ）も快晴の空の中に見えていたが、その西側に肉眼でも確認できるほどの大崩落が三角形に白い地肌を見せていた。

　復路は往路と違って、尾根道をたどってきたが、これが最高の道だった。案内板など一つもない、人の踏み跡もほとんど確認できない道、落葉踏みしめての晩秋の光の中にある西大台の自然を満喫できた。途中、往路との合流点に達したはずなのに、どこで合流したのか今もってわからない。山ちゃんたち「四季の会」の案内がなければ、とても行ってこれなかっただろう。天気はよし、空気はさらによし、樹木の様相もまたよし。復路では、われわれ49名のほかに歩いている人も、パーティもなかった。秘境西大台を日帰りで歩いてくる。10マウンテンの会に相応しい山行きであった。


　山から帰ると、大内山村役場の産業経済課の玉木さんから手紙が来ていて、報道されることの少ない大内山の水災の様子が語られていた。「……さて、先月の台風21号の豪雨により県内各地で甚大な被害が出ておりますが、本村におきましても農地・山林・河川など、今までにない大きな被害を受けました。

　南亦山登山道への連絡林道「千石越線」では、約20ケ所の土砂崩れなどにより、通行止めとなっております。また、滝ヤ谷コースの登山口がある米ケ谷地区の「犬戻り峡」も林道がほぼ壊滅状態で、それまでの連絡道である県道から路肩崩壊などにより通行止めとなっております。登山道自体も全て把握しておりませんが、林道や谷の状況から判断して、歩ける状態ではないと思われます。」

　続いて、県道・林道の復旧に数年要するだろうこと、したがって毎年企画実施してきた、登山イベントなど、当分の間中止せざるを得ないとの連絡が記されている。

　町中の被害とともに、今回の豪雨が、東紀州の山々に甚大な被害を与えたことを改めて知らされた。

上北山村

伯母ヶ峯

◉１２６６・６m／２００４年11月14日　参加者51名

　国道１６９号線は、大台、大峰の山行にはいつも利用する道だが、最大の難所であった伯母ヶ峯越えの道は伯母峰トンネル（長さ約２km、標高７２２・７mの地点にあり、峠の頂上よりは２６８m下に位置する。昭和36年着工、同40年竣工）の開通によって飛躍的に便利になった。

　伯母峰峠は海抜９９１m、北山川と吉野川の分水嶺であり、峠越えの道は古くから生活道として利用されてきたが、自動車道としては昭和15年に頂上より約50m下に、延長１４５mのトンネルを抜いて利用してきた。前者を新トンネルと言い、後者を旧トンネルといった。今では、旧トンネルの所在も忘れられてきたので、伯母峰トンネルといえば、今回も私たちが通過したあのトンネルを指すことになっている。

　旧道は、明治9年に北山・川上の両郷が改修計画を決め明治14年に開通したものであった。したがって松浦武四郎もこの道を「新道」と呼んで通過しているのである。この道にしても開通したのは江戸時代末期のことなので、それまでは「この伯母峰峠の鞍部を通らずに、川上村伯母谷から少し東より伯母ヶ峯（１２６６・６m）付近を越え、辻堂山の横をからみ、北山川の東側小橡川との中間の尾根を伝って南下し、河合・西原・小橡に別れて下っていったものである。

　説明が長くなったが、要するに川上村と上北山村を結ぶ道は古くは

全員集合写真

階段状の登山道

8月の特別山行に登った大普賢岳が堂々とした姿を見せている

伯母ヶ峯を越えており、近世後期よりは伯母峰峠越えの道が開け、自動車道としても利用されてきたという。したがって、今回の山行コースは「伯母峰峠から伯母ヶ峯」を歩いてきたわけだから、あのコースやそれに続く前回の西大台の道は上北山や川上の人たちが、生活物資を担いで日常的に歩いていた文字通りの生活道であったということである。

大和高田から木本・新宮に至るこの道は「東熊野街道」とも言いました。大峰山系の西を十津川沿いに走る道を「西熊野街道」と呼んだのと対応している。

以上は『上北山の地理』（昭和30年刊）からまとめたものだが、ついでに同書の「大台ガ原山ドライブウェー」についても紹介しておきたい。

「この道は観光道路として大台ガ原山の開発を目的として開設されたもので、戦後の開発路線の白眉である。伯母峯峠のトンネル北口で169号線と分岐し、小トンネルをくぐり、南斜面の本村（上北山村）領に出て、その後尾根伝いに、主として本村領を東南に上り大台ガ原山頂に達する。延長16256メートル。（中略）昭和33年1月着工、36年6月完成した。これにより峻しい急坂を徒歩によるより外なかった同山の登山は非常に便利となり、登山バスも開通し、阪神地方よりの登山客も急増するに至った。」

かっての大台ケ原へのメインルートともいうべき伯母峰道は、スカイラインの開通によって、まったくと言っていいほど人の歩かない道となってしまった。駐車場から日出が岳・牛石が原、大蛇ぐらをめぐる東大台に観光客が集中し、その他のコースは観光コースからはずれた。その中でも、伯母ヶ峯などは踏み跡もほとんどなく、静寂で、木の葉の落ちる音の聞こえてくるような世界であった。木の葉の音といえば、どういう加減か「小鳥の鳴き声のしない道」でもあった。

下見に出かけた11月の8日は、快晴で、風もなく、かっての生活道を快く歩いた。伯母ヶ峯の山頂付近からは、日出が岳の山頂が見えていたが、谷を挟んでのその遠さに驚いた。三津河落の独特な山容も手前に見えていて、限りなく楽しい風景だった。

帰り道、所々で大峰山系がパノラマのように秋の空の下に見えていて、中でも夏・山行でふうふう言って登った大普賢が手にとるように大きく見え、我々のたどったコースまで目で追うことができた。

昼食は、林道に出たところで、林道の脇に腰を下ろしていただいたが、ここからは先ほどまで歩いてきた伯母峯へのコースが、はっきりと見え、その向こうに、池小屋や高見へ至る台高の山々が、惜しげもなく全容を晒していたが、あれがどこ、その向こうがどこというふうに山名が確定できないのが残念であった。

実は下見から帰ってから「伯母ヶ峯」ルートについて説明のあるガイドブックを探したが、手元にある数冊には、「山渓」の1冊を除いて、このコースは触れられていなかったのである。そう、このかっての往還道は、人の踏み入ることの少ない稀有な道になってしまったようだ。

『日本の山名辞典』(三省堂)には「オバガミネ」としては、ここ一箇所だけ。「姥ケ谷山」として、山口県に標高１７０ｍの山。十津川と野迫川村の境に「伯母子岳」、標高１３４４ｍが載っている。伯母峯にしても伯母子にしても、昔からよく耳にしているので親しい山名なのだが、全国的には珍しい山名なのかもしれない。

さて、伯母ヶ峯に追放された妖怪、一つ目で一本足の「一本だたら」について語らねばなるまい。かって大台ケ原にはさまざまの妖怪変化が群れを作って人々の邪魔をしていたとのこと。慶長年間(１６００年頃)、天台宗の丹誠上人が大台に入って、その法力によって調伏していったのだが、一本だたらは最後まで封じこまれるのを承知しなかった。困った上人は「お前には1年に1日だけ自由な日をやろう」と、約束して、伯母ヶ峯に追放した。一本だたらが望んだ1日は、「果ての廿日」(12月20日)だった。それ以来、「果ての廿日は逢魔の日、果ての廿日に伯母峯を越すな。越せば一本だたらに生き血を吸われる」と里人たちに恐れられることになった。

「一本だたらは雪の多い暮れの廿日をなぜ選んだのか。これには理由があった。山深い土地であるにもかかわらず、大和と熊野を結ぶこの街道は正月を控えて、この頃が紀州から山越えで大和へ帰る人、大和からもち米を運ぶ人などで人通りも多く、また、雪が荷を背負った旅人の行動を鈍らせるので襲いかかるのにつごうがよかったからである。」(『大台ケ原・大杉谷の自然　人とのかかわりあい』菅沼孝之、鶴田正人著)

一本だたらの追放されるのは、伯母ヶ峯でなければならなかった。そこは人々の往来でにぎわう往還道であったから。その往還道を私たちは、昔の登山道として歩いてきたのだ。

上北山村小橡

又剣山

◉1377・4m／2006年10月29日　参加者82名

山行前日の午後2時ころ、副会長の山ちゃんから電話があった。翌日の山行を実施するかどうかの最終決定は、山ちゃんと相談して決めることにしている。私たちの山行は山歩きを楽しむことが目的なので、天気のよくない日の山行は原則的に中止して来た。電話をかけている熊野にも、それを聞いている尾鷲にも雨はかなり激しく降っていた。天気予報は「曇り、時に雨」である。いつもだと「無理しないで、中止にしましょう」というのだが、「雨が降っても、少々濡れるようなことがあっても、実施しましょう」と、私は言った。申し込みが90名ほどあったことと「今回は天気がどんなに悪かろうと、とにかく実施」したかったのである。

日和見主義という言葉を学生時代によく使った。形勢をうかがって、勝ち組に乗ろうと様子見している個人やグループの態度を否定的に表現したものだが、山行にあっては日和をよく見ることは大事なことである。今後とも山行の決定に当たっては断固、日和見主義で行こうと思っているが、今回は違った。天候のよしあしに関わりなく実施しようと決めていたのだ。4月に小雲取越、5月に大雲取越を実施して以来、雨にたたられて、4カ月、山行を実施できないでいたので、あまり長く中止が続いてはと思っていたのと、参加希望者の多くが又剣山に出かけたいと希望している雰囲気が伝わってきて、スタッフとしても、又剣からの眺望をぜひ皆さんに体験してもらいたいとの思いが強かったのである。当日は思いもかけない好天に恵まれ、私たちの決断をほめて下さる声に接したが、実態は以上のような事情であって、冒険主義的な選択と非難されても仕方のないものでした。結果よければすべてよしとはいえない。安全山行をモットーとする会の方針からして、自戒しなければならないと思っている。

マタツルギとは、珍しい山名である。実は剣（つるぎ）という名前の山もそんなに多くない。2998メートルの剣岳（富山県）と1995メートルの剣山（徳島県）は百名山に入っているのでよく知られているが、ほかには10山ほどである。伊勢市と南勢町をつなぐ県道伊勢南勢線に320メートルの峠があって、剣峠というらしいが、その由来は知らない。

剣の上に「又」が付いて「又剣」というのがまた珍しい。日本山岳会編集の「日本山岳誌」には、尾鷲だけでも天狗倉山、高峰山、八鬼山が掲載され、全国で3200の山座が紹介されているのに「又剣」はない。大台山系のガイドブックなどにも出てこないし、山と渓谷社の「奈良県の山」にも登場してこない。

2004年に刊行された「三省堂日本山名事典」には25000の山名があげられているが、そこには、次のように記されている。私が調べた範囲では又剣に関する唯一の記事である。

「またつるぎやま　高1377m　奈良県吉野郡上北山村。紀勢本線尾鷲駅の北西14km。西1・5kmにゼイロ山がある。」

大峰山系が修験者の奥駈道として開かれ、歩かれた歴史は古い。それに比して大台山系に調査・探索に本格的に人が入ったのは近代になってから。明治2（1869）年、宇治の興聖寺の僧と寺侍四人が西大台に開拓に入って一年で撤退した後、本格的に大台の調査に入った

熊野市から参加の皆さん

のは松浦武四郎（1818―1888）である。彼は明治18、19、20年のいずれも5月に、4・5日間大台の山中を歩き回っていて、三年間で20日ほどかけて、ほとんどのところを尋ねているが、その武四郎も又剣には足を踏み入れていない。西大台は逆峠あたりまでで、竜口《りゅうごう》尾根については記述もないし、又剣についてもふれてない。思うに、秘境・大台にあってもっとも足の踏み入れにくい地であったのだ。現在でも、西大台から又剣を目指すコースを歩く人はほとんどいないし、わが会のスタッフにとっても未踏のコースである。

その又剣への山行が容易になったのは、皮肉なことに坂本ダムの竣工（昭和34―1959年着工、同36―1961年完成・貯水）と、それに伴う坂本―尾鷲間28・6キロメートルの道路の開通（国道425号）、林道サンギリ、河合線の開通によるところが大きい。標高1000mほどの山中を470mの長さで貫くサンギリトンネルの完成は、昭和61（1986）年11月のことだから、今から20年前のこと。尾鷲からなら、約一時間半で、又剣の登山口に到着できることとなった。秘境・大台の最奥部に位置する又剣は、このようにして大台中心部から言えば、裏側から登られることとなった。山頂まで2時間弱、危険な箇所もなく絶好の山行コースとして、私たちの前に登場してきたということになる。

山頂からの展望は申し分なかった。笠捨山から、釈迦、八経、弥山、行者還、大普賢にいたる大峰の山々。あの稜線を奥駈の修験者がたどっていくのである。天ケ瀬、和佐又から伯母峰へといたる稜線沿いにスカイラインも一本の筋として見えている。あれは、松浦武四郎が大台に入ったコースだ。さらに大台山系の山々、西大台から小処へと下っていく尾根。あの道を、1ヶ月ほど前に会のスタッフとワイワイ話しながら下った。大蛇嵓は山の陰になって見えないが、西の滝、中の滝から流れ落ちる東の川渓谷の向こうにこぶし嶺や木組峠。大峰山系と大台山系が眼前に一望できる、紀伊山地の山々の中でも屈指の展望の好所といえる。

昭和22年の春3月、上北山村・天ケ瀬の小・中学生50名が修学旅行ということで、尾鷲をめざしていた。天ケ瀬から尾鷲まで11里（44㎞）、河合峠、サンギリ峠、東の川の不動峠と三つの山を越え、夜明けから日暮れまで歩いて全員無事に尾鷲に到着した。尾鷲で3泊して、同じコースを歩いて帰ったが、荷物といえば弁当と着替えのシャツ、ワラ草履を4足ほど持っているだけ。歩き続ける子供もたくましいが引率した教師も立派だと思う。天ヶ瀬村は廃村となって久しいが、大峰山系の山中の集落を出発して、サンギリ峠を越えて尾鷲をめざして、黙々と歩いていく50人の子供たちの隊列を、又剣の山頂から、私は確かに見た。（「ふるさと　天ケ瀬」岩本速男、２００５年刊）

なお、又剣の山頂の三等三角点の所在地名は小橡字「又斧釼」（マタオノツルギと読むのだろうか）となっていて、興味をひくが詳細は不明である。

又剣山◉２０１５年４月12日　参加者43名

「わが国の山名で駒についで多いのは剣である。有名なのは立山連峰の剣岳、木曽駒の宝剣それから富士山の最高点は剣ケ峰であり、御岳や白山の頂上にも同名の峰がある。もし各地方にあるもっと低い剣山を探したら、まだまだあるだろう。前記の剣はすべて山の形から名前が来ている。大てい岩が剣のように屹立しているからである。ところが四国の剣山だけは違う。これは頂上はなだらかな草地で、少しも剣らしいところがない。（中略）伝えによれば、安徳天皇の御剣を山頂に埋め、これを神体としたから剣山と呼ばれるようになったという。」（深田久弥『日本百名山』）

又剣山、１３７７・４ｍには山頂に剣を埋めたという伝承は聞かないから、遠くから眺めた姿が剣のように突っ立っているからの命名であろう。ただし山行当日の又剣周辺は視界10ｍから、よく見えても50ｍほどだったから、山頂がどの程度に剣のようであったか確認できなかった。

よく引用する『新日本山岳誌』（日本山岳会編著、２００５年刊）には記載がなく、『日本山名事典』（三省堂、２００４年刊）には「またつるぎやま　１３７７ｍ　奈良県吉野郡上北山村　紀勢本線尾鷲駅の北西14㎞。西１・５㎞にゼイロ山がある」との記載がある。尾鷲駅からの直線距離の近さに注目したい。

尾鷲駅の北西14㎞の又剣山まで、早朝6時前に尾鷲を出発、久しぶりに国道42号線を走り、佐田坂信号で国道１６９号に右折、集合場所の池原公園に7時半ころに到着。8時に参加者の出欠確認。43人の申し込みに、まったく過不足なく43名の参加。こんなことも珍しい。参加申し込みをしたものの、やむをえない事情で当日欠席の人が、必ず出てくるものだからである。

池原ダム（昭和39年＝１９６４年5月竣工）のダム湖の右岸を１６９号線で走る。道脇に音枝、古代、深瀬などのバス停の表示がある。ダム建設時に湖底に沈んだ村々の名前である。村は見えない、村の中に走る一筋の街道は文久3年（１８６３）9月21日に天誅組が敗走した道であった。浦向を早朝に出発した一行は上北山村の古代で昼食し、白川の林泉寺に宿営し、ほとんどが戦死することになる東吉野の鷲家をめざしていった。それもこれも、みんな湖の底である。

上北山村の中心の集落・河合で北山川本流と並行して走る国道１５９号線と離れて、東の方向へ直角に右折。国道４２５号を走ることになる。この北山村中央部の河合から熊野灘沿岸の尾鷲に至る道は途中、台高山脈の支脈の山々を越えて東の川の流域に出、さらに主脈の山々を越えて尾鷲市坂場へとつづく。その間１０００ｍを超える峠をいくつも越えなければならない。

「（支脈の峠としては）荒谷峠―（１１０５ｍ）は小栃から東の川上流出口へ通じる。サンギリ峠は―河合より急坂を登り１０３１ｍの小峰を越えて坂本へと下りる道、この日私たちがその一部をトンネル口まで通過した。三つ目は白川からの道。白川峠からサンギリ峠道と合流して坂本に出る」。これらの峠を越えて東の川の流域に出たのだが、その村々も坂本ダム（昭和37年3月竣工）の建設によって、ダム湖の底

新宮山彦グループの建てた山頂標

林道からの登り口

に沈み、ほとんどの村民が離村しなければならなくなった。これらの道路の改修は明治15年着手、21年完成にはじまり、幹線道路として利用されてきた。尾鷲の人は「北山道」と呼び、北山の人たちは「尾鷲街道」と呼んだ。平成23年9月の台風12号による豪雨以来通行止めになっていたが、4月24日に通行止めが解除になった。

　北山と尾鷲を結ぶ「尾鷲街道」は東の川流域の村々を中間点として、さらに大台山系の主脈を峠で越えなければならなかった。この峠道は北から木組峠、出口峠、アゲグチ峠および古川上流から越える二道を加えて五道あった。「このように北山村河合方面から尾鷲へと向かう街道は必ず台高山脈の本脈支脈の峠を越えなければならない。距離は尾鷲まで約28km、又口まで6kmであり、途中はただ東の川を過ぎるとき人家を見るのみである。」

　この尾鷲街道を少年の日に歩きとおした人がいる。昭和10年（1935）奈良県吉野郡上北山村西原天ケ瀬村に生まれ、廃村になっていく在所への思いを「天ケ瀬」という書にまとめた岩本速男さんである。

「戦中戦後に育った私にも長道を歩いた経験があります

　戦後の食糧の乏しい昭和二十二年の春、たしか三月頃だと思いますが、修学旅行として、天ケ瀬から三重県の尾鷲市まで一日で歩きました。私は五年生でしたが新制中学三年生まで総数五十名の男女が教師とともに歩いて旅行しました。旅行とはいえ一日で目的地に着きますから、遠足のようなものですが、三日ほど尾鷲で宿泊しましたから旅行です。

　天ケ瀬からから尾鷲市まで十一里（四十四km）もあり、河合峠、サンギリ峠、東の川の不動峠の三つの山を越え、夜明けから、日暮れまで歩いて無事到着しました。

　荷物は、弁当と着替えのシャツ、ワラ草履を四足ぐらいでしたが、十一歳の子どもが男女とも四十四kmの山道を歩けたことは今でも不思議な出来事のように思います。

　戦時中のきびしい教育を受けた生徒と、何でも工夫し、実行力のある教師の修学旅行は成功し、今でもなつかしさとともに有難く思っております。」

　私たちが自動車で行ったあの急な坂道を、50余名の子どもたちと数名の教師が元気よく歩いていく風景を想像してください。1日11里という距離は大人でも容易ではありません。子どもたちを引率していった教師たちの意欲と勇気に感銘を受けます。いまや廃村に近い天ケ瀬にそれだけの子どもたちがいたことも含めて、日本の中山間村のここ70年余りの変化に改めて、驚いています。

トンネルはまだできていないから、天ケ瀬の教師と子どもたちはトンネルの上の小峰を越えて坂本の方へと下りて行きました。私たちはトンネルを出たところから左折して、林道栃谷・西ノ谷線に入り、急に深くなってきた霧の中を、登山口を目指した。山ちゃんが道路わきの展望台に案内したが、視界5m程度、大峰山系の見事な連なりも、東の川を挟んで対岸の、大台山系尾鷲道の峰々もまったく見えなかった。登山口から、一時間ほど急な坂道を登ると山頂。ここもまったくのガスの中。隊列は竜口尾根や東の川の見える展望地へ向かったが、その集団の姿はすぐにガスの中へ消えた。幻想的といえば幻想的な又剣の山頂ではあった。

昭和35年（1960）の2月29日に大和上市に宿泊し、3月1日に出発した深田久弥（1903―1971）は入の波、大台辻、川上辻のコースで大台山の家に到着している。案内は関西の仲西政一郎、ポーター役として関西大学山岳部OBの森本正孝。翌3月2日は午前中ガスがかかって、深田も嘆いている。

大蛇嵓や秀が岳山頂などの主要なところを見学しているが、前年9月末の伊勢湾台風のため大台は相当に荒れていた。3月3日に下山している。この体験を基に記した「日本百名山」にも「わが愛する山々」にも大台ケ原山の詳細な記述があるが、又剣山についてはまったく触れていない。昭和35年に大台を訪れた深田久弥の世界に又剣はない。思えば、そのような山なのである。

上北山村

笙の峰

◉1316・9m／2008年9月14日　参加者76名

大台ガ原については多くのガイドブックや解説書が出ているが、大杉谷方面に関しては『大杉谷国有林の施業変遷史』（尾鷲営林署編、昭和56年刊）が優れているし、上北山側からのものとしては『大台ケ原・大杉谷の自然　人とのかかわりあい』（菅沼孝之・鶴田正人著、ナカニシヤ出版、昭和50年刊）が参考になる。両書を中心に、大台ケ原の開拓の歴史について編年体で整理しておきたい。

大峰山系が修験道の道として、古くから利用されていたのに対し、大台山系は明治にいたるまで、紀州藩の採薬師や絵師が時たま訪れる以外、地元の猟師や杣師だけが利用しており、明治に入るまで開拓とか道路整備の手が入ることはなかった。

明治2年（1869）に京都宇治興聖寺の寺侍竹崎官治と脇谷、高橋、内田の4人が大台ケ原の開拓、開墾のために大台ケ原にはいった。この開拓事業は1年余りで失敗、4人は撤退することになるが、竹崎だけは北山郷から去らず、辻堂山の辻堂に住み着き、生涯をそこですごしたという。興聖寺がかかる不便の地に、なぜ開拓をめざしたか、寺勢拡張のためといい新田開発のためともいうが、その背後に、十津川村の廃仏毀釈のために同寺の末寺数カ寺が廃寺となったことと関係があるのではとの指摘があるのに注目したい。なお、彼らは大台に入るに際し、紀北町海山区木津からのルートをとっている。

明治3年（1870）興聖寺の開拓に続いて、地元西原の大谷善三

参加者76名の記念撮影

案内板にふくろうのマーク

雑木の中の休息

郎、黒淵の堀十郎、宇智郡五条の小川治郎の三人が開拓に入ったが、この人たちもまた雨と霧、日照不足と低温のために作物が成長せず失敗に終わっている。西大台の一角に「開拓」という地名が残るのは、かかる失敗の記念なのである。

明治4年（1871）、富岡鉄斎（1836—1924）大台に登るも詳細不明。ただし、この体験を友人松浦武四郎に語ったことが、武四郎の大台登山の契機になったという。

明治7年（1874）、大嶺修験の行者林実利、大台に修験の場を移し、牛石ケ原に小庵を結び、三年間の修業の後、行場を前鬼へ移す。

明治18年（1885）、松浦武四郎（1818—1888）68歳の初夏、大台ケ原にはじめて入る。

5／12　吉野の竹林院泊　5／13　柏木

5／14　伯母峰峠を越え、天ケ瀬に着く

岩本弥一宅に泊　5／15　笙の窟見分

5／17　天気快晴　案内は亀一、弥一、善導の三人、「米　塩　噌　梅干　銚　法螺貝　細引　ケット」などを携帯しての大台入り。出発点は天ケ瀬の八坂神社。西川を渡り、芋穴、天竺平、小舟、大舟を経て伯母峯の地蔵屋敷。やがて大台辻に出る。この辻は、現在の大台辻とはことなり、辻堂山と経ケ峯を結ぶ尾根上にあった。「亀一が経ケ峯に上りて道筋を見るに、どこにもいたる処なしという」。苦労のさまがしのばれるが、やがて開拓場にいたり、「古材を集めて作りし野宿小屋」を見つけて泊まることとなる。興聖寺の開拓より10数年経過している。大台を探索した武四郎は21日に木津に下り、東京へ帰る。

明治19年（1886）、4月9日に東京を出立、5月2日に祖母谷村の大谷伝次郎宅に泊まり、翌3日に入山。この年は、今で言う川上村からのコースを取っている。開拓場を拠点にして、ナゴヤ谷、元木屋谷、牛石ケ原の三カ所に二間四方の小屋を建てている。5月8日に木津に下りる。

明治20年（1887）、武四郎も70歳。翌年の2月10日に亡くなるから、最後の大台探索ということになる。吉野から大峰に入り、小普賢、大普賢をまいて5月7日に天ケ瀬に泊まり、11日に開拓場に到着。大護摩を焚くなどして、15日に木津に下りている。

武四郎は三回の訪問で、大台山中や麓の村や渓谷など、縦横無尽に歩き回っているのでその後を地図で追うのに苦労するのだが、彼の活動は、秘境大台の様子が広く知られていくことに大きな役割をはたした。

明治24年（1891）、古川嵩（1860—1930）1月末に、尾鷲から出口峠を越えて東の川を経て河合村に入る。ふもとの村々で大台登山と大台教会設立のために奔走し、6月24日に信者たち4人と大台に入ることとなる。木和谷から西大台をめざすコースである。

明治26年（1893）、4月26日大台教会建設工事着工。

明治32年（1899）、8月17日大台教会完成、開設式。

古川嵩の活動と前後して、川上村の山林王・土倉庄三郎（1840—1917）が、後に「土倉道」と呼ばれることになる木材搬出道を大台山中に張り巡らすことになる。

明治24年、大台教会創始援助に山上に本殿と観光宿泊設備建立。

明治25年、大杉谷官林払い下げ。

明治27年、船津街道国境点と大台ケ原間の道路開設

明治31年、大台辻から大台教会までの道路建設とその寄進

昭和17年（1942）日本山岳会の草分け田部重治（1884—1972）が、今回の例会のコースと一部重なるルートで大台をめざしている。「木和田は河合から一里、寒村の面影がある。大台ケ原への登りはここから始まる。道は縷々として山側をまいている。道は思ったより遠い。やがて尾根のようなところへ来たと思うと、にわかに下りはじめる。原始林があって間に流れがあり橋を渡る。ここを逆峠といい、流れがやがて北山川に注ぐという。もう大台ケ原へは半里と書いてある。河合から七時間かかって大台教会へ辿りついた。」

田部さんは戦前最後の登山者かもしれない。昭和18年から戦後の23年まで、大台教会の宿舎は閉鎖され、そこへ陸軍の分遣隊約30人が駐屯してきたからだ。

田部さんが7時間要した登山道の半ば、「笙の峰」まで、私たちは上り3時間、下り2時間で歩いてきた。山頂にあった三等三角点が埋標されたのは明治36年（1903）のこと。石標のまわりに大きなヒメシャラ2本とナラの大木が立っていたと「点の記」にある。

さて「笙」とは雅楽で使われる笛のようなもの。「笙の窟」を訪ねた武四郎は「風吹くときはこの窟に風の当りて、笛の音に聞こゆる故」と語源説明をしている。その説に従えば峰に風が当り、笛の如くに鳴り響くので「笙の峰」と呼んだという

ことになるのだろう。

上北山村

中の峯

◉1297・58m／2013年10月13日　参加者44名

銚子川左岸の「ごんべえの里」駐車場に、午前8時に集合。参加者44名が、10台余の自動車に乗り換えて、木津を通過、魚飛び渓谷左岸を少し走って、林道栃山・木組線に入る。舗装された道路を800mほど登って、水無峠を過ぎると視界が急に開ける。不動谷を挟んで、正面に樫山（957・7m）が見える。樫山への山行は私たちの会として実施したことはないが、いつも話題にはしている。実施することはないだろうが、超健脚コースである。岩井谷の谷筋もはっきりと見えている。ここを上りつめて、堂倉へ下りていったグループを私は知っている。

この林道も、数年前の大豪雨の時、崩れにくずれて大きな岩がごろごろして、歩くのがやっとのことになってしまい、回復は不可能だと思っていたが、ずいぶん修復が進み、11月中には完了しそうだ。地蔵峠の手前500mほどのところに車を置いて歩き出す。峠の木津側に道標地蔵が立つところと、今回の上り口に使った新地蔵峠（と呼ぶ人がいるが、私も賛成なのでそのように表記する）の手前が切り通しになっていて、この二つの間だけ、道は尾鷲側を通っているので、尾鷲の町並みが見えていた。

切り通しのために、上り口の50mほどが急崖になっていて、本日のコースでもっとも危険なところ。もともと道でないところに、道をつけたのだから仕方がないが、充分に注意をしたい。上りきると平坦路になって一時間弱で又口辻。ここで大台登山道「尾鷲道」に出る。「又口辻」の標識が、100mほどの間隔で2カ所に立っていて、紛らわしい。「北にあるほうが正しい」と大台ケ原、大峰の自然を守る会の田村義彦さんの指摘がある。

又口辻から大台尾鷲道を歩かないで、尾根道を歩くこと20分ほどで、絶好の展望地がある。三重県立熊野古道センターから遠望すると、この地だけがハゲ山になっていて所在を確認しやすい。中の嶺はこのピークに隠れて見えない。この展望地は、尾鷲の市街地を眺める最高のポイントである。かつて汐の坂からの眺望を「尾鷲を背中から見ている」と表現したことがあるが、直線距離にして13km、標高1300m弱の高地から見下ろす尾鷲の町は美しい。それは遥か南東の方向に、手に掴み取るように尾鷲を見ているとも言える。行野、大曽根、向井が見えていて、市営グランドがそれと確認できる。背後の矢の川峠、三田谷の頭、小坪から高峰への稜線がゆったりと延びている。ゲジョ山も確認できる。はるか彼方には那智烏帽子も見えて懐かしい。西の大峰山系は間近に、笠捨山が独特のどっしりした山容を見せ、その左奥遠くに大塔山らしき山も見ることができる。

この地をなんと呼ぶのか、「中の嶺・前山展望所」とでも呼ぼうか。尾鷲から言えば前山だが、他の地域、たとえば東の川流域に住まいしていた人から言えば正しくないかもしれない。東の川の村々が水没してしまった今となっては、それも許されるかもしれない。ここがハゲ山となっているのは、伐採したからではなく風雨のために古木等が倒れてしまったからだろう。東の川から上って来る風が、強く吹いていた。

全員集合写真

竜口尾根の向こうに大峰の山々

中の岳と呼ぶ人も

山頂まであと少し

今回の目的地である１２９７・５８ｍのピークを、私は中の嶺と表記してきた。山頂に「委細谷の頭」とか「中の岳」とかの表示板があったので、そのことについて整理しておきたい。

奈良県吉野郡上北山村の東の川地域には、大蛇嵓周辺を源として流れる東の川沿いにいくつかの集落が存在していた。北から大谷、木組、出口、五味、宮の平、出合、坂本、大塚などである。昭和34年着工、同36年末完成貯水することになった坂本ダムによって水没してしまった、これ等の村々についてはここでは詳述しないが、大谷から出合までの集落は紀北町海山区や尾鷲市との交流が密で、峠越えの道で深く結ばれていた。

手元にある「嘉永増補改正　大和国再見図」（複製）には、「龍の辻越　出口村ヨリ紀伊尾鷲南村迄　四里二町」と「ヲチウチ越　大谷村ヨリ紀伊粉本村迄　六里十一町」とある。前者は出口と尾鷲を結ぶ道。龍の辻が現在のどこを指すのか、龍の谷との分岐と考えると又口辻の周辺を指すのか、あるいは又口辻そのものか。同図には又口辻の表記はない。後者のヲチウチ越とは、木組峠越えのことらしい。木組と木津を結ぶ道だが、ヲチウチという言葉の意味が解らない。「落人」伝説と関係があるのか、ないのか。また、木組峠と呼ぶことになったのはいつのことなのか。龍の辻の場所が確定できないので断定的な言い方は避けたいが、同図には二つの峠の間に、はっきりと「中の嶺」と記してある。この地図の原図ができたのは享保年間（1716—1735）のことなので、今から300年前の江戸時代中期には中の嶺という名前で呼ばれていたことになる。なぜ中の嶺と呼ばれたか。あの山頂が二つの高い山の真ん中に位置するのでそう呼ばれたと考え、その二つの山はどこなのかと疑問に思っていたのだが、この地図を見てから「オチウチ越と龍の辻の間、中にある高い峰」と理解することにした。この説は、中の嶺の山名の由来を説明するのに、有力な説だと思っている。

松浦武四郎（1818・文政1—88・明治21）は、二回目の大台紀行の折、出口村（人家西岸6戸東岸1戸）の宮本平兵衛の家に泊まり、5月8日に船津村まで歩いている。「伊左井谷という谷を此向方わたりわたり上」り、谷の休み場（12丁）、女川木滝の休み場（12丁）さらに10余丁、そして4・5丁、「さらに山の南二丁ばかりにて」大峰や、大塔山を眺め、「南を望めば尾鷲より引本の向島、よく見え」る場所に至り、「是を龍峠、龍辻という」「此処則南大台の峰すじなり」「上なる山は中ノ嶺と云なるべし」と記す。

明治35年1月3日に、このピークに二等三角点を埋標するに当たって、点名を「西原」山名を「中の嶺」としたのは、以上の経過から鑑みて妥当な判断といえる。

なお、前年の武四郎の地図には、イサイ谷の上、マブシ岳の南に、「中ノ岳」とあるが、翌年の紀行文中には「中の嶺」と記していることから、武四郎の誤記と思われる。

今回の山行は、往復同じルートを辿ったので、中の嶺前山展望所で休憩し、中の嶺山頂まで往復1時間余をピストンした。皆さんにカラ荷で行っていただくために、私はリュックの見張り番として残った。会としてもはじめてのことだったが、数えると33個のザックがあった。色とりどりのザックの番をしながら、12キロ隔てた、尾鷲の町とそれを囲む紀伊山地の峰々を眺めているのは、至福の時間であったというべきだろう。

紀北町便の山

光山周辺

◉1184m／2014年7月13日　参加者58名

超大型台風といわれた台風8号も潮岬あたりに上陸するころには、すっかりおとなしくなって風雨も収まり、海上に出て伊豆半島に上陸するといったなんともへんてこなコースをたどって、去っていった。

7月上旬に上陸という比較的珍しい時期ではあったが、台風の行跡はなんとも珍しいものであった。長年、台風情報に接してきたが、あんなコースは見たこともない。これも異常気象現象の一つか。

台風が去って2日後、梅雨前線がまだ居残っていて天気予報（このごろは気象情報といっている）は芳しくない。「正午ころまで曇り、午後雨になる」とのこと。今回の日程では、3時ころには山から下りてきているし、特に危険なコースではないし、その上去年も雨で中止になっているし、参加希望者も70名と多数だし、あれこれ考えても山行は実施だなと判断していた。スタッフも同じ考えなのだろう、誰からも相談がない。

「ごんべえの里」駐車場に8時集合。受付を終えて、準備体操、挨拶の後、出発のため自動車に乗ろうとしたとき、ぱらぱらと降ってきた。すぐに止んだが気持ちが重くなる。

集落と集落を結び山間の道を、歩いて往来していた時代。大台山系の南部を東西に横断する山道が何本かあった。江戸時代でいえば、大和の国上北山の東の川の谷沿いの村々と、紀伊の国奥熊野の相賀とを結ぶ道は、その重要な一つであった。東の川沿いの村々はほとんど坂本ダムの湖底に消えてしまったが、その最奥の集落が木組であり大谷であった。標高1342mの木組峠を越えて、現在の紀北町海山区木津まで多くの人々が往来した。「林道　木津・木組線」は、ほぼその海山町側を走っている。

明治19年5月6日に、小栃から山越えで東の川に入った松浦武四郎は、出口村に着く。人家は西岸に6戸、東岸に1戸、あわせて7軒の集落である。そのうちの1軒、宮本平兵衛の家に2泊する。男子は、猟師、山仕事、時々は鳥もち取りに出かける。わずかばかりの畑は女子の仕事である。8日の朝早く出立。木組を通過して、委左井谷を上り、（12町）、さらに10余町上って竜峠または竜辻峠に出る。「ここすなわち南大台の峰筋なり。上なる山は中の嶺なるべし」と記す。南大台の峰筋とはのちの大台尾鷲道のことであろう。

武四郎一行は、この日の正午過ぎに木津に着く。彼は自分の歩いたコースについて次のように記している。やや簡略化して記す。

「竜の辻（ここ境界なれど標柱なし）―笹原20町、中小屋（所々木立、このあたり平原　右は尾鷲の川筋　左は二の股谷の下）中小屋休み。（20町）はかの峠　辻休み場また追分ともいう。大谷木組よりはここに出で来るなり。この谷の向こうにアララギみゆるなり。（7、8町）釈泉水とて崖に清水落ちるところあり。ここより他に水なし。（20町）ぬの休み場（20町）木津峠、また南峠とも。これより9折くだり、から谷（10町）くり峠というを越えて17・8町にして滝の戸休み場、65町にして木津村に出る。この間5里とも言えどおそらく5里半なるべし」

光山のコースを歩いた可能性が高い。木津峠が特定できれば、他の地名等も推定できるような気がしている。

今回の山行は世界遺産登録10周年を記念して「光山周辺の森林散策と植生の研修」ということを目的として実施した。私たちのスタッフにも小倉光善さんという樹木医がいて、日常的に教えてもらっているのだが、今回は三重県立熊野古道センターのコーディネーターで樹木医の橋本　博さんにも参加してもらい、原稿も書いていただいた。

全員集合写真

林道に落石多し

さまざまな休息スタイル

「光山周辺の植林植生について」

熊野古道センター　樹木医 橋本　博

台高山脈南部の木組峠とそこから派生した尾根上の光山周辺は、標高１１００ｍから１２００ｍに至る森林が広がり、その大部分は国有地で、斜面はヒノキを主体とした人工林、尾根上は二次林で構成されている。気候による森林帯区分は、暖温帯林から冷温帯林―の移行帯にあるため、さまざまな樹種が混在する森林となっている。一言でいえば落葉広葉樹を主体とした森林帯にあたり、ブナ帯（夏緑林）への移行帯にあたる。それでは二次林分における下層植生から構成樹木までを簡単にご紹介しよう。

森林構成は若歳または成熟段階の森林期にあたり、若齢森林は亜高木が少なく林冠が単調であり、成熟期の森林はやや複層の森林で構成されている。下層植生は毒性分を含有するミヤマシキミやアセビなどの低潅木が優先する単調な下層となっている。これはホンシュウジカの食圧により頻繁にかく乱が生じている結果である。上層木はブナ、ミズナラ、ヒメシャラが優先する樹木で構成され、一段低い階層にはコミネカエデやオオイタヤメイゲツなどのカエデ属、またコハクウンボク、クマシデ、タムシバなど多様な樹木が自生している。また、亜高山帯で見られるナナカマド、シナノキ、オオカメノキなども尾根上で生息しているのもこの山域の特徴である。さらにこの山域は雨量が多いため土壌の流出が発生しており、貧栄養土壌および強酸性土壌となっている。そのため、ツカ゛、ヤマグルマ、ツツジ科などの好酸性土壌樹木が見られるのが特徴である。

一方、サルチル酸メチルを含有するミズメ、山菜として食用になるウコギ科のハリギリ、タカノツメ、コシアブラ、ツバキ科のナツツバキなども森林構成の一員となっている。

以上のことを簡単にまとめると

気候帯区分では移行森林帯にあたるため、種の多様性が見られる。

尾根上の樹木は土壌の流出と恒常風により板根が発達している。尾根上は貧栄養および酸性土壌のため、ツツジ科の樹木の優先度が大きい。

海岸からわずか数kmたらずの所でこれだけ豊富な樹種が見られる森林も稀である。一方、シカの個体数の増加のため、植林したヒノキは食害の被害を受け、また下層の植生が皆無状態となっている。今まで通り自然の推移に任せるのか、また適度な保全をおこなうか、選択肢はたくさんある。

当日は落雷の注意報が出ていたので、心配していたが、挨拶で山チャンが「稲妻がよく光るのでヒカリヤマ」といっていたのが絶妙で「あの雷鳴のしているところがカミナリ峠」と、私はつぶやいていた。全国的にもヒカリヤマという名の山は極めて少ないのである。

大峰の山々

吉野郡下北山村

前鬼谷

◉2004年7月18日　参加者36名

いわゆる修験道の開祖と言われる役小角（役行者）は、実在と伝承の狭間にいる存在だが、「続日本記」の文武天皇3年（699）5月24日の記に、役小角を「伊豆島に配流した」とあるとのこと。この記録を事実とすれば、今から1300年くらい前の人ということになる。天武天皇の白鳳三年に大峰奥駈け道を拓いたことでも知られている。

そのころ、生駒山に鬼の夫婦がいて、いろいろと悪さをしていた。これを知った役行者がこらしめ捕らえて、自分の従者とし、現在の前鬼の辺りに、修験者のための宿坊らしきものを設け世話をさせたといいます。夫の鬼の名は「前鬼」、妻のそれは「後鬼」と言った。夫婦の間には5人の子供（義上、義継、義達、義真、義元）が生まれ、両親と同じく役行者の教えを守り、それぞれ前鬼の地に宿坊を設けた。中の坊（姓は五鬼上）、不動坊（五鬼童）、行者坊（五鬼熊）、森本坊（五鬼継）、小仲坊（五鬼助）である。

前鬼のやや開けた場所に、五つの坊が立ち並び、水田耕作も行なわれていた。あの谷に、秋ともなると稲穂が黄金色に波打っていたのである。

今では「小仲坊」だけになってしまったが、現在の当主五鬼助義之さん（61）は、小仲坊の61代目とのこと。私たちが、閼伽坂峠を越えて宿坊の母屋の前を通過したとき、作務衣を着て座敷に坐り一人ひとりに「こんにちは」と挨拶をしてくれていた人がいたが、あの人が、今の御当主である。大阪から土曜・日曜だけ出かけてきて、宿坊を守っているとのこと。植野佳栄子さんは「ゴローさんの息子さんですか」と尋ね、「ゴローを知っているのですか、私の叔父です」などと話していたが、通称「前鬼の五郎さん」と呼ばれた五鬼助義价さんは、5人兄弟の五番目なので、家族からも宿坊に泊る人からも五郎さんとして親しまれてきた。昭和59年に亡くなるまで、40年近く宿坊を守ってきた人なので、佳栄子さんも「ゴローさん」として覚えているのだ。

大峰山奥駈の（本山派）順峰を再興した那智・西岸渡寺の副住職である高木亮英さんの修験は、一月の那智四十八滝の寒行に始まり、二月には前鬼の裏行場と呼ばれる三重の滝参拝と続くのだが、雪の道を踏みしめて前鬼から、閼伽坂峠を越えて水垢離場（私たちが昼食休憩をした場所）を経て三重の滝をめざす。冬場、前鬼の宿坊は閉ざされている。

「ナム、ゴロウサン、ナム、ゴロウサン」と呟きながら、小仲坊に向かって片手拝みをし、高木さんが通過していくのを、同行の宇江敏勝さんは記録している。ゴローさんとは、そういう人なのである。

五軒の宿坊のうち三坊は大正末期にはなくなり、昭和四十年頃には一坊が、僻地の生活耐えがたく離脱、遂に小仲坊一軒になってしまった。

関西の登山家・仲西政一郎さんが前鬼裏行場を歩いたのもゴローさんの時代。昭和48年版のガイドブックに大峰山系宿坊案内の一つとして前鬼を紹介している。

小仲坊　収容人員　百五十名　年中開放
使用料　1泊2食付九百円　素泊まり五百円　持込テント無料
所在地　奈良県吉野郡下北山村前鬼

十津川温泉に9軒とかある温泉旅館の宿泊料が、標準で2500

全員集合写真

円の時代であるから、ここ50年程で、宿泊料の高騰ぶりがよくわかる。 ちなみに、前鬼の現在の使用料、素泊まりで4000円と記されていた。北アルプス山小屋の今年の宿泊料は9700円ほどである。

同書には前鬼から三重の滝往復のコースタイムも出ている。

前鬼—（30分）—地蔵峠（閼伽坂峠のこと）—（60分）—垢離取場—（40分）—三重の滝—（2時間30分）—行場を一巡し前鬼

地蔵峠から垢離取場までの60分というのが良く解らないが、往復5時間を要し、さらに前鬼から前鬼口まで歩いて2時間30分とある。宿泊料等は、50年で10倍ほどになっているのに対し、コースタイムは当然の事ながらほとんど変わらない。ただ、林道が整備されたぶん、前鬼までの到着が2時間余短縮されている。（仲西政一郎「大峰・大台・奥高野」実業之日本社）

さて、沢登りについて記しておきたい。

多くのガイドブックが、前鬼から入るコース設定をしているのに対し、私たちは黒谷の下部へ下り立ち、100mほど下って、前鬼谷との合流点から谷を遡行するコースを取った。沢登り初心者は下るよりも上るほうが安全との判断からである。わが10マウンテンの会としても、初めての沢登りだったので十分な下見をしてきた。わずか1・5キロほどの沢を2時間余で上ってきたのだが、下見の段階では、コース途中の鬼面滝を登り、なめらの見事な岩の辺りまで引き返してこようと考えていた。鬼面滝の横の斜面を、ロープを張って上ったあたりで、参加者の元気な様子を見て「谷を水垢離取場までつめ、閼伽坂峠を越えて、宿坊まで行きますか」と、やまちゃんが言い出し、私も即座に賛成した。

水の冷たさと、その中にある沢を上る快さに参加者が元気一杯だったからである。途中、湧き水が無数の滝になって、本谷に流れ込んでいる場所があったが、この谷の水は、雨水を集めて流れると言うよりは、あちこちから湧き出てくる水が谷水となって流れを形成していた。それは、釈迦ガ岳（1799・6m）から大日岳のあたりに降った雨が、深仙の宿あたりから東に流れ、深仙谷辺りで地中に沈み込み、前鬼川のいたるところで湧出している聖なる水なのである。下見をしてから一週間ほど経っていて、その間ほとんど雨が降らなかったのに、それほど水量が減ってないのは、湧き水によってこの川が成り立っていることを示している。沢登りの爽快さを、この谷は教えてくれたが、こんなに清冽な流れが残っていることに、私は紀伊山地の豊かさ・荘厳さという言葉を思い浮かべて感激していた。少年の頃、銚子川の近くに住んでいたことがあるが、川には筏が流れ、川沿いの岸には奥深くまでトロッコ道が続いていた。水は前鬼谷程ではないが清らかに澄んでいた。ダムや堰堤で遮断される前の日本の川は、清流であったのだ。そんなことを前鬼の谷は思い出させてくれた。スタッフの心やさしいサポートも良かった。

来年度の山行計画には、清流を求めての沢登りを取り入れる必要があると、私も考えていた。

前鬼山◉２０１０年４月11日　参加者　59名

前鬼山という特定の山はない。前鬼の宿坊を包み込む周辺の山々を総称して前鬼山と呼ぶ。大峰奥駈道には75の靡《なびき》（大峰の各所にある霊地を指す。中辺路では王子、88カ所や33カ所では札所に相当する）があるとされているが、その第29番が「前鬼山」と古くから呼ばれてきた。五鬼助義之さんの名刺の肩書きは「大峰前鬼山　小仲坊　住職」であった。なお靡とともに「宿」（しゅく）という語も良く使われるが、こちらは「修行者用の宿所や堂舎などの建物がある霊地・行所のこと」であり、近くに水場があり山麓の集落から定期的に食料などの供給を受けることのできる位置にあった。したがって、靡のなかには「碑出」を奉げてお勤めをして通り過ぎていくだけのものと、深仙や小篠や平治のように宿所を兼ね備えたものと二種類あったといえる。

さて前鬼山について、前鬼宿坊境内の入り口に、説明版が立っていた。

村指定史跡　前鬼山由緒　　下北山教育委員会

役の行者（小角）が大峰山を拓いた時（白鳳3年・６７６）その弟子義寛と義賢の夫婦が修験道の行場守護の命を受け、この地（前鬼）に住み着いた。（前鬼村誌）。この夫婦に五人の子（五鬼）があって、五鬼熊（行者坊）・五鬼童（不動坊）・五鬼上（仲之坊）・五鬼助（小仲坊）・五鬼継（森本坊）と称し、代々館を構え連綿としてこの修験道の聖地を守護してきたが、時代の変遷と共に、明治の末期からつぎつぎと姿を消し、今はわずかに五鬼助（小仲坊）だけが残って単身千三百余年の法灯を護っている。

役の行者については「生没年不詳。奈良時代の呪術者。大陸系の呪術師・韓国連広足の師。大和葛城山にいて、世を惑わす妖言を吐いたという理由で６９９（文武3）年伊豆に流された。７０１（大宝1）年赦されて京に帰ったが、その後のことは不明である。密教が山岳信仰界に浸潤してくると、彼を修験道の理想的祖として仰ぐ傾向が強まり、平安中期以降、役の行者・小角仙人といった理想像に造り上げていった。」と「世界人名辞典」の説明がある。「伊豆の大島から、富士山まで毎夜飛行していた」など、なにかと伝承の多い人物だ。「神変大菩薩」とも呼ばれるが、これは寛政11（１７９９）年の諡号。昔から大菩薩と呼ばれていたわけではない。この称号を贈ったのは光格天皇（１７７１—１８４０）で、この諡号をもって幕府が修験道を厚遇したということにはならない。彼の弟子義寛、義賢夫婦については、前鬼、後鬼のことといい、生駒山で役の行者に征服されたとも、前鬼、後鬼のほうから心酔していったとも、いろいろな説明があるが、役行者の像に描かれる時、鬼の形相をしているので「鬼」と考える人が多いが、この場合の「鬼」は力の強い、しっかりした人というぐらいの意味だから普通の修行者の夫婦と考えていいだろう。そうしないと、五人の子供をもうけたということとつじつまが合わなくなってしまう。役の行者については「続日本紀」（797年撰進）に記述があることから、実在の人物であろうが、伝承・伝説も多くつたわっているから、その実像と虚像を見極めながら、語ることが大事と思う。

　前鬼林道の終点に車を置いて、歩くこと30分で小仲坊。61代当主にご挨拶をして、三重滝にいたる行者道を歩く。30分ほどで峠。閼伽坂峠という。閼伽坂地蔵が祀られ、現代の修験者たちが奉じていった碑出（ひで　長さ30cmほどの板のお札）が何枚も重ねられている。前鬼山でも女人禁制が実施されていた時代には、ここが結界であった。ここを真直ぐに下ると、前鬼川の垢離取場、さらに山道を経て三重滝にいたるが、今回の行程は、ここで左側の尾根道を西向きに歩いて、両童子岩（標示には「二つ岩」）をめざす。なだらかな上りの尾根道で、道幅もかなりの広さがあって、快適なコースといえる。団栗の実が、ごろごろと落ちていて、シカやイノシシやサルたちが食い物に苦労しないと思われた。下見山行の時にはイノシシの親子を見かけたが、この日は動物には出会わなかった。一時間ほどで、南から北に流れる稜線に出て、そこを南がわに上る。谷を隔てて、向かいに五百羅漢の岩の壁、釈迦ケ岳が正面に間近に見え、大日岳も指呼の間、二つの岳の間の鞍部は深仙の宿であろう。大峰奥駈道の中心部が、横たわってわれわれに腹部を見せている。絶好の場所で昼食休憩。そして、写真撮影。

梯子でスムーズに難関突破

七重の滝

　両童子岩のところで、太古の辻から前鬼へ下る道に合流する。実は、閼伽坂峠から両童子岩までの山道、路傍には石造物は一つもなかった。昔から今に至るまで、修験の人たちにも利用されることのなかった道なのである。それだけに私たちの歩いてきた稜線は、大峰山系の古い姿が残されているといえよう。U字形に二本の円柱が立ち、それぞれが約10mほどの高さの岩は、不動明王の分身・変化身でもある矜羯《こんが》羅《ら》童子・制多迦《せいたか》童子とされている。「平家物語」のなかで、文覚上人が那智の滝で修行中に息絶えてしまったとき、救助に登場した天童二人というのを、覚えているかもしれないが、それが、この両童子であった。文覚荒行は永暦2年、1160年のこととある。

　「紀伊山地の霊場と参詣道」世界遺産に登録されたのは平成16年の7月のこと。大峰奥駈道も86・9㎞と、そのほとんどが登録されました。登録された大部分は稜線上の道だが、脇道としては大普賢から笙の窟までの区間と、太古の辻から前鬼奥行場までの道が含まれている。

　両童子岩から前鬼までの世界遺産の道を下った。急な坂道、木製の階段が整備されている。世界遺産を示す立派な道標も要所要所に立っている。鳥の声はほとんど聞こえなかった。山桜も見えず、石楠花は蕾を持ち始めたばかり。橡の実が見事に二つに割れてあちこちに落ちている。渓谷に沿って下り道を歩いたが、ところどころにミツバツツジが清楚な色彩で咲いていた。数は少ないが、ツバキも凛とした花を咲かせていた。両方とも、麓で見る花よりもどこかきりりと引き締まって見えた。冬の間、雪に埋もれ、遅くやってくる春の中で咲いている、これらの花には品格があるように思えた。植物に関心が薄く、知識も持ち合わせない私にも、長い冬の厳しさに耐え忍んできたツバキやミツバツツジには、「耐えて後に咲くものの持つ美しさ」があると思われ、感嘆の声をあげていた。

本年度最初の山行は、天候に恵まれ、コースにも恵まれ、万々歳であった。参加者全員、元気に事故もなく完歩できたことを喜びたい。

吉野郡下北山村

行仙岳

◉1227m／2004年9月17日

いつのまにか、もう9月も終わろうとしている。4月に南亦山で見事なヤマシャクヤクを見てから、もう半年になろうとしているのだ。「光陰矢の如し」とか、「少年老いやすく、学成り難し」とかの言葉が、身にしみる。

7月の「前鬼川沢登り」、8月の特別山行での「和佐又山・笙の巌・大普賢」、今回の「行仙岳」と今年は大峰山系への山行が続いている。

前鬼の宿坊から2時間余、西に歩くと大峰奥駈道の「太古の辻」に出る。ここから玉置山を経て、熊野本宮にいたる45キロを「南奥駈道」と呼んでいる。長い間、草木に埋もれていたこの道を復活したのは「新宮山彦ぐるーぷ」（代表・玉岡憲明さん）だが、行仙の小屋もまた、この人たちによって平成2年に建てられた。建設に要した費用1800万円。青岸渡寺、三井寺、聖護院、大峰山寺、金峯山寺など奥駈に関係する寺々に大口の寄付を仰ぎ、個人からの浄財も得て資金としたと言うが、建設にあたっては山彦ぐるーぷの人たちが、手弁当で参加したとのこと。詳しくは「山と渓谷社」の「大峰山脈・大台ガ原」（2004年6月30日発行）をご覧ください。

わが10マウンテンの会からも数名の会員が参加している、那智・青岸渡寺主催の大峰順峰修行山行では、第一回・青岸渡寺から本宮大社、第二回・本宮大社から玉置山に続いて、第三回は玉置山から前鬼口までの一泊二日の行程で、この行仙の小屋に宿泊することになっている。早朝に玉置山を出立して地蔵岳・笠捨山を経由して小屋に着くのは、夕方の5時半頃と言う。新宮山彦ぐるーぷが参加者の食料などを担ぎ上げて待っていてくれる。この担ぎ上げのためのルートが、今回私たちが登りに利用した道です。国道425号を奈良県下北山村浦向から車で30分ほど、白谷トンネル手前で左折「四の川林道」を1キロほど入ったところに「行仙岳担ぎ上げ道」との標示がありました。

さて、小屋に着いて疲れきった奥駈参加者たちも、すぐに休憩・夕食とはいかない。荷物を置くと、水を汲みに行くのである。往復30分はかかる。そういえば、登山道を10分ほど登ったところに水場があったが、あそこかもしれない。小屋で必要な水は山彦ぐるーぷが用意しているのだが、自分が使う分は自分で汲むのが、修行と言うものだからである。大先達の高木亮英さんも20リットルの水を背負うとのこと。

全員集合写真

修行といい、山行といい、自らの水は自分で担ぐというのは当然のマナーである。自分の飲み水を持てなくなったとき、その時はわが山行の終わるときである。

　小屋から山頂まで、整備された奥駈道を歩いた。新宮ぐるーぷは、山道の刈り払いや倒木の除去作業を「千日刈峰行《せんにちかりみねぎょう》」と呼んでいる。それらの作業の苦労を示す記念の標示板か、小さく路傍に掲げられていた。頂上から少し下りた所に大きなアンテナ鉄塔。山ちゃんによれば、東紀州のいたるところから見えるので「山の所在」を知る絶好の目印とか。ヘリポートとして使用したのであろう広い広場があって昼食。霧の晴れ間に笠捨山が姿を現す。西行法師が大峰の森のあまりの深さに恐れをなして、笠を捨てて逃げたという伝説があるとのこと。大峰山系には「釈迦」とか「地蔵」とか「大日」とか仏に由来する山の名が多い。そのなかでも「かさすて」というのは柔らかくて、とても響きのいい名前である。ここ行仙からは片道2時間半ほど、下ってのち登り返す、私の不得手なルートが見えているが、西行伝説と山の名に魅かれて、近い内に出かけようと思っている。案内はもちろん山ちゃんにお願いしよう。

　下り道は、頂上の南側の分岐から、45分のコース。鉄のはしごや、階段がふんだんに設置されていて、いったいどれほどの経費がかかったのか、わが会の手作業の整備などと比較して唖然としていた。おそらく、アンテナ設置の付属事業として、実施されたのであろう。とにかく、39名の参加者全員、無事に下山とのこと。

　実は、今回の山行の本番の日は、三重大学人文学部の教授・院生・学生たちと「尾鷲古文書の会」による、「尾鷲組大庄屋文書」の調査があって、我が家も20名近くの参加者の宿泊や食事の世話などもあって、夫婦して山行に参加できませんでした。申し訳なく思っています。

ついでに私事を含めて、いくつかの報告をしておきます。

11月20日・21日に「世界遺産を歩く　尾鷲海・山　ツウ・デイ・ウォーク」が開催されます。一日目は、馬越・天狗倉周辺の3コース。2日目は、八鬼山の麓を歩く3コースを準備し、全国から1000名近くの参加が予想されます。そのため、私たちの会としても「天狗倉山・オチョボ岩コース」の整備を中心に、スタッフ全員で積極的に協力しています。コース整備だけでなく、大会当日にも先頭や最後尾を歩く人、コース途中での案内役など多くのスタッフが必要です。参加できる人は力を貸してください。

『熊野古道　世界遺産を歩く』（風媒社）という本を、名古屋在住の写真家・山本卓蔵氏との共著で出版しました。ぼつぼつ書店に並ぶ頃です。私としては二冊目の本ですが、有料で全国の書店に並ぶのは初めてです。ぜひお求めください。

「熊野古道と歩む暮らし」というサブタイトルで、テレビ朝日の取材を受けました。放映は、10月2日の午後6時から、メーテレ「人生の楽園」です。時間があったらご覧ください。

秋風の季節となってきました。ぎっくり腰になったり、首の骨を痛めたり、会員の皆さんのアクシデントを耳にして心配しています。山の中だけでなく、地上での生活でも、健康に留意してください。

　秋風が吹くわいの
　豆の葉が散るわいの

秋になると思い出す、柳田國男が東北旅行をしたおり耳にした歌謡です。

行仙岳◉２０１６年９月11日実施

紀伊山地を北から南に流れる大峰山系を山伏たちが駈けていく。大峰奥駈道である。霊場「吉野・大峰」と「熊野三山」を結ぶ修験者の修行の道であり、吉野山から大峰山寺、玉置山を経て熊野本宮大社まで約80㎞の道のりである。経路の大半は千数百m級の山々を越える険しい起伏に富んだ尾根道で、随所に行場が設けられている。伝説によれば、修験道の開祖とされる役の行者が8世紀初頭に開いたとされ、12世紀の史料によると、道の途中の行場で「宿」と呼ばれる信仰上の拠点が１２０カ所定められ、17世紀以後になると75カ所の「靡《なび》き」に整理された。なお、奥駈の道を那智・本宮から吉野に向かうのを順峰《じゅんぷ》といい、反対に吉野から本宮に向かうのを逆峰《ぎゃくぶ》といった。したがって、現在も使用される七十五靡きの一番は本宮大社、二番は那智山、三番は新宮であって、今回尋ねた行仙岳は19番、あそこから眺めた笠捨山は18番ということになる。南北80キロｍを越える奥駈け道の完走には8日から12日を要する。それは修行道と言えるのだろう。

さて、南北80キロｍを越える大峰山系を、東西に横断する道路は2カ所ある。一つは奈良県上北山村天ケ瀬から、天川村へと「行者還トンネル」で抜ける道。弥山や八経、行者還岳に登る時に利用する（国道３０９号線）。いまひとつは、今回利用した下北山村浦向から十津川村へと抜ける「白谷トンネル」を利用する道。行仙岳や笠捨山へと出かけるときに利用する。いずれも標高１０００ｍ近くの高さでトンネルを抜いているので、車でのアプローチも高度感があってなかなか魅力的なコースではある。（国道４２５号線）。国道３０９号は、天川村へ紅葉狩りに出かける折に、４２５号は、十津川村へ出かける折の近道として利用していたが、最近では大峰山系に日帰り山行するときに利用することが多い。

大峰山系に入る人たちは、行者も含めて北は吉野から、南は那智山、本宮からの入峯が普通である。昔も今もそれが王道であろうが、大峰山系の東側に位置する私たちは、日帰り山行の場合などは東側から奥駈道の稜線にたどり着くことが多い。

たとえば、国道１６９号線の新伯母峯トンネルの手前、南側の和佐又口から林道をたどっての和佐又ヒュッテからのコース。歩き始めて一時間ほどで笙の窟（六十二の靡）の前に出る。ここは、奥駈の行を

大樹の下での昼食

どこを選ぼうにも木陰

奥駈道との合流点

する人たちにとって大事な行場で、古来多くの人たちが籠もって修行を重ねた土地であり、主稜線からそれているために、かなり奥まった場所ということになるが、私たちの側からは比較的容易に到達できる。かって、この地で修行する人たちのために物資等を運んで修行を支えたのは麓の天ガ瀬のひとたちだった。小学校も建っていた集落は、今は無人となっているとのこと。山間の集落跡地遠望するたびに、ぜひとも尋ねたいと思いながら果たしていない。かっての修験者たちを支えた村々が、奥駈道のあちこちに存在していた。松浦武四郎の最初の大台登山も、その天ガ瀬を拠点として実施している。笙の窟には多くの歴史と文化が潜んでいる。

笙の窟前を通過して小普賢岳、大普賢岳（１７８０ｍ）。二つの岳の間のコルの上り下りにはうんざりするが、大普賢の脇で奥駈との合流点に出て、ここからが奥駈道。北へ道をとると、脇の宿跡を経て阿弥陀が森（１６８０ｍ）分岐点。大きな女人禁制の看板が立つ。日本語と英語で「信仰上の理由により女性の入山は禁じます」とある。奥駈道全体が女人禁制であった時代、（嫁越峠というのは、あの部分だけが、女人の通過を許されていたという名残り）と比べれば縮小されたが、ここから左の道、小笹の宿を経由して山上が岳までは女性の山行は遠慮しなければならない。女性を含むパーティは、ここを右折して柏木道をたどるのがお勧め。途中伯母谷覗で山葵谷を眺める。若葉や紅葉のころがすばらしい。下ると吉野杉の巨木の美林を歩くところもあって、杉の木一本一本に、所有者名が明記してあって、感心する。古い懐かしい山村を通過したりして、興味尽きない古道である。

笙の窟がそうであったように、前鬼もまた、主稜線からはなれた修行の場（二十九靡・前鬼山）であった。私が始めて前鬼を通過したのは、もう40年ほど前になるが、ここを基点として深泉の宿、釈迦ケ岳１８００ｍの日帰り山行のときであり、そのときすでに林道が通じていた。この集落はたった五軒、鬼熊、鬼上、鬼継、鬼助、鬼童の五鬼を以って名とし、当時から五鬼助氏一軒のみになっていたが、庫裏の当主は現在の五鬼助義之さんではなく「ごろーさん」という人だった。それ以後、テンマウンテンのスタッフとともに、何回かたずねた。前鬼谷沢登りでは、谷を上り詰めたところの水こおり掻き場だとか、三重の滝だとか、そこへ至る道のヒルの大群に驚いたりした。ただ、伝説上の役行者を開祖とする修験道は明治5年の太政官布達によって廃止されてしまったので、連綿と続いてきた奥駈の修験道の道は廃れ、草生い茂る道となってしまった。特に、太古の辻以南のいわゆる南奥駈道はほとんど廃道となってしまっていた。細々とつづいた修験者の道も、全ての人たちが前鬼へ下りて、前鬼口からバスで京。大阪へと帰っていった。ただそのことが、前鬼の宿坊の里としての役割を維持することに役立ったのであろう。天ガ瀬村の人といい、五鬼助さんといい、大峰奥がけ道を支え、あるいはそのことによって村や宿坊を支えてきた。

よく知られているように、長らく閉ざされていた南奥駈道を再興したのは、那智山青岸渡寺の高木亮英副住職を中心とする修験道の復活であり、平成4年（1992）から始まった、それと前後して道そのものの整備をはじめたのが、「新宮山彦ぐるーぷ」である。「千日刈峰行」と名づける、この人たちの作業の第一回は昭和59（1984）年の6月9日に始まったと山中の木製記念板に記してあるというから、高木さんたちの山駈けに先立つこと8年ということになる。山彦の人たちが行仙岳から笠捨山に向かう佐田の辻に立派な山小屋を完成させたのは平成2年（1990）のこと。玉置山と持経の宿との中間に立地するのは、修験の人たちの便宜を考えてのことであろう。今回の登山口から、小屋までの道は『行仙岳担ぎ上げ道』と呼んで、小屋建設時の荷物運搬の道。2005年の5月15日のテンマウテンの会の笠捨山山行の折、小屋工事のための砂袋、一袋7kgを26袋、合計約180kgを参加者の元気な人が担ぎ上げてグループの会長、玉岡さんから丁寧な礼状を頂戴したのは、懐かしい思い出です。二袋、14kgを一人で担ぎ上げた元気者もいたのです。

吉野郡下北山村

笠捨山

◉1352・3m／2005年5月15日　参加者50名

西行法師（1118—1190）は、平清盛と同年の元永元年に生まれ、清盛（1181年閏2月4日没）より10年ほど長生きをして、建久元年の2月16日に73歳で没している。俗名は佐藤義清といい、北面の武士であったが、23歳で出家して、以後50年間にわたって出家遁世の生活をおくる。その西行が大峰奥駈けの道を何度かにわたって歩いている事は間違いない。（小山靖憲さんは二度と推測している）詳細はよくわからないが、後白河法皇などが中辺路経由で熊野三山をめざしていたころ、彼は奥駈道を通って本宮や那智をめざしていた。

伝承に寄れば、あるときの大峰山行の途次、笠捨山のあたりで風に笠を吹き飛ばされ、あまりに深い谷に飛ばされたため拾いに行くことができず、そのまま笠を捨ててきたのが、この山の名の由来とか。

この伝承が事実とすると、西行が笠を飛ばされる以前には、この山はなんと呼ばれていたのか。西行の歌集「山家集」には1552の和歌が収録されており、そのうち峯中歌は私の数えたところでは19首（小山さんは18首と数えている）である。やや繁雑になるが峯中歌の詞書の中に出てくる地名を列挙してみる。（　）は現在の表記。

みたけ（山上）より笙の窟

小笹の泊

しんせん（深仙）

をばすての峯（伯母峯）と申す所の見渡されて

小池と申す宿
篠の宿（小笹の宿）
倍伊地（平治）の宿
東屋と申すところ（四阿宿）
古屋と申すところ
千種の嶽
蟻の門渡り
行者がへり、稚児のとまり
三重の滝（前鬼奥の滝）
天ほうれんの嶽（天法輪）
七越の峯

これらの地名のところに立ち寄り、それぞれを詠んでいる所から見て西行が大峰奥駈け道を歩いた事は間違いないが、「奈良県の山」（山と渓谷社）を見ると、「千種の嶽」というのが笠捨山の異称と説明しているので、西行の頃には「千種の嶽」あるいは「仙ガ岳」と呼ばれていたと考えてよさそうだ。

　千種の嶽にて
分けて行色のみならずこずえさへ千ぐさのたけは心染みけり

（大意）「踏み分けてゆく草の色ばかりでなく、木々の梢さえとりどりに紅葉して、千種の嶽はしみじみと心にしみることだ」（『日本古典文学大系』）

私たちは若葉の中、アカヤシオ、石楠花、シロヤシオの見事に咲いている中を歩いてきたのだが、西行はあの山々が見事に紅葉している世界の中に身を置き、それが心の中にまでしみてくると詠んでいる。

笠捨山は若葉の頃、紅葉のころには人の心にしみてくるようなそんな姿を見せてくれるのだ。「山家集」には伝承を裏付けるような、笠を風に飛ばされる和歌はないが、全山紅葉している世界に茫然としている放浪の旅人が、笠を取られても気がつかないようなそんな風景があったに違いない。

今回、私たちが歩き始めた林道から行仙小屋までの道は、一般のガイドブックにはほとんど紹介されてない。新宮やまびこグループが荷揚げのために整備したルートなのだ。あの路を切り開き、行仙の小屋を構築し、南奥駈けの道を「（草）刈行」と称して整備していったやまびこグループの営みについてはあちこちで取り上げられ、正確に報道されているので熟知していたが、今回、たまたまグループの人たちの荷揚げの現場に出会って、わが10マウンテンの会のスタッフを中心に、1袋7kgの砂袋を小屋まで運ぶ協力ができたのは、うれしい出来事だった。運び上げた砂袋26、合計約180kg。中には2袋も担いだ人もいて、やまびこの会の長く忍耐強い活動からいえば九牛の一毛に過ぎないでしょうが、わが会の丈夫さを証明できたのは何よりでした。笠捨山からの帰り、小屋で全員にコーヒー一杯ずつサービスしていただきましたが、あの水も小一時間かけて下から運び上げたものに違いありません。なんともいえない豊かな味のコーヒーをいただいたものであります。

「一番最近でかけた山が一番すてきだった」といえる山行をつづけることが、私達の会の目標の一つ。今回もそれに相応しい山行だったと、解散の挨拶で申し上げた。解散後おくとろ温泉に入り、「山ちゃん」で一杯飲んで、上機嫌で尾鷲に帰りぐっすりと眠った。

翌朝、朝刊の訃報欄を見て大きなショックを受けた。死亡者として小山靖憲さんの名前が出ているのである。「紀伊山地の霊場と参詣

全員集合写真

アップダウンの繰り返し

笠捨山がやや近くに見えはじめる

道」の世界遺産登録に尽力し、「熊野古道」（岩波新書）「世界遺産吉野・高野・熊野をゆく」（朝日選書）などで、熊野古道の実際を正確にやさしく紹介してくれた中世史を専門とする歴史学者である。特に熊野古道伊勢路に注目され「熊野古道はその由緒性・残存率において日本一であり、馬越峠に代表される石畳の見事さはほかにない」と評価され、私たちを勇気づけてくれた人なのである。尾鷲にも数回にわたって講演にきていただき、その都度、古道を掘り起こした人々の営みを賞賛され、古道の維持と管理に真摯に取り組む事の大事さを指摘し続けた。歩きながら研究し、研究しては歩き続ける事を学問の方法としても重要視された先生は、私の知るところ、最も広く深く熊野古道を踏査された人である。大峰奥駈道も1999年9月と2003年8月（南奥駈）の2回、聖護院系の抖擻（とそう）に参加している。夏の暑い時期の山行であるが、笠捨山は第2回のときに通過している。見事な研究者であった。合掌。

十津川村
玉置山・卯月山
◉2011年4月10日　参加者38名

玉置山も卯月山も奈良県吉野郡十津川村にある。十津川村は明治22年に合併して以来、昭和の合併にも平成の大合併にも、自治体としての名称の変更はなく「十津川村」のままで、672平方キロmという面積にも変更なく現在に至っている。

司馬遼太郎（1923―1996）が五条から大塔村を経て、十津川を訪れたのは1977年（昭和52）のこと。もう34年前のことになる。「十津川にきたからには玉置山に登らんと」と地元の人に誘われて、山坂を歩く自信のないことを吐露しつつ登る。

「玉置山というのは明治後は神仏分離で玉置神社などと、いわば明治風の国家神道の名称でよばれるようになったが、それ以前は神域を社僧が護持し、社名も神仏混淆ふうに玉置三所権現とよばれ、江戸期には山内に七坊十五カ寺という多くの建物があった。山僧も数百人いたというが、いまは宮司ひとりに数人の補助者が山を守っているにすぎない。この山の歴史は、むしろ平安期から鎌倉にかけて栄えた。京都の貴族まで巻きこんだ熊野詣の流行が、熊野とは川で結ばれた十津川にまでおよび、熊野信仰の圏内に組み入れられた。熊野の奥の院と称せられたが、このあたり、中世の十津川にはなかなか食えぬ宣伝家がいたにちがいない。これに乗って、平安期には花山院、白河院、後白河院といった京都貴族の大親玉が熊野からこの十津川までやってきて、玉置山に登っている。それより以前は、よくわからない。山上に樹齢三千年という杉があり、そのまわりに原始祭祀のあとがあったり、またいまでも山上の摂社のひとつである玉石神社が原始信仰のかたちそのままに社殿をもたず、老杉のあいだに玉石のみをならべて神域としていることからみると、縄文時代からこの山はすでに神聖山として存在したのではないか」と「街道をゆく12　十津川街道」に説明している。見事な説明と思う。

その「玉置三所権現」の裏手に、標高1076mの一等三角点の山、玉置山の山頂がある。山頂の碑の正面に標高と「玉置嶽」とあり、右側面に「別名　沖見嶽」さらに左側面には「牟婁嶽」と刻んであった。参考までに、廃寺になった玉置山の寺は「高牟婁院　法王寺」である。遥かに熊野の海を眺める沖見嶽、奥熊野（牟婁）の山々を代表する名山であるから牟婁嶽、そして玉置の地に存するゆえに玉置嶽という。山の名称は、必ずしも一つではないという好例だろう。山頂から北側に少し下ったところに、「上平主税碑」が立つ。明治2年正月5日、明治新政府の参与の横井小楠（1810―1869）を、御所から退出する際に襲撃、斬殺するという「横井小楠要殺事件」が起こる。その首謀者として十津川郷野尻出身の上平主税が逮捕され、伊豆の新島へ終身流刑となった。時に45歳。明治新政府内の有能官僚を保守派が暗殺したのだろうが、上平主税は明治12年に、特赦で故郷に帰り、同20年に玉置神社の宮司となった。そして、同24年に67歳でここ玉置山で没した。幕末維新期の激動の時代を駆け抜けた十津川郷士の顕彰碑である。なお、手元の「世界人名辞典」（東京堂出版）には、横井小楠の項目はあるが、上平主税のそれはない。

卯月山（標高945・7m）は今年の干支にちなんだ山行。麓の折立や山崎から見ると、中秋の名月は真東（卯の方角）の山のうえに上るので、その山を卯月山と呼んだと言う。いつごろからそのように言

全員集合写真

遠くに大峰の山々が見える

卯月山への道

っていたのか、地元の人にでも聞いてみないと解らないが、できすぎの名称とも思う。卯月というのは卯の花の咲く頃の意味だから、山頂周辺に卯の花の群落でもあればと探したが、全くなかった。昭和61年発行の地形図には、卯月山の地点に標高は記すが、山名はない。別名を「王走り山」とも言うとの説明もあった。「王」とは、後醍醐天皇の第三皇子・大塔宮護良親王（1308―1335）のこと。地元の豪族に追われた王が、走って逃げた山という意味だろう。玉置山の途中に「かつえ（餓）坂」とあったが、これも王とか八郎が敗走中に飢えたということに由来するのだろう。「王走り山」という記述は、「十津川郷」（昭和7年発行、西田正俊著）に「宮、玉置の賊難を避けさせられたる所なり」とあり、古くからの山の名らしいが「玉置山の東北にあり」と説明があって、玉置山の西北に位置する卯月山とは重ならないのが気になる。

十津川には、この親王に関する史跡が多い。「花折塚」というのも近くに立つが、これも王が熊野別当定遍と戦った折、討ち死にした家来片岡八郎の墓所という。道行く人々が八郎をしのび花を折って供えたところから折華塚、花折塚と称せられるようになったとのこと。もっとも、この塚の建立は明治14年（1881）だから、550年前の戦いの場所として確定できたかどうかとの疑念を持つ。

鎌倉幕府の末期、今から700年ほど前のこと、後醍醐天皇は倒幕を企てたが、計画がもれ隠岐の島に流された。世に言う元弘の変（1333年）。天皇の第三皇子、大塔宮も挙兵するが、敗走し難を避けて十津川郷に身を潜めた。熊野三山は幕府方についているので、十津川郷が唯一の避難地であったろう。「太平記」（1372年頃成立、小島法師の作との説あるも不明）の巻五「大塔宮熊野落ノ事」に拠れば、宮を支えた十津川人として「戸野兵衛」と「竹原八郎入道」の名前が記される。宮は半年ほどこの戸野に住まうことになるが、西田さんの著には「東野　昔は戸野と書く、戸野兵衛の出身地にして付近の大森は大塔宮暫時御潜居なし給ひし所なり」と明解なのだが、旧大塔村「殿野」とする説もあって難しい。「筏師の道」で歩いた東野峠周辺と考えると、片原八郎終焉地、かつえ坂、王走り山などは地理的に解りやすいので、こちらの説で私などは理解したい。なお、宮に対して賊と呼ばれて敵対した玉置の庄司とは、玉置口や玉置川に住まいしていたということになろう。「太平記」は南朝正統論なので玉置庄司などは賊軍と呼ばれ気の毒である。大塔宮関係の史跡などは明治になって顕彰されたところが多いので、全てを史実として受け止めるには慎重さが必要である。

玉置山の展望台で昼食にしたが、西に果無の山々や小辺路、東に大峰の奥駈け道など眺望360度の絶景。眼下に十津川郷の折立の集落も見えていた。明治22年の大水害で故郷を後にして、北海道に渡った1600余名の人たちの生涯に東日本大震災の被害に遭い苦しんでおられる人々への思いを重ねていた。当日皆さんから寄せられた義援金2万1852円は尾鷲市に寄託いたしましたので、報告して御礼にかえます。ありがとうございました。

十津川村

香精山

◉2015年5月10日　参加者47名

吉野から本宮にいたる延長およそ100kmに及ぶ「大峰奥駈道」の歴史は古い。修験道の開祖といわれる役小角（634—701）は、伝説と実在とが相半ばする存在だが、役行者や神変大菩薩（寛政11＝1795年諡号）とも呼ばれ、尊崇の対象となっている。大峰山系で修行を行い、彼の奥駈は、熊野から吉野をめざしたので、それを順峰といい、その反対に吉野から熊野を目指すのを逆峰といった。以後、江戸時代まで修験の道として大峰奥駈道は賑わいを見せているが、明治に入って、新政府の宗教政策に翻弄されることになる。

「明治元年、明治政府は神仏分離令を発し、明治5年には修験道廃止令を出す。これにより山上・山下の蔵王堂は神社となり修験道は壊滅的な打撃を受け、峰入りや奥駈修行は事実上消滅した。熊野三山も神社となり修験の活動はおこなわれなくなる。しかし、明治19年に金峯山寺が蔵王堂を本堂として寺院に復帰、修験道が復活し、吉野山から前鬼までの奥駈も再開される。ただ前鬼以南の南奥駈は明治時代後半の一時期を除いて再び途絶えたようである。」（『大峰奥駈道　七十五靡』森沢義信、ナカニシヤ出版、平成18年）

「第二次世界大戦後は、吉野から前鬼までの奥駈が主流となり、南奥駈道における修行の復活は遅れて」いた。私が友人に連れられて、はじめて奥駈道に入ったのは、40年ほど前、1970年頃だった。前鬼から釈迦岳までの往復だった。帰り道、太古の辻で前鬼のほうへ左

全員集合写真

山頂表示

香精山への登り道

折して奥駈道と別れたのだが、直進する道は樹木と笹に覆われ、修行者が歩けるような状態ではなかった。南奥駈道は全く過去の道となってしまっていた。

　戦後のある時期、奥駈といえば、吉野や泥川から登り、前鬼で下り、前鬼口からバスに乗って五条のほうへと帰っていくのが普通だった。それが「南奥駈道」として復活された歴史について触れておきたい。

　那智山青岸渡寺の副住職・高木亮英さんの思いと実践を抜きにして奥駈の復興・復活は語れない。熊野信仰の礎を築いた熊野の修験者や山伏に対する感謝の念をこめて、高木さんは昭和63年（１９８８）に「父親でもある先代の住職は、奥駈の復活という思いを非常に強く持っていたのですが、実現できなかったので、われわれ子どもに宿題としてでしょうか、そういうことを残してさき立ちました。そうした父親の思いもあって、熊野、特に那智の神仏を崇めるものとしては、之を使命、勤めとして手がけ始めました。」と語る。始めた頃は三人でしたが、現在では１８０人を超えますとも語る。明治新政府の宗教政策をきっかけにして衰微した大峰奥駈道の復活への願いは、多くの人の心をつなぎ、高木さんの思いとなって実現に現在にまで続いている。高木さんたちの思いを、道の整備という形で支援したのは和歌山県新宮市の玉岡憲明さんを代表とする「新宮山彦ぐるーぷ」である。「千日刈峰行」と名づけた活動が始まったのは、昭和59年の6月9日。平治の宿と中又尾根の分岐までで実施されたが、太古の辻と本宮までの間45キロの道普請に行として取り組む。高木さんの行開始に先立つこと3年、見事なチームワークの賜物である。

5月の山行は、標高1396・5mの中八人山へ出かける予定であった。中八人山というのは奈良県十津川村の東側大峰奥駈け道の持経の宿の西3km程のところに位置する山で、奥瀞温泉から葛川を抜けて、芦廻瀬川の右岸を西に向かい途中から大野川の流れに沿って林道を北進、その源流近くから登る。昔から十津川村、特に明治22年8月の十津川豪雨と、それに伴う村民の北海道移住には関心が深かったので、よく訪ねていたが、大野川という流域ははじめてだった。今回も、十津川村の広さにつくづく感心した。ところが、この行き止まりの林道の終点近くが未舗装で路面がよくなかったのと、登山道があまり整備されてなかったので、急遽目的地を変更することになった。「中八人山」というのは地元村民八人の持ち山であったところから生じた名称という。「滝川南岸には奥、中、西、南、下と五つの八人山がある。いずれも杣人のほかはめったに入らぬ山で、中八人山は五つの八人山のうち、唯一三角点の埋まるピークである。標高においては南八人山(1408m)が一番高い、奥八人山はその名のとおり最も奥にある」(山と高原地図57「大峰山脈」昭文社)

と記されるように、丸い山頂を持った山々を眺めることができた。中八人山の東には奥駈道の稜線、持経の宿、転法輪岳、行仙岳の辺りが見えており、山行の途中からは笠捨山の独特の特徴ある山容も見えていた。なかなか魅力あるコースであったが、50人余の人々を案内するには、かなりの日数のコース整備が必要と判断しコース変更することにした。

山ちゃんからの提案で、香精山とはじめて名を聞く、中八人山に比較的近い山に出向くことにした。が、山行の期日が接近していたので、下見山行ができないままに当日を迎えた。

集合場所の本宮の大社前から国道168号線を北上、改良進む道は十津川村に入る。滝というところで国道425号線に乗り換え東に走る。十津川村大字小川の古ル野にある二十一世紀の森が登山口。本宮大社から約一時間を要したか。二十一世紀の森(昭和62年=1987年オープン)から林道の悪路に苦労したが、林道脇に奥駈道への登山口。立派な案内板が立っている。30分ほどで稜線に出る。「古屋宿跡」の石標が立つ。本宮大社を第一の靡として七十五の靡(行者が立ち止まって行をするところ)が設けられているが、ここは第十二靡、本日の目的地香精山は第十三靡ということになる。上葛川の西の尾根上の古屋山にあって、峰中の重要な宿であったらしいが、宿跡を思わせる建物も関連施設も何もない。ただ石標ひとつ残るだけ。西行法師(1190年没)もこの地に滞在して歌を残す。

神無月時雨ふるやにすむ月はくもらぬ影もたのまれぬかな

香精山という山も、香精水という水場があったらしいので貴重な靡であったらしいのだが、山頂には水場の跡らしい気配は全くなかった。実は、明治22年の大豪雨で古屋山は縦1600m、横650mにわたって崩れ落ち、土砂が白谷川を埋めて周囲約10kmの新湖が生まれたらしい。二十一世紀の森は、大崩落の土砂の上に建設されたという。古屋の宿跡も香精山の水場跡も跡形もなく消えうせたということだろう。山頂近くから笠捨山が間近に見えていた。遠くから見ると台形に見える山が、近くで見ると、東峰と西の峰の高低差がはっきりと見えて、台形が歪んで見えたのも面白かった。山ちゃんのおかげで、南奥駈の奥深いところを歩くことができて感激していた。次は葛川をゆっくり散策したい。

上北山村

和佐又山周辺

◉2009年5月10日　参加者58名

松浦武四郎が、始めて大台に入ったのは明治18年（1885）、68歳の時のこと。東京を4月14日、京都を経て大阪には29日着、5月12日に吉野の竹林院に泊まり、翌日は柏木に、それから現在の伯母峰峠を越え、天ケ瀬へ14日に着き、岩本弥一宅に泊まる。15日は大普賢岳直下笙の窟を見物して、天ケ瀬泊。

さて5月17日、私たちの山行の日と同じ時節、天気は快晴というところまで同じ。岩本弥一の家を出て、集落の東側にある八坂神社より街道を上り、「三四丁にして西川、独木を倒して渡り、向方の岸に上る。」「独木を倒して」というのは、大台道はまだ開かれていないので、渓谷に出会うと、側にある大木を切り倒して臨時の橋を作って渡ること。武四郎の紀行にはよく出てくる。ここから雑樹の間を道の跡らしきを頼りに上る。午前九時ころに「少々の平地、ここを芋穴という」に着く。また半時間ほど篠竹深き中を上って天竺平。「小舟」「大舟」を経て「伯母峰、地蔵やしき」に至る。ここは天ケ瀬から約八十丁（9㎞）、河合村より三里八丁（約13㎞）と記す。早朝に出立して伯母峯で昼飯だから、ここまで6時間以上経過している。

和佐又周辺を歩きたいと思った理由は、武四郎の辿った跡を歩いてみたいというところにあったのだが、どうも武四郎は天ケ瀬から北山川の対岸に渡り、伯母峯へのコースを取っていて、この日の私たちの山行コースとは、まったく重なっていない。

翌年の明治19年は、柏木に泊まり入之波を経て新坂峠から大台に入り、開拓場跡で野営、前年のコースを逆に下り、天ケ瀬に入る。

さて武四郎にとって最後となる3回目の大台探訪。明治20年の6月8日に、吉野から大峰奥駈道を登り、小笹の宿、小普賢の下を通って大普賢のほうに回って下りてくる。「この嶮実に驚くべき処なり」といっている。鷲の窟、笙の窟、さらに朝日の窟などを通り、延々と歩いて天ケ瀬の亀一宅に着く。さて翌9日、今回は西原に下りて河合に向かい、小栃に泊まり、辻堂跡、大台辻から開拓場跡をめざす。

前後3回の武四郎の大台探訪の拠点は、天ケ瀬である。伯母峰越え、大峰経由で天ケ瀬へ入っているが、大台を目指すときも、今回私たちが通った道を、さらに新伯母峰トンネルの上を越えていく道は歩いていない。わたしは、どこかで歩いているはずだと思い込んでいたが、大普賢岳、和佐又、伯母峰峠、大台という尾根道コースは一度も通過してない。武四郎はいずれも3人以上の案内人を同行しているのだが、柏木、西原、天ケ瀬の案内人たちにとって、大峰・大台を結ぶ尾根道コースは日常的に使用するルートではなかった。大峰に行くにしろ、大台に入るにしろ、道は新伯母峰トンネルの上を避ける迂回コースこそが、地元の人たちの通常ルートだったのだ。頭の中で図を描くと大普賢から大台へと行く尾根道コースはいいコースなのだが、それは生活者にとっては必要なかった道なのであろう。拠点地・天ケ瀬と集落が無住の村になって長い歳月が経った。岩本速男さんの「ふるさと天ケ瀬」（2005年刊）によれば、100年前には戸数14戸、小学

全員集合写真

沢道を渡り登って行く

柔らかな木々の間の道

校や校長住宅まで建っていた。笙の窟に籠る修験者たちのサポートを村一丸とやってきたことで知られるし、小学生が修学旅行で、サンギリ峠を越えて尾鷲までやってきたことについてはすでに触れた。

　天ケ瀬集落跡というのは、訪ねたい場所のひとつである。

目に青葉　山ほととぎす　初鰹

　今年は一段と若葉がみずみずしい。地球温暖化の影響なのか、自分の残り時間が少なくなってきたので、そのように見えるのか。とにかく若葉がみずみずしくて目にしみる。特に、和佐又谷沿いの若葉、和佐又から下り道の周辺の林、木々の名前に詳しくないのが、これほど残念に思ったことがない。詳しければ、水ナラの林の若葉の見事さ、そのなかにカツラの巨木、そういえばコウヤマキの巨樹も見た、などと書けるものを、不勉強なわたしはただ若葉が目にしみるなどとしか表現できないのだ。

　バイケイソウの大群落にもびっくりした。鹿が食べないためにバイケイソウだけが残っている。それらの中に咲いていたヤマシャクヤクの白い花。下見の時には、つぼみの時期だったが、本番では見事に咲いていた。「立てば芍薬」というのは、なんて優れた表現だろう。あれを最初に言い出した人は、本当に芍薬が好きだったのだ。毎年、この時期に咲き出す芍薬をじっと見続けていたに違いない。数は多くないがシャクナゲも見事だった。

ホトトギスだけでなく、ウグイスの鳴き声もあまり聴くことができなかった。鳥についても詳しくないので、これまた残念なのだが、あの道筋、小鳥が少なかったような気がする。木の実の少ないことと関係するのだろうか。武四郎は大台でシュウリと鳴く鳥に関心を示しているが、そんな鳥はいたのだろうか。

最終の急な下り坂を下りて、和佐又林道の入り口のところで休憩。駐車場まで20分ほど、アスファルトの登り道を歩いた。山行の最後としては、なかなかくたびれる道でしたが、実は下見のときは、私だけがそこを下って、新伯母峰トンネルの入り口東側にある「娣（伯母）峰地蔵尊」を見てきました。

この地蔵堂が、ここに建てられたのは昭和43年、新伯母峰トンネルの開通（昭和41年）に伴っての移設でした。このお地蔵さんは、東熊野街道が辻堂山を通っていた250年ほど前に建てられ「伯母峰一本足」伝説と関係があるといいます。東熊野街道は文政のころと、明治15年に大改修が行われたということですが、このお堂も明治30年ころには辻堂山から新茶屋に移されたといいます。街道の改修とともに250年の間に二度引っ越したということですが、そのことが、このお地蔵さんを地元の人たちが、どれほど大事にしてきたかを物語っています。地蔵堂はケヤキとヒノキ材を組み合わせた立派な建造物で銅版のふかれた屋根も見事です。堅固に作られていて、施錠もされていて、そとからはその石造の姿を見ることができなかった。岩本さんの本には写真が載っているので、それを眺めています。

その辺をぶらぶらしていると、上北山村の初代村長（明治23年 40歳で病死）の顕彰碑が立っていました。実はこれにも感動したのです。

岩本弥兵衛君之碑

「君は吉野郡北山郷の人、深沈にして膽気あり、常に力を公共に致し、道路を開き学校を立つ、率先、事に従い、巨費を擲って吝ならず、明治十九年吉野倶楽部を創立し、自由民権の説を唱え、鳴、一時に盛なるか、二十三年病にして没す、惜しむ可きかな、頃日同志の者、碑を建てんことを相議し、余に文を請う、銘に日く、山河秀霊、時に俊士を生ず、乃ち斯の人のこと、長く其の美を記さん」

明治三十年八月　小室重弘撰並書

紀伊山地にある石碑ではじめて「自由民権」の語を見て、胸が熱くなった次第。

上北山村

大普賢・和佐又

◉2004年8月

1982（昭和57）年の夏のこと。「尾鷲親子劇場」の子供たちのうち、小学校の高学年の男女50名ほどを、和佐又ヒュッテへ2泊3日のキャンプに連れて行ったことがある。22年前になるから、私は41歳。

親子劇場というのは「子ども達に、優れた演劇や音楽の鑑賞の場を提供したり、野外活動を通して、元気で自主性のある子供を育てよう」

との目的で、会費制で組織した団体であり、私どもも親子で参加して、その世話役などを引き受けていたのだが、和佐又ヒュッテでの宿泊体験もその活動の一環だった。

和佐又への林道は、ヒュッテの建つ場所までは延びていず、ちょうどスキー場までの中間の辺りに車数台の駐車余地があり、そこが終点だった。子供たちは、そこまでマイクロバスで移動、全員元気に歩いていった。私は一カ月ほど前に購入したばかりのカローラのバンに荷物を積んで、駐車場に置いた。

1日目は楽しく過ぎて、2日目は笙の窟まで出かけた。ところが、その日の午後から風が強くなってきて、夕刻には、窓ガラスも割れるという騒ぎ。尾鷲市史年表には、「八月一日、夜台風10号、尾鷲の最大瞬間風速32・6m、雨量343・5ミリ。三重県死者24名」とある。後で知ったことだが、当日吉野川の河原へ車で下りて遊んでいた人が、孤立したり流されたりしていた。

子供たちの保護者には、ずいぶんと心配させたのだが、台風が去るまで一切動かなかった。翌日、台風一過。青空の下を子供たちと山を下り始めた。和佐又山への林道は数箇所で崩落していたため、国道まで歩いて下りた。緊急脱出という感じだったが、全員無事に尾鷲まで帰ることができた。私の車は、林道の終点に置いたまま脱出できずに、林道が修復されるまでの間、放置されることとなった。日曜日になると、上北山村西原地区の区長さん宅を訪ねて、林道の修復を急ぐようお願いに通ったものである。

このような事情で、和佐又山とその周辺は、懐かしい土地ではあったが、事情が事情であっただけに、それからは、あまり足を向けなかった。だから、和佐又へは約20年ぶりの訪れと言うことになる。

例によって、午前八時に上北山の公園に集合。曇ってはいるが雨は降っていない。大普賢岳（1780m）に向かうこととする。和佐又ヒュッテを9時半スタート。30分で和佐又のコル。最初の休憩。そこから40分で笙の窟。牧野さんが般若心経と真言を唱えていた。

熊野はもともと天台系の山伏（本山派 京都聖護院。本山とは熊野のこととも）が支配したので、鎌倉時代に本宮から峯入りして吉野に向かう大峰修験道が整備され、これを順峰といった。これに遅れて熊野に進出した真言系の山伏（当山派 醍醐寺三宝院。当山は金峯山をさすとも）は吉野から本宮に向かい、これを逆峰といったが、近世には両派とも吉野から峯入りするようになり、いつのころからか前鬼口までのコースになっていった。1988年に奥駈けの順峰道を再興した高木亮英副住職の那智山青岸渡寺は天台系である。

この奥駈け道を歩きとおすのが大峰修験道である。ところが、山伏の修行には、もう一つ、山中深く籠もる参籠行という厳しい修行がある。笙の窟の手前にも、指弾の窟、朝日の窟がありましたが、笙の窟は「晦日山伏」の越年修行の場としても知られている。昔の参籠修行は12月晦日に入峯し4月8日に出峯したという。ここはまた、役行者冬籠の跡とも伝えられ、平安時代以降、多くの人の修行が行われた。現在でも「笙窟冬籠」と呼ばれる修行は大峰修験道でも随一の荒行とされている。和歌も多く残されている。

寂寞の苔の岩戸のしずけきに　涙の雨のふらぬ日ぞなき

（日蔵上人　新古今集）

と説明板がありました。日蔵上人は「ここで37日間の無言断食を行なってついに息絶え、冥界をさまよったが、そこで鬼神となった菅原道真に会い、その意を受けて13日後に蘇生した人という。」その人にして、涙を流さぬ日のないほど静寂の地だった。

草の庵なに露けしと思ひけむもらぬ岩屋も袖はぬれけり

（僧正行尊　金葉集）

露もらぬ窟も袖はぬれけりときかずはいかにあやしからまし

（西行法師　山家集）

笙の窟は、露ももれないしっかりとした岩屋であるが、それでも衣の袖が濡れてしまったと聞くことがないのはいかにも不思議なことでありますよ

笙の窟を過ぎると、急な登り道になり、日本岳のコルで一休み。石の鼻を過ぎて小普賢岳。大普賢を眺める。下って、又上り返す私の好みでない道筋が見えている。道はよく整備されているので、鉄のはしご・階段等を歩む内に、和佐又より二時間半ほどで、大普賢に到着。大阪方面からのパーティーも幾組かいて、山頂は思ったよりにぎやか。弁当を食べながら、雲間に山上から延々とつづく奥駈け道を眺める。

全員集合写真。冬はスキー場になる栃の木の下で

大普賢岳

小普賢との分岐点

大普賢は北と東に小普賢を従えているのが面白い。

帰りは和佐又山（１３４４ｍ）を廻って、ヒュッテへと下ったが、冬にはスキー場となる広場に、数本の栃の木が空に伸びている様が素晴らしかった。

山行の参加者28名、そのうちヒュッテに泊ったのは20名。廃校になった校舎を移築した建物は、山小屋とはいえないほどのだだっ広さ。日曜日の夜なので相客もまったくない。広々とした食堂で二時間余の酒宴と夕食。日帰り山行を常としている10マウンテンの会としては、1年に一度の酒宴なので、とても楽しい。夜がふけるにつれて雨が降ってきた。翌日の山歩きは中止の可能性が強い。ますます酒が進む。檜作りの風呂場も、男子用・女子用とそれぞれに独立していて、ゆっくりと入れたのが良かった。

それにしても、小屋の主人や従業員の人たちはどこへ行ったのだろう。食堂に用意されていた朝食を自分たちでとって、車に乗って出発するまで一人も姿を見なかったのだ。珍しい風景であった。

テレビは、女子マラソンの野口さん（宇治山田商業高校出身）の優勝を伝えていた。

上北山村

行者還岳《ギョウジャガエリダケ》

◉１５４６ｍ／２００６年10月16日　参加者52名

天気予報を聞いていると、予報の内容に確信をもっているときと、何となく自信なさそうに聞こえる時がある。それは、気圧配置とその移動が読みやすいかどうかに起因するのだろうが、なんとなくそのような気がしている。

山行前日は、東海地方全域に雨が降っていたし、尾鷲などはかなり激しく降っていた。いつもなら、前日の午後7時に中止連絡をするところだが、この日の天気予報は、「明日は、全国的に午前6時頃から晴れるでしょう」という内容で、確信に満ちていたのである。当日も午前3時から5時頃にかけて相当降っていたのだが、午前6時に尾鷲を出発する頃には止んでおり、池原公園に集合する時刻には空が明るくなっていた。天気予報は当って当然の世界と思っている向きが多いが、実際これほど見事に的中すると、普段の悪口を忘れて心の底から感謝したくなるから利用者と言うのは身勝手なものと、つくづく思う。

さて、大峰山脈は吉野から本宮まで南北に約50㎞、西日本の最高峰八経ケ岳１９１４・９ｍを筆頭に標高１２００ｍ以上の山が50座あるという。この山脈を、東西に横断する自動車道が三つあるが、その内の一つ、天ヶ瀬から西行して行者還トンネルまで走り、その西口に車を置く。紅葉の季節にはやや早いと言うのに、東口にも西口にも自動車が満杯。我々の車15台が、やっと駐車できるほど。関西方面からの登山客が多く、我々の直前を歩いていたのはマイクロバスで出かけてきた20名ほどの和歌山市のグループ。

そもそも、わがグループは「東紀州の山々を歩くことが目的」なので、前回の保色山がそうであったように、無名に近い山を歩くことが多く、従って山行中も他のパーティーに出会うことなどめったにない。わがメンバーが他のパーティーに紛れ込んでしまう心配などしたことがないのだ。それが、今回は歩き始めから、和歌山のグループに列の中に割り込まれ、「あなた方、マナーがよくないよ」と嫌事を口にしなければならないほどであった。当日は１００名をゆうに越える登山

全員集合写真

前方に行者還岳が見えてきた

奥駈道は快適そのもの

者が稜線上を歩いており、混雑と言うほどではないが、いつもの山行とは趣を異にしていた。言い換えれば、行者還への道は、それなりに人気コースになっているということだろう。

「行者還」の名前の由来についてまとめておきたい。そもそも「大峰奥駈道」というのは、当初は真言宗の修験の場であったと言う。修験道の開祖とされる役小角（尊称して役行者と呼ぶ、神変大菩薩というのも彼のことらしい）は、空を飛んだとか、前鬼・後鬼をはじめ多くの鬼神を使役したとか、超人的な説話を残す伝説の人物であるが、実在そのものは文献上証明できるとのこと。ただ、語られるように彼を超人としたのは、後の修験者とか山伏とかいわれる人たちだったらしい。伝説化され、神格化された役行者が修験の根本道場として定めたのが大峰であって、彼によって開かれたのが大峰奥駈道である。

伝説の役行者は、最初に熊野から大峰に入り、吉野に至ったと伝承されている。そのため熊野から大峰に入るのを順峰《じゅんぶ》修行といい、吉野金峯山より熊野に向かうのを逆峰《ぎゃくぶ》修行と言うようになったという。

話は横にそれるが、山頂下の

避難小屋が立派になっていたのには驚いた。実は20年前の4月3日に、昔の小屋に泊まったことがある。この年は雪が多く、小屋から弥山に向かう稜線は雪に覆われ歩けるような状態ではなかった。折悪しく吹雪となり、おかげでわが人生始めてブロッケンなるものを見ることができたが、一晩中小屋に閉じ込められた。小屋の中央には土間があって、そこで焚き火をしながら、夜をすごしたのである。木造をブリキで覆った昔風の懐かしい小屋であった。それがまったく様変わりしているのには驚いた。

あの小屋の横で、昼食をとりながら、行者還岳の南面の絶壁を眺めた。人を寄せ付けないような岩壁が頭上にみえていた。昼食をとりながら、山ちゃんと「ここまで来たのだから、やっぱり上まで行こうか」と相談し、そのように決めた。

実は、役行者もここまでやってきた時、あの絶壁を見て、登ろうと志しながら引き返したというのである。従って、行者とは役行者のことであり、「還」とはあの南面の絶壁から引き返したということ。この話は比較的うまくできていて、役行者が熊野から吉野を目指したからこそ、順峰のコースを取ったからこそ南面の壁に阻まれたのであって、逆峰ならばなんとか下りて来ることができたのではないかと思えるのだ。壁から引き返した役行者は我々も通った東の肩を回って、北を目指したという。役行者でも引き返したのだから、一般の行者や旅人が引き返しても不思議ではない。だから、「行者が引き返すほどの急なところ」と解釈しても特に問題ではないだろう。

笠捨山のときに触れた西行法師（1118―1190）は確実に行者還を通過している。

行者がへり、稚児のとまり、続きたる宿なり。春の山伏は屏風立と申所を平かに過ぎんことをかたく思ひて、行者、稚児のとまりにて、思わずらうなるべし

屏風にや心を立てておもひけん行者は還り稚児はとまりぬ

（「山家集」1117番）

トンネル西口から稜線に出るまでの一時間ほどは、急登でふうふう言いながら苦労したが、稜線に出てからは、弥山が大きな山容を間近に見せ、その南に八経も姿を見せていた。北には大普賢や小普賢、その手前に和佐又山、東に目を転ずると台高の山なみとそこに至るスカイライン、遠くには熊野の妙見山まで見えていた。前夜の雨で埃をすっかり洗われた木々の緑が、足下の背の低い笹に浮き出てきれいだった。

紅葉にはまだ少し時間があったが、サトウ・ハチローが書いたように、木々の間にかすかに「小さい秋」を見つけることもできた。カエデなんかも、やや紅葉しかけで、何となく木々の色が淡くなっているようで、それはそれで、見所が多かった。全山の紅葉は、それはそれで魅力あるが、山全体がかすかに紅葉に向かって動き出しているのもよい。ものはその絶頂よりも動きはじめがよいようだ。なにかが動き出すところに生命を感じると言ったらよいのだろうか。行者還岳周辺は、明らかに秋色に向かって動き出していた。

全員、無事下山。私たちは「上北山温泉」の湯につかり、ゆっくりと足腰を伸ばしてから、尾鷲に帰った。

上北山村西原

高塚山

◉1363・5m／2007年11月11日　参加者　65名

山行前日の10日、尾鷲は終日小雨が降り続いていた。当日も早朝5時頃、かなり強い雨が降った。天気予報は「曇り、時に小雨」だった。私たちの山行は、延期がなくて決行か中止のどちらかで、中止の場合は前日の午後7時までに決定して、参加者の皆さんに連絡するという規定になっている。従って、いつものことなら前日の夕方にスタッフで連絡を取り合い、苦渋の決断を強いられるはずだった。ところが、今回は早くから「小雨決行」と決めていたので、迷うことはなかった。理由は二つ。一つは、どんなに天気が崩れようとドシャ降りにはなるまいとの判断。もう一つは、10月山行の「果無峠越え」を小雨の中で実施していたからである。私にはもう一つの理由があった。

果無峠越えもそうだが、今回の「高塚山山行」は大峰山の支稜を歩くということで、単独ではなかなか行ける山ではないということ。現に、津や伊勢の方からの参加申し込みを含めて、70名余の事前申し込みがあった。当日欠席もあって65名になったが、多くの人の期待と熱意のようなものが感じられたのである。それが「小雨でも決行」ということを決断した最大の理由だったと思っている。

いつものように、奈良県下北山村の池原公園に集合。曇ってはいるものの雨は降ってない。10数台の車に分乗して、標高1000m余の行者還トンネル東口駐車場に向かう。国道169号の天ケ瀬橋の手前で北山川本流を離れ、天ケ瀬の谷沿いに国道309号のくねくね道を、一気に登る。自分たちの登っていく道のガードレールが、前方遥かの高さに見えている。そのガードレールを包み込むように、山全体が紅色に黄色に色づいている。天ケ瀬の山々の紅葉が、こんなに見事だとは思いもよらなかった。路傍には、この景観を撮ろうと何台もの車を止め、カメラをセットした人たちがいる。大峰山系の紅葉前線は、標高1000mから下に下りてきているのだ。実は今回の山行の下見は、10月の18日に実施したのだが、その時には高塚山へ至るミズナラの樹林帯もまだ色づいていなくて、「山行の本番のときには、もう終わっているだろう」と予想していて、実際、そのとおりだったのだが、駐車場までの窓外にかくのごとき絶景に遭遇するとは予想だにしていなかったので、宝くじに当たった（実際に当たったことはないものの）ような喜びであった。

大峰山系の主稜線の下、標高1060m程のところをトンネルで越える道には、西口と東口に登り口があって、それぞれに駐車場がある。かって「行者還岳」を目指した折には、西口からの道を利用したが、今回は東口を利用した。駐車場が多くの利用者によってふさがり、われわれの駐車余地がなくなっては困るので、山ちゃんが先行して駐車場の確保に当たってくれた。そのお陰もあって、全員無事に駐車することができたが、人気のある山に出かけるのには、それなりの苦労がいる。空は相変わらず曇ってはいるものの、眼下に紅葉が美しい。紅葉の間に緑の植林帯が縦に走っていて、それはそれでコントラストの妙を見せてくれている。

駐車場から林道を少し歩いて、大峰奥駈道の主稜線をめざして一時間ほどの急登を歩く。本日最大の登り坂。行者還から弥仙へ至る奥駈道の中間点に出ることになる。紅葉のシーズンが終わった奥駈道には、歩く人は我々のパーティ以外には誰もいない。奥駈道を200mほど

全員集合写真

歩いて、すぐにその道を外れて、「小谷林道」方向に入る。今回のコースではこの分岐が、最大の要所。ここを曲がり損ねると、弥仙に行ってしまう。

高塚山への道は、坦々たる尾根道ではなく、下って登ってと、存外アップダウンのきつい行程。美しくつづくミズナラの道は、すっかり落葉して、その落ち葉を踏みしめて歩く道、冬枯れの樹林帯といっていい。大きなホオノ木の葉っぱを踏みしめて歩く。相変わらず空は曇っているが、高みに行くにつれて寒さが増してくる。雪こそ降らないが、雲は雪雲。日本列島を寒波が通過しているに違いない。誰かが「ただいまの温度は、摂氏6度」などといっている。落ち葉の重なりの上をふあふあと歩く。休憩時に、防寒用のコートを羽織る。びゅうびゅうと風が吹き抜けていく。

風が吹き抜ける枯れ木々の間に、鉄山が見える。大普賢が見えたと思うと、すぐに姿を消す。曇ってさえいなければ、山上ガ岳から弥仙にいたる大峰奥駈道が、手に取るように見えているはずだ。三等三角点のある山頂に立つ。北風が吹き抜けて寒いので、長居はできない。急いで、道を引き返し、南斜面の窪地を見つけて弁当にする。おにぎりは冷え冷えとしているが、それでも美味しい。

「高塚山」という名を持つ山は、全国あちこちにある。紀北町にも高塚公園として存在する。ところが、大峰山系のこの高塚山は『新日本山岳誌』(日本山岳会編集、ナカニシヤ出版)にも『日本山名事典』(三省堂)にも『奈良県の山』(山と渓谷社)にも紹介されていない。あまり知られていないということか、従ってほとんど登られることのない山のようである。偶然といおうか、山の雑誌「山と渓谷」11月号に、「全国隠れ名山」の一つとして、写真とともに紹介されている。

「修験道の歴史に彩られた奥駈道は、長大な大峰山脈を南北に貫いている。その主稜線から東西に派生する支稜も、主稜に劣らず大峰らしさを残しているが、ほとんど明瞭な道はない。そのなかで、この高塚は比較的登りやすく、野趣豊かな自然を満喫できる。」

訃報を一つ。10マウンテンの会創設以来、伊勢市から数名の仲間とともに、年に2、3回参加されていた伊藤俊也さんが、今年8月急死されたとのこと。五ヵ所から参加された黒谷さんから伺いました。明朗な人柄で、いつも大きな声で「会長さん、会長さん……」といって話しかけてくれました。猪の鼻水平道を歩きながら、あれこれと談じたことなどを懐かしく思い出します。行年72歳、寂しいかぎりです。合掌。

報告を一つ。第4回「おわせ海・山ツーデーウォーク」が11月17・18に開催され、992名の参加者で賑わい、無事終了しました。会員の皆さんに多数参加をいただきました。

一の多和から高塚山◉2014年10月19日　参加者33名

尾鷲を午前6時半にスタートして、国道42号を南進する。尾鷲熊野間の高速道路開通後はすっかり交通量が減って、道も道の周囲もひなびた寂しさが漂っている。大又、小又を過ぎて佐田坂の信号で右折、国道169号線を走る。池原公園まで尾鷲から約1時間。受付を済まして、169号線を北上、上北山西原の集落を過ぎて、新天ケ瀬橋の手前で左折して国道309号線（林道行者還線）に入る。ナメコ谷に沿って急な坂道を登る。途中でナメコ谷と分かれて、さらに急な坂道を上る。天川村との境界、標高1100mの高さに行者還トンネルがある。その手前、東口の駐車場に着く。駐車場というより、トンネル入り口付近の土捨て場跡といえる場所。池原公園から1時間弱。トンネルの上は大峰奥駈道である。

行者還トンネルの完成は1976年（昭和51）10月。今から38年前のこと。標高1100m余の所で、1151mの長さで大峰山系に穴を開けた。冬の寒いときの工事ではトンネル内の壁を覆うコンクリートが正常に固まらないで困ったと、工事現場に働いていた山ちゃんが語った。因みに大台スカイラインの開通は1961年（昭和36）3月だから、行者還トンネルよりも15年も前のこと。その大台山系が谷を隔てて東側に、ゆったりとした姿を秋空の下に見せていた。大台駐車場のあたりから南に伸びる稜線。大蛇嵓が東の川に向かって落ち込んでいくのが伯母谷を挟んで間近に見えていた。

吉野から熊野三山に至る大峰奥駈道は山岳宗教の修験者たちの修行の道だが、およそ100kmの道中に75の靡《なびき》といわれる霊地がある。第58番の行者還りの靡と第57番の一の多和――垰とも、山がたわんでいるところ。峠の語源ともいう。本稿では「一の多和」と表記するが、その二つの靡の中間あたりの下をトンネルが貫いている。

「大峰山はわが国で最も古い歴史をもった山である。この山についての古記録は、枚挙にいとまがない。開山は役ノ小角と伝えられる。斉明朝元年（655年）彼は22歳で大峰山の上で苦行したというから、これを登山記録と見れば日本最古であろう。」（深田久弥『日本百名山』）

その大峰山に深田久弥が登ったのはいつか。「日本百名山」の連載が山岳雑誌「山と高原」に始まったのは、昭和34年（1959）の3月から。毎月二座の掲載で50回の連載だった。手元に資料がないので確定的なことがいえないのだが、昭和30年代の後半のある年、4月の中旬まだ扉開きの前に山麓の洞川をスタートした。案内は泉州山岳会の仲西政一郎さん。山上ケ岳に登り、夕方遅くに弥山の山小屋に着いたというから、一の多和のあたりを、四月半ばの夕方に、深田久弥は歩いていった。「大普賢岳から行者還岳までの間は、縦走路の中で最も険峻とされている」と記しているが、一の多和のあたりについてはまったく記さない。迫り来る夕暮れの中を仲西さんと二人で、懸命に歩いていたのであろう。

「翌朝、残雪を踏んで八経ケ岳の頂上へ登った。一九一五米、近畿の最高地点である。空はよく晴れ、大峰山脈の諸峰をはっきりと望んだ。ここからさらに南へ縦走路は蜒々とつづくが、私はその最高峰を踏んだことに満足して山を下った。」

小谷林道から見た高塚山

奥駈道への急な登り

行者還岳トンネルの西口の方が東口よりも弥山・八経ケ岳に近いので、多くの登山者は西口からのルートで登る。私たちは東口からの登り道がよく整備されていて、歩きやすいので、こちらからの利用が多い。一の多和の周辺の大峰奥駈け道は標高1400m前後のところを上下しているので、トンネル東口からは標高差300m余を、ほとんど一直線に急勾配で登っていくことになる。33名の参加者がほぼ一列になって登っていくことになる。稜線上の奥駈け道に出るまでの上りがきつかったが、途中で上から下りてくる人に出会った。向こうは下り道なので余裕がある。最初は熱年のご夫婦。西口から登って行者還岳をめざしたが、稜線上の分岐点で道に迷い、東口方面に下りてしまったらしい。せっかく西口から高度を稼いで稜線にて出て、あとは快適な尾根歩きなのに、もったいないことをしているなと心から同情してわかれた。もう一人は写真好きの青年一人。大きなカメラを肩から提げて下りてきた。行者還の林道の周辺は紅葉の名所として、ここ10年ほど多くの写真愛好家を集めている。林道は、紅葉をねらう多くのカメラマンが列を成しており、車の運行もままならないほどである。私たちの今回の山行も、素敵な「もみじ狩」になることを期待して企画したものだった。この青年は紅葉の状態に詳しい。「今日は紅葉を見るには、少し早いかな」という問いかけに、「時期の問題ではなく、今年は紅葉の状態そのものがよくない。今から紅葉しようという時期になって、大きな台風が2回もやってきて樹木が紅葉する機会を失ってしまった。そのせいで、木々の葉っぱが、茶褐色に変色してしまって、美しさが出てこない。今年の紅葉はだめです」との説明。さすが、紅葉前線を追っかけているマニアだけのことはある。昨夜は行者還の避難小屋に宿泊し、3人だけの泊り客と快適な一夜を過ごしたといって、すたすたと帰っていった。

さて、高塚山へのコースは、途中の1418mの高地で引き返すこととし、三角点のある高塚山の山頂までは道の状態がよくないので割愛した。私たち6人は体調不良等の理由で、一の多和周辺の景観のよいところでリタイアーをして皆さんの往復を待つことにした。奥駈道の脇で休憩していると、時々、山行の人が通過していく。岐阜から来たという三十前後の青年が見事なリュックで颯爽と歩いてくる。吉野まで歩くという。スタートは本宮大社。初日は玉置山までの急な上り道を歩き、テント泊。行仙の小屋と持経の宿に泊まり、今日は行者還の小屋に泊まるという。この人は完璧な奥駈縦走者といえる。歩く姿

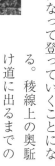

も軽やかで、見事な人であった。「気をつけて」と見送ったが、さっさと過ぎていった。皆さんが帰ってきたころ、行者姿の白装束の若者が大きなほら貝を吹きながら現れた。吉野の桜本坊に雇われていると、微妙な言い方をしたが、私たちのために、ほら貝を吹いて、旅の安全を祈願してくれた。気さくな、気持ちのよい青年だった。

旅人や行者らしい人たちが、順峰道・逆峰道を通り過ぎていったが、ふと上を眺めると一羽のチョウチョウが飛んでいる。それは紛れもなくアサギマダラである。標高1300m余の大峰奥駈道の上を飛ぶそれは、やがて海を越えて、沖縄へ、台湾を越えて南の島まで行くのであろう。八経ケ岳（1914.9m）、弥山（1819m）、鉄山（1563m）の峰々の連なりを借景にして、アサギマダラは悠々と飛翔していた。

北山村

不動峠周辺

◉2011年12月11日　参加者49名

集合場所は和歌山県東牟婁郡北山村の「おくとろ温泉」の駐車場。9月の豪雨による災害で、熊野市の瀬戸から神川町経由の道路が通行止めになっているので、尾鷲からは国道169号線から入る。熊野市桃崎で左折し七色ダム経由か、下北山村桑原から8年前に貫通した不動トンネルを通過して向かうかのどちらか。熊野の側からは、風伝トンネルを出て千枚田の上を通る西山経由の入り方がある。全国的にも珍しい飛び地の村「北山村」は、奈良県の下北山村や十津川村、三重県の熊野市に接していて、和歌山県の自治体とは陸でつながっていない。かっては北山川を利用して、船や筏で熊野川町や新宮市とつながっていた。「飛び地の村」は、川が交通の重要な役割を担っていた時代の名残なのだ。尾鷲からは車で一時間余で到着する。近くなったものだが、「おくとろ温泉」までの入り方について、前夜から何人かの問い合わせがあった。

おくとろ温泉から、逆戻りして登山道の入口である、不動トンネルの南側出口近くの駐車場に移動する。ここから、奈良県吉野郡下北山村の浦向や桑原や佐田まで歩く「筏師の道」である。七色から下北山に通ずる谷沿いの道があり、不動峠が県境になっている。谷の名は「市老谷」。市老とは、一臈の借字で、山伏の長者が住んでいたので名づけられたという。長者を市老とも呼んだところからの命名。

この谷に沿う道は、昔は交通の要路であって、池原方面の筏師達は七色まで筏を流してくると、そこで大沼の筏師に中乗りをまかせ、筏を下りると棹やロープを担いで村へと帰っていった。筏師たちの家路を急いだ道が、不動峠越えの道であった。筏用のネジやその他の道具を運ぶ女性たちも通ったし、行商の男も通っていった。我が敬愛する田部重治（1884—1972）も昭和17（1942）年の晩秋のある日に、ここを越えている。

「七色の村から左に折れて、細い木馬道を登って行くと、杉の木立がつづいている。路傍に清水の湧いているところがある。休んでお弁当をたべる。前方にいい滝が見えて、黒木の間に美しい紅葉が燃えている。私はここで紀伊出身の友人が、この頃、紀伊の山には猪が多いと言ったのを思い起こした。」（なお、この日の前日、田部氏は田戸から東野峠を越え、道に迷って西山の「千代館」に泊まっている。）

市老谷の滝は、市老滝（鎌山滝）と「鍛冶屋滝」の二つ。山間に見

全員集合写真

蛇行する北山川

峠をめざす歴史のある道

事な瀑布を見せていたが、そのいずれかを眺めながら、田部氏はお弁当にしたのである。

「峠の頂上から向こうへ少しく下ると広場があって地蔵尊がある。道が二つに分かれていずれを行っても同じ場所へ出そうだ。左を行く。二十町ほどで東熊野街道の浦向につく。立派な大道がある。これこそ大和の上市から紀伊の木本まで三十里も走っている街道なのだ」と田部氏は記す。「北山村史」は「不動峠の不動堂と向かい合って一軒の茶店」があって賑わったと記述するが、田部氏のころにはもうなくなっていたか。第二次世界大戦のさなか、日本の「暗い谷間の時代」の峠の風景である。

不動明王は、右手に剣を持ち左手に策（綱のようなもの）をもって、目は怒りに燃えてらんらんと輝き、二本の歯を鬼の牙のようにむき出している。体の後ろには火炎が燃え盛っている。四天王にしてもそうだが、彼らの恐ろしい姿は、煩悩に苦しむ自分自身に対する怒りであったり、仏・菩薩を悪縁から守るためのものであって、決して我ら衆生を威嚇しているわけではないのだが、これらの仏像の姿をみると幼児の時には、なんとなく恐ろしかったものである。

さて、筏師たちは深く不動明王を信仰していた。北山川の激流を乗り切るには不動明王のような強い意志と類まれな力を要求されたためかも知れない。

不動峠の不動堂には、当然不動明王が祀られているものと思っていた。ところが、峠について、お堂の扉を開けて覗いてみると、中には板碑が立っていて、「法華供養」と読める。「供」の文字の上半分だけが見えていて、ほかの部分は厳重にガードされている。多分「法華供養（塔）」だろう。前述の田部さんは「地蔵尊」と記していて、これも気にはなるのだが、不動峠で不動さんに会えないのと、法華信仰との関わりがよく解らないのとでなんとなくすっきりしない。筏師の犠牲者が多く出た「七色の滝」（ダムで水没）には、明治5年（1872）「妙法蓮華経塔」が実利行者の手によって建立されているから、筏師の信仰も多様だったのかもしれない。登山口から峠に至る道程の中ほど、道脇にコンクリートの覆いのなかに高さ50㎝ほどの、不動様が祀られていた。小さな像のせいか、顔の表情も穏やかで、両手の持ち物でやっと不動と識別できるものだった。台座のコケを払って見たら、大正とあったから、それほど古いものではない。

実は県境は、峠の切り通しの部分で、不動堂の建物が建っているところは、すでに奈良県下北山村の領域で、堂の横に立っていた記念碑も大正年間の建立で、建立した人も下北山の在の人であった。分岐点に立っていた石の標のほうが古く見えた。「右　くわはら」「左　大和道」との標示。田部さんも、ここから浦向におりて、バスに乗り池峯や明神池を横に見て、池原から河合を目指した。これが紀州と和州を結ぶ往時の本街道。浦向からのコースは幕末の過激派である吉村寅太郎たち天誅組の背走路でもあった。

今回の山行では、標高６０６ｍの峠から、急坂を登り尾根道を西側にたどって紀伊山地の山々、大峰山系を眺望できる地点をめざした。東側には、前回雨のために中止して登れなかった西谷の頭が見事な山容を見せていた。当日は、寒冷前線の南下で雲が出ていて、釈迦嶽のあたりは姿を見せなかったが、前鬼周辺の山々、あるいは行仙岳当たりはその英姿をはっきりと見せていた。

昼食休憩後は、同じ道を戻ったが、峠から尾根沿いに南下して高圧鉄塔沿いに下りてくるコースもあり、中村佳文さんの話では、渡集落のあたりから不動峠に至る道も残っているとのこと。またの機会に歩いてみよう。

参加者のなかに、小学生２人、中学生２人の元気な姿もあって、楽しかった。

かくのごとくにして、今年の忘年山行は無事終了した。何かとことの多い１年でしたが、みなさん、どうぞ元気でよい年をお迎えください。

奥伊勢の山々

松阪市・吉野郡東吉野村

高見峠から伊勢辻山へ

◉1290メートル／・2010年10月17日・参加者37名

台高山脈という名前は、子どもの頃学校で習った。大台の「台」と高見山の「高」を一字ずつとっての命名だとも覚えた。大台のほうは地元の山ということもあって、何度も会の山行として実施したが、その北部へはなかなか出かけることがない。昨年、「薊岳・明神平」へは、東吉野村大又を起点として歩いてきた。また、「桧塚奥峰」へは、スタッフの皆さんとともに出かけている。どちらにしても、登山口まで2時間以上を要するので、なかなか会の山行コースとして組み入れるのが難しい。ただ、年間の山行計画を立てるにあたって、一回は飯高の方面に出かけたいとの思いが、スタッフには強いので、今回の伊勢辻山行きが実施された次第。私自身は都合で参加しなかったが、下見山行に出かけたスタッフから「アップ・ダウンの多い、なかなかのコースですよ」との報告を聞いていたので、それなりのしんどさを覚悟していた。

高見山・大峠に午前8時に集合と連絡してあった。尾鷲を午前五時半に出発。熊野組は午前5時、和歌山県古座川から参加の萩中さんは午前3時に出たとのこと。今回は、津や松阪からの参加者のほうが、近かった。たまにはこんなことがあっていいだろう。

高見峠・大峠は国境にある。西は大和の国、東は伊勢の国で江戸時代には紀州の殿様も参勤交代に利用した道である。峠を挟んで、三重県側の道を和歌山街道、その反対側を伊勢街道という。街道の呼び方は進行方向に向かって呼ぶからである。したがって「伊勢辻」とは、大和の側の人が付けた名前であろう。台高縦走路に大又の側からの道が交差する地点を「伊勢辻」と呼んだ。その辻の近くにあるピークが伊勢辻山。標高1290m、大峠からの標高差は約300m。歩行距離5km余。本日の目標地点まで、およそ3時間。歩き始めてから40分ほどのところに雲ガ瀬山という1075mのピークがあって、そこの上り下りが難敵。

私が長年にわたって調査・研究している俳人に五味李峯という人がいる。紀北町矢口浦の出身で、若い頃江戸に出て俳句を学び、小林一茶とも出会ったこともあるが、晩年故郷に帰った。その李峰が安政4年（1857）の4月1日（太陽暦では3月7日）に高見峠を越えている。吉野で花見をしようとの優雅な旅である。当日は、春の雨が降っていたのか、自分は笠でしのげるが、一面の青葉若葉は笠も着けられず気の毒なことだとの俳句を残している。彼は和歌山街道七日市を出立、伊勢街道の鷲家まで歩いている。

雫にと笠も着られぬ新樹かな　　李峰

峠には寛政6年（1794）10月11日（太陽暦11月3日）本居宣長が峠を越えたおり詠んだ歌の碑も立っていた。

白雲に峯はかくれて高見山見えぬもみちの色そゆかしき

万葉集には、高見峠を遠望した次のような歌もあって、この峠の歴史を感じさせる。

植林山での休憩

高見山遠望

やわらかな樹林帯を歩く

きれいな山標

吾妹子をいざみの山を高見かも大和の見えぬ国遠みかも

高見山・大峠は古来多くの旅人の往来した、懐かしい峠なのである。

高見山という名は「伊勢、大和の国境にあって両国を眺める絶好の山」というのが一般的な説。高倉山、高角山、いざみ山ともいうが、国見山というのも良く似た意味だろう。われわれを悩ませた雲ガ瀬山は、霧や雲がこの山を川の瀬のように流れることからの呼び名か。途中にはハンシ山とかハッピのタワとかカタカナ書きの地名があって、これがどういう意味からの命名か、全くわからない。得意の想像力を駆使しても、手も足も出ないのである。山行ガイド等にも説明がない。どなたか教えてください。

登山口は峠の南側へ、樹林帯に入っていく。道は歩きやすい土道で、道幅も適当でさほど危険とも思えない。歩き始めて30分余、樹間に高さ１ｍほどの石塔ふうの物がある。ぶっきらぼうにも見える円柱のようなもの。四面にペンキのようなもので文字が書かれている。遭難碑だった。「中島博行、享年16才。」側面に「昭和45・５・３」、別の側面に「暴風雨にて倒れる」とあり、裏に回って見ると「大阪府花園高校」と記してある。昭和45年は１９７０年だから、今、生きておれば56歳か。さほど危険なところではなさそうだが、暴風雨に遭遇し、路を失ったか、体力を消耗したのか、高校一年生の単独登山か、それとも集団登山中の出来事だったか。詳細は記されてない。大峰山系の大普賢と小普賢の間にあった遭難碑は、冬山での遭難だったし、大台山系の石楠花坂での大和郡山のボウイスカウトの青年指導者の死は、大豪雨の中での道探し中の遭難だった。碑の前には小花のようなものが供えられていた。40年前の事故を悼む人が供えたのだろう。消えやらぬその人の悲しみを思いながら、遭難碑に別れた。

途中、ちょっとしたアクシデントがあって、3人が峠へ引き返すこととなり、34人で伊勢辻山に到着。山頂は広々とした台地状になっていて、100人ぐらいは休憩昼食ができそう。谷を挟んで薊岳が、思ったより大きな山容を見せている。昨年の山行では、あの岩の上に腰掛けて休憩したものだ。腰を下ろして弁当にしながら、南西の方角に遥か遠くに眺めた大普賢岳がよかった。大普賢という山は、どの方角から見ても、山頂の尖り方が独特でそれと識別できるのがよい。自分たちが、かって登った山を遥か遠くに確認した時の喜びは、苦労して登った山であるほど大きいし、そんなことの中に山行の魅力の一つがあると、私は思っている。薊岳も大普賢岳も私の視界の中で悠然と構えていて、申し分なかった。

午前8時半にスタートして、午後3時には戻ったから、往復ともに3時間程度の歩行だった。帰りは「飯高道の駅」の温泉に浸って、汗を落とし疲れを取った。高見山地の局が岳、桧塚、三峰山に出かけた折にも、この温泉に入ろうと訪ねたのだが、いずれも休業日だったり、臨時休業だったりで入浴の機会に恵まれなかったが、今回は幸いにも開業していて、露天風呂には風邪を警戒して遠慮したものの、蒸し湯だの薬湯だのに入って、ゆったりした時間を過ごしました。

月一回の山行なので、逢うと久しぶりという感じですが、時たま参加の人などとの出会いは、それはそれで懐かしく、お互いの元気や無事が確認できて、なんとなくうれしくなります。これからも、月に一度の出会いを楽しみに山行を続けてまいります。みなさんが健康を維持されて山行への参加されることをお願いします。（川端 守）

吉野郡川上村中奥

薊岳から明神平へ

◉2009年9月17日・参加者32名

今年は熊野古道が「紀伊山地の霊場と参詣道」の名で世界遺産に登録されて5年になる。「熊野古道の魅力についてどう考えていますか」と、ある人に問われたとき、「熊野古道の魅力は紀伊山地に包まれているところにあります。紀伊山地の豊かさ、深さがあってこそ、その中を貫く一本の線として古道の魅力があると思います」と答えたことがある。

確かに、紀伊山地は奥が深く、自然の豊かさに満ちている。そして、なかなかに広い。奈良県南部に位置する上北山村や下北山村、十津川村や野迫川村などは大峰山系や大台山系を訪ねる折に時々通過するので、すっかり親しくなっているが、今回の登山口のある東吉野村についてはまったく知らなかった。尾鷲から池原公園まで一時間、さらに北上して一時間余、東吉野村の丹生川上神社まで二時間と少しの距離にある。下見のとき、そのときは「桧塚」往復の予定だったが、この村の中心部を始めて通過して、大和からの紀伊山地の入り口に位置するこの村のたたずまいにすっかり魅せられてしまった。山村の持つ魅力というべきだろうが、今回は東吉野村について記すことから始めたい。

明治維新の5年前、文久3年（1863）8月17日、尊王攘夷派の天誅組（主将中山忠光、総裁吉村寅太郎ら、同士38名）が、五条代官所を襲撃し、代官鈴木源内らを殺戮するという事件があった。天誅組の変

全員集合写真

麦谷林道の峠より出発

紀伊山地の山々

とか五条・十津川の変とか言われる出来事である。この日の行動は「義挙」と呼ばれるが、翌日の18日、公武合体策を取る薩摩・会津両藩は朝廷内にいた公武合体派の公家たちと示し合わせて政権を奪い、長州藩と連携する尊王攘夷派の公家たちを京都から追放するという「8月18日の政変」が起こる。この日から天誅組は「賊徒」と呼ばれ、彦根、津、和歌山藩を中心とする幕府軍に追討される。高取城の攻撃（8月26日）に失敗、総崩れとなった天誅組の逃避行が始まる。天ノ川辻を越えて十津川に退き、新宮や尾鷲方面への脱出を企図するが、紀州藩の防備固くて断念、十津川郷士の離反もあって、笠捨山に野宿（9月19日）の後、北山郷浦向に着くが、再び、北上して伯母ケ峰峠を越えて、9月24日に東吉野村に入る。24、25、26日の三日間、鷲家や鷲家口で追討軍に攻められ、吉村寅太郎以下ほとんどが討ち死にする。かかる経過で、東吉野村は「天誅組終焉の地」と呼ばれることとなり、記念碑や墓碑が村内のあちこちに建立されている。

なお、総裁吉村寅太郎の死亡時の年齢は27歳。平成14年には、出身地の高知県東津野中学校の修学旅行団が墓参をかねて東吉野村を訪ねることとなり、現在まで続いているとのこと。もうひとつ言えば、主将中山忠光は東吉野から逃れ、吉村寅太郎が藤堂藩士に銃殺された日（9月27日）に大阪の長州藩邸に逃げ込み、さらに長州に逃げるが、逃亡先の長州藩内で暗殺される。死亡時の年齢は20歳である。

下見の日は平日だったので、山行後、村の役場内にある教育委員会で次の資料を求めた。「東吉野村史」全3巻（平成4年刊）。「東吉野の旧街道」（平成9年刊）。「東吉野見聞記」（平成11年刊）。「天誅組終焉の地展」（平成17年刊）。今回は、これらの書を参考にしている。

「明治38年（１９０５）1月、一人のアメリカ人青年が通訳と猟師をつれて鷲家口に入ってきた。青年の名はマルコム・アンダーソン。」

ロンドン動物学会と大英博物館が企画した動物学探検隊の一員としての来日である。二週間の滞在中、タヌキ、テン、イタチ、ムササビ、モモンガ、カモシカ、リス、ノウサギ、イノシシ、シカなどの雌雄を相当数捕獲したという。哺乳動物の収集を行っているアンダーソンの前に二人の猟師がオオカミの死体を担いで売りに来た。値段がおりあわず交渉が決裂したが、やがて猟師の方が折れて8円50銭でアンダーソンに売り渡された。当時、大工さんの手間賃が一日85銭ほどだから、その10倍ほどの値段ということになる。このときのニホンオオカミは、現在イギリスの大英博物館に標本として保存され、採集地「ワシカグチ・ホンド・ニッポン」と記されているとのこと。明治中期に絶滅したとされるニホンオオカミの最後のものかもしれない。東吉野村は天誅組終焉の地であり、ニホンオオカミ終焉の地でもある。登山道に至る小川集落の道沿いにオオカミのブロンズ像が立っていた。昭和62年の3月に建てられたもので、作者は久保田忠和さん、制作に1年３カ月要したとのこと。なかなか精悍なオオカミ像でした。

今回の山行については、計画表では桧塚までとしていましたが、下見の結果、当初上りのコースに予定していた大又から直接明神平に上るコースは、明神谷沿いの道が所々でがけ崩れ等があって、団体での歩行に危険を感じましたので、麦谷林道を経由して薊岳から明神平までに変更しました。大又へいたる県道から麦谷林道に入り、７・２㎞ほどすすんだところが登山道入り口。登山口あたりの標高は１０００ｍほど。大又林道終点からや笹野神社からの道に比べて時間はかかるが楽なコースといえる。二階岳（１２４２ｍ）に上り、下って上って木ノ実ヤ塚（１３７３、８ｍ）また下ってがけ場を上って薊岳（１４０６ｍ）、いくつものアップ・ダウンがあって侮れない。「昔、称徳天皇のころ、海部《あまべ》の峰という山に良算という名の持経者がいて、日夜修行に励み里に出なかった。十余年に及んだという。その間、鬼神が来て惑わそうとしたり、熊・狐・毒蛇などもやってきたが、一心に法華経を唱えたので、後に鬼神らもお経を尊び木の実・草の実を持ってきて良算を供養したという」この「海部の峯」が「薊岳」になったという説がある。木ノ実ヤ塚という珍しい名前もこの話に由来するるのだろう。

薊岳から前山・明神平までの道がよかった。下見のときは、小雨、霧の中で視界５ｍほどだったので、道だけを見て歩いたが、今回は好天の下の風景を堪能した。イタヤカエデやブナ、リョウブなどの林の中を上機嫌で歩いた。紅葉のころの見事さを想像して楽しんだ。明神平を眺める斜面に座って昼食。「明神平、以前は熊笹と原生林に覆われた大自然そのものだったが、大学の山小屋が建ち、さらに昭和30年代後半に、私営のスキー場が開設されるに及んで、様相が一変した。原生林は伐り開かれ、ゲレンデに変わり、約３００人収容の宿泊施設には自家発電によるテレビもおかれていた。」やがて、スキー場の閉鎖。残された無人ロッジが不慮の火災で焼失。当夜宿泊していた、高校入試合格の歓びにわく私塾生たちが命を失うということもあった。広々と緑なす明神平も、実は「悲しい草原」なのだ。

松阪市
白猪山

◉2015年3月8日・参加者36名

道の駅「茶倉」に午前8時集合。国道166号線――この道は紀州の殿様の参勤交替の時に使用されたこともあって和歌山街道と呼ばれているが――を松阪方面に走ること10分ほどで、大石幼稚園前バス停で左折して、大石集落に入る。私たちは自動車で飯南、飯高を走りぬけることは時々ある。それは、国道で言えば166号線を走るということ。松阪から高見山への道筋は何度も走ったことがあるから、その風景は見慣れている。ところが、大石集落のような幹線から中に入り、しかもその道が行き止まりのような集落については、その集落に知り合いがいるとか、とくに著名な旧跡があるとかの事情がない限り、なかなか見ず知らずの集落に入っていく機会に恵まれない。村の人たちから、どこの国から何をしに来たのか好奇の目でじろじろ見られたりするからである。山行の楽しみの一つは、多くの仲間と、そういったはじめての集落を歩き、集落の風景を眺めることができることにある。大石集落の石積には驚いた。全ての民家、全ての田畑がみごとな石垣の上にあったのである。

「大石町は櫛田川左岸に位置し、櫛田川に沿って東西に走る国道166号沿いに久保田・上出の集落が立地し、北部山麓に脇、奥殿、北谷、谷、都、大城、矢下の各集落が点在する。」私たちは、その谷の中間地点にある新宗大谷派善竜寺の駐車場に10台余の車を駐車させてもらった。この日も下見の日も住職の姿は見えなかった。寺はきれいに整備され、鐘楼も見事で荒廃した気配は全くなかった。思うに法事のあるときだけこられるのだろう。駐車場借用のお礼の挨拶をと思ったのだが、お会いできなかった。白猪山への登山コースは5つほどあるが、この日のそれは「都・谷コース」という。谷に沿って立ち並んでいた民家の一番奥の家のおばさんに、駐車場のせわをしていただいたので、御挨拶をしたが、下見のときと本番のときを通して、村で人影を見たのはこの人だけ。家々には人の気配がするのだが、表に出てきて声をかけてくれない。山行も初期のころは、山歩きの姿を見かけると声をかけてくれたものだが、小辺路を歩いたときもそうだったが、昼間村を歩いて村人と話をするチャンスはほとんどない。最終の人家のあたりは「都口」といい、それより上が「都」という字名になる。「全国に宮古と書くところは多いが、都と書くのは京の都以外ここ一箇所しかない。」「この地には、江戸時代、六衛門という力持ちがいて、和歌山街道を通る紀州藩の五右衛門風呂を運んだそうである。その褒美に何がほしいかとたずねられ、答えたのが都という地名だったそうである。」（伊勢山の会「飯高の山」）

熊野古道伊勢路の出発点、田丸。ここのお城の石垣は見事だ。田丸城の城跡から西側を眺めると、遠くに飯高・飯南の山なみがゆったりと見えている。それは伊勢の海から船乗りたちが眺めたのと同じだろう。左から、あるいは奥側から「局が岳」（1028・8m）、「白猪山」（819・7m）、「堀坂山」（757・4m）。それぞれが、それぞれのやわらかさで西から東に伸びている。伊勢三星といったり、伊

全員集合写真

道標か

和歌山街道沿いの村々を見る

休息時間

勢三山と呼んだりしているが、古くから船乗りたちの導きの山であったのだ。その中央に白猪山が座っている。下見で出会った斎宮の人が、いつも家の庭から眺めているよといっていた。伊勢の人たちにとっては、朝な夕なに眺めている故郷の山なのである。大石の石垣の里からも、どっしりとした姿が見えていた。

　道の駅で貰った「深野まちあるき新聞」第1号は、白猪山について次のように説明している。「白猪山には昔、白い猪が住んでいて、神の使いとして崇めたという言い伝えがあります。頂上近くには石尊大権現が祀られており、現在も四月に春の祭典が行われ、たくさんの人でにぎわいます。山の上での餅まきは県内でもたいへん珍しいものです」。白い猪を見た人はいない。話としては面白いが、「白い猪がいて」という説明は無理だろう。この点について福井敦美さん（伊勢山の会代表）は山名の起源についての諸説を紹介しながら、「明治以前は城猪山と呼んでいた。このあたりには、猪が多く生息していて、それはお城の殿様にも献上されていた。お城に献上される猪の山で城猪山。その辺りが一番現実味のあるように思えてくる。そして、いつのまにか、山の美しさを表すために城が白へと転化していった」と説明している。その通りと思う。そういえば、大石の集落の全ての家、全ての田畑の周りには獣害駆除の電線が張り巡らされていて、今もこの里は夜な夜な出没する猪に困っているさまが見て取れた。伝説の白い猪は黒い猪となって、村人たちを困らせている。

大石村の谷、都などの字を見事な石垣に沿いながら集落を抜けると、標高２８０ｍの表示と、都・谷登山口の表示があり、ここからはほとんど平坦路のない上り一方道が続く。あるのは急な坂か緩やかな坂かの違いだけ。ただし道はよく整備されていて、案内板も一合目ごとに表示があって模範的な状態。大城道や矢下道との分岐についての説明も明確。途中に石の道標が一つ。なにか由緒ありげで興味深かったが、字面が磨耗していて読めなかった。

９合目の二の峰に到着。深野方面からの夏明登山口からの道はここで合流している。この地は一瞬山頂かと見間違うような風情。明るい伐採地で、芝生のような広場が続く。西側の高台にパイプで囲ったような、場所。きっと祭りの餅まきの場所なんだろう。麓の矢下地区では、畑はサツマイモと小麦を栽培していたが、茶畑と桑畑もあり、「白猪山へ日に二回、車をひいてあがり草を刈って（肥料として）入れていた」（『松阪市史』）らしい。とすると、あの芝生のような広場は、肥料として草を刈った跡地なのだろう。山間の草地は村人たちの労働の結果ということか。頂上手前の展望台はなくなっていて、残骸だけが広場の隅に積み重ねられていた。その展望台からの景色を「西側に尼ガ岳、倶留尊山、局ガ岳、高見山、南に台高山脈、東は伊勢湾まで見える」と佐藤貞夫さんは記している。（『三重県の山』山と渓谷社）山頂からは四方八方の山々が見えていたが遠方はかすんでいて、伊勢湾は見えなかった。山行前日は深夜まで雨が降りしきり、山行翌日もかなりの雨量を記録したが、山行当日だけが絶好の日和になって、局ガ岳も堀坂山もその雄姿を見せてくれていた。それだけで満足すべきだろう。石尊大権現の石室に入ったが、神奈川の大山から明治になって勧請したという石尊の姿を見なかった。明治の神仏分離令がこの山と麓の神仏にどのような影響を及ぼしたのか深く知らない。なお大山は雨降山、阿夫利山ともいい、雨乞いや農作の神であろう。井戸奥の阿夫利地蔵と同様のものと思われる。

帰途、大石不動院を尋ねた。あいにく住職が不在で、弘法大師の御作といわれる「青不動明王像」を拝見したかったができなかった。石勝山金常寺不動院は弘仁3年（８１２）開創とか。高野山の開創よりも数年早いということになる。境内には神変大菩薩の石造もあって歴史の古さを感じさせていた。石の階段を百数十段登ったところに展望台があって国道１６６号線に沿って流れる櫛田川の奇岩、怪石が眼下に見えている。三重県立公園「香肌峡」を一望することができた。昭和30年代であれば、対岸をゆっくりと進んでくる松阪電鉄の電車が、終点の大石駅に入るところが見えたに違いない。

度会郡紀勢町錦

姫越山

◉503m／2009年12月13日・参加者58名

7年前2002年の7月、うだるような暑さの中を、姫越山へ出かけている。従って10マウンテンの会としては二度目の山行である。錦を出発して姫越山を越え、芦浜に下りた。芦浜で昼食休憩。姫越の山頂を背景に記念撮影をした。参加者44名と記録にある。今回は、南島町の新桑《さらくわ》から、芦浜へ向かうルートで、尾根へ出て芦浜へ向かわないで、山頂を目指すコース。私たちの会は、同じ山へ出かけることはあるが、その場合なるべく違ったルートで行こうという暗黙の了解のようなものがあって、今回は新桑からのルートを選んだ次第。

山頂間近で、迂回して姫塚を見学した。「なんにも良うないよ」と大きな声で感想を述べている人がいたが、塚なんかは良いとか悪いとかの判断で見学すべきものではないだろう。大きな自然の岩を、無造作に3つ4つ重ねただけの塚らしきものに、ある種の感慨を私は抱く。伝承によれば、あるいは「錦町史」によれば、「昔、源平合戦のころ、この山をあえぎあえぎ登っていく老武士と姫君がいた。馴れぬ山道で、しかも落ち武者の逃避行、峠の近くで姫は一歩も動けなくなった。お供の老武士は、せめて飲み水をと、急ぎ谷に下り、水を持って戻ったときには、姫はすでに事切れており、老武士もまた姫を追って自らの命を絶った。」錦町史は昭和12年の刊行。編著者の坂口久之進さんは姫を「木曾義仲の娘」と記しているが、義仲に都落ちするような娘がいたかどうか、すくなくとも「平家物語」にはその記述はない。芦浜には「義仲の武将樋口次郎兼光の塚、もしくは碑」も伝承されているが、落人伝説といえば平氏一族のそれが圧倒的に多い中で、木曾義仲一族の伝承というのが、珍しい。なお、姫塚よりもっと錦よりに「爺ガ塚（または侍従ガ塚）」も存在している。どちらにしても「ヒメゴ山」の山名は、この伝承によっているのだ。木曾義仲の最期は寿永3年（1184）の1月のことで、これは歴史的事実、いまから800年余の前のことである。われわれの登った山が、いつから姫越山と呼ばれるようになったか、資料不足でとても考察できないが、手元にある帝国陸地測量部の5万分の1地形図、（明治44年測量）には「姫越山」502・9とあり、新桑から芦浜を経て錦へと至る、「小径」も描かれている。

そのころ、芦浜には居住者もいて、田畑を耕作していたとのこと。とりあえず、明治のころには、姫越山と呼ばれていたことは間違いない。南島町にも落人伝説がある。この地域は「平家の落人が隠れ住んだとされています。平維盛と、その妾腹の子・岸上行弘は一の谷の合戦に敗れ、紀州の河合に逃れました。その後行弘の孫・行盛は一族とともに、南勢町船越に移住。その子・久盛のころ塩焼きをはじめ次第に生活の基盤をつくっていきました。塩焼きは室町時代・永享（1429—41）のころが最も盛んで、粘土で石を積み上げ、その上部を粘土で固めた大きな土鍋のような竈に海水を注ぎ、炊き詰める方法であったと伝えています。」（南勢町発行「南勢町山紀行・見登歩史」）

姫越山や南島町などに落人伝承が残るのは、12世紀後半の源平争乱を中心とする内乱が、全国的な規模で展開し「平家物語」に代表される軍記物語が多くの国民に読まれていたことを示しているのだろう。伝承と事実の境界を大事にしつつ、それらに学び記録しておきたい。

新桑と錦を結ぶ道は、芦浜を経由する海沿いの道と、姫越山を直

全員集合写真

熊野灘に面した芦浜

新桑から山道に入る

接に越えていく山の道の二つがあった。新桑の集落を抜け、橋を渡って「芦浜道」を私たちは進んだが、橋を渡らずに直進すると山越え「にしきみち」ということになる。２００ｍほど行った道の左側に「左くまの道」との石造道標があり、さらに１００ｍほどで子安地蔵と、もう一体の仏像が石祠に安置されている。どちらの仏像だったか、右脇に「にしきみち」と彫られ、左脇に寛政七年とある。実は、この道は熊野街道・伊勢路の脇街道だった。「熊野脇道」という。紀州藩田丸領の城下町玉城町田丸から熊野街道は始まるが、田丸町勝田から外城田川を渡ったところで本街道を離れ、左に折れて「熊野脇道」が始まる。私は、この道をまったく歩いていないので、よく解らないが能見坂峠で南島町に入り、町を南下して棚橋竃を経て新桑竃に入ってくる。そして、姫越山を越えて錦浦へ。さらに錦峠を越えて名倉を経て、熊野街道本街道と二郷で合流する。思うに、熊野脇道は処々で国道に分断され、古道の雰囲気を保持していない中で、標高５０３ｍの姫越山を越えるルートは、最も保存状態のよい区間といえるのではないか。ぜひ歩いてみたいとの思いから、少しより道をして、子安地蔵のところまでのぞいてきた。道は限りなく私達を誘い続ける。

山頂に着いたとき、先客がいた。新宮からのグループ数名と、錦のグループ3名。いずれも錦側から登ってきていた。山頂は20～30名ほど座るのがやっとの広さ、われわれの先着グループが、混雑を避けて林の中に入って食事をしていたが、日陰の寒さの中でのそれは気の毒であった。山頂から、眼下に芦浜池を抱くように砂浜が見え、それを三方から山が囲んでいる。熊野灘がきらきらと光っている。南を見れば、紀伊山地の山々が幾重にも山なみを重ねており、遠くは三木崎の半島、その手前に九鬼岬、さらに八鬼山から矢の川峠、高峰山の連なりが識別できる。海と山だけが見えていて、人工のものがまったく見えていない中に、奇妙なことに、中部電力三田火力発電所の煙突だけが、風景の中に白い細い線として見えている。真北から眺めれば、見えるはずがないのだが、姫越山は、尾鷲よりは相当、東側に位置しているのと、間に高い山がないのと、天狗倉山半島は邪魔にならないで、引本湾や矢口の後ろの山々の向こうに、煙突だけが見えていたのだ。足元は見えていないから、尾鷲湾や引本湾は見えない。不思議な角度で、不思議な煙突を見たものだ。煙突のてっぺん（天辺、頂辺）に昇れば、姫越山が見えるに違いない。天狗倉山からも見えるに違いないが、遠くからは識別できなかったと友人が話していた。

帰りは、同じ道を帰ったが、「芦浜道」の整備の良さには、感心した。実は、出発前にスタッフの山ちゃん、稔さん、大和さんの三人が先行して、2日前の雨のため谷が増水して、歩行困難になるのを心配して、即製の丸木橋を3箇所ほど設置してくれた。ために、やすやすと谷を歩くことができた。感謝、感謝。みなさん、どうか良い新年をお迎えください。

度会郡紀勢町錦

塩浜遊歩道から芦浜へ

◉2011年10月2日／参加者30名

「紀伊山地の霊場と参詣道」のうち、熊野三山とその周辺の台風12号による被害は甚大である。9月3日に高知県に上陸して4日に日本海に抜けて以来、1ヶ月になるのに未だに避難所生活を余儀なくされている人たちがいる。

那智大社の裏山が崩れ、境内が土砂で埋まった。那智大滝の下にある文覚の瀧が消失した。本宮では世界遺産センターが浸水と建物の被害で機能不全になっているし、世界遺産指定前後から整備のすすんでいた国道168号線沿いの門前街が2ｍほどの浸水で大きな被害を受けている。本宮大社そのものは明治22年の流失で、高台に移転していたので難を逃れたが、大斎原は冠水したという。

十津川・熊野川の水量はすさまじいものがあったに違いない。水害後、一週間ほどして新宮大橋（昭和8年―1933年竣工）を渡ったが、橋脚に大きな材木が引っかかっていた。水はあの大橋も越えていったのだ。熊野川にかかる次の大橋を「三和大橋」というが、熊野川町と熊野市を結ぶ。この橋の川床からの高さは約23ｍ、路面まで水に浸水したというから、川幅300ｍのこのあたりでは25ｍの高さで水が流れた。川岸の高台に立つ新宮市熊野川行政局（旧熊野川町役場）は二階まで浸水したという。かって、この建物の二階にある教育委員会を訪ねて、「熊野川町史」を求めたことを思い出すが、あそこまで浸水するとは想像もできなかった。思うに熊野川本流を膨大な量

全員集合写真

芦浜海岸

塩浜街道から

の水が駆け下った。それに流れ込む最大の支流北山川の水は、熊野川の「水の壁」に隔てられて流入できなかったのだ。北山川の水は、停滞し、逆流して、楊枝を小船を襲った。北山川にしてそうなのだから、その他の中小の河川、高田川とか、赤木川とか、大塔川の川辺の集落は、三重県側では相野谷川の周辺も甚大な高さの水に襲われた。それは、戦後この地域を襲った最大の台風「伊勢湾台風」の時の水量を遥かに上回っている。有史以来というべきか、いや、「十津川豪雨」以来というべきだろう。明治22年（1889）の「十津川豪雨」を人々は「未曾有の豪雨」と呼んだが、今回は、そのとき以来「122年ぶりの豪雨」といえる。

明治22年8月18日から振り出した雨は19日、20日と降り続き、十津川やその周辺の住民の誰もがはじめて体験する大豪雨となった。十津川郷を取り巻く山々や渓谷は、大小無数の地すべりと山崩れを起こし、これが十津川とそこへ流れ込む支流の河川を堰きとめ、各所に大規模な湖水を出現させた。土砂と流木によって一時的に出現した堰堤（自然ダム）は十津川村だけで30を数えたが、やがて決壊して濁流となり、点在する民家、田畑、道路を流失埋没せしめ、言語を絶する惨状を呈した。下流の中洲に中世以来鎮座してきた本宮大社は、建立以来初めての濁流に流され、河口に位置する新宮の町は泥流に見舞われ、街の半分以上が浸水した。十津川の水は激流となって川上に遡り、濁流となって川下を襲ったのである。

この年の十津川村民の「北海道移住」とその後の苦労については、ここでは触れないが、今回の水害はあの時以来のものといえる。記録的豪雨の要因は①台風の動きが遅かったこと。②雨雲が広範囲にわたったこと。③真直ぐに西側を北上したこと、④紀伊半島の地形が影響した―との分析があるが、１２２年前と良く似ていると思われる。前回との大きな違いは、十津川本流、北山川水系に巨大なダムが建設されたが、それが治水に効果を発揮しなかったことと、一村移住というような適地は、この国にはもはや存在しないということであろう、さまざまなことを考えさせられる「平成3年の紀伊山地の豪雨」である。

9月山行は11日に、大台山系の「光山周辺」を予定し、スタッフで下見もしルートの安全確認を済ませていたが、実施一週間前になって台風12号の襲来。尾鷲、紀北町の被害は熊野市以南と比べると比較的軽微であったが、登山道まで自動車で移動する予定だった栃山・木組線が倒木等で通行不可能になり、中止と決定。7月の小広峠―発心門王子、このコースも中辺路のルートでは最も被害を受け現在は通して歩くことが困難になっているのだが、以来3ヶ月ぶりということになる。

芦浜への山行は今回で三回目になる。最初は２００２年の7月。錦から姫越山（５０２・９ｍ）を越えて、芦浜へ下ったが、この年の夏は猛暑で、44人の参加者は芦浜に到着した時には持参の水を飲みつくし、かなり疲労していた。標高は、それほどでもないのに「このときの山行は最も厳しかった」と語る人が多い。帰途は、錦への水平道に近い古道を辿ったが、芦浜から峠までの上り道がしんどかった。

二度目は２００９年の12月。南島町の新桑をスタートして熊野古道・脇街道を歩き、狼煙場跡を通り姫越山まで。この時は、芦浜へは下りず、尾根道から眺めた。帰り道は、同じ道を帰った。参加者は57名であった。

今回は、錦の集落を走りぬけ塩浜遊歩道のスタート点にある駐車場が出発点。ここからの眺望がすばらしい。眼下に錦の浜、対岸に白浦の集落。その後ろに天狗倉半島の全貌。便石や八鬼山、高峰山。西側には大台方面も見えていたように思う。駐車場からは、東側に熊野灘、西側に錦の町を見ながらのコース。姫越山越えや新桑からの道が、昔からのコースとすれば、今回のコースは近畿自然歩道として新たに整備された道。一間幅の階段を整備してあり、所々にアップダウンがあって、ルンルンの散策道という訳にはいかないが、山行というよりトレッキングというほうが近い。それでも上り道の苦手な私は、階段の上り道をふうふう言いながら歩いた。途中に鰤大敷きの番所らしきところや、三等三角点などもあって休憩に適している。錦からの旧道と合流したあたりから、古道らしい雰囲気の道辺に「弘法水」などと記した水場もあった。正午前には芦浜の浜辺に下り立ち、砂浜に腰を下ろして昼食休憩。湾内に三艘ほどの釣り船。ゆったりと釣り糸をたれている。あれは錦からの船か、それとも南島町の船かと思いながら、次に来る時には、渡船を頼んでおいて、船にて帰るというのも悪くないなと考えていた。それにしても静かなところだ。伊勢湾台風以来、私たちは多くの海岸線を失ったが、ここには昔ながらの、堤防のない砂浜、そこへ流れ込む小さな川、そして池があり、それらを三方から包み込む山々がある。

中部電力が三重県内の熊野灘沿岸の芦浜、城の浜、大白浜の三箇所を原発立地候補地として発表したのは、１９６３年12月のこと。48年も前になる。あれから半世紀になろうとしている。

城の浜と大白浜はともに公園化され、原発立地候補地としては圏外に去った印象だが、ここ芦浜は企業の所有地になったままで、現在に至っている。そういえば錦の側から入るにしろ、南島の側からはいるにしろ、芦浜への入り口には「社有地につき許可なく立ち入ることはご遠慮願います」「社有地内での事故・トラブルについて当社は一切責任を負いません」との立派な看板が立っていた。この看板は、いつ行っても昨日建てたかのように新しく、朽ちるということがない。

３・11の東電の福島原発事故以来、国民の圧倒的多数は、原子力発電からの撤退、エネルギー政策の転換を求めているが、原発マネーやら、原子力村の利権に取り込まれた人たちの、心底からの反省の声は聞こえてこない。あの事故以来、この国の政治・文化・経済等に係わる人たちの営みには、真摯な誠実さが問われている。そういう点では、人類史的な岐路にこの国は立たされている。芦浜の秋色深きなか、砂浜に寝そべり、そんなことを考えていた。

大紀町野原

七洞岳

◉標高７７８ｍ（藤ケ谷コース）／２００５年11月13日・参加者56名

明治38年（１９０５）10月14日に、小島烏水らによって結成された「山岳会」は、４年後の１９０９年（明治42）５月に「日本山岳会」と改称して、現在にいたっている。従って、今年、「日本山岳会」は創立１００周年を迎え、さまざまな記念事業を展開している。その一つとして、「新日本山岳誌」が11月15日に刊行された。（ナカニシヤ出版、１９７４ページ、定価1万８９００円）

日本国内にどれだけの山が存在するかは、なかなか確定しがたいが、およそ2万座と推定されていて、その中から見出しに取り上げたもの約３２００座、記述で触れられた山を含めると約４０００の山について掲載している。三重県内の山で取り上げられたものは81座、そのうち東紀州の山では、橡山（１００９ｍ）天狗倉山（５２２ｍ）仙千代ケ峰（１１００ｍ）高峰山（１０４５ｍ）保色山（１０２８ｍ）一族山（８０１ｍ）子ノ泊山（９０７ｍ）の7座である。この選択が妥当かどうかは議論を要するが、全体の０・２パーセントを占めていることに満足しておこう。「東紀州の山々」を紹介するためには、私たちがこの数年間歩いてきた山々を自分たちで、編集して刊行していく作業を、ぼつぼつ進めなければならないと思っている。

少し長くなるが、「新日本山岳誌」のなかの「七洞岳」を引用しよう。

最初に山名と「ななほらだけ」の呼び方と標高、別称として七洞山・白岩岳・白岩峰・白岩山が枠組みで示された後に、……

…三重県度会郡度会町と大紀町（旧大宮町）の境にまたがる。いわゆる「度会アルプス」（度会山地）の主峰である。南の釈迦岳（７８４ｍ）より数ｍ低いが、風格のある堂々とした山容を大台町辺りから眺めることができる。山頂には一等三角点が置かれているため古くから好事家に注目され登山されてきた。展望は台高の山々をはじめ伊勢湾や熊野灘も見られる。

山名の由来は明らかでない。「度会町史」に掲載された伝説に「七洞峠」がある。「七保村永江（現大紀町）との界に七洞峠があ

全員集合写真

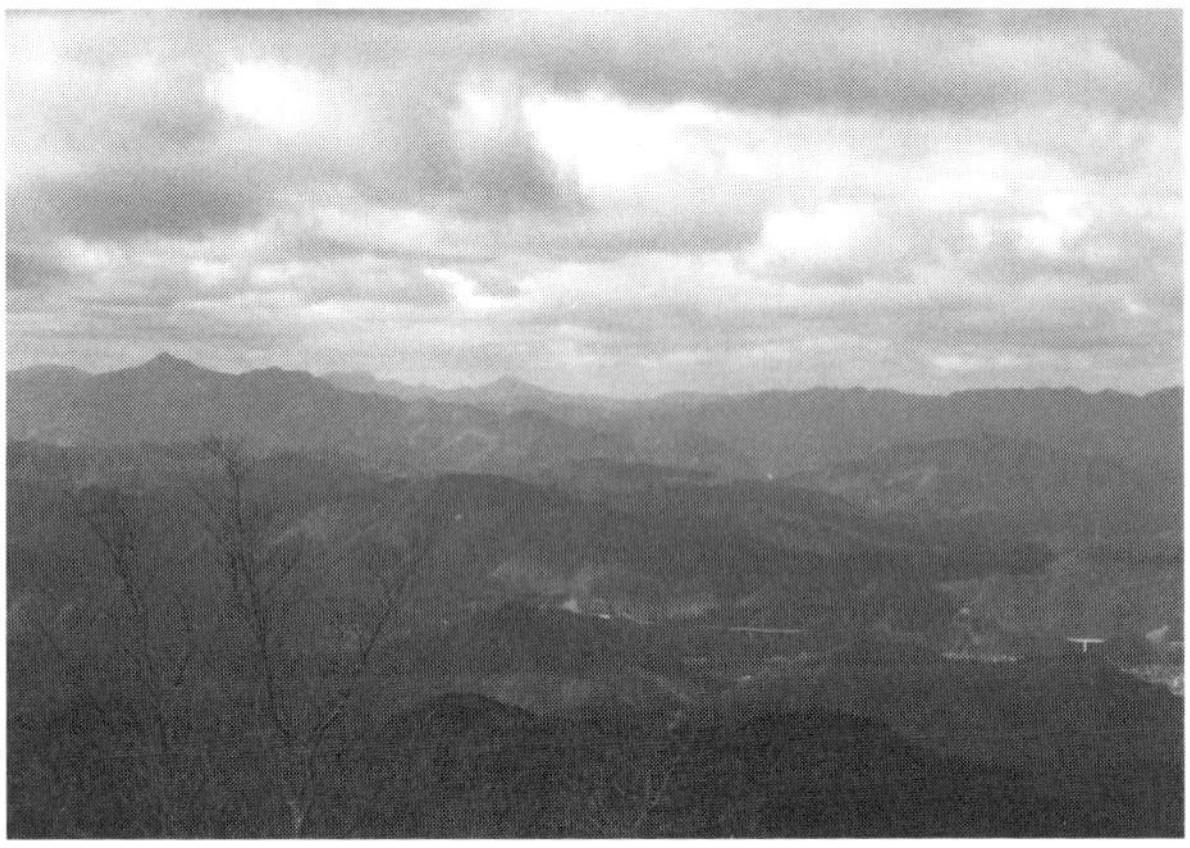

る。山頂に広さ一町歩の池があり、大蛇が住んでいた。猟師がその害を恐れて射殺した。その後、七日間、鮮血が谷川に流れた」という。なお、白岩峰は点名である。白岩とは地形図に露岩記号のある度会町側の展望岩辺りを指すらしい。（中略）

登路　大紀町の野原新田からのコースが一般的である。一時間三十分程度の登りは初心者にも最適であろう。

（筆者は名古屋市在住の西山秀夫さん）

「度会山脈」とは釈迦岳・七洞岳・獅子ケ岳の三山の総称と「度会町史」に説明があり、「釈迦岳」とは「栃谷山」のことと説明がある。当日のガイドと先導を担当してくれた小野幸年さんが説明していた「小さいときは白岩と呼んでいたし、麓に七つの池あるいは洞があるので七洞と呼んだのでは」という説も、説得力があった。

道の駅「大台」に午前8時集合。国道42号を南下して大紀町役場の前を通過して、次の信号を左折して、七洞峠を越える。車を駐車したところが「藤」という名の集落。駐車した広場は「なんじゃもんじゃ広場」、前の道路は県道46号線南島・大宮・大台線。南下すると南島に入る峠があって「藤坂峠」。駐車場のすぐ横を流れる川は「藤川」。藤という集落に縁の深い名前が続く。そして、我々の登山コースは野原新田からのコースではなく、「藤ケ谷」コース。

「なんじゃもんじゃ広場」は標高100mほどなので、頂上までの標高差は700m弱。駐車場から林道を歩いて40分ほどで登山口。そこから主稜線の取り付まで一時間半、30分で頂上に着いたから、全体で、休憩時間を入れて3時間弱の行程。距離は6キロメートル強。本道はよく整備されていて、なだらかに登っていくのがとても快い。本来、上りよりも下りが大好きな私だが、山へ入って上りのないコースはないから、ふうふう言いながら歩くが、同じ上りでも、急な坂道よりも、ゆったりとした上りをだらだらと歩いていくのが好みなので、この日の上り道は最高だった。「こんなに上手に道を作った人に、道の作り方を教えてもらいたいものだ」と喋りながら、上機嫌で歩いた。今、思い出しても快い気分になる。頂上直下に、コンクリートで囲まれた10m四方の広場があった。かつては反射板が立っていたのだが、今は、明野航空自衛隊のヘリコプターの訓練場所になっていて、野原新田から頂上にたどり着いた人々が、360度の景観に感動していて、思いもかけず山中に似つかわしくない物体を見て驚くとか。また、道の整備が行き届いているのも、自衛隊の歩行訓練に使用されることと関係あるとのこと。頂上から、四方10キロメートルくらいには人家がないので、訓練地としては格好なのだそうだ。

ゆったりした上り道を楽しみながら「今日の弁当は特別うまいぞ」と期待していた。そのとおり、いつものように美味しい飯を食いながら、眼下の栃原の集落、その背後に山間を貫く開通間近の「高速道路・伊勢道」の橋梁、その遠くに美しい山容の局ケ岳を眺めた。大きな建物は、シャープの工場。伊勢湾、熊野灘の間に五ケ所湾。東紀州の山々からの風景とは趣の異なる柔らかな景色があった。

さて、下り道。案内書には、ヤマザクラ、ナラ、クヌギ、ヒメシャラなどの落葉樹が目立つとあり、たしかに季節が季節なので、それらの落葉が何層にも重なった足裏にやさしい道を下りてきたのだが、10マウンテンの会の副会長である山ちゃんが見つけたのはムべの実。

林道から、10mほど入ったところで、枝ごとムべの実を採って、みんなに渡している。高さ2mほどのところで、枝ごとムべの実を採って、みんなに渡している。多くは家に持ち帰って花器に活けて楽しむとか。上品なのである。私は、すぐさま口に入れてムべなるものを賞味しながら、中の粒をペッペッと吐いていた。甘い味がしたが、満喫するためには20も30も食べなければならない。腹の足しにはならないということ。副会長が木に登って採った実を会長が食するのは10マウンテンの会に相応しいなと思って、満足していた。麓の藤集落からは、防災訓練の終りを告げる、サイレンのけたたましい音が聞こえていた。

七洞岳◉2013年12月8日・参加者55名

早朝6時半、馬越の自宅を出発。気温6度C、少し寒いが絶好の天気。前回の11月山行は、池原公園に30数名の人に参加していただきながら、集合時に雨が降ってきたために、現地で中止。会としても初めての出来事だった。それだけに、この日の好天はありがたい。

尾鷲、紀北町相賀間と紀北町長島から大台・大宮インター間は高速道路を利用して、集合場所の滝原神宮駐車場まで約50分で到着。東紀州もすっかり高速道路の時代に入った。実は、8年前の2005年11月13日に、今回とほとんど同じ日程、同じルートで七洞岳山行を実施している。そのときは、参加者56名と今回とほぼ同じだったが、高速道・伊勢道は勢和・多気までしか延びていなくて、尾鷲から滝原まで国道42号線を利用して往復したものだ。本会の山行にほとんど毎回参加している萩中さんは、古座川からの参加だが、新宮大橋からのバイパスの開通、熊野・尾鷲間の高速道路開通もあって、格段に時間短縮になると話されていた。そういえば、今回の55名の参加者中、和歌山県から、主として新宮古座川からの参加者が13名もおられた。ここ数年、新宮の若い人たちを含め参加者が増えていたが、13名もの参加は始めてのこと。高速道の進展もあってのことだろうが、それでも、早朝に出発しての参加に心から感謝したい。私たちの日帰り山行も、もう少し範囲を広げてもいいかもしれない。

七洞への道

整備された道

　八鬼山・矢の川峠を境に、南の熊野市側は関西経済・文化圏、北の尾鷲市側は中京・名古屋経済・文化圏と別れ、南北の交流がままならぬ時代が長く続いたが、これ等の高速道の開通により、一体感がますことになるだろう。私たち尾鷲以北に住むものは、紀勢東線を利用し、自動車時代に入ってからは国道42号線を利用してきた。いずれも、荷坂峠から伊勢方面へは宮川の支流である大内山川に沿って往来したから、滝原宮周辺の風景はよく見聞していたが、七保峠を越えた東側については全くといっていいほど知識がなかった。

　大内山川と平行に、山一つ隔てた東側を藤川が流れていて、紀勢本線・川添駅の対岸あたり七保大橋のあたりで宮川に合流する。

　今回の駐車場に利用させてもらった「なんじゃもんじゃ広場」のある藤の集落は、この七保地区の一番奥まった村なのである。

　明治22（1889）年4月1日、七保村誕生。野原・野添・金輪・打見・神原・古里・藤「古くから七ケ谷郷一村能く保つ」が村名選定の事由と「大宮町史」は記す。要するに「昔から七ケ谷の七つの郷は、一つの村のように仲良く、関係を保って来た」というのが村名の由来らしい。同日に「滝原村」も誕生しているが、こちらは古代の地名「滝ノ原ノ国」からの命名という。

　この七保村と滝原村が合併して「大宮町」となったのが、昭和31年のこと。七保村という村名は、77年間つづいたことになる。平成の合併で、大宮町が、大紀町となったのはこの間のこと。七保地域という呼称は、引き続き藤川周辺に生きている。

　七洞岳の山頂からの眺望は、絶景といえる。一等三角点の山だから、当然ともいえるが四方八方360度の風景が眺められるのがすばらしい。南には熊野灘がきらきらと光っている。それに突き出るように志摩半島が低い山稜を見せていて、かすかに南勢大橋の赤い半円形のアーチも見える。鳥羽市周辺は獅子が岳の影になって見えないが、伊勢市の北側の市街地、宮川の河口部、松阪市、津市の市街地が冬の陽の下に見え、その後ろに伊勢湾。対岸の知多半島。津市の西側に「あれが経が峯（820m）や」という声が聞こえる。学生時代の4年間を、朝な夕なに西側に眺めた山容を、その全容を南側からしっかと視界に納めることができて感激していた。目を西に転ずると、局ガ岳、三峰山、高見山と連なる飯高の山々。この絶景の地で、昼食をとり、記念撮影をした。低気圧が南下している影響からか、冷たい風が吹いていたが、文句は言えない。三角点の山名は「七洞岳」、点名は「白岩峰」とある。遠望すれば七洞で、近くからは白峰ということか。

七洞岳の山名の由来については「三重県の山」（山と渓谷社）や「三重の百山」（津・ラネージュ山岳会）は、はっきりしないとしているが、「宮川流域の山25山」（伊勢・山の会）は、次のように記す。

「この山には高洞（タコラ）と間洞（マボラ）という場所があるそうである。洞（ホラ）とは山中で周りより低くて暗い、じめっとした所を指す言葉だそうである。そして「七」については、この山が初めて測量された時期と、近郷七ケ村が合わさり旧村名の七保（ナナホ）村ができた時期とおおよそ一致する。つまり「七保村の洞のある岳さん」—「七保の洞岳」—「七保洞岳」—「七洞岳」という具合に名づけられたのかもしれない。」

「七＋洞」ではなく、「七保＋ら」とする考え方に私も賛成である。なお、「七」については、次のような「大宮町史」の記述のあることを指摘しておく。

「七保地域は、往古神領に属し、中世「七保御薗」として滝原宮参向例幣使の幣使・人夫の課役をはたしてきた山農村で「七ケ谷」「七ケ」と呼称、旧七保村名のゆらいとなっている。」

七洞岳への登山道は旧・大宮町の野原、板取、若瀬の三方からと、獅子ガ岳からの縦走コースもあるらしいが、私たちは藤集落からの片道6㎞の「藤コース」を歩いた。主稜線に出るまでの3㎞余の支稜尾根は、すっかり落ち葉に覆われていて、降り積もった落ち葉道の山行は、足裏に優しく快かった。主稜線に出て白い岩を辿る道は「風のテラス」と呼ぶらしいが、それはそれで楽しい道で、全体に見事に整備されていて、今年最後の山行を楽しいものとしてくれた。

今年も残すところわずかとなりました。5月の地池高、9月の八郎山、11月の高塚山（行仙岳）と雨のため中止いたしました。スタッフは下見をしましたが、少し残念な気持ちもしています。何かとことの多い一年でしたが、皆さんご家族おそろいで、いい年をお迎えください。1月12日の、馬越峠・天狗倉山・オチョボ周遊コースでお会いしましょう。

大紀町

浅間山

◉733・5m／2006年12月10日・参加者58名

昨年の11月13日の山行では、大紀町の名峰であり、度会山脈の主峰でもある「七洞岳」（778m）に藤ケ谷コースで登った。参加者は56名であったが、山頂で弁当を食べながら、伊勢湾から伊勢平野、大台山系や飯南・飯高の山々を眺めたが、谷を隔てて比較的近くに、アンテナの林立する山を見て、「次は、あの山に行ってみるかな」とつぶやいた。それが浅間山だった。私たちの山行は著名な山を目指すのは当然として、目的地から眺めた未知の山へ出かけることが多い。南亦山から眺めた南総門・門の倉、西大台から遠望した又剣山など、その例であろう。山行から一週間後、「浅間山へは、簡単に行けるよ」とのの山ちゃんからの報告があって、今年度の計画に組み入れた次第。

全員集合写真

センゲンサン（浅間山）という名の山は多い。前にも書いたが、山の名前のベスト・スリーは城山（298座）、丸山（187座）、愛宕山（121座）である。三省堂の「日本山名事典」（2004年5月刊）には25000の山名が掲載されているが、浅間山は32座で27番目である。三重県だけでも、鳥羽市と磯部町の境に201mの山、浜島町と南勢町の境に182mの山があり、多気郡多気町佐奈駅の東3kmに139mの山。阿田和の駅の北西2kmのところにある210mの「御浜の浅間山」にはテン・マウンテンの山行で一昨年歩いてきた。これらの山の共通点は、集落あるいは漁村の背後にある低山であること、好天なれば富士山が見えそうなところに位置していることであろう。

山頂から伊勢方面を眺める

雑木林の中、落葉を踏みながら歩く

実は、私たちの登ったセンゲンサンを「滝原」の浅間山と呼ぶことに躊躇している。なぜなら、センゲンサンのお祭りを最も遅くまで実施していたのは永会地区の人々であり、「陰暦の6月28日ころに実施していたが、当番になったものは前日の夕方、藤川で水垢離を取って体を清め、夜には村人たちが寺に集まり夜半まで参籠して、当日早朝の暗いうちから法螺貝を吹きながら山道を浅間山に登った」という「大宮町史」の記述に触れたからである。文中にある藤川は、滝原から七保峠を越えた東側にある。あの浅間山は、滝原地区の人ではなく、藤の集落の人々によって祀られていたのではないかと考えている。

　富士信仰が隆盛を極めたのは江戸時代の事であり、富士山の山神は浅間大神《せんげんおおかみ》または、浅間大菩薩であるとのこと。全国各地にある富士信仰の御山がセンゲンサンと呼ばれるのは、これに由来するのであろうが、この大神は白衣の美女と表現されるように女性の神である。この女性の神が、神話上もっとも美しい女神とされるコノハナサクヤ（木花咲耶）姫とされるようになるのは中世以後の事らしい。従って、神仏習合のこの国での進行を考慮すれば、浅間大神と浅間大菩薩とコノサクヤ姫とは美しい山の神のそれぞれの側からの表現として考えて間違いないようだ。

　富士信仰を支えたのは富士講であるが、この動きは「民衆みずからが教理と教団を創造」していった江戸時代の代表的な新興宗教運動のひとつであり、それゆえにさらに又、多くの民衆に支持されていったという。寛文11年（1671）に一志郡美杉村に生まれた幼名・平兵衛という人物が、江戸に出て、享保18年（1733）6月13日に食行《じきぎょう》身禄《みろく》として入定したことなども、当時の人々に大きな影響を与えたという。

　6月1日は富士の山開き。講の代参人は富士を目指して登山を始めるのだが、江戸の民衆は、江戸町内に作られた人工の富士山に詣でたという。そのような山が江戸市中に五十五ケ所もあった。山開きの日には、各地の浅間山にもふもとの人々が詣でたのであろう。

　御浜町の浅間山には、富士の遥拝碑とコノハナサクヤ姫の石像が、富士の側を向いて立っている。ここ滝原の浅間山の山頂は、NHKやその他のアンテナ塔に占拠され、コンクリートの建物に囲まれて、二等三角点の石標がひっそり遠慮して立っているだけ。センゲンサンであることを示す石祠、石像等は一つとして見ることができなかった。眺望の良さだけが、かってこの地にセンゲンサンを祀った人々の志を示していた。無惨と言おうか、哀れといおうか。さて、祭りの日の早朝、村人たちは、大竹を立て円径二尺の麦藁束10数本を大杉に結び付けて神事を行った。登り行く人々の提灯の列が遠い村里から良く見えたとのこと。私たちが浅間山から下ってきたあの道の辺りを、村人たちの提灯の灯が連なっていたというのである。かって盛んだった浅間山の祭りも、今は形式だけがわずかに残っているだけで、浅間山という山の名称だけに名残をとどめているということか。

　次に、浅間山の手前にあった祝詞山について。ノリト山という名前はきわめて珍しい。山の事典のなかにも全く登場しない。滝原神宮の年間行事の一つに「祝詞節」というのがあって、2月22日に実施されたとある。元和元年（1615）の大阪城攻め（夏の陣）の際、徳川氏が全国から軍夫を徴発したが、野後村は神領であることを理由に軍夫の課役を免じられ、その代わりに滝原宮に参籠して、戦勝祈願の祝詞を奏上したという。それが、祝詞節として恒例の祭りになったというのだが、この行事と「祝詞山」の命名の由来と関係があるのか、どうか。まったくわからない。

　その祝詞山の頂に、高さ1メートルほどの石柱が立っていた。正面に『天照大神御行宮所旧跡』と彫られていた。伝説の女神・日の神とされる天照大神が、旅の途中にここに仮の宮居を立てられ、この地に休息されたというのである。碑の側面に詳細な説明書きがあったが、字が小さいのと、苔むしているので読めない、「大宮町史」にもこの石碑についての説明はないが「古墳時代の3世紀後半ごろ、天照大神の御杖代となった倭姫命の巡行が、伊勢の磯から宮川を遡って当地にいたり、一時行宮ののち、山路を遷幸して五十鈴に向かい大神を鎮め祀った」という伝承を紹介しているのが、これに関係するのだろう。表面の苔を削りながら見てみると、この碑の建立は明治３年（１８７０）７月とある。地元の人らしい３人の名前があって、どうやら施主らしい。

天皇の最初の伊勢神宮参拝は明治2年3月12日のこと。それにあわせて、伊勢の多くの寺院が廃棄された。18ケ寺ともいう。「神仏分離令」「廃仏棄釈」の動きは、この滝原でも7ケ寺を廃寺に追い込むが、そのころ、この碑も建てられたことになる。

滝原宮とヤマトヒメノミコト（倭姫命）のことにも触れたいが、今回は神と仏の話ばかりで疲れてきましたので、ここらで筆を置きます。皆様、良いお年をお迎えください。

度会郡小萩川上

獅子が岳

◉733・3m／2007年12月9日・参加者53名

昭和31年（1956）9月30日、滝原町と七保村が合併して、新しい町が誕生したとき「町内に大きな宮があるのだから大宮町にしたらどうか」という声が出て「大宮町」という町名に決まったという。平成の大合併では、大内山村と紀勢町を合わせて「大紀町」となったが、いずれにしても町内屈指の神社であることにかわりはない。参拝の栞によれば「第11代垂仁天皇の皇女倭姫命（やまとひめのみこと）が、使いとして、天照大神の鎮座の地を探し求め、滝原に宮を建てた。その後神意によって宮の地は伊勢に移ったが、滝原宮は大神の遥宮（とおのみや）と呼ばれる別宮になった」という。こんな伝承から始めたのは、今回の山行にあたって、獅子が岳の麓の村落、かってはメインルートの登山口ともなっていた村落の地名「注連指（しめさす）」が気になっていて、スタッフのひとり田村勝さんからも「シメサスってどういう意味ですか」などと質問されていたので、山行に出かける前からいろいろ調べたりしていたのだが、なかなか的確な説明に出会わなくて困っていた。

午前8時、滝原宮の駐車場に集合。津や松阪からの参加者を含めて53名。道の駅はまだ開店してなく、参拝者の姿もない。師走の冷たい風が吹き抜けていく。副会長の山ちゃんから、登山口までの移動について注意。栃原で42号線からそれて、注連指を経て「日の出の森」駐車場まで30分余。尾鷲、熊野方面からの参加者よりも、松阪、伊勢方面からの参加者の方が土地勘もあって、すいすいと走っていく。ここは、伊勢の国の山である。「日の出の森」駐車場は広々としていて、トイレも設置されていた。そこからの眺望のよさに驚かされた。東を望むと、伊勢湾が視界全体に横たわり、右下に伊勢市、中央に松阪市、日本鋼管のドックの建物を隔てて津市、その向こうにキラキラと亀山のシャープの工場らしい建物も見えている。伊勢湾の対岸にはセントレア、さらに知多半島、この日は見えていなかったが、富士山はこの方角かなと話している声も聞こえる。眼下には、三重の大河の一つ宮川が大きく蛇行している。ここまで東に向かって流れてきたのが、国束山（くつかさん　標高４１３・３ｍ）の麓を巻くように南下して、また東に向かう。山肌にさえぎられた川面が池のように見えている。田

全員集合写真

宮川方面を眼下に見る

榊ヶ岳を通り過ぎて大岩で紅葉の山を見る

丸を出発した近世の旅人たちは、この山の西側の鞍部・女鬼峠を越えて宮川の左岸に降り立ち、柳原観音を経て栃原をめざした。その道筋が手に取る様に見えている。そういえば、女鬼峠の南側の案内板に、この獅子が岳や七洞岳の眺望を図示してあったのを、この夏、眺めたことを思い出す。遠くから眺めると、このあたりの山々はなかなか判別しがたい。去年の12月8日に登った「滝原浅間山」（標高734ｍ）だけは、山頂に林立するアンテナが目印となって、しっかりと識別できるのは皮肉なことだ。榊ケ岳、注連指道合流点、小萩道合流点、展望岩と進むにつれて眺望はますます開けてくる。南島・南勢の山々、志摩半島が見えてくるし、西北には台高の山々も姿を現す。久居から参加の小原さんは「山頂からの眺望は抜群で何回登っても飽きない山のひとつです」と感想を寄せてくれたが、そのとおりと思う。

山の麓の度会町からは、山頂の岩の部分が、猪の鼻先のように見えるので「獅子ケ鼻」と呼ばれ、「獅子ケ岳」となったとのこと。その山頂で弁当にし、記念写真を撮って、「眺望絶景コースの年忘れ山行」も無事終了した。

帰宅後、「注連指」について調べた。「度会地方はその昔、伊勢神宮の神領であったので、そのため神宮にちなむ地名が多い。注連指という変わった地名も、おそらくその類であろう」（『三重県の山』吉住友一・岩出好晃）が、山の本では唯一、この地名に触れているが、これだけでは説明にならない。いろいろ調べた中では「角川日本地名大辞典　三重県」の説明が詳しい。

「天照大神が滝原宮に鎮座する以前に、速秋津彦と速秋津姫命が地内石ケ河内に鎮座した際に社地に注連縄を渡したことにちなむと伝えられる」いう。「中川村史」からの引用と断っているが、「口碑（土地の言い伝え）ニ伝フルママヲ村誌ニ収メタルモ　信シ難シ」と注意書きがあるという。「信じ難し」というところが正直で快い。今一つの説は、「シメ」は標、「サス」は焼畑の意味で、伊勢神宮領で立ち入りを禁じた畑地を言ったことにちなむという。こちらの方が事実に近いように思われるが、どちらとも断じ難い。なお「大台町史」には速秋《ハヤアキ》津《ツ》彦《ヒコ》を速秋津日子、速秋《ハヤアキ》津《ツ》姫《ヒメ》命を速秋津日女と記し、滝原宮の二つの宮の祭神とする説もあるとの紹介がある。どちらにしても、「中川村史」の著者が語るように、にわかに信じ難い話ではある。ただ、シメサスという珍しい、それだけに興味ある地名に関する伝承として聞き置いてください。

今年も、あと僅かとなりました。那智山周遊に始まり、今回まで、いろいろな山に登ってまいりました。雨で中止した「筏師の道」を、集中して歩き、調べたりしました。私事でいえば「サンティアゴ・デ・コンポステラへの道」８００kmを40日かけて歩いてきたのが、本年、いやわが生涯で最大で最長の旅ということになりました。かくの如くにして、この一年も終わりに近づきつつあります。

会員の皆さん、お家族おそろいで、よい新年をお迎えください。

大紀町―大台町

門の倉―南総門

◉２００６年11月12日実施・参加48名

多気郡大台町宮川村大字南地内と度会郡大紀町大内山村字唐子地内を2万９５０ｍの長さで連絡する峰越の林道「千石越林道」のことから始めよう。国鉄の紀勢東線大内山駅の開業は、昭和2年の11月13日のこと。その翌年の昭和3年に大内山村の自力林道として唐子林道の工事が始まった。第二次大戦をはさみ、宮川村の側からも島谷林道として少しずつ工事が進められた。昭和44年からは県営峰越幹線林道として着工、農免林道と変更があったが昭和59年の10月25日に完成している。あの林道の完成まで実に56年の歳月を要している。総工費は9億５５８０万余。標高７５０ｍ余の高さにある登山道入り口まで、車に分乗して30分ほど、林道完成にいたる長い時間を考えればあっという間の事だ。集合場所の大内山グリーンパークの標高は２００ｍほどだから、標高差にして５００ｍほどを30分で登ったことになる。

この林道も、一昨年9月末の集中豪雨で通行不能になり、最近峠までの通行が可能になって、再び南亦山周辺の山行が可能になった次第。集中豪雨の影響は甚大なものがあったが、大杉谷渓谷の登山道や、粟谷小屋に至る林道など、今もって通行不能の状態がつづいており、一刻も早い修復を望みたい。

さて、山の中の道について「杣道」という言葉を、私は、あるいは私たちはよく使ってきた。「杣」というのは、樹木を取ることのできる山のことだが、そこで働く人のこと「杣人」の意味で使うこともあ

全員集合写真

千石峠登山口

送電線巡視路から

る。杣人の歩く道イコール杣道なのである。山で働く人といえば、木こりであったり、炭焼きであったり、木地師であったりするが、その人たちが使ってきた道を杣道として総称してきたように思っている。ところが「古道巡礼」（東京新聞出版局、２００５年刊）の著者高桑信一（１９４９—）さんは、仕事師の道という表現をよくする。山の中には杣人以外の道もあるというのだ。たとえば、里から山菜取りに入る人たちの道、あるいは鉱山に通う人たちの道など、山の中にはそれらの杣仕事以外の仕事をする人たちの道もあるというわけだ。

　歩き始めてすぐに、97番鉄塔、下って登って次のピークに98番鉄塔、そしてまた99番鉄塔、道の表示は「１０１番鉄塔、門の倉」とある。あの道は送電線巡視路そのものなのである。中部電力三田火力発電所をスタートした送電線「尾鷲・伊勢線」に沿って私たちは歩いたことになる。鉄塔から鉄塔へと忠実にたどる道だから、ピークを巻くことなく、従ってアップ・ダウンを繰り返しながら高度を上げて行くことになる。あれは、明らかに仕事師の道である。鉄塔を巡視する人たちの道ということだ。延々と山中につづく送電線に、初冬の空を吹きぬける風がびゅうびゅうと、あるいはごうごうと音立てて流れていた。風は大台山系の側から、尾根道を通過していくが、西側で強く、海側の山陰に入ると和らいでいた。送電線建設は、奥深い山の上に、車道を開設したりヘリコプターを動員したりしての工事だけに、送電線1キロあたりの建設費は5~6億円といわれているそうだ。(菊池俊朗「山の社会学」文藝春秋、2001年)尾鷲の三田火力発電所は諸々の事情で、緊急時のみに運転稼動する発電所となっているようだが、将来、発電所の機能が全面的に廃止されるようになった場合、この送電鉄塔群が無用になった場合、これらの鉄塔はどうなるのだろうか。もし、撤去となったら建設時に倍する費用が必要となるだろう。私たちの国の文化は、そこで建設された近代的構造物は、建設時にその廃棄のときまでを考慮して造るという構造になっていない。どちらにしても孫や子供の時代の問題だろうが、びゅうびゅうとうなり続ける送電線の下で、そんなことを考えていた。

南総門から門の倉へと続く稜線に出て、南総門山頂まで20分ほど歩いたが、あの行程は送電線巡視路ではないので、道は整備されてなかった。本来の山道というべきだろう。山頂の杉木立の中で集合写真を撮ろうと48人が肩を寄せ合って座っていたら、ぱらぱらと白いものがみんなの上に等分に降ってきた。雪かなと思ったら、その白いものは堅くて膝の上で丸い形を保ったまま。霰だった。すぐに止んでしまったが、今年の初雪だった。

折り返して101番鉄塔の広場。雲の切れ掛かった方向に、松阪市や伊勢の平野、伊勢湾らしきものも見えていて、絶景と思った。

門の倉までは、巡視路と離れての急な下り道。下見のときは、スタッフの屈強な人たちに折り返してもらって、私たちは林道までの下り道を進んだので楽しかったが、ガレ場があって多人数での下山は危険と判断、本番ではこの急坂を登り返すことにしていた。

門の倉で昼食。いつものことながら、弁当がおいしい。駐車場が紅葉の谷を隔てて見えている。標高差はあまりない。何のことはない。私たちはここまで、200mあまりの高さを登ったり下ったりしてきたのだ。

さて、大台町宮川村、宮川の支流・薗川の西側の尾根上に位置する「総門山」(949m)の名前の由来について。「総門」というのは、寺社に参詣する人が最初に通る門のこと、寺や神社の入り口にある門のこと。「惣門」「崇門」とも書くらしいが、惣門は国司御所の意味という。薗の集落には、かって北畠一族の薗御所があって、当然、総門もあったから、「北畠一族の御所の総門」から「総門山」と呼称されるようになったという説が有力とのこと。

他に、地元の人の説明として「そうもんとは相聞のこと」と説明しているガイドブックもある。「相聞歌」というのは万葉集の部立の一つにあって、唱和、贈答の歌も含むが中心は男女の相聞、すなわち現代で言えば「恋愛歌」のこと。宮川の奥山に「男女の恋の山」という山名は、なんともロマンティックで心ひかれるが、男女の愛に関する伝承等が残っていないとすると、これはソウモンという音から連想されたもので、やはり「惣門」説のほうを取るべきと思う。

総門山を挟んで、北に「北総門山」、南に「南総門山」。当日、私たちのグループ以外に神戸の数名のグループが、南総門から龍灯山(676m)をめざして歩いていったとのこと。

最後尾のスタッフとすれ違い、挨拶を交わしたとか。南総門から私たちは、比較的風の凪いでいる側に歩いたが、彼らは吹きすさぶ風に向かって歩いていったことになる。

初雪や総門という名の山を見る

大紀町阿曽

綱掛山

◉2008年11月30日・61名参加

私の教員としての現役時代は、昭和38年（1963）から平成13年（2001）までの38年間。東紀州の三つの高校を転々として38年間を勤め上げた。その間、出張などで津方面によく出かけたが、汽車を利用していくときも、自動車で出かけるときも、柏野をすぎて阿曽にいたるあたりで小広瀬の集落の後ろの山に、大きな採石場の施設があって、いったい何をしているのだろうか、当時は工場のような建物が、傾斜に沿って何層にも連なり、そこへ出入りするトラックのようなのも遠望できた。今は、山肌のなかに砕石跡の白々とした壁面だけが見えているが、なんとなく気にはなっていた。その山の名が綱掛山で、その採石場跡で昼食をとることになろうとは夢にも思っていなかっただけに、今回の山行には特別の思いがあった。遠くから眺めていた風景の中に身をおくことの幸せというべきだろう。

第二次大戦後の、朝鮮戦争（昭和25年）以後セメントの需要が急速に伸びたという。そのような動きの中で、昭和28年秋に、三重県や三重大学等が協力して滝原町の石灰岩の調査が行われた。

「滝原町の石灰岩層は町の南縁部を東西に走り北へ緩やかに傾き、その厚さは10mから100mに達している。予想鉱量は2億7000余トンで、セメント工業と農業用石灰としては充分使用可能であるが、化学工業用としてはその利用目的とにらみ合わせて検討する必要ありとしている。」

「このような調査をもととして、昭和34年には県が中心となって高度経済成長にともなう工業化社会の進展に応ずる企業誘致の働きを積極的にはかり、昭和37年東化工が進出し、大宮鉱業所を設立した。昭和38年、東化工の子会社といわれる日重工業株式会社に経営が移され、30数名の従業員で現在の小広瀬から網掛山唐谷にかけての鉱区から採石した石灰岩を、ガラスの材料として東洋硝子やセントラル硝子に、飼料として愛知県の飼料会社へ、道路舗装の砂利として砂利会社や土木業者へ供給している。」

「しかし、昭和61年になって鉱質の問題や、表土の処理の経営上の問題から閉山の動きとなってきている。」

以上は「大宮町史　歴史編」からの引用だが、同書は昭和62年の発行なので、町史年表においても「鉱山閉鎖」の動きについては現在進行形で記述しており、その最後も次のように結んでいる。

「無尽蔵とまでいわれ、阿曽の人々から灰山《ハイヤマ》といって親しまれてきた石灰山の火が消えるのであろうか。」

網掛山の南側の中腹まで進んだ、石灰岩の採掘が藤原のように順調に進んでいたら、もみじ谷の数百本のもみじの樹林も姿を消していたかもしれない。したがって小野幸年さんらによるもみじ谷の発見や網掛山散策コースの整備もなかったかもしれない。採石場跡で眼下の国道42号線を眺めながら、そんなことを考えていた。

今回のルートは標高450mの阿曽浅間山と同じく544mの網掛山の二つのピークを経てもみじ谷、鉱山跡を周遊してくるものであった。その二つのピークの間が鞍部になっていて、林道の終点になっ

全員集合写真

800本のもみじ

網掛山のピーク544m

ている。ふうふういいながら鞍部に下り立ったら、大紀町の車や数台の自動車が駐車していたが、あの場所が渡り鳥にとっては、この山地を通過するに、絶好の箇所であって、そのことが網掛山の名前に関係があるのだという。考えてみれば普通のことだが、渡り鳥だって長い旅をするに際して、頂の高いところより鞍部をさっと通り抜けるほうが、ずっと楽なはずだ。そんな渡り鳥の習性について、私は今回始めて気がついた。スタッフの皆さんと下見に出かけた折、小野さんに「なんでアミカケヤマっていうんどな」と聞いたところ、「あそこは鳥のわたるところなので、昔の人はあそこに網を掛けて鳥を捕ったので、そういう名になったらしい」との説明。帰って広辞苑を見たら霞網の説明として「横に張って多く渡り鳥を捕らえる細い糸で作った網。目に見えぬほどの細い糸で作る。高さおよそ2・3間で横4・5間くらいが普通」と懇切丁寧な説明があり、あの鞍部は、かすみ網の設置場所として最適だなと思った。

鳥を捕獲するために網を掛けたので網掛山、あまりに単純明快な説にほんとかなという思いもしたが、昭和52年から61年にかけての10年間、大宮町で捕獲された鳥は伊勢農林水産事務所林政部の調査によれば、キジ445羽・ヤマドリ493、キジバト827、コジュケイ494、カモ類269、シギ類17、スズメ類487などとなっており、大宮町全体の捕獲数であること、調査が比較的最近のものであること、役所に報告された数だけだということなどを考慮に入れると、かってこの山々で相当多くの鳥が網にかかっていたと想像することができ、名前の由来について信用する気になってきた。

今年7月、東北の名峰・岩手山に登ってきたが、前夜に泊まった宿が網張温泉国民休暇村。私たちは柳沢コースで登り、焼走りを下りてきたが、この網張からリフトを乗り継いで上るコースもあるとのこと。網張とは変わった名前だなと思ったが、網掛と同義語かもしれない。「日本山名事典」（三省堂　2004年刊）で「網」のつく山は、長野県阿智村に標高980mの網掛峠、同じく阿智村に1133mの網掛山、これは中央高速道路の恵那山トンネルの直近のトンネルの名として知られており、「鳥網で鳥を捕ったという」説明もある。新潟県南蒲原郡下田村に標高1024mの網張山、高知県高知市に網川越というのが標高412mにある。阿曽の網掛山をいれて5例に過ぎないが、網を掛けた場所が山の鞍部ということを考えると「網掛」とか「網張」というのは、峠や特定の場所を示すものとして残っていることが多いのかもしれない。いつかテレビで見た霞網をかけて渡り鳥を捕らえる山人の姿を思い出す。網掛けというのは、山村で鳥を捕らえて生活してきた山人の歴史を想起させる貴重な山名なのであろう．

当日は快晴に恵まれ、網掛山・もみじ谷の紅葉を満喫してきた。私たち以外にも100名を超える紅葉狩りの観光客・山行の人々で賑わい、阿曽の網掛山が新たな紅葉の名所として脚光を浴びてきていることを示していた。麓の阿曽温泉で、65歳以上100円割引の湯につかり、午後の早い時間に尾鷲に戻った。

大紀町阿曽

笠木山

◉726m／2009年11月26日・参加者39名

紀州奥熊野木本組賀田（現在の尾鷲市賀田町）の林業家6代目濱中仙右衛門（文政7・1824—明治18・1885）は、幕末から明治にかけてしばしば旅に出かけている。物見遊山ではなく、商用の旅が多い。安政7年、仙右衛門36歳、江戸往復の旅。上り19日、下り26日の所要日数で、江戸滞在は51日。つづいて翌年の文久元年、上り21日、下りは記載がないが、この時の江戸滞在日数は352日、ほぼ1年間の滞在である。往復とも旧熊野街道を利用しているが、崎（今回の集合場所）は通過のみで宿泊はしていない。

慶応4年（1868）、仙右衛門42歳、5月11日（太陽暦6月20日）土井本店主人から、和歌山行きを仰せつかり、翌12日出発。矢口泊。13日は白浦から古里まで乗船。二郷泊。梅雨時の豪雨のため、15日に二郷を発ち、真弓泊。16日に真弓出立。「阿曽より地蔵越えいたす」「真弓より阿曽へ25丁、阿曽より天ケ瀬へ4里25丁、天ケ瀬より七日市へ3里、」と記し、「七日市中屋泊り」となる。

全員集合写真

笠木不動滝

360度絶景　崎・阿曽・滝原

明治6年（1873）仙右衛門47歳。高野山参詣に10月27日に出発。往路は現在の国道169号線沿いの道を進むが、復路は高野山―五条―八木―初瀬―宇陀―鷲家―高見越え―波瀬と進み、11月10日栗谷霊府様泊。11日の記録。「11日天気　栗谷出立、笠木越、崎村へ着、小吉にて昼飯、夕大津茶屋へ止宿」とある。

少し説明がくどくなったが、幕末から明治にかけて「地蔵越え」とか「笠木越え」とかのルートが、尾鷲や紀北町、大紀町の人々にとって大和方面に出かける道としてよく利用されていたということを言いたかったのである。

これらの道は「魚の道」（かちんぼうの道）「塩の道」とも呼ばれ、紀伊長島や錦や古和を出発した人たちが、崎の笠木集落を経て笠木峠を越え薗に入り、江馬へ渡り天ケ瀬・栗谷を過ぎ飯高へと向かった。「かちんぼう」とは徒歩荷の担い棒のことであり、私たちは子供のころ「おこ」と呼んでいたが、かちん棒とは歩く人が担ぐ棒という意味だろう。多くは天秤棒の両方に竹かごをつるして利用した。軽くて、水切りがよく柔軟性に

山頂近くの登り道

も富んでいたから、魚の運搬には最適だったに違いない。

柏崎側の道の最奥に位置し、不便なところと思われがちな笠木地区も、峠越えの道によって大和へとつながる交通の要衝としてかなりの賑わいを見せていたのである。焼きサバ、アジやイワシの干物、ときには生魚を運んだかちん棒やイタダキサン、大きな牛を牽いた博労、米や野菜を買い出しに行く男女、さまざまな行商人、正月などの決まった時期に回ってくる旅芸人などが、笠木集落で少し休んで、峠を越えていった。賀田の林業家の濱中仙右衛門も、その一人であった。今はひっそりしている山村にも、このような時代があったことを記憶しておきたい。

午前8時、国道42号線沿いの「山海の郷」に集合。快晴、西を望むと笠の形をした笠木山が見えている。標高726m。もみじ茶屋駐車場まで車で移動し、出発前の体操をして歩き出す。雄滝の滝つぼを見て、滝の落下を見ながら右岸の急坂を上る。

説明版に「笠木不動滝（雄滝40m　雌滝30m）雄滝は船窪谷（ふなくぼたに）に水源を発し高さ40m、滝の真上には深さ7mに達する真円に岩が穿かれた滝壺がある。滝肩の不動明王（石造）には享保6（1721）7月と刻まれている。雌滝は雄滝から東方200mにあり、水源をザラ谷奥に発して高さ30m、その名のとおり雄滝に比べ女性的な滝がある。」とある。確かに、滝壺を眺め、滝に沿って上り、滝の流れ口を望める見事な光景ではあった。

林道終点に出て、西道コースをたどって主稜線にでて、二時間余で山頂。山頂からの眺望は360度の絶景。東に崎、柏野、阿曽、滝原、三瀬谷の一部。その後ろに、かってのセメント工場跡、網掛け山、滝原の浅間さんも見えている。出発点の「山海の郷」の建物の大きな屋根も。西に目を転ずると、フォレストピアを含む薗の集落、笠木峠は確認できないが、想像力をたくましくすれば、かっての笠木越えの道筋が手に取るように見えている。北には局ケ岳が、例の見事な肢体を空中に放っている。

山頂の陽だまりに座っての弁当も美味しかったし、山頂直下の岩場の展望台からの景もよかった。山頂からは、国道42号線を隔てた向こう山並みの一番背後に姫越山の山容を確かに捉えた。12月山行では、向こうの頂から、この地点を確認できるだろう。

山頂から、吉岩を経てザラ谷山から駐車場に下る「ザラ谷コース」。このコースにしても西谷コースにしても、傾斜が急なこともあるが、とても歩きにくい。コース整備や、標示などはしっかりしているのだが、足の踏み場がフラットになっていないのだ。多くの人が歩けば、急斜面は急斜面なりに足場がしっかりしてくるものだが、ここでは。そうは行かない。そのため、一歩一歩に相当の注意力が必要となってくる。駐車場にたどり着いたときには、二時間ほどの歩行時間なのに、足腰ともにかなり疲れていた。道は、整備とともに、多くの人に歩いてもらうことが大切だと考えていた。

山行を終えて、ひとつの疑問が残っている。笠木越えといい、笠木集落というがどちらが先にあったのか。常識的には、ふもとの集落名が先にあって、峠の名のほうが後からついてくるということだろう。

馬越峠という名称も、麓の馬越浦に由来し、馬越浦へ至る道ということからの命名であろう。現に、笠木越えも、宮川村では菌越えの延長にあって、やはり集落名が先行しているように考えているのだが、それでいいのだろうか。考え出すときりがない。

　さて、11月は「おわせ海・山ツーデーウォーク」の月でもあった。１０００名を超える参加者でにぎわったが、10マウンテンの会のスタッフの皆さんには、山の中の立ち番などで大変お世話になりました。また、一般参加者としても県内、県外から多数の人たちに参加していただき、心から感謝しています。久しぶりにお会いした人もあって、久闊を叙すことができて、とても幸せでした。心からお礼申し上げます。

大紀町阿曽

国見山——国見岩山

◉７２３ｍ／２０１２年7月8日・参加者37名

　奈良時代後期に成立した「万葉集」は、上代の日本語を知る上でも重要な文献であるが、「くにみ」という語は、既に使用されている。巻一冒頭の和歌は、雄略天皇の「籠もよ、み籠もち……」の歌。次いで「天皇、香具山に登りて望国したまふ時の御製歌」とある。舒明天皇（641年10月没）が「天の香具山に登りたって国見をしたときの歌」ということだが、このなかに「くにみ」という語彙が使われている。万葉仮名で「望国」と表記しているのがそれで、どの注釈書も「国見」としているから、7世紀には、既に「国見」という言葉が定着していることが解る。「天皇や首長が高いところから、国の地勢や民の生活状態を望み見る」という意味で使用していた。現に舒明天皇も標高１５２ｍの天の香具山から、大和の国原に煙が立っているのを眺めて「民の竈は賑わっているな」と思い満足げなのである。高いところからの国見は、もともと農耕の適地を選ぶための行事という説明もある。

　万葉の時代から、眼下に広がる国や村々、そこを流れる川や遠くの山々を眺められる高い場所を「国見」と呼んできた。したがって「国見山」とか「国見岳」という山名は、全国あちらこちらに存在するということになる。

　鈴鹿山脈中央部、御在所山の北側に標高１１７０ｍの国見岳。台高山脈―北部に位置し蓮川の源頭をなす１４１９ｍの国見山。大峰山脈の中央部、大普賢岳から行者還岳にいたる稜線上に位置する国見岳は１６５５ｍなど、私たちの身近にもおおくの国見山がある。「三省堂日本山名事典」には、２万５０００の山名が記されているが、「国見」（山、岳、峠）という名の山は42座あって、「城山・２９８、丸山・１８７、愛宕山・１２１」などに続いて、16番目に多い山名となっている。さて、今回登った「阿曽（度会アルプス）の国見山」は、この42座に入っていない。牛場さんが毎回苦労して作成している山行案内図、ルートマップの原図には、国見岩はあるが、国見山はない。確かに、山頂からは伊勢、志摩、度会などの国々が見えていて、眺望のいい山だが、阿曽の「国見山」というのは、未だ全国的に認知されていない。明治33年の地図にも国見岩はあるが、国見山はない。「国見山は大正か昭和の頃、よそから来た登山者が、言い出した」と小野さんもいっていたように、あの山を「国見山」と言い出したのは、ごく最近のことなのだ。ふもとの人にとっては、山頂よりも見事な岩頭のほ

全員集合写真

国見山遠景

ヒルを避けて林道を歩く

うが、親しみがあったに違いない。

ついでに言っておくと、9月山行の「西谷《ニシダニ》の頭《カシラ》」も無名に近い山で、地図上に記載はなく、山ちゃんや中村佳史さんなんかが登りだして、自分たちで命名したものである。かように、山名というのはその起源がはっきりしているものは少なく、それを明らかにするのはなかなか困難なのである。前述の天の香具山などは、国見山という方が、出典もはっきりしていてふさわしいと思うのだが、畝傍山１９９ｍや耳成山１４０ｍとともに天の香具山と呼ぶほうが、地元の人々にとって懐かしい山名なのだろう。どちらにしても、万葉集や古事記、日本書紀などを山名を中心に読み直して、整理してみるのも課題としてあるような気がしている。

山行当日は梅雨の晴れ間に恵まれて、奇跡的な好天だった。実は、6月末に、こちらの方は梅雨の晴れ間を探して、スタッフで下見に出かけた。下見の目的は、ルートの確定、整備、昼食場所の決定、登山口近くの駐車場の選定等さまざまだが、山行当日より一週間ほど前の日が望ましい。今回の下見は大紀町の山ということで、周辺の山々の整備に尽力されている小野幸年さんに案内をお願いした。

阿曽温泉から、ＪＲ紀勢本線の踏切を越え

て、右折して林道大紀南島線に入る。網掛山を右に見て走ると、山中の林道にしては見事なトンネル・「大宮紀勢トンネル」がある。トンネルの手前の林道脇に駐車して、林道西側の急斜面を上ると、「網掛山・国見山縦走コース」に出る。片道6㎞余のコースで、稜線上の快適なコースを歩くはずだった。多少のアップダウンはあるものの、ほとんどはスギやヒノキの樹林帯。足元は落ち葉が散り敷いてふかふかしている。

歩く人が少ないのか、そのふかふかの落ち葉の下から、あるいは樹木の上から音もなくヒル（蛭）が襲ってくる。コースの半ば以上がヒルの生息地なのだ。休憩して、腰を下ろしたりすると上半身といわず、下半身といわず着衣の上、あるいは中にまで進入してくる。山歩きの大敵はマムシとダニとヒルだと思う。マムシは先頭を歩く山ちゃんに捕獲されてしまうので心配ないのだが、ダニとヒルは防ぐのが難しい。両方とも、音もなく近寄ってきて、知らないうちにこちらの数少ない血をすっていくから困ったものだ。

ヒルについていえば、北山村の不動峠の谷を渡るときに群生しているのに遭遇した。ムーミン谷のニョロニョロに出会ったと思った。ニョロニョロはかわいいが、ヒルはかわいくない。前鬼の谷を遡行した時、禊場から三重の滝にいたる杣道もヒルを踏みつけながら歩いた。今回の道筋は、それ以上だった。下山後「私は20匹以上、払い落とした」という人もいたし、山靴を脱ごうとしたら、靴紐にしっかりとくっついていたりした。山行から帰ったら、スタッフの皆さんの感想はヒルのことばかり。なかには、今回は本番の山行に参加したくないとの声も聞こえてくる。下見の結果、崖崩れ等でルートを多少変更したことはあるが、今回はヒルを避けるために大幅に、ルート変更することにした。37名もの人に、あのヒルの道を体験してもらいたいとの気持ちもあったが、やはり、山歩きは快適なほうがいい。今回ほど、下見山行が有意義だったことはない。

ヒルの居る道をさけて、阿曽峠まで車で移動し、林道を歩くことにした。登り口に国見山まで2・7㎞の標示が立っていた。峠から山頂までの15分ほどの間が、山道であったが山頂で休憩している僅かの時間に、私の左手人差し指にヒルがくっついてひょこひょこ動いていた。あちらでもこちらでも、ヒル、ヒルという声が聞こえた。

山頂の東南側は南島町に属しているが、石灰岩の巨大な採石場が異様な風景で広がっていて、西部劇の撮影にも使用できそうな、荒涼としたようすであった。あの採石場の、白々とした風景は天狗倉山やオチョボ岩からもよく見えている。海上遥かに天狗倉山の姿が見えていたが、直線距離にすれば30㎞強の距離なので、思ったより近いのだ。山頂付近にはトリカブトが群生していた。鹿も食わない植物だが、そういえば丹精こめて育てたアジサイ道路のアジサイがすっかり鹿に食われて、今年はほとんど花がないと聞いた。

大紀町大内山

南亦山

◉982m／2004年4月18日

4月18日。牛乳風呂のある「グリーンパーク大内山」に午前9時に集合。1時間前に集合した松阪山岳会の60名のグループは大滝・小滝・南亦山のコースで既に出発していた。もう一つの大内山村の役場が企画した魚の道コースは、25名の参加予定で、マイクロバスで、登山口へ移動していた。実は、そのうちの4名が家を出ているのに、まだ到着しないので、村の職員が一人残って待っていた。やさしい顔をした好青年で「魚の道」というのは、ついこの間まで、飯高や宮川の人たちが紀伊長島へ魚の買出しに利用していたので、この名があると説明してくれる。

私たちが、頂上から昼食場所まで歩いた道を、米が谷の集落まで下り、さらにツヅラト峠を越えて紀伊長島へ。そこで求めた魚を背負って、この道を帰っていったというのだ。大内山の古老のなかには、それらの人々を見たという人もいるとのこと。結局、4人の人は現れず、彼は一人で私たちと同じコースをたどり、頂上で、私たちの集合写真のシャッターを押してくれることになった。この日は、私たちの62名を含めて、合計150名ほどの登山者が、それぞれのコースで南亦山を歩いていたことになる。南亦山に静かなブームが押し寄せているということか。

全員集合写真。山頂の木製展望台の前で

私たちの歩いたコースは「南亦山森林公園コース」と名づけられていて、出発点の駐車場まで車で移動しましたが、あの地点の標高は700メートルほどだから、山頂までの高低差は約312メートル、一周距離約3キロ、所要時間2時間ほどのコース。大内山村のガイドマップによれば、他のコースは難易度四つ星なのに、私たちのコースだけが一つ星。私たちが頂上に着いて休憩しているとき、松阪グループはまだ登り坂の半ばだったし、大内山グループはエボシ岩上の鉄塔の辺りであった。

私たちは比較的楽なコースを選んだわけだが、楽しく歩くにはそれで十分と判断していた。実は下見のとき「滝ヤ谷コース」という魚の道コースと平行している山道を降りたのだが、かなりの急傾斜の道で、このコースは上りにも下りにも使いたくないと判断した。南亦山の魅力は、山頂からの展望および、山頂付近の草花と雑木林の豊かさにあると考えたからである。

子どもの頃から、小鳥や樹木や山野草についてなかなか名前が憶えられないで困惑している。小鳥について言えば、メジロ（目白）はいつも身近にいたので、姿格好も鳴き声も良くわかる。ウグイス（鶯）については鳴き声はわかるが、姿を余り見せないので山の中では、うまく識別できない。ホトトギス（不如帰・時鳥・子規）にいたっては、「テッペンカケタカ」という鳴き声も、「平安京をすじかいに」飛ぶ姿も、さっぱりわからないのだ。カボチャの黄色い花、ナスビ（茄子と書くべきか）の薄紫に咲く小さな花、大根の白い花、キュウリやトマトの花、農作物の花は小さい頃から身近にあって、それが実をつけて口の中に入るまで体験しているので見間違うことはない。柳田國男も畑に咲くこれら農作物の花の美しさをめでており、私も全く同感なのだが、さて、山の中に入って山野草を目にすると、これがさっぱり名前と結びつかない。それでも、長年の山歩きの中で、いろんな人に教えてもらって、ニッコウキスゲだとかミズバショウだとかコバイケイソウぐらいはなんとか覚えてきたが、小さい花々になるといまもって名前と一致しない。従って、山行記においては、樹木は「雑木」か植林山の「杉・桧」と記し、「美しい小鳥の声」と記し、「名も知らぬ可憐な草花」と記してきた。

今回の南亦山では、小鳥の声はあまり耳にしなかったが、私にしては珍しく山野草に興味を示していた。バイケイソウとコバイケイソウの区別はよくわからないので図鑑で確かめて見ると花の様子が少しちがうようだ。どちらにしても花よりもみずみずしい葉の様子が素晴らしい。頂上周辺のバイケイソウの群落はこれまで見てきたものの中で、最も美しいと思った。出発前に「道に生えているバイケイソウを踏まないように」とお願いしたのは、下見のときにその美しさに素直に感動していたためである。

トリカブトの群生の様も良かったし、始めて名前を教えてもらったハシリドコロがそっと咲き終わっているのも良かった。ハシリドコロは「根茎がヤマイモ科のオニドコロに似ていて、食べると苦しんで山の中を走り回る」のでこのように名づけられたという。以上の3種はいずれも毒草とのこと。鹿も喰わないために、このように見事に残っているということ。きれいな草花には毒があるということで、当日鹿は見かけなかったが、いかに多くの鹿たちが、この山野を駆け巡っているのかと想像していた。鹿との関係でもう一つ。南亦山ではクマザサを全く見なかった。昔からクマザサはなかったのか、それとも……、などと大台山系でのクマザサの激減現象の進行と関連付けて考えていた。

実は下見のときに、山ちゃんがヤマシャクヤク（山芍薬）の一株を見つけて教えてくれた。しっかりと蕾をつけていたので「本番のときが楽しみだな」と話していたのだが、期待にたがわず見事に咲いていた。そればかりか、近くの岩陰にも数株あって、こちらもけなげに咲いていた。ふかちゃん（植野洋さんのこと）は「見事なオモト（万年青）の群落」に感心していたし、中村稔さんは「これがカタクリ（片栗）ですよ」と教えてくれる。カタクリの花は写真で見たことはあったが、現物にお目にかかるのは初めてだった。これらは毒草ではないのか、量が少ないような気がした。鹿に食われて消滅してしまわないかと心配していた。帰り道では、ヒトリシズカ（一人静）がひっそりと咲いていたし、ハルリンドウ（春竜胆）も小さく咲いていた。

「花の南亦山」という言葉を思い浮かべながら、「東紀州・花の十山」も考えないといけないかなと、また余計なことを考えたりしていた。

南亦山については書きたいことがたくさんある。あの木製の展望台のすばらしさ。全員が階段に坐って記念撮影ができたが、山頂にあんなに立派な展望台を設置した人々の思いの深さに感激していた。東紀州はおろか、山頂にあれだけのものを見たのも始めてのような気がする。

マタという字は「亦・又・俣・股」と表記するが、熊野の大又・小又、尾鷲の又口などは日常よく聞くが、川や谷が二手に分かれているとき、大きい方のもの（川・谷・それに沿う集落）・小さい方のもの、あるいは、その分かれ口を指すのだろう。二股林道などというのも海山町にあるが、一の股　三の股もあるのだろうか。それにしても「亦」の文字を使ったのは珍しい。先ほどの青年は「南亦山の対面（トイメンと読みましょうか）唐子川を隔てて、門の倉の周辺を北亦（キタマタ）と呼んでいます」と説明していた。

松阪のグループとは、山の中で遭遇することはなかったが、彼等は観光バスでやってきたとか。わが10マウンテンの会も一度くらいは、観光バスを仕立てて山行に出かけてもいいかな。大内山村のグループは牛乳風呂の入浴券つきで、参加費１５００円とか。適当な値段と思う。

好天に恵まれ、美しい花々を眺め、ゆったりと楽しい山行ができたので、なんとなくこのまま寝てしまうのももったいない気がした。「今日のビールはうまいぞ」と熊野の某氏が呟いていたのが耳の底に残り、なんとなく一杯やりたい気分になってしまった。尾鷲のスタッフの皆さんに声をかけて、夕刻から夜半にかけて一杯も二杯もやってしまった。酒なんてのは一人で飲んでも十分に美味しいものだが、今回の山行を振り返り、次回の下見について相談しながらのそれは、それで美味しいものだ。その夜の酒が、格別に美味しく、いつもより量多くやってしまったが、全ては「南亦山」の責任である。いろんな点で南亦山に感謝しなければならない。

南亦山・再訪

◉２０１０年3月14日実施　参加者48名

山行の前日、13日の土曜日、岐阜県の樽見（本巣市）に出かけた。根尾の淡墨桜で有名な土地だが、淡墨桜はまだ蕾も見えず、開花まではまだまだの様子だった。当日は「第13回早春淡墨浪漫ウォーク（ツーデーウォーク）」の1日目で、それにあわせて開催された「東海・北陸マーチングリーグの幹事会」に出席するための出張である。前日から宿泊して、会議までにあちこちを歩き回りたいと思ったのだが、ツーデーウォークの参加者で旅館が満杯のため、やむを得ず、当日の朝、尾鷲を出発、紀勢本線、東海道線と乗り継いで、大垣駅から樽見鉄道の列車に乗り込んだ。第三セクター運営の樽見鉄道に乗って、根尾谷の沿線風景を車窓からじっくりと眺めたいというのが、今回の旅の最大の目的だったのであるが、3両編成の車内は、ツーデーウォークの参加者で満員。のんびりとした旅ではなくなり、根尾谷の奥でのツーデーウォークが多くの参加者に支えられて、着実に実施されていることに感心した。参加者は淡墨公園をめざして歩くために、途中駅で下車して行き、終着の樽見駅で降りたのは、私一人だった。その日は、名古屋まで戻り、出版関係の友人と夕食をしながら、少し話をして、栄のホテルに泊まった。かような次第で、今回、本年度最終の山行も欠席ということになった。

南亦山への山行は今回で2度目。最初は6年前の２００４年4月18日に出かけている。6年前は、「南亦森林公園コース」と呼ばれる、標高差３００メートル余の最も簡単なルートで登った。4月半ばの山行ということで、草花がきれいだった。バイケイソウやトリカブトの群落。ハシリドコロなどという珍しい名前の花については、見るのも名前を聞くのも初めてだった。それから、鉄塔近くで見かけたヤマシャクヤクの華麗なこと、オモトの群落の近くで見たカタクリの清楚な美しさも忘れられない。わずか９８２ｍの高さの山だが、前回は「花の南亦山」と呼びたいと感動している。今回は、あの時よりも1ケ月

草花の中を歩く

南亦山山頂付近

近く時期が早かったから、それらの花や草木の見事さに出会えたか、どうか。

今回は、犬戻り峡をスタートして、標高差７００ｍ余。谷沿いの急登をたどり、山頂をめざす「滝ヤ谷コース」は、なかなかの健脚コースだったようだ。南亦の山頂をめざす三つのコースの中では、最もハードなコースといえる。下りは「魚の道コース」をたどり、小峠から作業道に入り、犬戻り峡へ下ったが、いかがだっただろうか。

「三重県の山」（「山と渓谷」旧版１９９６年刊）には次のような説明がある。

「一度登ったら、もう一度行ってみたくなる……南亦山は、なんとなくそんな気分にさせる山である。今は少なくなった里山の雰囲気をみなぎらせているだけに、低山徘徊派にとっては、四季それぞれに足を運んでみたくなる山の一つだろう。一等三角点のある南亦山は、もともと雑木の美林やバイケイソウ、ミヤマシキミなどの大群落に恵まれた山として一部の登山者に知られていた。」

なお、南亦山の所在地は、今は大紀町だが、前回は度会郡大内山村であった。

南亦山は一等三角点の山として知られている。ここでは、一等三角点について整理をしておきたい。平成10年現在、全国に９６９の一等三角点が設置されている。

明治4年（１８７１）、工務省に測量司が置かれ、イギリス人5名を雇って全国測量を企図し、東京府下の三角測量をはじめ、皇居内の富士見櫓に第一点を設置し、順次13点の三角点を置いて三角網を構成したのが、わが国における近代測量、近代地図作成の始まりという。

この事業は、明治7年（１８７４）には内務省地理局にうつされ、明治21年（１８８８）に創設された陸軍参謀本部測量部に引き継がれて、昭和20年の敗戦とともに、地理調査所、国土地理院の管轄となって現在に至る。私たちの目にする戦前の地図には「大日本帝国陸地測量部」といういかめしい名前が印刷されているのは、この間の事情による。

たとえば、南亦山の一等三角「点の記」によれば、三重県度会郡大内山村字奥唐子４―４１６に、三角点を設置すると決めた（「選点」）

のは、明治28年（1895）5月5日のこと。そこに重さ約90kgの標石を、盤石（重量45kg）の上において設置した（「埋標」）のは同年の7月26日のことで、115年前のことになる。選点の責任者は正木照信、埋標の責任者山本五郎と記録されているが、どのような人か知らない。この人たちが、地元の人夫達を指揮して仕事をすすめたのであろう。

三角点の設置に関しては、最初は一等三角点本点（45km間隔）を設置、ついで一等の補点（本点を含め25km間隔）を設け、ついで二等三角点（一等三角点を含め8km間隔）、次に三等三角点（4km間隔）、次に四等三角点（2km間隔）と整備していった。

同じ一等三角点でも本点間の距離は45km、補点との距離は25kmということになる。

三重県内には11の一等三角点がある。（県境に存在するものを含む）本点は御在所山1209・75m、三畝山1235・37、朝熊山478・01、大台ケ原山1694・94、高峰山1044・79、子ノ泊山906・72の6つ。南亦山は補点である。

なお、子ノ泊山と高峰山の選点は明治20年で南亦よりも8年早いが、埋標はおなじ明治28年で、5月5日が南亦山、7月2日に高峰山、8月8日が子ノ泊山となっていて、高峰の埋標者も山本五郎とあるので、北から順番に三角点を設置していったことがわかる。

この稿、「一等三角点のすべて」（多摩雪雄編、新ハイキング社、平成11年刊）を参考にし、「点の記」は牛場誉人さんの世話になった。

さて今年度は好天に恵まれ、年間11回の山行を実施することができた。イレブン・マウンテンの会と呼ぶべきかもしれない。年間延べ参加者593名、1回の参加者は平均54名であった。来年度の本会の会員資格を有する参加者は159名。会員の平均参加回数は、3・72回であった。平日の山行を実験的に組み入れたので、前年よりも平均参加者も、皆勤の参加者も減少したが、事故らしい事故もなく、安全登山に徹しきれたのは幸せだった。

なお、皆勤の参加者は五十音順に、伊藤登美子、牛場誉人、小倉光善、川端美智子、塩崎吉視、田中美幸、中村稔のみなさん。紹介して健闘を称えます。

来年度の山行計画も決定し、皆さんに配布しました。必ず下見山行をして、安全登山を支えたスタッフの皆さんに感謝し、次年度へのさらなる協力をお願いします。

度会郡大内山

郡界嶺（伯父谷山）

◉535・8m／2017年3月12日・参加者51名

熊野古道・伊勢路は田丸を出発地とする。田丸城の石垣の上から眺める、西の山々、飯高や飯南の奥に当たるのだろうか、平野の奥深くに連なる山系のやさしさは忘れられない。

田丸の城は紀州和歌山藩田丸領6万石の拠点であり、初代の城主は久野丹波守宗成である。

かつての城下町・田丸の大手町、伊勢路と伊勢本街道の分岐点をスタートして、栃原まで約18km、さらに梅が谷まで約42km。およそ60kmを2泊3日かけて歩く。後半、道は大内山川に沿って進むが、梅が谷の近くで大きく源流部（犬戻り峡）に向けて湾曲し、西方面を向いて大台山系に向かって谷の奥に入っていく。栃古橋のところ（車を駐車したあたり）で、今度は大きく左に回って歩くこと小一時間、標高

357mの高さで、熊野の海を始めて眺め、熊野路へ入ることになる。これが、近世までの伊勢路のコース。

徳川頼宣が紀州の藩主として入府したのが1619年、その頃から熊野街道の全体としての整備が始まったとされるが、それと前後して熊野古道伊勢路の紀伊長島へ入るルートが変更になった。大内山村・川口で大内山川に別れて、現在の国道42号線沿いに南下し、標高241mの荷坂峠を越えるルートに変更したのである。この詳しい年月がわからないのである。沢山出ている熊野古道のガイドブックでも、このルート変更の日時を示しているのは、全くない。「江戸時代の初期」だろうというのが、大方の記述である。なぜ変更になったのか。ツヅラト峠の場合は、最後が峠越えの急坂になっていて、熊野の国に入るという感慨を催すが、荷坂峠の場合は、伊勢の国から少しずつ高度を上げてきた路が、そのままの高さで峠になってしまう。峠越えの急な坂を予測していた旅人にはいささか拍子抜けの峠越えであり、これは昔も今も変わらない。

荷坂峠はツヅラト峠より116m低いところにある。この高さの差が、ルート変更の一つの理由であったに違いない。どちらも、峠を越えてからは、急な坂道で一気に長島の地に降りてくることになるが、荷坂峠越えの方が旅行く人たちには優しかったのであろう。もうひとつ、「紀伊長島町史」によれば、中世から近世に至るまで、赤羽谷の集落がなかなか賑わっていて、長島を上回るほどだったという。ツヅラトを下ってきた旅人は、そのまま赤羽川沿いに上って、中桐から島地峠を越えて加田へ下りていった。従って、ツヅラトルートは紀伊長島の街中を通過しなかった。近世初期に至り長島地区が、赤羽の村々を凌駕するほどに栄えてきたのだろう。こんなところが、路の変更の主たる理由だろうが、この両方のルートが、ともに世界遺産に登録されたことはめでたい。

熊野古道伊勢路の江戸道と明治道。国道42号線、さらにJR紀勢線とこれ以後主要な交通機関が、この同じ谷を通ることになる。この谷の名を伯父ノ谷という。その谷の頂が標高635・6mの、大内山と紀伊長島の境ということになり、無名のこの山を「郡界嶺」と名づけた人がいたのである。それが、誰なのか、そしていつのことなのかと興味を引くが、そんなに古いことではなさそうだ。

この荷坂峠を13のトンネルで貫いて、蒸気機関車が走り出したのは昭和5年（1930）のころ。4月29日に、紀勢東線「紀伊長島停車場」が開業し、一番列車が、荷坂峠のトンネルを通って二郷村にはいってきた。87年前のことだ。私が高校生の頃、尾鷲駅が紀勢東線の終点であり、始発駅でもあったのだが、大学生になって津へ出かけるとき、紀伊長島駅を過ぎると乗客はみんなで窓をばたばたと閉めたものである。標高差200mほどの坂道をふうふう言いながら上っていく蒸気機関車は煙をモクモクと吐いて、それが窓から入ってくるのを防ぐためだったが、それでも列車が峠を越えるとカッターシャツの白い襟が煙ですすけて黒くなっていた。懐かしきSLの思い出である。

あの頃は度会郡の大内山村も、北牟婁郡の紀伊長島町も同じ三重県ではあったが、列車に乗って峠を越えるとき、確かに奥熊野から伊勢の国へ、荷坂峠越えは国境を越えていくという意識があった。峠の向こうは伊勢の国だったのだ。

熊野古道伊勢路の熊野へ入る二つの道、標高357mのツヅラト峠と241mの荷坂峠、この二つの峠を東西に結ぶ尾根道・稜線は、数kmの距離に過ぎないが、伊勢と紀伊とを分かつ境界線を形成している。江戸時代でいえば、北側は「紀州藩、伊勢三領のうち田丸領下真手組大内山」であり、南側は「紀州藩　本藩領、奥熊野長島組」である。

「国境の長いトンネルを抜けると雪国であった。」と川端康成は『雪国』の冒頭に記すが、近世の伊勢から熊野を目指した旅人たちは、国堺の峠に立って始めて熊野の海を眼にした。観音菩薩信仰に深く帰依している人たちは、その群青の海のかなたに、観音の生地を想像して、感無量であったろう。

二つの峠を結ぶ国境稜線のほぼ真ん中辺に二等三角点を有する、標高635・6mの頂が聳え、その地がこの稜線の最高地点である。すでに明治30年代に測量部の人たちが、選点と埋標の作業に入り、三角点の碑を建てていったが、この稜線は両方の地域の人たちにとってほとんど歩かれることのなかった地である。ここ最近の山ブームの中で、あるいは古道ブームの中で、始めて注目されることになった山であろう。

山頂の山標には「郡界嶺」と「伯父ケ谷」(平成28年11月5日、松坂田中)、「伯父谷山」の三つが並んで、同じ木に掲げられていた。山に登って、「無名の山に行って来たよ」とは中々いかないようだ。名前がないと落ち着かないのだ。現在、当然のように使っている山々にしてもむしろ名前のなかった時代の方が長かったのであり、したがって、20年近く続けてきた私の山行記らしきものも、その山の名はいつ、誰によって付けられたのかが興味の中心であった。山の名には、なんとなく、誰ともわからずに命名してきたものが多いのも事実だから、山名の究明も簡単ではない。国堺に伯父ケ谷の奥に聳えているから、上記の命名についてはなんとなくわかるし、松阪の田中さんのように年月日まで記して、正確を期する人もいるから、今のうちに整理しておくことが大事であろう。

山頂からは、南に熊野灘が大きく広がって見えているし、西側には大台山系のなだらかな尾根筋が、その奥に三津河落の山麓らしきものも見えていた。この地点は、それほどの高さではないが、紀伊山地と伊勢の山々を分かち、そしてつなぐ嶺として貴重である。

度会郡大紀町

大平山から大河内山

◉2014年6月1日・参加者37名

尾鷲駅が紀勢東線の終着駅だったのは昭和9年(1934)12月19日から同32年(1957)1月12日まで、15年戦争をはさんでの23年間である。紀勢線の全通は昭和34年の7月15日なので、尾鷲は長い間、終着駅・始発駅の町であった。高校3年間は、相賀・尾鷲間を列車で通学した。汽車賃は片道10円だったと記憶している。ラーメン一杯40円の時代だ。津で過ごした4年間も、夏休み等の帰省は列車であった。夕暮れ時、汽車が三瀬谷を通過し、大内山を進むころ、次第に山の中に入っていく列車にいて、窓外の景色を眺めていると、なんとなく懐かしい気持ちがしたものである。私たちは尾鷲から松阪までの駅名をそらんじていた。「長島、大内山、伊勢柏崎、阿曽、滝原……」と。急行列車に乗ることはなく、各駅停車だったから、停車駅の様子はよく見ていたが、下車することはなかった。伊勢柏崎の駅(伊勢柏崎駅の開業は昭和2年7月3日)や村もそんな感じで眺めていた。やがて、自動車時代の到来とともに、国道42号線を往来することになったが、ここでも多くの村々は通過するだけで、その村の脇道に入ることはなかったし、高速時代となっては、トンネルと橋梁だけで多くの村々は時たま眼下に眺めるだけになってしまった。「今は山中、今は浜」の鉄道唱歌の時代はずいぶん遠くになってしまっている。

東紀州10マウンテンの会に参加して、あちこちの山を歩くようになってから、その登山口まで車で走り、これまで通ったことのない村々の道を走ることが多くなったが、それが楽しみの一つとなっている。

柏崎村という地名が、柏野村と崎村が合併した明治22年（1889）に作られたもので、明治の大合併の所産だということを知ったのは、ずっと後のことで、それまで柏崎というのが単一の集落を指すのだと思っていた。柏崎地区は、近世にあっては紀州藩に所属していたが、ほとんどの時期は田丸領であった。昭和32年（1957）2月1日に北牟婁郡錦町と合併して度会郡紀勢町となるまで68年間柏崎村という名はつづく。昭和の大合併であるが、錦町が柏崎と合併するのはとにかく、北牟婁郡から抜けてしまうことになんとなく違和感があったのを記憶している。北牟婁郡の中学校野球大会に出てきていた錦中学校が度会郡に移籍して遠くに行ってしまうような気持ちになったのだろう。尾鷲町や木本町が尾鷲市や熊野市になったのもこのころのことである。

さてその紀勢町も平成の大合併によって大紀町と変わったが、その崎地区に大平山や大河内山はある。最近ではつつじの山として大平山が脚光を浴びているが、昭和14年（1939）に三重県の史跡、名勝、天然記念物、保存顕彰規定により名勝に指定されているので、その歴史は思ったよりも古いのである。山行の日は花の時期にあわそうと設定したが、残念ながらつつじの満開には間に合わなかった。つつじ公園の花の時期は終わっていた。

大平山の山頂に至る尾根道に一本だけぽつんとピンクの花をつけているツツジに出会ったが、あれはあれでよかった。

大河内山（545・91m）に三角点が設置されたのは明治36年（1903）8月18日のことだから100年前になる。山名は大河内山、点名は古和口、所在地は三重県度会郡紀勢町大字崎字サブ谷奥とある。

私たちは、つつじ公園の駐車場をスタートして、大平山と大河内山を峰とする山塊を西側から登った。ツツジの群落の中を歩いて、しばらく登ると小さな鳥居があり、案内板に浅間神社と記す祠の前で最初の休憩。滝原の浅間様をはじめ、相賀、龍仙山と多くの浅間山に登ってきたが、ここの浅間様には少し違和感があった。富士の方向に向かっていない。ここからは富士山は見えないと思った。「元は三ヶ野の山の神などと一緒に祀られていたのを大正年間にここに移築した」と「紀勢町民俗有形文化財目録」の説明を読んで納得した。

大平山。全国的にこの山名は多い。比較的低い山が多いのも共通している。地元から近く、山頂がやや広いのでこの名があるのだろう。

大河内山。「三重の百山」は「古和河内川と大平川に挟まれた大河内山は山名の由来は分からないという。国語辞典によれば「河内　川の流れを中心として両岸一帯の地域」と説明しているし、この山のふもとの集落に「古和河内」という地名がある。山の名が先か、集落の名が先か、よくわからないが、河内集落の後ろに聳える大河内山と解したい。なお「古和河内川ハ本村（柏野村）南方字寒谷に発源」という記録もあり、三角点の所在地にあるサブ谷とは「寒谷」という字名のことのようだ。

私たちは、大平川に沿って車を走らせ、大平山ツツジ公園を抜けて、西側から大河内山に到着したが、多くの伊勢からの登山者は、古和河内集落の側から登山をしているらしい。そちらのほうが正面といえるようだ。「三重の百山」の著者も山頂について「付近は多少の雑木はあるものの植林の木が大きくなって眺望はない。三等三角点がある小広場は休憩によいところだ。」と記した後に「山頂から西に踏み跡がありツツジの大平山への標識がある」と記すだけで、私たちの山行コースには踏み込まず、古和河内の側へと引き返している。

山頂での昼食、恒例の写真撮影の後、下り道は大平キワダへと下りるコースをとった。浅間神社から稜線に出た往路は、4箇所ほどのアップダウンがあってルンルンの尾根歩きとは行かなかったが、下り道は延々と続くくだり斜面。小さな上り坂もなく、ところどころに平坦路がある程度。理想的な下り道といえる。林業構造改善事業の施策でもあるのか道の周囲は雑木の伐採が進んでいて、一週間ほど前の下見山行のときよりもさらに整備が進んでいた。

キワダというのは、この下り道の終点の辺りの字名であろう。大平山の南斜面は、大平、大平大磯原、大平猿田原、大平オニオ、大平小ニオ、大平ヒゲ谷、大平キワダという小字が続いている。当日は全国的に猛暑日で、山行中も気温は30度は超えていたが、木陰の歩行が多く、時たま風の吹きぬけていく場所もあって、参加者全員事故もなく、無事に下山することができた。

私たちの歩いたコースは大平山・大河内山のうち「浅間神社・キワダルート」と呼ぶことができようが、皆さんに推奨できるコースといえる。ツツジのころはさらなりである。

南伊勢町相賀浦

局ヶ頂（鋸山）

◉310・8m／2011年1月9日・参加者45名

日本列島が大寒波に見舞われているこの冬の1月9日、天気はそんなに悪くはなかったが、山頂に着くと冷たい風が吹き抜けていた。南側の斜面に腰掛けて北や西からの寒風を避けて弁当を食べた。眺望は絶好、熊野灘の遥か向こうに延びているのは三木崎の半島だろう。五ヶ所湾やそこに面する下津や宿田曾の浦々、さらには御座の白浜や志摩半島の入り組んだ湾などが見え、注意すれば大王崎も確認できる。富士山は見えていないが、条件に恵まれれば、可能だろう。スタート点の相賀浦から二時間余、アップダウンが数回あったが、道は防火帯で、地元の説明書では「火防線」と呼んでいる幅3mほどの整備された道が、ウバメガシの樹林に覆われた稜線を一直線に伸びていて、申し分ない。伊勢・志摩の山岳同好会「てくてく会」のメンバー二人が、チェーンソウを手に眺望確保の為に作業していた。その横を挨拶して通り過ぎた。

静岡県から久しぶりに参加された宮本さんに「ツボネガチョウというのは、珍しい山名ですね」と、声をかけられた。私も最初にこの山に出かけ、その名を聞いた時には、確かにそのように思った。ただし、仲間と何回か、この山名を口にしているうちに、いつしか慣れてしまって新鮮味が薄れていたのだが、そういわれてみると中々に新鮮な山名であることを再認識していた。

局と名のつく山は、「新日本山岳誌」（日本山岳会編）には3200の山名中一つだけ。おなじみの「局ケ岳」。「日本山名事典」（三省堂）には2500の山名中に二つだけ。局ケ岳と「局ケ頂」の二つ。両方ともに三重県に所属するので、私たちは比較的耳にすることが多いが、実は極めて珍しい名前なのだ。局ケ岳の山名の由来は「一人の局が祈願のために麓から険しい山中に分け入り、奥の宮に参籠して再び帰らなかった。それ以来、雨の降る夜に山上に美しい局の姿を見るようになったという説話に拠るとか、山の形が十二単をまとった美しい局に見えるなどの説がある」という。局ケ頂の名前の由来も、良く似たものだが、こちらの方は、平家落人伝説と結び付けて「建久年代（後鳥羽・土御門天皇時代1190―99、将軍・源頼朝）源平の合戦で滅亡した平家の一族が相賀竃に逃れ、主人の奥方、すなわち、お局をこの山にかくまい、外襲の憂いを除いたのでその名を得た。また、平の維盛の庶子岸上行弘が戦いに敗れ、その子孫が相賀竃に流れて住み着いた。局ケ塚は平家の奥方、すなわち、局を祀ったものという。」

局ヶ頂については「南勢町誌」からの引用だが、同誌は「（局ヶ頂は）昔は鋸山と呼ばれ（明治九年地図）局ケ頂が俗称だったのに、今では局ヶ頂と呼ばれ、古名は忘れられている」と記し、「ノコギリ山」を本来の山名としている。私の手元にある地図は、明治25年測図、同30年製の大日本帝国陸地測量部のものだが、それには「局頂」とあって、現在と同じ標高が記されている。明治9年の古地図を見る機会がないのでなんとも言えないが、「ノコギリ山」の呼称は、この間に消えたのかも知れない。

局ヶ頂の山頂からは、現在は南伊勢町となった度会郡の南勢町と南島町の山々や集落が見えていた。国道260号線が整備されたので、私たちも日帰り山行ができるようになったが、一昔前はかなり不便な土地であった。その不便さゆえに、秘境を旅する人が時たま訪れる程度だった。平家の落人伝説が生まれるほどの僻遠の地ということだ。

明治31年（1898）、123年前の2月下旬にこの五ヶ所湾周辺を横切って、伊勢から紀伊長島まで歩き、熊野三山をめざした文人がいる。田山花袋（1871―1930）である。花袋が自然主義文学の小説家として「蒲団」を発表するのは明治40年のことなので、このころは無名の28歳の文学青年である。旅好きの花袋の歩いたコースが興味深い。この時期、鉄道は山田（伊勢市）まで。花袋が訪れた3ヶ月前の明治30年の11月11日に山田駅が開業している。したがって「熊野古道伊勢路」で熊野三山を目指すとすれば、相可口で降りるか、田丸で降りて歩き出さねばならない。南伊勢を経由する熊野古道脇街道は、それほど迂遠な道程でなかったのかもしれない。実は、国鉄紀勢東線の大内山・紀伊長島間の測量に着手した時（大正8・1919）海岸周り、たぶん大内山―南島―錦―紀伊長島のコースの検討もされたが、海岸に沿って厳しい地形になっており工期が長くなるため、現行の荷坂峠のルートに決定したらしい。紀伊と伊勢を結ぶ幹線鉄道が、南島町を経由したコースになっておれば、紀伊半島南部の風景も違ったものになっていただろう。惜しいことをしたなと思ったりしている。南伊勢はあれから、鉄道空白地として現在に至っている。

花袋の体験は翌年、紀行文集「南船北馬」として出版され「北紀伊の海岸」というタイトルでまとめられている．彼は英虞湾を船で渡り、浜島から歩き始める。浜島は志摩の国、山を越えた下津浦は伊勢の国である。国境を越えた花袋は、下津で一泊の後、船を雇って五ケ所湾を遊覧し、五ヶ所の港に入る。船頭の説明を楽しみに船に乗ったのだが、この船頭の老漁夫が極度の難聴で、全く会話ができないのに落胆している。

実は、今回「南船北馬」を熟読したのは、花袋が相賀浦を通って局ケ頂を歩いていないか確かめたかったのである。私たちの歩いた道は、往時の街道ではなかったようだ。彼の歩いたのは、やや北側、内瀬・伊勢路・押淵を経て三浦峠を越えて南島町に入り、道方・慥柄を経て贄浦に入る道。花袋は健脚である。翌日は贄浦を出て、東宮・河内・赤碕、そして古和浦を経て、棚橋では「塩焼く煙ほそぼそと立ち上る」を眺める。姫越山のコースが詳述されていないが、錦浦に午後4時過ぎに着き、「夕日もやがて山の端に傾き始めんとしたる頃」なのに、さらに錦峠を越えて長島へと志す。この錦峠で長島の「年若き一人の郵便脚夫」と出会い、その青年と語り合うのがこの紀行文の、最も面白いところ。疲れ果てて長島の嵐屋にて熟睡した翌朝、彼は定期船に乗って新宮・三輪崎に向かう。

宮本さんが珍しいと感じたのは、局という言葉ではなく「……頂」の方だったのだが、山や頂を呼ぶのに、「山」「岳」「頭」は多いが、「——頂」というのには、ほとんどお目にかからない。維盛に庶子がいたかどうかも、よくわからない。治承・寿永の合戦で敗れた平氏の落ち武者が相賀浦に来たかどうかも、地元の伝承以外に確たるものはない。どちらにしても、山容のよい、伝承に満ちた珍しい名の山に、新春早々登ってきたことに満足したい。

南伊勢町・五ヶ所浦

馬山・龍仙山

◉２０１４年４月13日・参加者49名

紀勢自動車道の紀伊長島ＩＣと海山ＩＣ間が３月末に開通したので、尾鷲北ＩＣと尾鷲南ＩＣ間を除いて、東紀州も高速自動車道の時代に入った。馬越の自宅を朝６時に出発して紀勢ＩＣで降り、古和への峠を越えて旧南島町に入る。国道２６０号線を東に向かって走る．古和浦、村山など旧南島町の浦々を通過し、旧南勢町に入る。国道２６０号線は南勢・南島の町内を走るすべての県道とつながり、南伊勢町の大部分の集落を、串ざしするようにしており、南勢町の重要な道路である。神前、奈屋、贄と通過する集落の名前を確認するのに忙しい。東宮にある河村瑞賢（１６１７—９９）の銅像なども横に見て通過する。

度会郡南伊勢町の町役場所在地五ヶ所浦、そこにある町民文化センター前駐車場に着く。尾鷲から１時間半。ずいぶんと近くなったものである。私は紀勢ＩＣで降りたが、紀伊長島ＩＣで降りた人、新宮から参加の皆さんをはじめ伊勢方面から参加のみなさんは玉城ＩＣで降りてサニー道路でやってきた。サニー道路は北から南伊勢町へ入る基幹道路だが、「南伊勢広域営農団地基幹農道」というのが当初の正式名称らしい。北勢地区の「ミルク道路」、熊野地区の「オレンジ道路」などと同時期に建設された。１９７４年（昭和49）11月に着工祝賀会を催しているが、開通式は１９８４年の９月17日。完工まで10年の歳月を要している。後１９９６年に県道玉城南勢線に昇格して現在に至る。

駐車場から北を眺めると、正面に五ヶ所の浅間山１７４ｍ、右に馬山１９８・９ｍが見えている。左奥に龍仙山４０２ｍが位置するが、こちらは手前の山の影になって見えない。

今年度の最初の山行なので、午年にちなんで馬山にしたが、山名の由来は山の姿が馬に似ているとの説と、地元の豪族の馬場があったでという説がある。道は大変丁寧に整備されていて、地元の山岳愛好会の人々の努力に感心していた。往復二時間ほどの行程だったが、下り道、向こうから上ってくる30名ほどのパーティとすれ違った。かって我々の山行に南勢町から参加されていた方も元気に歩いていたので、挨拶をしたが、この人たちが南勢の山々の整備に尽力している「南勢テクテク会」のメンバー。同会は１９９７年（平成９）の誕生、10マウンテンの会より３年ほど先輩になる。現在は特定非営利活動法人南勢テクテク会として活動しているとのこと。

全員集合写真

植林山の細い道を行く

龍仙山から五ヶ所湾を望む

南朝で活躍した愛洲氏の碑

駐車場の一隅に野口雨情（1882―1945）の詩碑が建っていた。

伊勢の五ヶ所は真珠の港
波のしずくも珠となる

雨情が五ヶ所へやって来たのは1936（昭和11）年の夏のことらしい。55歳の雨情は五ヶ所湾各地の風景を十七連の民謡にして詠みこんだ。これらの民謡は、約50年後にゆかりの浦々に歌碑として建てられ「野口雨情詩の細道」として親しまれている。

なお、同じ年の6月、雨情は尾鷲を訪れ尾鷲や九鬼に立ち寄り小唄を作って披露している。尾鷲に立ち寄った後、直接五ヶ所に出かけたのかどうか、詳細はもう少し調査をしてみないとわからない。移動には開通直後の紀勢東線を利用しているのは間違いない。

龍仙山は「りゅうせんさん」と呼ぶらしい。山頂からは五ヶ所湾全体を眺めることができる。東紀州の山々からも、眼下に海を見る絶景ポイントがいくつもあるが、ここからの眺めはやわらかい。天狗倉山やおちょぼ岩からの眺めは硬くて荒々しいが、五ヶ所湾や志摩の山々は女性的である。入り組んだ五ヶ所湾の姿はカエデの葉の形に似ているので、別名を楓江湾というらしいが、山頂から眺めるとなるほどと納得する。山頂はなだらかな丘の上のような形状だったが、大日如来の坐像を安置したりっぱな石祠がある。山頂から少し離れた横の平地に役の行者や不動明王を祀った石祠があって、いずれもその設置年代がわからないのが残念だったが、どちらにしても仏教関係、特に密教や修験道関係の色彩の強い石像が祭られていて、その入り口に比較的新しい鳥居の立っているのも面白かった。

この龍仙山はふもとからの眺めも際立っていて、地域の人たちは「ふるさとの山」として見ていたようだ。五ヶ所小学校校歌（作詞・佐々木信綱、作曲・本居長世と豪華メンバーだが、作詞者についてはいろいろ議論があるらしい）には、

龍仙山は　雲深く
楓の入江　波清し
このよき里の　学び舎に
物学びする　楽しさよ

とあるし、五ヶ所中学校の校歌（作詞・橋川孝雄、作曲・宇田太三）にも、

龍仙山の　秀嶺を
越ゆる白雲　輝けり
希望の光　あふれつつ
我らは励む　ひたすらに

とある。ついでに、南伊勢町にある県立南勢高校の校歌（作詞・森島平三郎、作曲・大中寅二）も見てみると、

黒潮の高き薫よ　龍仙の清き姿よ
朝風もすがしき里に　見よまさにわれら力むる
逞しき希望に燃えて

南勢町の子供たちは、朝な夕なにこの山を眺め、学校行事のあるたびにこの山の名を歌ったのである。

明治31（1898）の春3月のある日、28歳の無名の青年田山花袋（1871―1930）は楓江湾を小舟で進んだ。下津浦から、耳の不自由な船頭のこぐ櫓の音を聞きながら五ヶ所浦をめざしている。そこで小半日を過ごした花袋は、南島町の方へと向かい、姫越山を越え、錦峠も越えて紀伊長島に泊まる。彼は長島からは、汽船で新宮へ向かったが、春の一日、楓江湾を漂ったのだ。私は眼下の湾を進んでいく花袋と船頭の姿を、龍仙山の大日如来像の横に座って眺めていた。春の陽の下を船はゆっくりと進んでいく。

帰り道は、切原の集落を通り抜け、標高300m余の剣峠を越えた。1950年（昭和25）に柳田國男を大感激させた峠は、ひっそりとした寂しさの中にあった。

南伊勢町古和浦

座佐の高

◉429m／2015年2月8日・参加者33名

午前8時、紀伊長島道の駅「マンボウ」。雨が降っている。激しくはないが、しとしとと間断なく降り続く。体調の悪い人とか、雨の中を歩くのが嫌いな人は、集合場所まで来て、断りを言って帰っていく。それはそれでいいと思う。現に、電話でのキャンセルもあって、45名の申込者のうち、12名が当日欠席。33名が車に分乗して、棚橋竈の小公園に向かう。雨は降り続いている。準備体操は省略。全員、雨対策のコートを着て、傘を指して出発。雨合羽、ザックカバー、傘の色と、いつもよりカラフルな行列で、新桑竈の民家の中の道を進む。

新桑竈とか棚橋竈とかいう集落名は珍しい。南島町はいまでは南伊勢町となっているが、「南島町の大方竈、道行竈、小方竈、栃木竈、新桑竈、棚橋竈、赤崎竈と南勢町の相賀竈の八集落は南島八か竈と呼ばれて、竈の地名は平氏の子孫や郎党たちがこの地に逃れ来て、製塩を業として、海岸に塩焼き竈を築いて生計の糧としたことからきている。」（南勢町役場発行「南勢町山紀行　見登歩史」）八か竈のうち赤崎竈は安政の津波のため、その後廃村となったので、今では南島七竈ということになる。さて「南島には竈以外に古和浦とか方座浦のように浦という集落があり、村山とか道方のように竈も浦もつかない集落がある。」「竈が平家の落人集落（竈方）、浦は紀州藩の加子集落（浦方）、竈も浦もつかない昔からの農村集落（地方）」の三種類の集落があり、成立からいえば竈方が一番新しいということになる。（以上「熊野灘もう一つの古道」桑野淳一）

南島町の落人伝説は、平維盛の妾腹の子・岸上行弘とその子や孫が紀州河合から南勢町船越に落ちてくるという伝承らしいが、事実の程は確かめようがない。姫越山への落人は、木曽義仲の娘という伝承と同じだ。どちらにしても、源平の戦いの敗者たちが落ちて逃れてくるにふさわしい土地柄ということになろうか。

南勢町から南島町にいたる古道を地元では平家街道と呼んでいる。その道を明治31年（1898）の2月下旬、10年後に小説家として登場する28歳の青年田山花袋（1871―1930）は、一人で歩いている。

早朝に贄浦の旅亭を出発、古和浦を昼前に通過して、

「坂を三つほど越えた向こうに、塩焼く煙が細々と立ち上っているのが見える。ここが棚橋という一漁村であった。この漁村は、一面海に面し、三面ことごとく高き山に包まれている。わが越えていく道はどちらかと地図を見る。今まで一筋に海岸線を伝ってきた道は、ここからは三方に分かれている。一は万山の中を過ぎて柏野に至り、一は峠より折れて真弓に至り、一は新桑を過ぎて錦にいたる。われは錦浦を経て長島に行こうと思っているので、里人の教えるままに、そのまま右の新道を取って進む」

花袋は、空腹耐えがたく、とある茶店によって昼飯にした。その飯のまずいこと。とても食べることができないと思ったが、これからの道程を考え無理やり口に運んだ。このあたりまでは私たちの歩いた道と重なる。彼は錦を越えて、長島まで歩いていく。

新桑竈集落の中を新桑川が流れている。川沿いに上流に向かって進んでいくと、集落を西に向かって一本の道があり、その両側に民家が並んでいる。熊野街道の脇街道であり、田山花袋もこの道を進んで

全員集合写真

芦浜を右下に見る

座佐の高までの道

錦をめざしたに違いない。空き家が結構多いように見受けたが、年配の女性二人と話をすることができた。現在の戸数は15軒ほど、人口はそれをわずかに上回る程度という。昭和58年（１９８３）は世帯数40、人口88とあるから、この30数年で半減以上。それ以前はもっと賑やかだったとのこと。中年の男性は「坐佐の池は、昔は一つにつながっていて瓢簞のような形をしていた。今は二つにわかれているらしいのう」と語っていた。

　集落を離れたあたりで道が二手に分かれていた。私たちは小さな橋を渡って、休耕田がすっかり芝生に覆い尽くされている所を進んだが、あそこを直進して川の左岸にそってすすむと、２００ｍほど行った杉木立の端に「左くまの道」という道標があり、さらに１００ｍほど進むと子安地蔵ともう一体の石仏があって、この道が古くからの街道であることを知らされる。この道は姫越山の北側に出て、そこから錦方面に下りていくのだが、今は、私たちの歩いた芦浜の峠を経由するコースがメインコースとなっているので、その昔の脇街道の道がどうなっているか、知らない。

　新桑川が細くなって谷になるあたりに、猪垣かと思われる立派な石積の場所があったが、畑の跡とのこと。道は九十九折になって歩きやすいが、稜線の上の空が見えたあたりからなかなか尾根に出なくて、やっと小降りになって必要なくなった傘をストック代わりに、ふうふう言いながら、芦浜への峠に立った。出発から休憩時間をいれて2時間余。芦浜を右手に見ながら、電力会社の所有地と新桑地区との境界線となっている尾根道を歩くこと20分余で座佐の山頂。429ｍとそれほどの高さではないが、熊野灘に面して眺望を邪魔するものは何もない。眼下に座佐の浜、二つに分かれた座佐の池、雨上がりのためガスに覆われていたが、すぐに姿を見せた。「ザサ」という珍しい名前について地名辞典やら山名辞典を探すが、適切な説明に出会わない。まず座佐の浜という名があって、座佐ノ池、座佐ノ高となったのであろう。南勢町の東端に「神津佐《こんさ》」という集落名がある。神津佐川河口に立地するとある。「浦」や「竈」とともに「佐」という集落の名前が南伊勢周辺の海辺にあったのではないか。神津佐も座佐も海辺にある。志摩半島の先端に「御座」という地名があるが、それとの異同も気になる。

眼下に古和浦湾、対岸の天神山の西側に薄月湖という海跡湖が見えている。志摩半島が遠くまで見えており、少し離れた半島の先に離れ島が見えている。見江島であろう。眺望はいいのだが吹き抜けていく風が冷たい。当日は日本列島全体が寒波に見舞われ、ぴゅうぴゅうと吹き抜ける風を避ける場所もない。あわてて昼食をすまし、帰ることにした。周遊コースを予定していたが、道路の状況を考え往路と同じ道を帰る。下り道「新桑竈不動の滝」が今朝からの水を集めて見事だった。スタッフの中村稔さん、中村敬子さん、小川芳子さんがめでたく喜寿を迎えられたとか。お三人のお祝いのお裾分けに、たくさんのお菓子をまいてくださり、みんなで拾った。思いがけない喜びごとで、袋いっぱいの菓子をいただきました。天気もよくなり日も射してきました。

古道歩き

栃原―下楠―三瀬谷

◉2013年6月2日・参加者31人

道の駅大台の西側にある大台町営の無料駐車場に午前8時に集合。この一帯は、巨大な貯木場であった。紀勢東線の三瀬谷駅を列車で通過するたびに眺めたものだ。大杉谷渓谷周辺から集められた材木が、所狭しと積み上げられていた。「阿曽、滝原、三瀬谷、川添、栃原……」と停車駅を暗誦していた。自動車時代に入る前、紀勢東線は東紀州と伊勢平野を結ぶ大動脈だった。列車が荷坂峠に差し掛かると、窓から入る煙を防ぐためにばたばたと窓を閉めたものだ。やがて紀勢本線と名前を変えること（昭和34年7月15日）になる紀勢東線は、私たちの青春時代の重要な乗り物だった。

立原道造（1914―39）と野口雨情（1882―1945）は昭和11年に、吉川英治（1892―1962）は昭和25年12月に、この列車に乗って尾鷲に入り、去っていった。昭和18年の春、山と渓谷の登山家田部重治（1884―1972）は、大台を散策し、矢の川峠をバスで越えて尾鷲に入り、玉津館に泊まった。その「翌日、ここから汽車で相可口に向かい、乗り換えて名古屋に向った。尾鷲あたりでは桜の花が満開で散ろうとしている」と記し、「戦争前の私の山旅の記録は、これが最後だ」と述懐している。さまざまな文人墨客を運んだ紀勢東線である。

全員集合写真。粟生の八柱神社

道のべの六地蔵

どこの駅にも数名の駅員がいて、駅前にはちょっとした食堂があり、小さな旅館があったりした。村の人たちは、朝この駅から働きに出かけ、高校生は通学に利用し、夕方になると帰ってきた。駅は村や町のセンターであり賑わっていた。駅員のいない駅の時代が来るなんて考えもしなかった。

特急停車駅でもある三瀬谷駅も無人化になり、駅員の姿がなかった。こんなことってあるのかと思った。普通列車利用のわれわれは8時40分、31名で乗車した。2両編成の列車の前の車両に、後部乗車口から乗車する。ワンマンカーであるから、乗車整理券を取らねばならない。運転席に運転手と機関助手があご紐を掛けて座り、車内には車掌が巡回していた時代が懐かしい。三瀬谷、川添間7・1キロ、川添、栃原間5・7キロ合わせて12・8キロを10分ほど乗車する。乗車料金230円。31枚の整理券と、乗車料金7130円をつり銭の要らないように封筒に入れて、「間違いありませんよ」と運転手に断って、整理箱に入れる。運転手の負担を考えれば、団体乗車する側にはそれなりの配慮が必要だ。

参宮線に比べて紀勢線の工事が遅れていたが、相可口（現在の多気駅）から、相可、佐奈、栃原まで開通したのが大正12（1923）年3月20日。栃原駅で開通祝賀式が行われ、小学校の児童が日の丸の小旗を打ち振って、汽車を歓迎し、祝い歌を歌った。

祝えや　祝え　紀勢東線
　日に日にのびて

今日はめでたい　うれしい日

あれから90年が経過した。無人の栃原駅に下車。広場の隅に町営のトイレが設けられている。汽車に乗れば10分で通過する距離を三瀬谷めざして歩き出した。

熊野古道伊勢路は田丸で伊勢本街道と別れて、熊野三山を目指す。女鬼峠を越えて、栃原まで16キロほどの道程。近世多くの旅人が、栃原に泊まった。なかでも岡島屋という旅籠に泊まった記録が多い。近世のルートは栃原から直接松阪に向かわず、宮川沿いに迂回して、田丸で伊勢と松阪方面に別れた。

栃原から三瀬谷までの道は、ほとんど国道42号線の改修前の道路を歩く。ほとんどが舗装路である。世界遺産登録された熊野三山への参詣道は、舗装部分は推薦されなかったから、この道は世界遺産としての追加登録はできないだろう。道は集落の中を曲折して走る。道端の民家の大きくて立派なのに驚く。一戸建ての瓦屋根で、石積みの垣根が多い。どの家もサツキなどを植えていて、きれいに咲いている。一ヶ月ほど前にはシバザクラが咲き誇っていた。集落と集落の間の山道を越えたが、どこもかしこも茶畑、茶摘機が動いていて、当日は日曜なので製茶工場が休んでいたが、平日には製茶の臭いが道路にまで届いていた。街道の両側は「茶のうね」が鮮やかだ。

「栃原は伊勢茶の発祥の地といわれる。古文書によると、建久2年（1191）京都の臨済宗建仁寺の栄西禅師が、中国から茶の種子を持ち帰り、栃原の北山にある五百羅漢寺の僧に贈り、広く住民に栽培させたという。いま大台茶の名で出荷されているこの地方の茶は葉肉が厚く、栄養分を多量に含有し、二煎目、三煎目でも味も香りも変わらない。江戸時代から宇治茶にまさる品質として珍重された。」（「各駅停車　全国歴史散歩　三重県」昭和56年刊）という。特に神瀬から下楠に抜けて行く、ちょっとした峠道から見た茶畑の広がりが、遥かに度会の山々を背景にして見事な景観を作っていた。

川添駅で休憩して、粟生（「あお」という）の八柱神社の境内をお借りして昼食。下見に二回出かけたので、今回で三回目の道なのだが、この「やはしら」神社が気になっていた。神瀬の集落にも、定（坂瀬）峠を下ったところにも同名の神社があって、この地域には八柱神社が多い。大内山にもあって、その説明に「江戸時代以前には二天八王子社と称されていたが、明治4年に八柱神社と改称。村内に点在していた様々な神社を合祀。周辺の村々の産土神として崇拝されてきた」とある。柏野に津島神社という立派な神社がありましたが、そこにも八柱神社が合祀されているとの説明。祭神は八柱神と辞書にはあるが、いまひとつよく解らない。粟生ですれ違った土地の人に聞いたら「小さな神社に多い名前だ」と教えられたのが、なんとなく印象に残っている。

下見の時は、好天で日差しが強かったので、ずいぶん疲れたが、当日は曇天。おかげで快適な古道歩きを満喫した。到着した「道の駅大台」でカキ氷をいただいて、無事一日の日程終了。列車の窓から、何十回も眺めてきた栃原から三瀬谷への道を歩くことができて満足していた。

教員時代の仲間で連句の会をやっているのだが、当日は相差の民宿で半歌仙を巻くことになっていたので、終了後、志摩の相差まで車で直行した。7人の友とともに、翌朝10時まで、休憩、睡眠を挟んで連句作りに苦労した。採用されなかった私の発句。

点々と志摩の小湊梅雨に入る

新宮・古座川の山々

那智勝浦町

那智烏帽子山

◉909m／2006年3月19日　参加者57名

八鬼山の山頂展望所は広さといい高さと言い、展望の良さでは東紀州屈指といってよい。九鬼の集落を眼下に、その向こうに広がる熊野灘の雄大さ。遠くには志摩半島も見えている。北西側の大台、大峰山系が見えないのは残念だが、南に眼を転じると熊野の山々の遥か向こう、一番遠くに那智烏帽子が見えている。そのすっきりとした姿を目にするたびに、テンマウンテンの会の山行に、ぜひ組み入れたいと考えていた。

2月山行の遊木の展望所からも、高峰や大蛇峰にいたる烏帽子岩からも、さらには大烏帽子からも、那智烏帽子を眺めた。子の泊山からは、熊野川を挟んで間近の那智烏帽子に接したし、山行のたびに那智烏帽子は私たちを誘っているように見えた。

本年度は、果無山脈縦走、熊野古道・小辺路の全コース踏破、大塔山、法師山山行等、テンマウンテンの会のスタッフと、「スタッフ山行」と称して、紀伊山地の山々を訪ね歩いたのだが、なぜか那智烏帽子だけは山行の機会に恵まれなかった。私の取材のために必要なところから歩いてきたというのが、主な理由だが、こんなことでは那智烏帽子は眺めるだけの山になってしまって、ついに登らずしまいになってしまうと危惧していた。本年度の山行計画を決める会議で「3月は那智烏帽子に登ろう」と言ったのは、多分私だろう。ルートは、できるだけ楽なコースをという希望もあって、高田からのコースに決めた。

本番は参加できなかったが、スタッフ15名で下見山行はしっかりと実施し、私も参加した。新宮市高田、昔は高田温泉といっていたように記憶しているが、今は雲取温泉となっている。そこから10分ほど林道を走って、終点のやや広くなっている場所に駐車。車を下りると「先生、早く早く」と中井さんが、山側に私を招く。カモシカが1匹、傾斜地にいて逃げようとしない。子どもなのだろうか、餌を探しているのだろうか。道路から2、3mのところにいて逃げようとしないのだ。かって大台山系、粟谷小屋の近くの岩上でカモシカを見かけたが、そのときはゆっくり観察する暇もなく、人の気配を察して瞬時に姿を消した。なんと警戒心の強い動物かと思っていたから、この日のカモシカは異常であった。おかげで、じっくりと観察できたが、このカモシカが異常なのか、カモシカの生息環境が異常になってきているのか、どこかで不安な気持ちになっていた。

道標にしたがって登り始める。道標には「烏帽子山」とある。当然のことながら、地元那智の人達にとって、この山は烏帽子（かぶりものの一種。延喜以後、冠と区別し、貴人は平服のときに用い、無官の者は儀式の時にかぶった。立烏帽子、風折烏帽子、侍烏帽子、引立烏帽子、揉烏帽子などがある。『広辞苑』）に似た山なので「烏帽子山」。「那智烏帽子」というのは、地域外の人達の呼び名である。

『日本山名事典』（三省堂、2004年刊）によれば、烏帽子山というのは比較的多く、著名な者だけで35山を数え、他に烏帽子岳というのが57山ある。この他に「大烏帽子山」とか「烏帽子形山」「烏帽子ケ森」などもあって、烏帽子と名のつく山は数えきれないほどある。私は道標を見るまでは「那智烏帽子」とばかり思っていたので、改めて山の正式名を知った次第。ただ、「那智」の場合は、他の烏帽子と識別するだけでなく「熊野信仰の山「那智の滝」を含む霊場などのイメ

全員集合写真

俵石・大杭峠分岐

烏帽子岩

「新日本百名山」と記してある

ージと重なって、特別の意味合いを感じたりしている。

本番では安全面を考慮してご案内しなかったが、頂上直下に烏帽子に似た大岩が聳えていて、山名の由来となっている。那智烏帽子は、遠くからの山容が烏帽子に似ているところからの命名ではない。

高田からは、上り2時間半、下り2時間余のコースタイム。ほとんど平坦路がなく、上り道ばかり、緩やかな上りか、急な上り道かの差だけ。ふうふう言いながら歩いた。途中一箇所だけ、集落跡らしい所を通過したが、あの辺りだけが、やや平坦な道。かっては、20数戸の農家が存在したという。南斜面いっぱいに棚田が開けていた。丸山千枚田に匹敵するような山村風景であったろう。この集落の人が、いつ離村していったのか。郷土史関係の資料を手にいれることができなかったのと、新宮市史には記述がないので、道ばたに捨てられていた絞り機つきの電気洗濯機から考えてみる。以下、電気洗濯機の歴史。

昭和5年　初の国産洗濯機。
昭和26年5月　電気洗濯機メーカー5社の月産200台。
昭和28年　三洋電機　噴流式洗濯機を発売。
昭和29年　電気冷蔵庫・洗濯機・掃除機が「3種の神器」と呼ばれる。脱水機つき洗濯機・渦巻き式洗濯機が出る。
昭和31年　自動反転式洗濯機出る。
昭和38年　自動脱水洗濯機出る。
昭和56年　毛布が丸ごと洗える全自動洗濯機と自動2槽洗濯機出る。

（『昭和・平成家庭史年表』河出書房新社、1997年）

あの集落跡に捨てられていた洗濯機は、昭和30年代後半の物のように思われる。とすると、その時期までは、この山村に20数戸の家があり、棚田や山林を仕事場とする人達がいたことに間違いはない。離村は高度経済成長とともにはじまり、急速に廃村となる。

村のはずれに、「俵石《たわらいし》」と呼ばれる、高さ4m・幅10m・奥行き4mほどの長方形の巨岩が横たわっていた。正面に祭壇が設けられ、鳥居からそこまで10m余の敷石の参道が落葉に埋もれていた。巨岩はご神体であった。村人は、ここで五穀豊穣を祈願していた。村人たちは、村を去るにあたって、それぞれの水田に檜・杉を植林していった。この国の林業が、今よりも将来性があると考えられていた時代の人々の営為である。それらの樹木がすっかり成木となって、村を覆っている。俵石もそれらの樹木の中にある。私たちが通り抜けた樹林帯は、昭和30年代までは見事な棚田の風景だった。そういう村々がここだけでなく、那智烏帽子の周辺に展開し、那智山の寺社を中心とする文化圏を形成していた。歳月は、多くのことを自然の中に隠し、そして、埋めつくしていく。

副会長の山ちゃんが挨拶でのべたように、今年度は10回の山行がすべて好天に恵まれ、パーフェクトに実施できた。幸運というべきだろう。全ての山行に参加した皆勤者は、熊野二人（山川治雄副会長、前川すみゑ）尾鷲二人（植野佳栄子、伊藤登美子）の計四人。紹介して皆勤賞に代えます。延べ参加者は600名をこえます。

新宮市高田

光ケ峯

◉685・5m／2010年2月14日　参加者59名

「那智山脈は、日置川の中流、広見川の東に起こり、東方法師が森となり、大塔山（1122m）に連なり、さらに東走して大河山（688m）となり東南東に向かい、樫原付近においてやや錯綜するも、再び東方に延びて熊野川に至っている。那智山は樫原東方において山脈が曲がってS字形をなす山岳の集まったものの総称である。烏帽子山（909・4m）、光峰（685・5m）、妙法山（749・1m）、大雲取山（965・7m）などの高峰がそびえている。」（『那智勝浦町史』）

上記の4つの山のうち、大雲取越え、青岸渡寺から妙法山阿弥陀寺を経て那智高原のコース、高田から那智烏帽子への往復と三つの山への山行はすでに実施しているので、光ケ峰だけが残されていた。実は、笠丸山（582m）山行の折、塩見峠で休憩をし東側に道をとったが、峠に案内板があって、「右　光ケ峯」と記されていた。私が光ケ峰を知ったのは、そのときがはじめてで、なんとなく気になっていた。「光ケ峰」という名前に魅かれたのかもしれない。

光ケ峰。所在は那智勝浦町市野々集落の北方。妙法山、最勝峯とともに那智三山あるいは那智三峰のひとつ。三山に那智烏帽子が入っていないのが不思議だが、最勝峯というのがよく解らなかった。地図で探してもなかなか見つからない。「那智勝浦町史」に次のような記述を見つけた。「最勝ノ峯経塚　金光明経（金光明最勝王経の略）とは法華経、仁王経とともに鎮護国家の三部経の一つ、那智山三峰の一つで、二の滝の上原生林中にあり、古徳僧が最勝王経を書写して、この峰に奉納し経塚とした。また、伝教大師が最勝経を書写して納めたとも伝えられる。」二の滝を訪ね、その奥にあるという最勝峯をいつか訪ねたいと思う。どうやら那智三山というのは、山の姿や高さではなく、那智を取り巻く峰々の中で、信仰上、重要な山を選んでいるようだ。

光ケ峰は那智山だけではなく、熊野地方でも最も伝説・伝承の多い信仰の対象となっている山である。社伝によれば那智権現が仁徳天皇の時代に天下ったところとある。そのとき、峰より光を放ったのであろうか。光を放ったのは加利帝母であったりするが、五部の大乗経を収めたところが光を放ったので、光ケ峰という伝承もある。飛龍神社（二の滝前）の遥拝所に円形の石があり、7月14日の大祭には、この石のところにて光峰遥拝の儀式を執行するという。伝説では、神武東征の時光峰の光の玉が、滝壺に落下して東征軍を援助したという。山頂近くに、池があったという説明もあるが、いずれの古記も「今はない」としている。

59名の参加者が、山頂に着いたのは午前11時を過ぎていたが、その頃私は那智高原の喫茶店から山頂を眺めていた。左（西）側に烏帽子岩がくっきりと見え、光ケ峰は丸いゆったりとした頂を見せていた。少し下って、大門坂のあたりからは、見上げるような位置に伝説の光ケ峰が見え、那智烏帽子は視界にはなかった。

大杭峠という名の峠。那智烏帽子から光ケ峰に至る尾根道と高田から市野々に抜ける生活道とが交差する、交通の要衝。「大杭」という名前が気になる。大雲取越えには、舟見峠、石倉峠、越前峠、小雲取越えには桜峠、そして、光ケ峰の東には塩見峠と那智山中には種々の峠があるが、「オオクイトウゲ」には奇妙に生活のにおいがする。その由来、来歴を記したいのだが、全く資料にめぐり合わない。光ケ峰も大杭峠も行政上は新宮市と那智勝浦町の境界線上にあって、そのせいかどうか紹介されることが少ない。それは廃村「俵石」についてもいえる。

今回の出発点・駐車場所は、新宮市高田の里高田。橋を渡ると塩見峠への道、渡らずに左岸を歩いていくと大杭峠への道。大杭峠への道を緩やかに登っていくと俵石集落跡に出る。ここは、那智烏帽子への分岐点である。鬱蒼と茂る人工林の中、廃屋があった。電気洗濯機が、そのまま放置されていた。電気が通じていた。電信柱が立っている。たとえば和田八重乃さんという人の家は、田は8反、畑は1反くらいあって、米の他の作物はサツマイモとサトイモを栽培していた。そのような規模の半農半林（業）の家が13軒あったという。最後にこの集落を離れたのは野本さんという人。7軒共同の水車もあった。集落の北側に俵石という俵に似た大きな岩があって、集落名も俵石だった。1月15日には俵石の祭りだった。

「俵石でモチまきをしてな。５合ずつモチ米出して山やりやるさか山祭りと言ったな」

「孫らは夏休みになったら来て、１ケ月もかえらんとおったわの。那智の子ら、40日おってもうちへ帰りたいというたことなかった。川へ行ったりな、テレビ見たり勉強したり、山へたきものとりに行ったりしたわ」

新宮市に移住した原野輝雄さんという人も語る。

「那智からの大杭峠越えて魚の行商が来やったの。担い棒でかついでの」

「（小学校は高田小学校へ通学）行きは下りやさか１時間。帰りは上りで１時間20分くらいやったかな。あの頃はみんなエンピツとかノートなんかを買うために、家から小学校のある前地まで炭を担いで通ったもんやよ」

「小学３年以上は炭１俵。高学年は２俵やったね。冬はしもやけで足の裏が割れるしね」

原野さんは旧制中学校に進学し、新宮まで１年間だけ通学したという。片道４時間。朝は５時前に家を出て帰りは、夜の林の山道を歩いたという。

以上の聞き書きは、ほとんど「かまんくまの」からの引用です。高度経済成長の進む中で、俵石の人たちは次々に故郷を離れて言った。子供たちの声や、大人たちの祭りのにぎわいも消えて、生い茂る人工林の中で、人々が氏神として崇拝していた俵石だけが残った。離れるにあたってあちこちに植林した樹木が、すっかり成木になって村を薄暗くしているが、13軒の家族が生活していた頃は、俵石の集落は遠くまで見通しのきく明るい山村であった。

（１月のはじめに、不注意から左のひざを痛めました。ために、今回は山行に参加せず、那智山脈の周辺をドライブ、山を歩かない山行記ということになりました。）

新宮市

白見山

◉２０１５年10月４日　参加者40名

明治２年（１８６９）２月10日、和歌山藩主徳川茂承は版籍奉還を願い出た。６月17日に願いは許され、和歌山知藩事に任命される。同時に新宮水野知藩事、田辺安藤知藩事も誕生するが、明治４年（１８７１）の廃藩置県によって三藩が統一して新しい和歌山県が誕生する。三重県でも明治９年（１８７６）に度会県が廃止され三重県に合併する。江戸時代に奥熊野・牟婁郡と呼ばれていた地域は、熊野川を境にして二分され、南西半分は和歌山県に属し、東北半分は三重県（当初は度会県）に属することとなった。

明治12年に三重県の部分は北牟婁郡、南牟婁郡の二郡に、和歌山県では新しい和歌山県誕生により牟婁郡が二分され、大塔、峯の両山脈の以東を東牟婁郡、以西を西牟婁郡とした。簡単に言うと、江戸時代に奥熊野と称されていた地域は、三重県側では南・北牟婁郡和歌山県側では東・西牟婁郡に分割されて両県に分割された。大きな変化というべきだろう。今回の山行は、当初大塔山の予定であったが、登山口までの道路が通行止めのため、急遽白見山に変更した。大塔山も白見山も東牟婁内に位置する。

大正６年（１９１７）和歌山県東牟婁郡役所発行の「紀伊　東牟婁

全員集合写真

山頂から那智勝浦の町を見る

林道からスタート

郡誌」の第二章は郡内の山脈についてまとめている。

1、果無山脈　先月の山行ででかけたばかり。「東西牟婁、日高三郡の境上を西南西より東北東に連亙すること約9里」「本山脈の両側の深き山中には人跡未踏の地あり」と記す。

2、那智山脈　那智山周辺の山々。北側は熊野川を境とする。那智烏帽子山、大雲取山、妙法山などが主脈を形成しており、支脈には越前峠、小雲取山などがある。

3、大塔山脈　果無山脈の側脈であって、主峰大塔山は高峰にして「古の奥熊野、口熊野の分界をなしたるもの」

4、峯山脈　古座川下流の縦谷に沿い、西方すさみ村より東方串本町の北方に至るまで海岸に並行して、約24キロの間東西に連続する山脈。最高峰たる峯山といえどもわずかに571m。大塔山脈と峯山山脈は東西牟婁の郡界をなす。

今回の山行の白見山は、前記4つの山脈中那智山脈に属し、しかもその山系中「熊野古道大雲取越え。地蔵峠あたりから北に向けた支脈が熊野川に落ち込む辺りの最北、最東に位置する高点、といえるが、著名な山岳事典や和歌山県山岳ガイドなどには全く記載されていないという意味で、あまり名 前の知られていない山といえる。ただし

926・3mの高さと、二等三角点を有する点においては注目に値する、東牟婁郡の山といえる。

2014年刊行の伊勢山の会編集の「奥熊野44山」には白見山―しろみやまの山行記が記されているが、山名の由来等についての記述はない。

前記の「東牟婁郡誌」の山岳表に陸軍参謀本部調査二千尺以上の山々19座の記録があって、その最後の次の記述が、私の出会った唯一の記録である。

白見山　3057尺　（所属地）高田村　（登山口）同村字鹿野（山頂への里程）13町

集合場所は「小口自然の家キャンプ場」。ここは熊野古道中辺路のなかでも最も困難な峠越えの大雲取と小雲取越えの中間地点に当たる。数年前に那智の青岸渡寺をスタートして船見峠、石倉峠、越前峠を越えて延々と続く胴切坂をくだって小口に着いた時には、50数名の参加者のうち数名が完全にくたばってしまって、スタッフの肩を借りてようやく到着したのを思い出す。私たちは大雲取だけの一日コースだったが、高木亮英副住職を先達とする青岸渡寺の奥駈の初日では、さらに小雲取りを越えて本宮大社まで歩く、文字通り修験の道の抖擻（山林などをかきわけて進むこと）を実施している。夏の暑い日に、このキャンプ場で解散した日のことを昨日のことのように思い出す。所在地は新宮市熊野川町小口、もともと熊野川町立小口中学校の敷地と校舎だったが、昭和57年（1982）に廃校となったのを、旧熊野川町の町費によって改装されたもの。熊野古道の旅人や、若者の研修施設として利用されている。最近は外国人の宿泊も多いとのこと。

小口から赤木川に沿って国道168号線に出て、新宮方面に向かって走る。瀞峡街道旧熊野川道の駅の駐車場を過ぎて、500mほどのところを右折して林道に入る。すぐに「鼻白の滝・森林自然公園」の小さな看板が道の左右に出てくる。標高にして100m余を上った対岸に大きな立派な滝が水量豊かに流れているのが見える。旧記では「腹白の滝」とも記す、鼻白の滝であろう。

天保年間に刊行された「紀伊続風土記」巻の八十四に牟婁郡第十六に浅里郷などの記録があり、熊野川の両岸に点在する浅里郷、三村郷、花井郷の図が出ていて、右岸の口高田のすぐ近くに「白見の滝」が描かれている。「白見山は白見と言う里の後ろにある山」との説明があったが、「白見」という里については、まだ出会っていない。ただし、滝と山の名前として確認できる以上、そのような里は存在したに違いない。私の懸命な探索もここまでで、高田村に関する郷土史の資料をしばらくは、さがしもとめることとしたい。

熊野川の右岸から山の中に入った林道は、次第に標高を上げて700mほどの高さで、熊野灘を遠くに見下ろせる高見にまで出てきた。東に新宮川の河口辺り、その左岸に工場らしき建物と煙突が見えている。あれは鵜殿で、あの建物は製紙工場との説明が聞こえる。一時間ほど歩いての二等三角点の山頂からは、北山川が熊野川に合流する宮井大橋の辺りが見える。山々の連なりの中では、さしもの熊野川も北山川もその流れを眼にすることができない。大峰山系の釈迦岳や紀和町の鷲ノ巣岳、さらには西の大塔山も見えていたらしいが、雲がかかっているのと視力が落ちて、風景の識別が難しくなっている私には、よくわからなかった。山頂近くの平地に腰を下ろしていただく弁当の味は、いつものように格別であった。今回の山行は、短時間で終了でき、午後2時にはスタート点に帰っていた。帰りは、林道を南に向けて走る。那智山系の稜線近くを北から南に向けて走り、直角に方向を変える地点に大雲取越えの地蔵茶屋の休憩所に出た。数年前の山行では、那智の青岸渡寺からの上り坂をうんうん言いながらやっとたどり着いた地点に、今回は車でやってきたということ。どちらにしても懐かしい風景だった。那智高原を経て、那智の滝の前を通過して、那智のインターから入り、夕食前には尾鷲に帰っていた。

新宮市高田俵石

小笠丸山

◉２００９年2月8日　参加者57名

東紀州テンマウンテンの会は、東紀州の山々を1年に10回歩くことをめざして結成された。以来10年になるが、山行の際には必ず下見山行をすることにしている。登山道の確認と整備が中心だが、駐車場の確保や休憩場所、昼食場所の確定も行う。今回も1月23日に17人で出かけ、特に山頂付近の昼食場所については、草刈を中心に念入りに整備をしてきた。

下見の他に、月に一度程度のスタッフ山行も実施している。次年度の山行場所を選定するためだが、スタッフだけのお楽しみ山行にも出かけたりしている。私たちのお好みのコースに果無山脈縦走がある。日帰り山行なので、いろいろ工夫をする。山行参加者を2グループに分けて、果無集落から冷水山に向かう班と逆に冷水山から果無に向かう班が、それぞれの登山口に車で向かう。私は下り中心のコースが好みなので、冷水山直下の林道に駐車して、冷水からスタートする班に所属する。出発後3時間余、コース半ばで、二つのグループが、山中のある地点で出会うことになる。全員で休憩を楽しみながら、また別の方向に向かって歩き出すのだが、そこで必ず車のキー交換をする。果無縦走の場合だと、帰りは本宮道の駅に集合、それぞれの車に乗り換える。

この方法は縦走などの場合便利なのだが、いつも可能な方法とは限らない。最近取り入れだしたバス利用も、山行の幅を広げるという点では効果的といえよう。

２００５年は、5月20日と11月7日に果無縦走に出かけている。若葉のころと、紅葉の観賞という贅沢なものであった。2回目の山行の時も2班に分かれての行動だったが、果無集落を出発した上りグループのうち、スタッフのUさんがトラブルに見まわれた。登り始めに足が腫れて歩行困難になり、下山を余儀なくされた。翌日入院、静脈血栓との診断で、新宮の病院で手術ということになった。今は元気になって、山行マップの作成などで活躍しているが、当時は相当深刻だった。新宮の病院のベッドに横たわって、来る日も来る日も窓外の景色を眺めていた。その景色の中に、後に小笠丸山と知ることになる標高５６２ｍの山容があった。今年の山行計画の策定に当たって、Ｕさんの推薦した小笠丸山がみんなに支持されて決定するまでには以上のような経過があった。

津市から参加の山下勉功さん、通称山ねずみさんは日本百名山の登頂をはじめ、全国あちらこちらの山々を歩き、東紀州の山も相当歩き回っている山人だが、「小笠丸山なんて山があることも知らなかった」といっていたが、地元の人にしか知られていない山というべきでしょう。ただ、児島弘幸氏編集の「和歌山県の山」（「山と渓谷社」２００６年刊）には、次のように紹介されています。「笠丸山は新宮市の南西部にゆったりと裾野を広げている。山腹にはカジアゲ峠越え、塩見峠越えとよばれる峠路が通じ、小笠丸からは熊野灘、紀伊半島南

全員集合写真

里高田へと帰る林道

山頂から見た新宮港

部の海岸線が大パノラマで俯瞰される。」

日本で一番多い山の名前は「丸山」、それが笠のように見えたりするから「笠丸山」、さらにその傍に、小さくピークを成しているから「小笠丸山」と呼んだのでしょう。

明治42年（1909）といえば100年前になるが　その年に作製された大日本帝国陸地測量部発行の地形図「新宮」（20万分の1）を見ると、小笠丸山や笠丸山は地図上に表記されず、標高582とのみ記されている。一方、高田村から三輪崎村佐野にいたる山道は点線で図示され、塩見峠、標高492と記されている。100年前には、この峠道は海岸部の三輪崎村と山里の高田村とを結ぶ主要な道路だった。前掲の児島さんも「塩見峠は熊野灘でとれた魚を、佐野から高田へ運んだという峠道だ」と記している。峠には、茶屋の跡らしいものもなかったから、茶屋そのものはなかったのであろう。旅人や巡礼などという他国の人の利用することのない、地元の人だけが利用する道とか峠とかには、茶屋は必要なかったのだろう。しかし、長期間にわたって、おおぜいの人が利用したのであろう。道はしっかりと踏み固められていた。山間を縫う生活道とはこのようなものかと教えられた気がした。そういえば、路傍にはひとつの地蔵さんの石像も、小さな祠もなかった。行き倒れなどなかったのか。柳田國男は「峠にはこれまで吹かなかった風が吹いている」といったが、当日は穏やかな天候で風もなかったのに、塩見峠の辺りだけ冷たい風が吹き抜けていて、なるほど柳田の言うとおりだと感心していた。

「段築」という道の作り方があるらしい。稜線などの緩やかな傾斜地に、段々に土手を築き、道の平面のレベルを一定に保って通行に役立てる土道である。土を硬く盛り上げた道といってよいが、雨の多い地域では見られない。大辺路・長井坂に全長54m、幅120cm最深150cmの見事なものが残っている。そこを歩いて「段築」という言葉をはじめて知ったのだが、塩見峠からの下り、平坦かと思われる緩やかな下り道に「段築」と思われる10mほどの箇所が二箇所あった、道だけが左右の山林地から浮き上がっていて、土道なのにしっかり固められている。多くの人が歩き続けることによって、踏み固め、道を守ってきたに違いないと思った。しかし、この道も歩く人がほとんどいなくなってしまったか、下見のときも今回も誰にも会わなかった。ただ、山頂近くで雑木を払った新しい切り口を見かけたから、皆無ということはないらしい。

山頂からの風景。眼下に新宮港が手に取るように見える。前記の地形図では孔島が海上に小さく描かれているが、今は築港の堤防に左右から結ばれて陸続きになっている。三輪崎出身の元幕内力士は、この島に因んで「久島海」との四股名にしたという。沖からかなりな大型船が、ゆっくりと近づいてくるのが下見の時には見えていた。ぽかぽか陽気の春のような日差しの中、すぐ向こうには那智のゴルフ場のコースも見えている。

谷を板橋というより、はしごを横にしたような橋で渓流を渡ったのも久しぶりの体験だった。スタート地点で渡ったコンクリートの橋の名が「防流橋」というのもおもしろかった。「せぎながれ橋」と読み、「ながれをあのあたりで堰きとめていた」という意味。

あの谷の名は「里高田川」。すぐ下流で高田川となり、そのまま東紀州最大の大河・熊野川に流れ込む。解散後、雲取温泉の湯に浸かった。入湯料400円。Uさんの顔が、いつもよりも満足気で、湯の中に浮かんで見えていた。

那智勝浦町

那智山―妙法山

◉749・1m／2007年1月14日　参加者63人

那智山とは独立峰の名称ではなく、烏帽子山（909・2m）、舟見峠（883・4m）、大雲取山（965・7m）、那智高原、妙法山等に囲まれた広範囲にわたる信仰的な山域の通称である。東に向かって流れる東ノ谷、本谷、西ノ谷、新客谷の四本の谷が合流して那智川となり、那智勝浦の海に注ぐ。標高1000m近くの山頂から、わずか10km余の距離で海に至るため、水が急峻を下るため滝が多い。那智四十八滝と呼ばれ、多くは原生林の中にあって姿を見ることがないが、それらの水を集めて最後に133mの高さで落下する一の滝は那智の大滝として、眼前にその勇姿を見せ、古来、多くの人びとに親しまれてきた。信仰の対象としては飛龍権現と呼ばれる。

佐藤佐太郎は「冬山の青岸渡寺の庭にいでて風にかたむく那智の滝見ゆ」と詠み、水原秋桜子（1892―1981）は「瀧落ちて群青世界とどろけり」の句を残した。

さらに、田山花袋（1871―1930）は、滝つぼに落ち危うく流されそうになった。明治31年の春のことである。

今回は新春山行ということで、山行終了後、青岸渡寺の副住職である高木亮英さんに講話をお願いした。会としても、始めての企画だったが、私個人としても、ぜひ、高木さんのお話を伺いたいとかねてから思っていたので、とてもありがたかった。一の滝を真近に眺めることのできる部屋で、高木さんの話は始まった。

全員集合写真

□□□□□□□□□□□□

青岸渡寺から那智の滝を眺める

「那智四十八滝といいますが、四十七までは実在し、四十八番目は秘の滝であって、どれとはいえないのです」というような意味の事を話された。その滝は、見る人の、あるいは修行する人の、心の中を流れているのだというように聞こえた。前日、寒の滝行の前半を終えられたばかりの高木さんは、その滝行について、淡々と話された。

　明治初年の神仏分離、廃仏毀釈、その延長線上の明治5年の修験道廃止令によって、修験道は木っ端微塵に潰され、仏教や修験道の活動は罷りならぬということになって、修験道の活動は地に落ちてしまった。その復活を高木さんが始めたのは、昭和63年（1988）のこと。父親である先代住職の強い願いを継承したもので、その中心は大峰奥駈の復活であり、その一環としての滝行の復活だった。

　奥駈の方は「最初、3人で始めたのが、現在では180人を超えるようになった。」その中に、私たちの会の仲間も10人ほど、参加している。

　滝行は陰陽の滝で行われる。

「高木導師は滝を拝して護身法明印などの修法を行なった後に、おもむろに兜巾や結袈裟をはずした。白い手甲や脚絆やわらじをとり、さらに柿色の鈴懸から白い浄衣も脱いで、ふんどし一枚の裸形となる。やや太り気味で色の白いお坊さんである。念珠を片手に持って、滝へと踏み込んだ。」（平成9年1月9日の滝行、宇江敏勝「熊野修験の森」岩波書店、1999年）

「今年は、40分ほど水の中にいたが、最初水に入ると、体の皮膚の色がピンク色に染まり、やがて赤くなり、水から上がるころには紫色になっている。その色は死者の皮膚の色に近い。付き添いの人たちに、5分おきに法螺貝を吹いてもらうのだが、4回目ぐらいまでは聞いているものの、そのあとは聞こえない。意識がなくなってくると、ただ冷たい水が体の中を流れていくような感じがしている。陸に上がって正常な感覚に戻るまで40分ほどかかる。」

平家物語の巻五、文覚の荒行の場合は、次のように描写する。

「文覚は滝つぼに下りて頚ぎわまで水につかって、慈救の呪を所願の数まで唱えはたそうとしたが、二三日の間はたえられたものの、四五日にもなると、たえかねて浮かび上がってしまった。数千丈の高さから水をたたえて落下する滝とて、どうしてたえられよう。きっとおし流され、刀の刃のような、さしもに鋭い岩角の間を、浮きつ、沈みつ、五六町は流された。そのとき、愛らしい童子が一人現れ、文覚の左右の手を取ってお引き上げになる。人々は不思議の思いで、火をたき、身体を温めなどしたので、天命がつきたわけでなし、まもなく息を吹き返した。」

文学的誇張があるから、水に入っている時間の長さは問題ではない。文覚は仏の使いに助けられ、高木さんはサポートの人たちに救われる。壮絶なる修行体験は同質である。高木さんの静かな語り口の中に、私は修験道の復活の声を聞いて、慄然としていた。宇江さんが付き添った年は、17分の水垢離、10年後の今は40分になっている。厳しくも怖ろしい体験談だ。高木さんは次のような言葉で、講話を結ばれた。

私は山を歩くことを三人から始め、今、180名ほどになっていますが、熊野に来れば何がしか再生というものを実感すると思います。本来、修験とは、修行得験といいますが、霊力、霊験、パワーをいただくわけです。「苦あれば楽」です。乗り越えたときの喜び、修行ですと満行、就満した、やり遂げたというのは、口で言うのでなく体験して、実践して初めてわかることであって、熊野の山中を旅して歩いてこられ、また奥駈行を積まれて、終えられた後の言い知れぬものは、人それぞれにある。それがあればこそ、人びとが熊野に来たと思うし、現代も続いているわけです。（高木さんの講話については、きちんとメモを取ってないので、「解釈と鑑賞」2003年10月号の、座談会での発言から引用した部分があります）

今回の山行は、大門坂を上り、青岸渡寺参詣後、大雲取り越えのコースを少し歩いて、左に入り、阿弥陀寺へ。昼食は、那智勝浦から潮岬・大島まで一望できる絶景地。さらに奥の院のお堂の建つ妙法山の山頂。那智高原、大雲取り越えのコースを下って、元の青岸渡寺・大門坂に戻る那智山周遊コース。今年一番の快晴に恵まれ、申し分のない山行となった。女人高野といわれた「阿弥陀寺」の境内に「日露・大東亜戦争、戦没者慰霊碑」とともに、紀州旧友会の人たちが建てた「人民解放運動戦士の碑」が、ひっそりと立っていたことが印象深かった。奥の院への上り路を、掃除機のようなもので落ち葉を掃除していた寺の関係者らしい人以外には、一人として山行者に出会わなかった。

熊野・紀伊山地の自然の持つパワーとは何かについて、考えさせられた山行であった。

那智山―小口

大雲取越

◉2006年5月14日　参加者75名

小口にそれぞれの車を置いて、熊野交通の貸切バスに乗る。赤木川に沿ってくだり、道は熊野川沿いの国道168号線に出る。今は「瀞峡街道」と呼ぶらしいが、1週間ほど雨が降り続いたので、水が轟々と流れている。水が豊かに流れている川は、見ていて気持ちがよい。本宮から新宮までの約40㎞を、昔の旅人は船で下った。約4時間かかったというが、上りはその倍以上の時間を要したので、陸路をとった人が多い。それが、「大雲取・小雲取越えの道」である。対岸はいわゆる「川端街道」、「飛雪の滝」がいつもより見事に見えたし、ふだん滝でないところにも、大雨を集めて滝が見えていたりする。那智の滝も素晴らしい流れを見せていた。那智山の駐車場まで、1時間。車で一時間のところを7～8時間かけて歩くこととなる。熊野古道中辺路の最大の難関に挑戦する事となる。

大雲取越えは古の旅人の道であるとともに、修験者の道でもある。熊野奥駈道の最初のコースでもあるので、この計画を立てたときから、法螺貝の音を聞きながら歩きたいと考えていた。青岸渡寺主催の奥駈修行の時にも、法螺貝を携行して参加している赤阪良治さん（新宮市在住）に、是非にといって参加してもらった。準備体操をして、赤阪さんの吹く「ブォー、ブォー」という音に元気をもらいながら出発。途中、何度もこの法螺貝のひびきに助けられた事か。心から感謝申上げたい。大雲取越えには法螺貝の音がよく似合う。

青岸渡寺本堂の裏坂から登り始め、妙法山分岐、那智高原まではなかなか厳しい上りが続く。那智高原から古道への入り口に大きな石碑が立っていた。

その昔、那智の山には、ダルだとかヒトツダタラだとかの妖怪がたくさん居た。南方熊楠（1867―1941）は一時那智に住んでいたことがあるが、那智の大滝の滝壷で泣き叫んでいる亡者たちの声をしばしば聴いたという。その熊楠が「大雲取の山中に那智のヒトツダタラという妖怪がいて、那智三十六坊の寺僧を取って食らう」出来事があったといっていたという。「この怪物は身のたけ一丈四尺（4ｍ余）、目が一つで足が一本だが、行動は神出鬼没で風のようにすばやい。熊野権現の神宝を奪い、熊野詣の旅人を襲い、村里に現れては人畜を害し、暴れ回ったという。」

この妖怪を退治したのが、那智の奥、色川郷（舟見峠から地蔵茶屋に向う道で、左側の下に見えていた）に住んでいた牢人、狩場刑部左衛門。那智大権現に三日三晩参篭して祈願をし、七匹の犬を連れて大雲取の山中に入り、樫の大矢で、胸元を射抜いたという。

この話は那智勝浦町下里の汐崎家の古文書に元和2年（1616）写として残っているとのこと。このとき那智大権現から恩賞として貰った山林三千町歩を刑部左衛門は色川郷十八ケ村に与えた。以来、この山林は村人の暮らしをたすけてきた。ところが明治になって国税の収入をはかろうとして新政府が、この山林を没収してしまうという事件が起こった。村人達は、東京まで出かけて古い記録・文書などの証文を見せ「わしらの村の山林は、昔一つだたらを退治なされた刑部左衛門様がくだされたもの」と繰り返し、新政府の役人に訴え続け、国有林とされていた山林を、明治43年に、ついに取り返したという。あの石碑には明治43年と記してあったようなので、そのときの記念とし

全員集合写真

青岸渡寺からの登り道

歩いても歩いても道はつづく

て建てたものであろう。（この項「熊野御幸」より。神坂次郎著、新潮社、1992年刊）

登立茶屋跡、舟見茶屋跡、舟見峠（868ｍ）から那智湾を眺める。舟見峠から地蔵茶屋跡（705ｍ）へ行く途中に小麦平入り口の標示があり、個人的には尋ねたいところであったが、今回は、触れないでおこう。

昼食後、石倉峠（805ｍ）を経て、中辺路の最高峰・越前峠（871ｍ）。さて、藤原定家（1162―1241）が大雲取を越えたのは建仁元年（1201）の10月20日のことである。公卿でもない二流貴族の殿上人である定家の役割は、後鳥羽上皇の御幸の先駆けとして、行く先々での儀式や食事や宿舎の段取り設営をすることであった。大雲取越えの日はどしゃ降りの雨に見舞われ、次のように記す。

「廿日暁より雨降る。松明なし。天明くるを待つの間、雨忽ちに降る。晴るるを待つと雖も、いよいよ注ぐが如し。仍て、営み出でて一里ばかり行く。天明、風雨の間、路せまく、笠を取る能はず、蓑を著く。輿の中、海の如く、埜の如し。終日険岨を越ゆ。心中夢の如し。未だ此の如き事に遇はず。雲トリ、紫金峯に立つが如きか……」

二流貴族とはいえ、貴族は貴族である。輿に乗っているのであるが、蓑・笠をつけても海の中にいるように、野原の中にいるようにずぶ濡れになるのである。悲鳴をあげている定家を気の毒と思うのだが、そのことを土屋文明（1890―1990）が詠んだ短歌が立派な石に刻まれて越前峠に立っていた。

輿の中　海の如しと嘆きたり　石踏む丁《よほろ》のことは伝へず

定家はどしゃ降りの雨の中で、海の中にいるようだと嘆いているが、そんな雨の中で駕籠を担いでいる「丁」のことは少しも伝えていない。あるいは、「丁」のしんどさには思いを致していないと詠む事によって、文明は「駕籠に乗る人」の対極に「その駕籠を担ぐ人」に深い思いやりを示している。斎藤茂吉（1882―1953）が大雲取を越えたのは、44歳の大正14年（1925）と昭和9年（1934）年の二回。

紀伊のくに　大雲取の峰ごえに　一足ごとにわが汗はおつ

やま越えむ　ねがひをもちてとめどなく　汗はしたたる我が額より

二首ともに、額から滴り落ちる汗を詠んで、夏の大雲取の大変さを詠んでいるが、茂吉の歌にしては平凡であって、弟子の土屋文明の方がはるかにすぐれている。

大雲取越えて　苦しみを残す二人　定家四十　茂吉四十四

とも詠んでいるから、文明が茂吉とともに訪れたのは、大正14年のこと。文明は35歳。

到着点の小口は標高64ｍの高さにあるので、越前峠からの高低差は804ｍ。その高さを、胴切り坂を経て、私達のパーティも、茂吉や文明も、さらに定家も延々と下ったのである。

念のために付け加えると、定家はその日のうちに「小雲取」も越えて、本宮に着いたのは「戌の刻」というから、すでに夜中の10時は過ぎていた。

小雲取越

新宮市―本宮町

◉2006年4月9日　参加者65人

数年前になるが、妻と二人で「小雲取越え」のコースを歩きに行った。かなりくたびれてきている愛用の赤いランクルを小口少年自然の家の駐車場に置いて、赤木川にかかる小和瀬の吊り橋を渡って急な坂道を登った。いきなり標高差400ｍを登り切らねばならない。しかし、つらいのは山を登りきったところにある桜峠までだ。そして、桜茶屋跡で大休止をした。

昔、ここに茶屋があったころ、茶屋の亭主は小和瀬から人が上り始めたのを確認してから、ゆっくりと餅をつき、茶を沸かし始めたという。それほど見晴らしがよく、登ってくる人数まで数えることができたに違いない。面白い話だが、あそこに座っていると、本当にあった

全員集合写真

峠付近で

請川への下り道

ことに思えるから不思議だ。もうひとつ、強烈な印象として残ったのが、百間ぐらからの眺望だった。おりしも「ほんまもん」（NHKの朝の連続ドラマ）の放映中で、この場所でだれかが法螺貝を吹いていたように記憶しているが、小さな（高さ33・5㎝）舟形光背を負った石像地蔵菩薩立像「延明（命）地蔵」が断崖に臨んで建てられていて、それを前景にした紀伊山地の山々が見事だった。石地力山、冷水山、安堵山と続く果無山脈の山なみ、ゴンニャク山、野竹法師と連なる大塔の山々、3600峰といわれる紀伊山地の山が、幾重にも重なって見えていた。余談だが、いつかは登りたいと思っていた果無の山々へぜひ登らねばならないと決断したのは、あの時でなかったか。そして、果無へ出かけた私は、そこから見た大塔山や法師山の姿のよさに魅入られてしまい、あれも行かねばと思って、山ちゃんを始めとするスタッフの皆さんとでかけることになった。それほどに百間ぐらからの眺めは印象的だった。

さて、請川に下りてから、小口まで車を取りにいかねばならない。バスを乗り継いでいくのは不可能に近い。結局タクシーを頼んだが、

5000円札では足りなかった。年金生活の私たち夫婦には、かなりの負担だったが、百間ぐらの眺望代金と思って納得した次第。

かかる経験から、大雲取・小雲取のコースは、歩く距離が長くてたいへんな上に、麓でのあるいは登山口までの足の確保が、もっと大変だと認識した。

今回の「小雲取越え」、来月の「大雲取越え」実施にあたって、熊野の中村稔さんにいろいろ、企画・立案していただいて、バス会社と折衝していただいた。前者で1000円、後者で1500円の交通費を実費負担していただくことになったが、私の経験からして、これは時間的にも、経済的にも極めて安価な方法であって、中村さんの提案と努力に心から感謝したい。そもそも、古道歩きの最大の隘路は、到着点から出発点までの戻り方であろう。私たちは「小辺路越え」や「果無縦走」では、両方の出発点にそれぞれの車を置いて、山中でキィーを交換するという策を用いたが、いつでもこの方法を取れるわけではない。今回のバス利用は、10マウンテンの会に新たな方策を導入した点で画期的である。これならば、今回だけでなく、例えば「滝尻・近露コース」とか「果無峠越えコース」とか、さまざまのコース設定ができることになる。毎回、安定して数十名の方が参加されるので、私たちの会もこのような企画ができるようになったということか。次年度からの山行計画に生かしていきたい。

大雲取・小雲取のコースは、古来、那智大社を出発点にして本宮大社に向かうのが一般的である。大峰奥駈けコースの初日もそうしている。伊勢路の馬越コースが伊勢側から熊野をめざし、中辺路の滝尻から本宮をめざしたりと一方通行のコースが普通になっている。何れも、熊野三山、その中心の本宮を目指すのが本来のルート。ところが、大雲取・小雲取にあっては、逆コース、今回の私たちのように請川から歩き始めるというグループも結構多い。例えば、滝尻・近露コースでは逆コースを歩く人は全くいないので、コース途中で向こうから歩いてくる人と会うというのは皆無に近い。

今回の小雲取では、四国高松からのツアー客50人ほどと出会ったり、私たちを追い抜いていった10人余の外国人グループもあって、なかなか多様な歩き方が見られた。どちらにしても、熊野古道最大の難関といわれている、大雲取・小雲取はそうとう賑やかになってきている。世界遺産効果といえる。道もよく整備されていて、地元の力の入れ方を感じさせてくれた。山行終了後、次回の「大雲取山行」に参加するため、小口少年自然の家に宿泊予約を申し込みに行った大紀町の小野さんは、予約できなかったとのこと。4月・5月の週末は全て予約でいっぱいだった。このコースは、宿泊型の観光客誘致に成功しつつある。

途中で万歳（番西）峠の分岐点があったが、あそこが伊勢路と中辺路の合流点だった。百間ぐらは、折からの黄砂のため見通しがよくなかった。残念でした。

石堂茶屋の屋敷跡の中ほどにあった、高さ93㎝の自然石に彫られていたのは「連理桜　皇都住　法橋大村豊水筆噴」という文字。その少し手前に「賽の川原地蔵」があって、たくさんの小石が積まれていましたが、高さ60㎝の舟形地蔵で「大山日入沙弥　武州川越領鴨田村明和四年七月六日」と彫られていた。西暦1769年のことだから、今から237年前に、あそこで川越からやってきた大山日入という名の若い沙弥が亡くなったとのこと。狼に襲われ喰われたということだ。

桜茶屋からの下り、長井の集落が眼下に見えましたが、蛇行している赤木川に挟まれ、半島のようにも、島のようにも見えて、なんとなく心に残った。北山川の蛇行する中にある木津呂とよく似た地形と思った。

さて、大雲取山（標高９６６）を８７０ｍの高さで巻いて行くので「大雲取越」というのに対し、「小雲取山」という名の山がないのに「小雲取越」というのは、大雲取に対しての命名だろう。弁当を食べたところの、北になだらかな稜線を見せていた山の頂が「如法山《にょほうざん》」（標高６１０ｍ）で、小雲取周辺の最高峰である。古くは志古の山とか紫金峯とかいったとのこと。

さて、昔の旅人は1日で、大雲取・小雲取を越えたそうです。私たちは2回にわたって越えますが、大雲取こそ本番です。5月14日、小口で会いましょう。

新宮市

神倉山—千穂ケ峰

◉２００８年1月3日　参加者70名

その昔、いつごろの昔かは定かでないが、記録には甲寅の年とのみある。唐の国の天台山に「王子信」という名の飛来神がいて、中国はもとより日本でも奈良・京都の文人たちに親しまれ、山王神として天台僧などに信仰されていたという。その王子信が空を飛んで日本にやってきて、伊予の国、淡路の国、紀伊の国切部を経て「熊野新宮南の神の蔵峰」に降下したという。この話の初出は１１６３年4月（長寛元年）の「熊野権現御垂迹縁起」。私たちが、新春に歩いたゴトビキ岩のあたりは、中国の飛来神が始めて熊野に降下した土地と伝承されている土地なのだ。神蔵に降下した神は、70年後に阿須賀の社の北石淵の谷に移り、さらにその13年後に、「本宮大湯原、一位の木の三つの末に、三枚の月形になって」天下ったという。この伝承は、熊野三山における神倉の位置を知る上で貴重である。

新宮の町は、熊野速玉大社を中心に発展したといわれるが、新宮の名の起こりは、もと神倉山に祀られていた神を、現在の社地に対して新宮と呼ぶようになったという。本宮大社に対しての新宮ではなく、神倉山の元宮に対しての新宮なのだ。

太鼓橋を渡って、神倉神社の境内に入ったが、橋のたもとに立っていた下馬の標石は１６７２年（寛文12）に奥州志和郡（現岩手県）の信者が寄進したもの。新しいところでは、野口雨情（１８８２—１９４５）の句碑「見せてやりたい　神倉山の　御灯まつりの男意気」も、雨情独特の文字で、彫られて立っていた。雨情（57歳）が新宮にやってきたのは、１９３８年（昭和13）の3月3日とあるから、当時も御灯祭りが2月6日の夜に行なわれていたとしたら、雨情は御灯祭りを見ないで、「見せてやりたや」と謡ったことになる。この時期、雨情はご当地歌謡の作詞活動に熱心で、新宮来訪の2年前の昭和11年6月24日には尾鷲にやって来て、「尾鷲小唄」や「九鬼小唄」を作ったりしている。

御灯祭りといえば、白装束で腹に荒縄を巻いた上り子といわれる男たちが、ゴトビキ岩から、手に手に松明をかざして、いっせいに石段を駆け下る場面が有名である。千数百人もの男衆が松明とともに駆け下りる豪壮な様子を、「男意気」と雨情は表現したが、そのとおりであろう。鎌倉積みの石段５３８段。源頼朝（１１４７—１１９９）の寄進という。

全員集合写真

538段の石段を登る

神倉神社登り口

那智の青岸渡寺に至る大門坂も、鎌倉時代の建久4年（1193）頼朝により寄進されたというし、市野々から大門坂にいたる山中に、北条政子（1157―1225）寄進というお堂が建っていた。（政子の参詣は、承元2年―1208と建保6年―1218の二回が確認されている。）熊野三山と、鎌倉幕府の関係はこの頃までは、良好だった。ところが、後鳥羽上皇（1180―1239）が中心になって、鎌倉幕府の打倒をくわだてた、いわゆる1221年の承久の乱は、5月15日にはじまりわずか1ヶ月で幕府の圧倒的な勝利に終わった。この乱に際して、熊野三山は反乱軍である上皇方に味方し出陣した。承久の乱が起こる3ヶ月前の承久3年2月4日に、後鳥羽上皇は28回目の熊野参詣に出発している。これが上皇最後の熊野参詣となるが、熊野で倒幕の密議が行なわれたとも、挙兵のカモフラージュのためとも言われることになる。どちらにしても、熊野三山の僧や兵たちは、上皇方の中心的な兵力として期待されたに違いなく、そのように行動した。その結果、熊野三山検校長厳、権別当小松法印快実などの処刑を中心に大きな打撃をうけた。それと同時に熊野三山への信仰も勢いを失い、やがて、中世から熊野参詣の中心的役割を果たしてきた熊野御幸そのものも次第に衰微していくことになる。

新宮は歴史の古いところなので、あれこれ書いていたらきりがない。また、全体を詳述できるほどに学習もしていないので、この辺にしますが、新宮という地名の初見は永保3年（1083）また、本宮・新宮の祭神についての最も古い資料は大同元年（806）年であるという。熊野御幸の時代を通じて、中央の権力と友好な関係を保っていた熊野三山が、承久の乱をめぐって、時代の変化を見誤った例として注目しておきたい。

さて、当日は尾鷲に午後1時までに帰らなければならない用があって、538段の石段を登っていく参加者の皆さんを、社務所のところで見送って、新宮駅に向かいました。途中、裁判所の近くにある「荒尾成文堂」という本屋さんによるつもりでした。本屋好きの私としては、その土地その土地の本屋さんに立ち寄るのが旅の一つの楽しみでもありますが、新宮のこの本屋さんは、熊野古道の歴史と文化に関する書籍では、東紀州で最も充実しています。一般的なガイドブックだけでなく、熊野研究に関する学術書なども置いてあって、時々、寄るのを楽しみにしているところなので、いそいそと出かけたのですが、日曜日のせいか、時間が早いためか、シヤッターが下りていて入れませんでした。10時開店かもしれないと思い、15分ほど冷たい風の吹く国道脇で待ったが、店は開きませんでした。仕方なく、新宮駅に向かい、駅の2階の喫茶店でコーヒーを飲みました。

駅の周辺からは標高253mの千穂ケ峰を中心に、権現山が見事に見えていました。ゴトビキ岩もはっきりと見えました。これらの山々は、新宮の町を通過するとき、いつも車窓から眺めていた山ですが、なかなか山行の機会に恵まれないものです。新春の山行としては、適当なコースだったと思っています。皆さんが千穂ケ峰の上にある展望所から、熊野川が熊野灘に流れ込む砂洲や、眼下に広がる新宮の町並みなどを眺めているころ、私は新宮駅からその山々を眺めていました。私は午後1時から、高校教師だった頃の仲間と5人で連句会をいたしました。連句というのは、発句から挙句まで、36句の場合を歌仙といい、その半分の場合を半歌仙といって、それぞれが、交代に詠んでいく遊びです。ちなみに、この日の発句は、「一隅にねずみも乗せて宝船」。新年にふさわしい目出度い句ではじまりました。次は、脇の句で「石のたたみに射す初明かり」とつけました。ねずみを乗せた宝船に、初日が射しており、その日が熊野古道の石畳にも広がっていくという展開です。

今年の山行も天気に恵まれ、目出度い出足となりました。年齢を重ねると山歩きがしんどくなるが、その分、ひとつひとつの山歩きに深みを感じてくるとの賀状をいただきました。本年も安全登山にこころがけ、山歩きの楽しさを深めてまいりたいと思っています。

田辺市中辺路町

滝尻王子──近露

◉2012年4月8日　参加者48名

紀伊路・中辺路ルートは、熊野古道のメインルートである。法皇や上皇・女院たちが通った「御幸道」というのは、このルートのことである。田辺から岩田川（現在の富田川）沿いに上り、滝尻王子に至る。

下見山行のスタッフ

滝尻王子

滝尻王子からの上り路

建仁元年（1201）といえば、鎌倉時代が始まったばかり、源頼朝（1147―1199）がなくなって2年後、二代将軍・頼家（1182―1204）の時代である。下級貴族である藤原定家（1162―1241）は後鳥羽院（1180―1239）の熊野御幸のお供の一人として、10月5日に京都を出立、同13日に滝尻王子に到着している。定家の役割は、後鳥羽一行に先行して、休憩場所や昼食場所、宿泊地の決定やその準備をすること。なかなか大変なのである。

滝尻に着いた定家は、風邪をひいて体調がよくない。そこへ後鳥羽上皇からのお召し。「旅宿の冬月」といただいた題に、歌を詠んで参上する。

たきがわのひびきはいそぐ　旅のいほを　しずかにすぐる冬の月影

歌会を終えて一睡した定家は、次の宿舎めざして、夜の月の下を輿に乗って下見に出かける。現在では、滝尻王子と近露王子の13・5㎞の間に、集落としては高原だけであり、その高原も、大きな集落を形成し、旅籠が立ち並ぶのは南北朝期ではないかといわれており、定家やそれより100年ほど前に参詣した藤原宗忠

（1062―1141、宗忠の参詣は1109年）などは休憩はしたかもしれないが、宿泊はしていない。

10月13日に滝尻王子に宿泊した後鳥羽院の一行の次の宿泊地は近露王子だから、私たちの歩いた道と、ほぼ同じルートを一日で通過していることになる。

「紀伊山地の霊場と参詣道」のうち、中辺路の世界遺産指定は滝尻王子から始まる。遺産登録時に和歌山県が設置した丸太の道標は、ここが起点。滝尻の境内に建つ起点を示す道標から始まり、滝尻の暗い境内を抜けて、急坂をふうふう言いながら歩くと、「1」の道標、近露の手前に箸折峠に「25」の道標。伊勢路の場合は100mごとに建てられているが、この日のコースのようなロングコースにあっては500mごとの設置は適切と思う。

乳岩の胎内くぐりを通過、三等三角点のある標高341mの飯盛《めしもり》山《やま》を過ぎ、テレビ中継放送所のアンテナ脇を通り、「熊野古道6」の丸太の道標を通過すると高原の集落が見えてきた。標高85mの起点から、330mの高原まで、標高差245mを6km余の距離で歩いてきた。実は、この区間は南北朝の頃から開かれた潮見峠越えの賑わいとともに衰退し、江戸期にはほとんど廃道になってしまった。田辺から冨田川沿いに上るコースが20回近くも、川を渡渉するため、その危険を避けるためという。冨田川の右岸の山中に開かれた近世の潮見峠越えの道は、滝尻の少し北で来栖川地区に下り、そこから直接に高原の道へとつづいた。ために古道は廃道となってしまったということ。

十丈逢坂　峠の木立
　のこるおもかげ　旅籠あと
　霧の高原　すすきがなびく
　月の影さえ　みちづれに

「中辺路音頭」（鈴木文一郎作詞、遠藤実作曲）の一節。霧の高原、標高317mからの絶景は、遠くに果無山脈を望み、その手前に笠塔山の山容、さらに南に潮見峠を包み込む山々、眼下には来栖川の集落など、見飽きることのない風景といえる。

高原から、大門王子にいたる1・8kmの上り坂、標高差は250mほどだが、中々きつい坂だった。道の右側に高原池という高原集落の生活と農業を支えてきたため池が見えていた。伊勢路の坂本集落の上にある鷲の巣池については、その成立年代や、造成に協力した庄屋の名前なども、はっきりしているが、この高原池については「中辺路町史」を探しても、記述に出会えない。私の紀伊山地山行の中で出会う溜池として、この二つは見事というほかない。

滝尻王子を9時前に出発し、正午過ぎに十丈王子に到着して、昼食休憩。私はこの十丈王子跡が大好きである。滝尻・近露間の王子跡では最も広々とした敷地で「十丈村は、今は無人の山野と化しているが、往昔は三軒の茶屋など13戸を有した道中の一邑で」あった。あの敷地内に、13軒もの家があり、数十人の人が生活していた。昭和30年代まででは、まだ居住者がいた。藤原忠宗や定家が休憩したり、通過して行った十丈王子跡、明治・大正の頃には小学生も居たに違いない。分校があったという記録はないから、子どもたちはふもとの学校に山道を歩いて通学していたに違いない。小辺路の水が峯集落から、あるいは那智山中の俵石集落から学校に通い続けた子どもたちがいたことを思い出す。廃村の跡はさびしい。今回の下見は、10日ほどの前に平日に実施したが、昼食をしている私たちの横に座って、アメリカの青年とシンガポールの女性が休憩をして、先行して歩いていった。この二人組だけが下見で出会った人。山行当日は、日曜日ということもあって数組の人々に出会ったが、対向した人が「何人ですか」と尋ねたので「48人です」と答えると、驚いた表情を見せた。たしかに私たちのグループは大世帯である。なお、十丈王子は「十點王子」とか「十照王子」とかという言い方もあって、それなりにこの村の歴史の古さを示しているが、それについては、又の機会にしたい。

悪四郎山の巻き道に小判地蔵。嘉永7年の建立。行き倒れの巡礼の供養碑が小判をくわえているのが、解ったようで解らない。ゴール近くの箸折峠に、先年盗難にあった「牛馬童子像」は明治24年頃の建立。峠で食事をするのに、萱を折ったところ芯が赤いのを見て「血か露か」といったという花山院（1301―1032）の悲劇にも触れたいが、とにかく中辺路は石仏も多いし、通り過ぎていった人々も多い。どちらにしても48名が、無事にロングコースを完歩したことを喜びたい。

近露の駐車場から滝尻まで移動するバスの中で、ガイドのようなことをさせてもらったが、はじめての体験で、珍しく緊張していたことを、報告しておきたい。

田辺市中辺路町

牛馬童子――小広峠まで

◉2009年6月14日　参加者60名

国道311号線がすっかり改修されてからずいぶん経過したが、田辺・和歌山あるいは高野山までの距離が短縮され、日帰りの旅行も可能になった。本宮町の大日トンネルを越え、20分余で小広トンネルの手前につく。小広峠を貫くトンネル手前のバス停が「小広峠バス停」、トンネルを越えた向こう側に「小広王子口バス停」がある。

その小広峠バス停に集合して、10時8分発の定期バスに乗り込む。中村稔さんが、事前にバス会社に申し込んでくれていたので、定期バスは増便してくれていて、2台連なって「道の駅牛馬童子ふれあいパーキング」に着く。念のために記せば、ここのバス停の名前は「牛馬童子口バス停」。バスに乗ること12分。本日の山行は、バスにて12分間の距離、約9・2㎞を歩くことになる。

道の駅で、「責任者の方ですか」と問われたので「はい、そうです」と答えると、60人分のお菓子を渡してくれた。道の駅でこの種のサービスを受けるのは、初めてのことなので戸惑いながら感激していた。

バス停横から山道に入り、20分ほどで箸折峠。牛馬童子像を観る。牛と馬とにまたがった童子は花山天皇（968―1008）をイメージしたものといわれ、その可憐な顔立ちゆえに、熊野古道の石造、仏像のなかでも最も人気の高いもので、この日も、私たちのほかにも多くの人たちが訪れていた。1年ほど前、仏頭の部分が、何者かによって持ち去られるという事件があったが、すでに修復されていた。第65代花山天皇の在位は984―986年のわずか2年。自分の娘の子（後の一条天皇）を即位させようとする藤原兼家（925―990）とその子道兼に欺かれ出家・退位させられた。時に18歳、童子の姿に彫られるのもむべなるかなと思いつつ、石造になってまでの受難は気の毒なことと思う。退位後しばしば熊野を訪れ、那智山で千日間籠もり修行をしたという。

牛馬童子像の横に役行者の石造があったが、その台座に「明治二四

全員集合写真

牛馬童子を過ぎて近露へ向かう

牛馬童子像

年八月一日　尾中勝治」と彫られていたところから考えると、牛馬童子もそのころに安置されたものであろう。

小山靖憲さん（1941―2005）は『熊野古道』（岩波新書）のなかで「牛馬童子という名前は自分がつけた」と語る郷土史家に出会ったと記している。私は「制作年代が明治であろうが院政期であろうが可憐なものは可憐と鑑賞すればよい」と書いたことがある。（『世界遺産　日本の原郷　熊野古道』淡交社、2007年刊）

実は、とがの木茶屋の西側の石垣の上にも、全く同様の牛馬童子像が草に埋もれるように安置されていて、箸折峠のものと同時期に作られたと思えるのだが、詳細についてはよく知らない。それらから考えるともっと他にもあったのかもしれない。

峠の近くに句碑が立っていた。「望郷の　箸折峠　ゆりかおる」。作者は知らないが、「ゆり」は笹ゆりのことだろう。峠にも、昼食場所の近野神社のあたりにもたくさん生えていて少しだけだが花が咲き始めていた。望郷の二文字に込めた思いに切なるものがある。

近露王子跡で休憩し、坂を少し上って近露字城ノ峰・観音寺墓地にある野長瀬一族の墓所と称されている石造物群を眺める。野面石積壇に囲まれて「宝篋印塔」6基、「五輪塔」54基、合計60基の石造物が立ち並ぶ。10年ほど前、どなたかのガイドブックで、これらの石造物の写真を見たとき、その異様な風景に強い印象を受けた。同時に野長瀬一族とはどのような人たちだったのかということについても興味を覚えた。

下見のとき、近露バス停のあたりで、二人連れのご婦人に「野長瀬さんの墓はどこですか」と尋ねると、一人が、もう一人の婦人を指差して「この人も野長瀬さんていうんよ」と応えてくれて、びっくりさせられた。「太平記」(小島法師作と伝えられ、1368―1379年頃成立)の巻五の「大塔宮熊野落の事」に、いったん十津川に逃れた大塔宮一行が、熊野ノ別当定遍らの攻撃と十津川人の離反を恐れ、十津川芋瀬を経て、(野迫川村)中津河の峠を越えて、再び脱出を試みたときのこと。30人余の宮方は500人余の敵方に取り囲まれて、討ち死にを覚悟したとき「北の峰より赤旗三流、松の嵐に翻し、その勢六七百」の援軍が駆けつけてくる。「紀伊国ノ住人野長瀬六郎・同七郎」と名乗り、颯爽と登場し、大塔宮の窮地を救うことになる。

墓前の説明版には「(大塔宮救出の)功により横矢姓を賜ると伝えられる。以後一族はそれぞれ野長瀬、横矢を称し南朝・後南朝を助けたが、利あらず近露に帰住、勢力を張った。豊臣氏の紀州征討に抗し一族離散、数十年後再び近露に戻り、家運の再興を図り現在に至っている。」とのこと。勇猛果敢な一族も、敗軍に属してばかりでは苦労が多かったことだろう。ここを尋ねるまで、それでも墓碑だけは延々と現在地にまつられてきたと思っていたが、そうではなかった。これらの石造物群も長い年月、土の下に埋もれていた。

「この多くの墓碑は、第二次世界大戦後の食糧難時代、当時山林であった観音寺山を開墾中、村人により各所より発掘され、畠向けの片隅に置かれてあったものを現在地に集め、昭和42年(1967)8月14日を定めて、吉野朝時代大塔宮を擁して南朝のため、死没した一族関係者の諸霊追善供養を行い、史跡として顕彰されるにいたった。」(「中辺路町誌」下巻)

人々の運命も大変だが、お墓の盛衰もまた激しい。

世界遺産登録された「紀伊山地の霊場と参詣道」のうち、いわゆる熊野三山に至る参詣道では中辺路は御幸道と呼ばれるように、古くから上皇・法皇を中心に貴族、女院などが列を成して歩き、参詣道のメインルートとしての役割を果たしてきたし、現在もそのように見られている。ただ、登録された資産距離でいえば、伊勢路の54・2kmや小辺路の43・7kmに比べ、中辺路の88・8kmというのは特別に多くはない。現に、この日私たちの歩いたコースは、ほとんどが舗装道で、あの部分は世界遺産に登録はされていない。世界遺産に登録された中辺路を歩くためには、滝尻王子から近露にいたるコースや、小広峠から発心門王子に至るコースを歩く必要がある。前者は私も歩いてみて、なかなかのいいコースだったが、後者については未踏である。機会を見つけてぜひ歩いてみたいと思う。

挨拶で申しましたように、7月15日は紀勢本線全通50周年の日です。それを記念して次の例会は7月22日に「矢の川峠」を越えます。ご参加ください。

田辺市中辺路町

小広峠──発心門王子

◉2011年7月10日　参加者50名

「紀伊山地の霊場と参詣道」が世界遺産登録されたのは2004年（平成16）の7月だから、あれから7年になる。この年の10月に私は『熊野古道　世界遺産を歩く』（風媒社）というガイドブックを山本卓蔵氏の写真を中心に出版した。伊勢路を中心にしたものだが、そのころから中辺路や大辺路・小辺路もきちんと歩かねばとの思いが強くなった。10マウンテンの会の山行計画にも、このころから紀伊山地の参詣道を歩くコースが必ず入るようになって来た。

中辺路ルートの中心は、瀧尻王子から発心門を経て本宮大社まで。このコースは瀧尻—近露、近露—小広峠、小広峠—発心門の三コースに分けて、三日間で歩くのが、昔も今も通常の歩き方である。その中でも、今回のコースは6時間ほどの時間をかけて12kmを歩くことになるが、行程上に集落も人家も全くないのと、現行の自動車道・国道311号線と大きく隔たっているので、個人で出かけるのが簡単ではないという意味で、難所といっていい。車を発心門近くの駐車場に置いて、バスで30分ほどかけて小広峠まで移動して歩くという方法が合理的なのである。

歩き始めてから草鞋峠（標高592m）まで、女坂を下って仲人茶屋跡から岩神峠（標高655m）までの男坂、湯川王子の集落跡から三越峠（標高550m）までの上り坂、発心門王子への最後の上り坂と、一つ一つはそれほど急坂ではないが、四つの上り坂を含むコースは、それはそれで持久力を試されるということになる。梅雨明けの猛暑の中での山行だけに、熱中症対策に充分な注意が必要だった。昔の旅人も本宮大社を間近にしての御幸道には苦労したに違いない。

平安時代後期の公卿で、藤原道長（966—1027）の玄孫でもある藤原宗忠（1062—1141）という人物がいる。白河帝や堀河帝の信任厚く右大臣にまで上りつめた上級貴族だが、天仁2年（1109）の冬10月、熊野三山参詣の旅に出た。10月10日ころ京都を

全員集合写真

いつも道先案内の山ちゃん

湯川王子付近

出発する。同じく25日、小広峠を早暁に出て、夜が白々と明ける頃岩神峠に到達。王子に参った宗忠は社辺に一人の盲人がうずくまっているのを眼にする。彼は日記（「中右記」あるいは「宗忠日記」）に「社辺に盲者あり。田舎より御山に参る者。食絶ゆる由を聞き食を給ふ」と記す。宗忠は飢え苦しんでいる盲者に食べ物を与えて、その宿願成就に合力した。貧しい道者に糧食を分かち与えることは、熊野路の慣わしであったが、それは与えるものにとってはやがて「天の食」となって、自らを救うことになるとの信仰に基づく。「御幸道」と呼ばれた熊野道は上皇や女官たちの道であったが、貧しき盲者やか弱き女性や、庶民の歩く道でもあったことをこの挿話は表している。今は山間の休憩所に過ぎないような岩神峠だが、熊野参詣道の歴史や豊かさを知るうえで、重要な場所となっている。私の岩上峠への思いを語った。

赤木越――大日越――本宮大社

◉２００９年1月11日　参加者60名

日本海側を中心に大寒波が押し寄せている。尾鷲も今年一番の寒さ。わが家の庭の気温は２℃。阿曽の小野さんは、積雪に備えて前日から新宮に宿泊することにしたという。午前6時に出発。矢の川トンネル手前の温度は０℃。大又トンネルを出た熊野市側は、マイナス２℃。七里御浜から見る熊野灘は思いのほか穏やか。水平線上の雲がかすかに赤みを帯びてきている。熊野川沿いの道の駅で休憩。ここも寒い。おそらく氷点下に下がっているだろう。集合場所は本宮大社前。8時前、ほとんどの参加者が到着している。あの人、この人と新年の挨拶を交わす。1年半余の闘病生活を経て、久しぶりの参加の尾鷲のＩさん。和歌山県古座から毎回参加していたＹさんも、手の負傷で入院していて3ヶ月ぶりの参加。「おわせ海・山ツーデーウォークの直前のことで、参加できなくて残念だった」とのこと。そこまで思っていただいてありがたいことと思う。

　受付が終了したころ、定期バスの増便のバスが2台、田辺からやってきた。60名の参加者が乗り込んで、発心門王子のバス停まで20分余。バス会社は龍神バス、料金は４５０円。

　私たちの後から来た定期バスからは10数人のハイキング客が降りてきたが、この人たちとは途中で一緒にならなかったから、中辺路ルートで本宮大社へ向かったのであろう。

標高３１４ｍの地にある発心門王子に、藤原定家（１１６２―１２４１）が到着したのは建仁元年（１２０１）年10月15日の正午過ぎのことである。１日に精進はじめをして５日の午前４時に出発しているから、京都からここまで11日を要している。順調な旅といえるが、後鳥羽院の御幸に供奉している定家の役割といえば、先発隊として院や同行の公卿たちの休憩所や宿所を確保することにある。朝暗いうちに先発して、宿所等の世話に奔走する定家は文字通り寝る暇もない。歌人として著名でも下級貴族の定家は不平不満もあって疲れ果てている。発心門で定家は、この旅ではじめて隙間風の吹き込まぬ家に泊めてもらった。尼の南無房の家である。上機嫌の彼は房の柱に詩や和歌などを書き付けてはしゃいでいる。

翌16日、発心門王子を出発した定家一行は、水呑・伏拝・祓戸の王子を経て、本宮大社へ向かう。

私たちは、いつものように準備体操をして、定家たちとは反対方向に向かい猪鼻王子を経て船玉神社、赤木越、湯の峰、大日越のコースで本宮大社をめざした。

さて「九十九王子」について質問があった。「九十九」というのは、実数ではなく数が多いという意味だという点について異論はない。問題は王子とは何かということである。小山靖憲さん（１９４２―２００５）によれば、

「院政期には、王子は熊野権現の分身として霊験あらたかに出現すると認識されており、王子とは熊野権現の分身として出現した御子神である。したがって熊野三山やそこへ案内する先達からみれば、王子は参詣者を守護する熊野権現の御子神とみなされたが、沿線の住民からすれば、それらは在地のさまざまな神にほかならなかった。」

「王子が何に由来するかについて言えば、古い民俗に根ざした樹叢信仰にもとづく叢祠にある（五来重説）、樹叢・叢祠にとどまらず、旅人が道中の安全を祈願する坂や峠の手向けの神も、権現の分身である王子の原型と見る（戸田芳美説）と説明した上、村の鎮守もあれば、路傍の叢祠もあった。したがって、王子は神仏の宿るところならどこにでも出現したといわざるをえない。」

「これら大小さまざまな神を誰が王子に認定し、組織したかといえば、それは参詣道を支配した先達以外に考えられない。」

赤木越は標高５５０ｍの三越峠から湯の峰温泉、湯の峰王子に向かう古道で、中辺路のルートではわき道といえる。わき道とはいえ湯の峰へは近道になるので、近世の旅人はよく利用した。ところが、三越峠を少し過ぎた辺りで大規模なガケ崩れが発生し、通行不能となったため、船玉神社から、急坂を利用して献上（天上）茶屋跡にいたる現行のルートが整備された。さて、このがけ崩れがいつ起きたかについての記録はないが、文化、安政のころの石造物が路傍に存在していることから考えると、明治22年の大豪雨の可能性が高い。

三越峠、献上茶屋跡間の４kmほどの通行止めは残念なことだが、開通を待ちたい。献上茶屋と鍋破地蔵（享和三亥四月の銘　一遍上人の従者聖戒が、上人に捧げる昼飯を炊いていたところ鍋の水がなくなり鍋が割れてしまったという伝承あり。享和３年は１８０３年。）の間にある坂の名前が「赤木坂」と近世文書にあるので、「赤木越」という通称になったと考えられる。私たちが昼食した地点、湯の峰まで１kmのところに自然石の道標（高さ57cm）が立っていた。指の形が彫られ人差し指が湯の峰の方向を指していた。「安政二（１８５５）卯　ユノミ子　か平」とはっきり読めた。「ユノミ子」はユノミネのことだが、「か平」が、今もってよく解らない。地名なのか人名なのか。柿原茶屋跡にし

全員集合写真

湯の峰への道

果無峠方面遠望

ても、弘法大師坐像にしても、遺跡の多い道である。

昼食後、湯の峰までの下り道を山ちゃんに指示されて先導を務めた。静岡から遠路参加してくれたMさんと話をしながら、時々、後ろを振り返って列がつづいているか確認しながら歩いた。気持ちよかったといっておこう。

湯の峰王子で休憩。高浜虚子（1874—1959）の句碑が建っている。

峰の湯に今日はあるなり花盛り

説明版によれば、59歳の虚子が熊野に来たのは昭和8年4月のこと。昭和8年といえば、紀勢東線は三野瀬駅まで、紀勢西線は田辺駅までしか開通していない。したがって、虚子は4月9日、船で串本港に上陸した。同夜は勝浦温泉に宿泊。新宮に2泊して、11日にプロペラ船に乗って瀞峡を経て、本宮に着く。本宮大社参詣後、湯の峰温泉「あづまや」にて句会。その折の作品であろう。挨拶句のようであるが、率直な佳句と思う。翌12日、中辺路経由で白浜温泉に向かっている。

標高369mの大日山の北側を歩く大日越については、月見丘神社の本尊、総高172・2㎝の石造佛、室町時代の製作という阿弥陀如来像についても触れておきたいが、あの神社の本尊が仏像であることの意味を深く考えたいというにとどめます。

道中からも、解散場所の熊野川河川敷駐車場からも、果無山脈が白く輝いて見えていた。

田辺市本宮町上切原

大黒天神岳から七越峰

◉2008年4月13日　参加者67名

世界遺産「紀伊山地の霊場と参詣道」は紀伊山地に形成された三つの山岳霊場すなわち「吉野・大峰」「熊野三山」「高野山」と参詣道からなる文化資産群であるが、そのうち参詣道としては熊野参詣道（中辺路88・8㎞、小辺路43・7㎞、大辺路10・0㎞、伊勢路54・2㎞）196・7㎞、高野山町石道24・0㎞登録されており、その他に大峰奥駈道が、86・9㎞にわたって登録されている。

大峰奥駈道は「吉野・大峰」と「熊野三山」を南北に結ぶ道であり、伝説によれば、修験道の開祖とされる役行者が8世紀始めに開いたとされ、12世紀の史料によると、道の途中の行場で「宿《しゅく》」と呼ばれる信仰上の拠点が120カ所定められ、17世紀以後になると七十五カ所の「靡《なびき》」に整理されたという。そのうち57の靡が世界遺産に登録されている。

吉野から本宮大社にいたる大峰奥駈道の全行程は約170㎞なので、世界遺産に登録された区間は、約半分ということになる。長い間、太古の辻から本宮に至る南奥駆が通行不能の状態になっていたが、青岸渡寺の高木副住職や新宮のやまびこの会などの努力によって再興され、復活して20年を迎えたことについては、すでに触れた。奥駈道の斗擻《とそう》は、山行ではなく修行そのものなので、ぶらぶら山歩き派の私は、とても参加する体力も勇気もない。ただ、10マウンテンの会のスタッフとともに、日帰り山行でいつの日にか全行程を歩きとおしたいと思っている。

10マウンテンの会としても、笠捨山・行仙、行者還岳、大普賢・小普賢、高塚山、前鬼の沢など大峰山系の奥駈道やその周辺の山行を実施してきた。昨年の夏には、スタッフ山行の一つとして、玉置山から七越までの行程を歩いた。青岸渡寺の奥駈では第2回目の4月に実施されるコースだが、私たちは自動車を七越の駐車場に置いて十津川村のタクシーを頼んで玉置山まで移動し、そこから本宮大社までの下り道を歩いた。標高差1000m弱のコース、下り道を得意とする私だが、崖の下へ下りていくような急な下り道の連続に、ほとほと困惑した。下り道でもこれほどしんどいのだから、順峰の修行者たちが駆け上っていく姿を想像して、とても参加はできないと確認していた。

奥駈道はほぼ南北に走っているが、それを東西に横切る道が何本か交差していた。玉置山をスタートして、しばらく歩くと、玉置辻（本宮辻）で林道玉置川線と交差している。次に大森山・大平田山間の尾根にある旧篠尾辻。ここは熊野川町篠尾と本宮町切畑を結んでおり、稜線上からはじめて、篠尾の集落を眺めたが、渓谷の奥深くに少しの水田を囲んで家々のある風景がとても懐かしくて、いつかきっと尋ねてみたいと思った。標高1078mの大森山から1・2㎞ほどで切畑の辻。この辺が、奈良県と和歌山県の県境。この辻からは十津川村七色、本宮町切畑にいくことができる。1㎞ほどで五大尊岳さらに1・3㎞ほどで金剛多和の宿。ここは六道の辻とも呼ばれ、篠尾と上

全員集合写真

大斉原を眼下に見下ろす

南奥駈道を歩く

切原を結ぶ峠である。今回の山行は、上切原をスタートして、この地点で奥駈道に出たことになる。

役行者の像が石組みに覆われて53㎝の高さで祀られていた。近づいて拝すると、とてもやさしい表情で、観音さんのような感じである。役行者は紛れもなく男性であるし、その像は、どちらかといえば厳しい表情のものが一般的なのに、この優しさはなんだろう。

ここから大黒天神岳までは20分ほどの上り。標高573・6m。今回の最高地点である。頂上は67名も休憩する余地がないので、二等三角点を横目に見ながら通過。出発から2時間半、熊野川を眼下に見下ろす展望のよい場所で、横一列になって昼食休憩。奥駈道に座っての昼食、そういえば、この日は我々のパーティ以外に道を歩く人に出会わなかった。下見のときも、玉置山から下ったときにも山行者に出会わなかった。青岸渡寺の斗擻の時には200名近い参加者で賑わうが、普段はほとんど歩く人のいない静かな山道なのである。道を占領して、弁当を食べていても、誰にも迷惑をかけない。心配していた空模様も、上天気で時々、日も射している。

熊野川は紀伊山地でも屈指の大河である。しかし、上流に建設されたダム（昭和32年猿谷ダム、33年風屋ダム、34年二津野ダムの堰堤建設始まる）のため水流が細くなり、川原の広さだけが、かっての大河の様子を示している。多くの筏がこの川の豊かな水流の中を下っていった。遠くには果無の山々や、野竹法師の見事な山容なども見えていたが、熊野川の流れの対岸に見えている大居の村落の様子に魅かれた。十津川や本宮町では急峻にへばりつくように家が建てられ、畠が作られたため、まとまった形での集落は形成されていない。弁当を食べながら眺めた大居の集落は、それらの中にあって、なんと伸びやかな村に見えたことか。村の東側に熊野川が大きく蛇行し、東南に面した緩やかな半円形の斜面に5・60軒の家が見えている。川に沿っての低地に2、3枚の水田が見えているほかは畠である。村落の中を通る道は、川に平行して2本走っているが、1本だけ、村のやや北側に川岸の近くから山に向かって、縦に道が走っている。村の滝頭通りには神明神社、近くに曹洞宗の鷹尾山東光院　その寺院を利用して明治9年5月12日に「大居小学校」が開校し、多くの児童を育ててきた。その村が、一つの理想の村のような形で眼下にあった。外に出て道を往来する村人の姿は見えなかったが、美しい村を見たと思った。

昼食後、歩き出して、すぐに山在峠。ここは標高265m。大黒天神から300mほど下ってきたことになる。峠には享和3年（1803）の宝篋印塔が立っている。実は、切畑の辻から山在峠の辺りまでは、私たちが六道の辻から歩いてきた区間を含めて、世界遺産登録の範囲に入っていない。玉置山から下ってきた経験からいうと、遺産に指定されている部分とそうでないところとはそれほど相違があるとは思えないのだが、世界遺産登録時にどのような事情があったのか知らない。玉置山からの下りでは「世界遺産指定を示す」立派な石標が立っていただけに、奇妙といえば奇妙である。

道は再び、世界遺産登録されている吹越峠にかかり4・5kmほど歩いて、七越峯に着く。もう終わったと思っていた枝垂れ桜が満開で迎えてくれた。

＊参考文献　「本宮町史」「世界遺産　紀伊山地の霊場と参詣道」（登録推進三県協議会）

紀伊勝浦町　大辺路

紀伊浦神―湯川

◉2007年9月9日　参加者58名

「紀伊山地の霊場と参詣道」は、北スペインの「サンティアゴ・デ・コンポステーラへの道」に続いて、2番目の「道の世界遺産」である。2004年の7月に登録されてから、多くの人たちに注目され始めたのは、ご存知のとおりですが、参詣道としては、A大峰奥駈道（86・9km）、B熊野参詣道（196・7km）、C高野山町石道（24・0km）の3箇所合計307・6kmが登録されている。

熊野三山に至る参詣道としては1．中辺路（88・8km）、2．小辺路（42・7km）、3．大辺路（10・0km）、4．伊勢路（54・2km）。合計196・7kmが登録された。

今回は大辺路のうち、浦神から湯川への古道を歩いた。

「大辺路の出発点は田辺市北新町の道標（「左りくまの道　すくハ大へち」）のあるところ。ここから那智山の入り口にあたる浜の宮までの二十三里余を、枯木灘や熊野灘を眺めながら山上の道を、あるいは磯辺の道を歩く。大辺路は紀伊半島の海岸沿いに海を見ながら歩く道だ

全員集合写真

峠と峠の間の集落

浦上峠への登り道

路傍の石像

が、現在は国道と鉄道に吸収されたところが多く、古道の残存率が低い。それでも、白浜町からすさみ町にかけて、かって難所といわれた部分が古道のおもかげを最もよく遺しており　熊野古道大辺路刈り開き隊　などの努力によって、整備が進められている。」（拙著『熊野古道』淡交社、平成18年刊）

大辺路のうち、世界遺産に登録されているのは、富田坂・安居辻松峠、仏坂、長井坂の3箇所だけ、あわせて10kmに過ぎない。串本付近の山中の道が整備されたというがまだ歩いていない。紀伊山地の参詣道の中でも、このコースは整備が遅れ、それだけに歩く人の少ない道といえる。私にとって、このコースは3回目だが、このコースを歩いている人には一人も会わなかった。それだけ静かな道といえる。

全長9・1km、歩数にして1万8500歩だったが、小さい峠が三つあった。

　最初は休平峠。浦神峠とも、あるいは庄の坂ともいう。標高１００ｍ少しながら、本日の最高地点。峠の西側に大きな石の台座があった。台座の上には、地蔵菩薩でもあったのか。周囲を見渡したが、それらしきものはなかった。施主名からすると浦神浦の人たちが建てたらしい。延享元年（１７４４）とあったから、２６３年前のもの。地元の自治体史に記録がないので、気になっている。

　次は、昼食後に越えた市屋峠。ここのお地蔵さんは、昭和になって台座を整備したのか、きちんとしたたたずまい。文化15年（１８５０）の建立。世話人として市屋村の林左衛門ほか四人の名前も記されていた。市屋と言うのは麓の村の名前だが、平維盛（１１５８―１１８４）が一夜を過ごしたことからの命名という。

　平家物語（巻十）によれば「三位中将維盛　法名浄円、生年二十七歳、寿永三年（＊１１８４年）三月二十八日、那智の奥にて入水す」と松の木を削って書き付け、補陀落をめざして渡海したとある。ところが源平盛衰記には「ある説には、那智の客僧等これ（維盛）を憐れみて、滝の奥の山中に庵室を造りて隠しおきたり」という。その庵室のあったところが色川村の香畑というところらしいとまで書いてある。

　平家と盛衰記の記述をもとに、次のような伝承が生まれる。維盛は那智の浜から船出をしたものの、太地の身濯ノ浦の辺りで上陸、色川の里に隠れ住んだという。太地から色川をめざしたとすれば、市屋の里に一夜を過ごしたとしても不思議はない。私たちの休憩した大泰寺は、西暦８００年代に伝教大師によって、開かれたというから、維盛があの寺の前をとぼとぼと歩いていったと想像しても間違いない。大泰寺の宝物の中に「平維盛太刀　中ノ川小松重郎奉納（元文２年＝１７３７）などという記録を見ると、奉納されたのが江戸時代ということに注意しなければならないが、とにかく維盛生存説という話は、私たちの地域にあっては、なかなか面白い。そんなことを考えながら、お地蔵さんを見つめていた。

　峠を下り、元グリーンピア南紀の裏手に出て、ため池の堤防の下で休憩し、記念撮影をしたが、あの池が与根河池、よねごの池という。

　池は元池と新池の二つがある。元池は宝永５年（１７０８）の春起工、正徳元年（１７１１）正月15日竣工。３年の月日を要した。当時市屋区の家数は16戸に過ぎず、庄屋引地嘉左衛門は工事現場に仮小屋を建て、そこに寝泊りして指揮督励したという。区民は、家業の田畑の仕事はすべて婦女子に任せ、男子は老いも若きも工役に従事したという。疲労困憊しながら３年間、不平不満が出なかったのは、庄屋の不撓不屈の意気込みと、ため池がもたらす利益を考え、村民の心が一致していたからだろう。池はできたが、用水路の建設にさらに10年余の歳月を要した。

　新池は安政４年（１８５７）に完成している。「池が完成して用水を水が流れ出すと、その効果は絶大で、炎天が続いても旱魃に至らず」と記す。この池の水は半里ほどで太地町の森浦湾に注ぐ。池の向こうに見えるグリーンピア南紀の建物、施設等は那智勝浦町と太地町が購入したらしいが、その利用をめぐってなかなか大変らしい。週刊誌にまでとりあげられていた。

　その敷地内を抜けて、最後の上り坂を歩くと二河坂峠。腰を下ろして休んでいると、冷凍したみかん、チョコレート、温州みかんなど、次から次へと廻ってくる。ありがたく頂戴しながら、あとは得意の下り坂。湯川に着いたら温泉に入って、いっぱい飲んでと考えていたら、いつものように幸せいっぱいの気分になっていた。

「大辺路の魅力は、山歩きとともに、坂と坂との間に点在する村々や海辺の集落の中をゆっくりと歩くことにあると思う。たとえば馬転坂と長井坂の間に和深川という名の集落がある。和深川に沿ってＪＲの特急が走りぬけ、それに面して二十数軒の農家が建ち並ぶ。村を貫くのは一本の道だけ。それだけが何となく暖かく穏やかな村の風景なのだ。

熊野灘に面した漁港浦神から湯川までの古道。浦神峠、市屋峠、二河坂峠の間に点在していた村々を歩く時のなんともいえないのどけさ。こののどけさ、おおらかさが大辺路の魅力と思った。」

古座川町　大辺路

峯山

◉４８２ｍ／２０１３年7月13日　参加者34名

峯の山とか峯山という名の山は比較的多い。時々引用する『日本山名事典』（三省堂、２００４年刊）には、２５０００の山名が紹介されているが、峯の山が4座、峯山が14座合わせて18座、高峰山は24座なので、「――峯山」というのは、山の名としては多いほうだろう。同書の説明。「峯の山　４８２ｍ　和歌山県東牟婁郡古座川町。紀勢本線紀伊有田駅の北北西６km。一等三角点。西２・５kmに西ノ峯山がある」。ＪＲの駅を起点に考えると、古座駅よりも紀伊有田駅のほうが近いという指摘が興味深い。

当日は尾鷲を午前6時に出発、集合場所の湯川駅まで1時間半ほど、湯川駅から道の駅「一枚岩」を経て、登山口である三尾川の下地橋まで1時間余を車で走ったから、都合2時間半ほどの所要時間である。尾鷲や熊野からの日帰り山行を原則としている10マウンテンの会としては、南側の限界点といえる。

今回歩いたコースは「長尾街道（別名・田並街道）と呼ばれ、三尾川の下地橋から尾根伝いに枯木灘の田並と結ばれている。この道は昔から枯木灘でとれた海産物を売りに来る行商の道であるとともに信仰の道でもあった。その道中に弘法大師石像を祀る石堂があり、この大師の下部から湧き水があふれており、ここで冷水をいただいて旅路を歩いたことから水呑大師と呼ばれた」と地元の古座川観光協会発行の説明があります。私たちは、北の側から、あるいは古座川の河口方面からのみ、古座川流域に入っているので、見落としがちですが、古座川の中流・上流部分の集落や道路は、紀伊半島の南端部、枯木灘方面との交流が深かったようです。

とにかく暑い一日でした。気温は30度を越えていたし三尾川の下地橋から峯山山頂まで、標高差３００ｍ余、距離にして4km弱を熱中症に気をつけながら歩きました。それでも樹木に覆われた登山道は木陰の道で、時々涼しい風が吹き抜けていた。1週間前の下見山行の日は、湿度の高い日だったから汗だくになっていたが、それと比べると上々の山行といえます。歩くこと3時間ほどで山頂に到着した。直径18cm角の一等三角点の石標がある。所在地名は古座川町南平真ケ滝。ここに一等三角点が設置されたのは明治28年（１８９１）9月14日で、いまから１０２年前になる。

一等三角点は本点と本点の間は約45km、本点を含む補点と補点の間は約25kmの距離を置いて設置されたので、峯山の東25kmの地点に八郎山（２４９・６１ｍ）、同じく西に善司ノ森山（５９１・２１ｍ）と一等三角点の山がある。峯山の北には法師山（１１２０・２０ｍ）、法師山の東に那智烏帽子（９０９・１７ｍ）が位置し、これらの山々が紀

全員集合写真

歩き始めは吊橋を渡る

山頂からの眺め

伊半島南端部の三角測量の中心をなしている。これらの５山の中で、法師山のみが本点である。５山の中では、峯山が一番南に位置しているので、峯山は本州最南端の一等三角点ということになるだろう。

登山口までの車の走行で、くるくると廻って、方向感覚を失っていた私は、和歌山県の最高峰大塔山（１１２１・８ｍ）をはじめ、周辺の山々を探すのにきょろきょろしていた。

本州最南端の一等三角点の山・峯山の頂は台地状になっているが、点標のすぐ近くに、正確にいうと、南４・７ｍの地点にＮＨＫのテレビ中継放送所があり、かなり大きなパラボラアンテナが建っていた。下見の時にはアンテナがたっていたのだが、本番当日、山頂に着くとアンテナは解体され地表に山積みされていた。そればかりか、

運搬用のモノレールがそこまで設置され、１週間の山頂の変化に驚かされた。中継所の正式名称は「ＮＨＫ古座川峯テレビ中継所」である。下見以来、古座川の地図とにらめっこしていた私は、この「峯」という地名に関心を持っていた。峯山の東側直下に「峯」という名の集落がある。峯山の下に峯という集

落。峯山というのは峯集落の後にある山という意味ではないか。山の名が先か、集落の名が先か、疑問が残るが、どちらにしろ峯という集落が気になっていた。

峯集落まで行ったら、峯山が遠望できるのではないか。下見の時にも今回も、峯山を遠景として確認できないことが気になっていた。古座川町から熱心に10マウンテンの会の山行に参加している萩中さんにお願いして、峯の集落まで連れて行ってもらうことにした。山行が無事終了して、スタッフの数人は三尾川の清流で水浴びをするという。一日の汗を山間の川遊びで流そうというのである。70歳を過ぎて川遊びとは、元気そのもので、けっこう気持ちよかったらしい。私も水浴びに魅力を感じていたのだが、この機会を逃したら山間の集落・峯を訪ねる機会が二度とないかもしれない。萩中さんに先導してもらって、古座川を渡り、戻りして山間の林道を走った。

道は次第に細く、奥に入るに連れて高度を上げていく。一枚岩の道の駅から、30分ほど入り、標高100mほどの行き止まりの地に数件の民家がみえ、村の入口に小さな薬師堂がきれいに整備されて立っていた。そこが峯の集落だった。

文化12年（1815）の記録では峰村の人口は、49名（男26人　女23人）とある。それより39年後の嘉永7年の記録には、人口34人（男23人、女11人）とやや減少しているものの、家数8軒、飼育している牛数5匹とあって、江戸時代後期には山間の集落として、現在よりは賑わっていたに違いない。現在も村の人たちの菩提寺として峯の薬師堂は見事なたたずまいを見せていた。毎日村の人が表戸の開閉をしている様子で、正面の戸は開かれていて、4坪ほどの座敷の正面に高さ1m弱の厨子に薬師如来が座しているようだが、厨子の扉はきちんと施錠されていて尊顔を拝することはできなかった。

薬師堂の前に駐車して、西の側を望むと、台地上の頂上が見え、NHKの鉄塔がくっきりと見えている。念願の山頂を遠望できて、私は満足していた。お堂の数m先には、「峯山・水呑大師登山口」の標識が建っており、かなりの急傾斜の道が頂を目指して続いている。先ほどまで、喘ぎあえぎ登っていた頂を、山麓から振り仰ぐというのは山登りの醍醐味といえる。今回の山行はこのようなこともあって、学ぶことが多かった。

古座川沿いの旧道古座街道は、古座と田辺を結ぶ最短コースの道として、近世以来多くの人の往来した道なのだが、最近、その見直しが進んでいる。明治26年にこの道を歩いた天田愚庵（1854－1904）の旅についても詳細を報告したかったが、次の機会にしたい。

なお、峯山については、「峯ノ山」という表記もあり、三角点の記なども峯ノ山を用いていて、その方が一般的だが、地元の観光協会等の表記に従い「峯山」とした。

八郎山

古座川町　大辺路

◉2014年9月7日　参加者29名

熊野三山をめざす参詣道のうち「大辺路」は、中辺路や小辺路、さらには伊勢路ほどには注目されていない。世界遺産登録の申請書作成に当って高野山や熊野三山とそれへの参詣道を有する和歌山県は大辺路まで手が回らなかったらしい。申請書提出の間際になって故小山靖典さんなどの努力があって三箇所だけが登録されることになったと

全員集合写真

登り口に立つ看板

上田原からの登り道

のこと。「まったく小山先生のおかげです」という言葉を直接、関係者から聞いたことがある。田辺を出発して串本・潮岬を回って那智にいたる紀伊半島の海沿いのルートだが、全長約１００kmのうち、①富田から安居の渡し場までのコース。途中に安居辻松峠に地蔵さんがあってその地蔵さんと向き合っておにぎりを食べたことがある。安居の渡し場に行ってみたいが、峠から椿駅に向かう路があって、私はそちらを歩いたので渡し場は未見である。富田坂コース、約15km。②仏坂のコース。③長井坂　周参見駅から見老津駅の間、途中の和深川の集落のたたずまいが懐かしい11・1km。この三つの峠道が世界遺産登録された。いずれも田辺と串本の間の峠越えの道で、熊野灘沿いの古道は登録されてない。

さて、串本から那智にいたる古道を2里半ほど歩けば、古座川にぶつかる。国道42号線の古座大橋の少し上手に古座川の渡し場があって、多くの旅案内書はここから海沿いの道をとって清水峠を越えて浦神へと入る路を示している。したがって、大辺路をたどって三山をめざす旅人は、このコース、海沿いの山道を歩いている。

実は、古座で古道は二手に分かれていて、もう一つの道があった。それが八郎峠越えである。「古座川から地蔵峠を越え、佐部から上田原に向かい、八郎峠越えで大田川流域に至る古道で、山間部の地域間交通路として使われた。」（「熊野古道大辺路調査報告書」）

私たちが今回歩いたコースは、大辺路の古座・中里間の脇街道といえる道で、中里の大泰寺のあたりで浦神から越えてきた本街道と合流する。さらに、市屋峠を越えて湯川方面に向かうこととなる。大辺路をほぼ踏査している知人のOさんは「こんな道、大辺路にはなかったよ」といっていたが、それほどに知名度においてはマイナーな道である。登り口は「上田原漆畑」、人家のすぐ横の小さな道を登っていく。道にはタケ類が多く生えていた。白いもの、華やかな赤いもの、大きいもの小さいもの。名前も知らないタケ類は毒々しい感じ。最初の急な上り坂を歩いて、しばらく進むと鉄塔の建つところで休憩。眺望が開ける。北側の谷（たぶん長谷川、もしくは長谷というのだろう）向こうに、東西に流れる山の連なりがあり、よく似たピークが三つ並んで見えていた。その一番左に西側に見えるのが八郎山だろうと思っていた。２４９・６ｍと標高こそ低いが一等三角点の山なのだ。

「屈折しながら自然林の中を行く。幅１ｍほどの土道が優しく続く。途中の谷を横切る低地には、赤土を何層にもたたき積み上げた道が10ｍほど続いている箇所があった。「段築」という。大辺路ではよく見かける構造物だが、伊勢路ではあまり見かけない。峠が見えて来た。八郎山直下の峠、八郎峠である。

八郎というと八郎潟を思い出す。

「むかしな、秋田の国に八郎って山男が住んでいた。カシの大木ほどの大男で、海に向かって大声をあげて大きくなりたいと怒鳴っていたが、ドンドン大きくなって、家ぐらいに、山ぐらいの大男になった。村はずれに、泣いている男の子に会って、そのわけを聞くと、海が荒れて塩水が田んぼに入ってきて困っているという。八郎は優しい。山を担いできて入り口に沈めて、海水の流入を防ごうとするか、なかなか止まらない。沖からは海が押し寄せてくる。八郎は自分の身を入り口に沈めて防ぐ。

だから、八郎潟の海からの入り口には、今も大男の八郎が水の中に身を沈めて、海の侵入を防儀続けている。」

（斉藤隆介・作　滝平二郎・画　福音館書店　１９６７年刊）

あれは秋田の八郎だが、ここ大辺路の八郎はどんな男だったか。漆畑の伯母さんに尋ねたが、全く知らないとのこと。曽根次郎坂・太郎坂は、その昔国境であったころ「自領、他領」と呼んでいたのが転じたという伝承が残っているし、中辺路には悪四郎山という山名に残っている伝承もある。悪四郎の悪は強いという意味で、村人が親しみをこめて呼んだもの。高原から十丈王子をすぎて、道路わきの小判地蔵を見ながら進むと「悪四郎屋敷跡」の説明板があり、背後の山が悪四郎山。彼は親孝行で機知に富み、怪力無双の伝説上の人物らしい。秋田の八郎にしろ、中辺路の悪四郎にしろ、おおらかで怪力で、人々に好かれた人物ではある。ここの八郎もそうなのに違いないが、記録はもとより伝承も残っていない。

八郎峠は古座と那智・勝浦の境界の峠らしく、それ相応の広さに案内板も建ち、お地蔵様まで建っていた。ひょっとしたら、八郎地蔵というのではと期待したが。「おふき地蔵」というらしい。真ん中に高さ54cmの地蔵尊立像。なかなか清楚な立像である。右に「宝暦十一巳五月二四日」とある。１７６１年の建立。今から２５０年ほど前。左は「上田原村十蔵妹おふゆ」と銘がある。おふゆさんがどういう人かわからないが、胃腸が悪い時の「シャクおさえ」の地蔵とされ、ワラゾウリを伏せてお願いしたという。しっかりした石祠に囲われ、見事な地蔵像と思った。

峠から南東に尾根道を登っていくと10分余で八郎山山頂。360度の眺望。南の眼下に大島が巨鯨のように横たわっている。去年荒船海岸から真横に見たが、ここからは少し見下ろす感じ。山ちゃんに教えてもらって、西の「峯山」、北の「那智烏帽子」を確認できた。那智烏帽子は雲の中だが、何十回と見ているので、想像できる。それにこの八郎山、本州最南端の一等三角点の山が、20数㎞の範囲内に位置している。理数系に弱い私だが、この一等三角点三つの山の眺望には感激した。紀伊半島の山々が太平洋に落ち込むとき、北に高く南にいくにしたがって低くなる。わずか250m足らずの八郎山はこの辺りの高峰なのだ。八郎山へぜひ行きたいと主張していたのは、いつも山行案内図を準備してくれている牛場さんだったが、一等三角点の山の魅力はその眺望のよさにあることを教えたかったのかもしれない。

当日の天気予報は、午前6時までは雨、その後は曇りとあまりよくなかったが、雨に降られず、午後には時折、日も差してきてまずまずの山行日和。あまり注目されない大辺路の八郎越えには、それゆえの古道らしさが残っていて、満足していた。

野竹法師

田辺市本宮町

◉971・9m／2011年5月8日　参加者52名

名前に魅かれて登りたくなる山がある。果無山脈がそうだし、野竹法師という響きにも私は魅力を感じていた。紀伊山地南部の大塔山や法師山という名前も悪くない。半作嶺というのも興味深い。なかでも「野竹」が気になっていた。どうやら集落の名前らしいが、最近の地図には、ほとんど出てこない。法師山と区別するのに「野竹にある法師山」ということにしたらしいのだが、野竹集落はどこにあるのか。

天保10年（1839）成立の「紀伊続風土記」を見てみる。「入道と云ひ法師といふは他峰よりすくれて其頂を顕すを以って名つくるなり」との説明がある。他の山々よりも山頂がひときわ高く聳えているということからの命名である。私は法師が笠をかぶっている、その笠のようになだらかな山容ということかと思っていたのだが、そうでもないらしい。とにかく紀伊山地の南部にひときわ高く頂を突き出している山ということだ。法師というのは、俗人と比較して人物が秀でているという比喩なのだ。

同書には牟婁郡の山が23座紹介されている。奥熊野関係では入鹿一族山、武那山（西山郷と十津川郷との間にあり）、保色山、八木山、大台山、藤掛山（赤羽郷江龍村と大杉谷の間にありというから仙千代のことか）の五山のみが紹介されていて、他には笠塔山、安堵峰、法師峰、大塔峰、大雲取山、小雲取山などが記されているが、「野竹法師」の名はない。四村庄野竹村にある山は「飯盛山」と記載されている。江戸時代には野竹法師ではなく飯を盛ったような格好のいい山ということで、「飯盛山」と呼ばれていたのだ。

江戸時代に「飯盛山」と呼ばれていた山が、いつから「野竹法師」になったのか。この山に二等三角点が設置されたのは明治34年（1901）の9月18日。三角点情報に拠れば、山名は野竹法師、点名は飯盛である。山域全体を野竹法師といい、狭い意味での山頂を飯盛と言っていたという事か。なお、所在地は和歌山県東牟婁郡本宮町大字野竹字ゴンニャク866とある。大正2年（1913）の大日本帝国陸地測量部発行の五万分の一地図「栗栖川」には山名の記述があっ

全員集合写真

ゴンニャク山への道

野竹法師遠望

て、飯盛山（野竹法師）とある。正式山名は飯盛山で、野竹法師は括弧で記されている時代である。昭和42年（1967）発行の「紀州の山々」（紀州山の会編）は紀州の山々の案内書としては古いほうに属するが、そこには野竹法師という項目があり、すでに飯盛山の名はない。以後、野竹法師となり飯盛山という記述はない。

紀伊山地の南部に大塔山と並んで法師山が聳え立ち、江戸時代から秀峰として知られていた。一方、野竹村の飯盛山も姿のよい山で、小雲取越えの百間ぐらあたりから眺めると小型の法師山かと思うほど、山容が優れている。やがて、野竹村に属する法師山ということで「野竹法師」と呼ばれるようになり、地図上からも飯盛山の呼称が消えて現在に至るということになる。野竹法師の東北東4kmほどのところに野竹集落はあった。大正2年の地図には、確かに記述されている。戸数30、男74人女64人合計138人の村人が生活していた。その野竹集落も、現行の地図にはほとんど記載されてない。

野竹村を訪ねたいと思った。野竹の集落跡を歩いてみたいと思った。スタッフと下見山行をした後、本宮町支所に電話で「野竹集落跡に出かけられますか」と尋ねたら、「野竹には今も住んでおられますよ」との返事。後日、山ちゃんと二人で野竹を訪ねた。国道311号線の野竹バス停から、旧道に入ったところ、その道沿いに3、4軒の家屋があって、一人の男性と二人の女性が、近くで茶摘みをしていた。ここは、野竹村のはずれで、この人たちも脱サラでここ、綿内地区に住み着いた人たちだ。今では野竹の村人や関係者は一人もいないとのこと。昭和35年に17戸になっていたが、昭和40年頃には山上にあった人家は、全て離村し、国道311号線沿いの檜和瀬、綿内の4軒だけが残ったのだ。私の求める旧野竹集落は、遥か山の中で姿も見えないし、そこへの車道もない。そのような理由で私は野竹跡を訪ねることができなかった。その帰途、大瀬の馬頭観音を訪ねたが、立派なお堂の中の観音は秘仏なのか開帳されてなくて、厨子だけを見てきた。観音堂へいたる山の中の一軒屋が、引越しのため荷物を運び出していたが、ここでも山里を去る一家の風景に出会った。

小広峠が出発点。林道小広峠・和田線をとおり20分ほどで椿尾峠。林道を利用できない時代は、道湯川バス停から登山口を通過、ここまで2時間を要して歩いていた。椿尾峠は現在では林道小広峠・静川線との三叉路になっているが、かっては大塔村と本宮町を結ぶ生活道の要衝になっていて、往来の人々が一休みしていた峠だった。林道脇の広い駐車場に車を置いて出発。歩くこと1時間30分でゴンニャク山。ゴンニャクとは「権荷役」との表示があったが、マムシ草のことを山ちゃんは「山ゴンニャク」ということからすると、台地上の広い峠周辺に、マムシ草が繁茂していたのかもしれない。道脇にシャクナゲの大きな木があったが、蕾がまだ固く、その数も少ない。ゴンニャク山から約一時間で、鞍部を下って、上り返して野竹法師山頂。その鞍部の所々にヒカゲツツジの黄色い花が可憐に咲いていた。花の名前に疎い私だが、あまりの見事さにヒカゲツツジと教えてもらい、やっと覚えた。山頂からは北側の眺望が開け、我が愛する果無の山々が見事に見えていた。安堵山、冷水山、石地力山、小辺路ルートの果無越えも見えている。いくたびあの山を辿ったことか。山頂からも野竹集落跡は見えていなかった。野竹の人たちの生活も歴史も集落そのものも、すべて山の中である。

元文年間（1736―40）のこと。野竹に弥七郎という70歳ばかりの男が住んでいた。ある日、急に悶絶したので、家族が大声で呼びかけると、しばらくして蘇生し、病も治った。ところが、言葉、態度も全く別人のようになってしまい、妻子も識別できない。彼の使う言葉は熊野の言葉ではなく木地師の言葉のようであった。同じ頃、村の奥山に住んでいた、これも弥七郎という名前の男が、死んだ。山奥で死亡した弥七郎の魂が、里で気を失った弥七郎を大声で呼ぶ声に誘われて、乗り移ったというのである。山人の魂を受けいれた弥七郎は、その後10余年を生きて、やがて亡くなった。現代では認知症の一つのケースとして診断されそうな出来事だが、そんな不思議なことが野竹にあったと「紀伊続風土記」は記す。深い山の中では、あってもおかしくないような出来事ではある。

十津川村　小辺路

果無峠越え

◉2007年10月14日　参加者57名

熊野参詣道のうち高野山から本宮大社へ至る道は、小辺路と呼ばれ、全長70㎞と距離は短いものの、標高1000mを越える四つの峠を越えなければならない。最初は1161mの水ガ峰、通過点はそれより数10ｍほど低いところの廃村の中を抜けていく。次は伯母子岳（標高１３４４ｍ）、峠道は１２４６ｍのところを巻いていくが、小辺路の最高地点である。三つ目は三浦峠（標高１０８０ｍ）、これらの三つの峠を越えてきた旅人たちは、最終の峠越えにかかる。それが果無峠。古道とはいうものの山歩きに近い。昔も今も3泊4日の行程である。

参加者57名。大型とマイクロの2台のバスに分乗して、柳本の吊り橋近くで下車した。小雨の中、簡単に準備体操をして出発。吊り橋は長さ50ｍほど、5人ほどのグループで渡り始めたが、思っていたよりよく揺れる。途中で立ち往生しているご婦人もいる。江戸時代には、渡し場であった。「柳本は民家が多く山谷にあって、道筋には庄屋文左衛門という者の宅と、川端に船人の宅があるばかりで、ほかに一軒もない」という状態だったらしい。吊り橋を渡って、川沿いの山道をしばらく歩いたが、家らしい建物が一軒だけ。中から、ラジオかテレビの音がもれていたので、住む人があるらしい。

山ちゃんは「吊り橋を怖い人もいるので、登り口まで、国道を歩いて迂回する班をつくる」との計画を立て、3割近くの参加者がそちらの方から歩いてきたが、どうやら、一番怖かったのは山ちゃんではなかったかと、橋を渡ってから気がついた。吊り橋組は見ることができなかったが、果無峠への登り道には向井去来（１６５１―１７０４）の句碑が立っている。

つづくりもはてなし坂や五月雨

「つづくり」というのは道普請のこと。去来が果無を越えたのは、元禄2年（１６８９）の梅雨の頃。そのころ、関所のようなものがあって、道普請のための料金を徴収していたのである。「降り続く五月雨に、改修するはしから次々に道がぬかるんで、際限もないはてなし坂であることよ」と、梅雨時に果無を歩く旅人の難儀のさまを詠じている。果無峠に至る道には所々に石畳が敷かれていたが「石畳の敷設には、富裕な商人の寄進による場合と一般通行人から税として徴収する二つの形態があった」と小山靖憲さんは指摘している。

去来の句碑のあたりから、果無の集落まで急な登り道が続く。登り口の蕨尾から八木尾までは約10㎞余りだが、その中でもこの区間1・5㎞が最も急斜面で、歩きはじめということもあって、相当にしんどい坂道だった。実は、果無越えは数回出向いていたが、この区間を登るのは始めてでした。最初は、果無山脈を冷水山（１１６２ｍ）から縦走してきて、峠まで降りてきた。峠越えを歩いたときにも、果無集落までは自動車を利用したので、この坂道だけは、始めてだったので、内心、こんなにしんどいとはと驚いていた。

「山口茶屋」の住人が天からの雨水だけで耕作したといわれる「天水田跡」、水場と簡易トイレが設置されていた「観音堂」で小休止をして、峠に着いた。峠には奈良・橿原からやってきた二人の人が、先着して昼飯を食べていた。「急に賑やかになったな」と話していたが、今回出会ったのは、この二人だけだった。この峠に限らず小辺路で旅人に会うことは少ない。世界遺産登録後も、小辺路は歩く人の少ない、静かな山道なのである。

峠は比較的広い平坦地になっていて、杉の植林のため眺望はよくないが、50名ほどのパーティなら十分に休息ができる。広場の中心に塔身と相輪部分の欠けた宝篋印塔の残骸が横たわっており、蓮弁式の基盤の正面に「念仏百億万遍納塔」と記されている。制作年代はわからないが、おそらく近世以前のものであろう。明治5年2月から翌6年

全員集合写真

にかけて、この十津川村に吹き荒れた廃仏毀釈の嵐の中で十津川村の50ケ寺は廃寺となったが、そのころ「塔身は谷へ蹴落とされた」という話も伝えられている。この村の廃仏廃寺の騒動は想像を絶するが、詳細は次の機会にしたい。

この基盤・基礎の上に笠の部分だけがちょこんと乗った宝篋印塔は、小辺路の石像物の中で、私の最も好きなものだが、その横に、三十三観音石像のうちの第17番の石像が立っている。「六波羅堂　本尊十一面観世音菩薩」とあり、大正11（1922）年5月に立てられた。施主は大字桑畑の東菊四郎。廃仏毀釈の騒動から50年、仏を捨てた人たちと仏に旅の安全を祈願した人たちの心の揺れ動きが、この二つの石像に現れていると思うのです。

歩いて来た果無峠と尾根が見えている

雨の果無集落登り口

雨はほとんどやんでいたが、座って弁当を食べていると、峠の上は相当に冷え込んでいた。ついこの間まで猛暑にうんざりしていたのに、もう秋冷の季節になっている。植野洋さんにイシナシの実を手渡された。ピンポン玉ほどの大きさである。これまで何回も来ているのに、峠にイシナシの木があるのに気がつかなかった。高さ数mほどにひょろひょろ伸びた一本の木。数人で揺すったが、なかなか実が落ちてこない。実は、伯母子峠から少し下ったところに「上西家跡」という大きな旅籠跡があって、その庭に3本のイシナシの木が、枝もたわわに実をつけているのに、出くわしたことがある。十数個の実を拾って食べてみたが、不思議においしい味がした。上西家跡にも、いまごろイシナシがなっていると思うと、とても懐かしい気がした。ここからは、歩いて一日では届かない距離だから、とても取りにはいけない。イシナシの木の周りには、トリカブトが紫色の花をつけて群生していたのも懐かしい。

集合写真を撮り、早々に出発した。寒さしのぎには歩くのが一番だ。八木尾までの下り道が延々と続く。三十三観音の石像は、だんだんと番数を減らしていき、「第一番　紀三井寺　上（十一のまちがいか）面観世音菩薩」を過ぎると八木尾の集落はすぐだ。集落の簡易水道として利用しているのだろうか、黒いパイプが何本も道沿いに敷設されているのが目についた。

果無峠山行の4日後、スタッフ19名で、次回山行予定の「高塚山」の下見に出かけた。秋色の中のミズナラの林がすばらしかったが、昼食時、ここでも寒さで身が震えた。次回、11月山行に参加される方は、防寒の準備を十分にしてください。日の暮れるのが早くなってきたので、懐中電灯も携行してください。念のため。

小辺路

果無山脈縦走　安堵山から冷水山

◉２００５年５月

名前を聞いただけで、行ってみたくなる山がある。「ハテナシ」と始めて聞いてから、もう40年は過ぎているが、そのころから是非歩いてみたいと思っていた。私だけではないらしく、「果無に行く時はぜひ誘ってください」と、何人もの人から声をかけられていた。お誘いしない内に、4半世紀以上経ってしまった。果無山脈は大台山系や大峰山などよりも標高は低いが、登り口までが遠いのである。大阪方面からの登り口は龍神村湯の又、西、中辺路町福定であるが、手元のガイドブック（『紀州の山々』昭和42年刊、『奥高野』平成元年刊）によれば紀勢本線田辺駅から国鉄バスを利用して一時間半で福定、4時間50分歩いて宿営地の小森小学校に着くとある。二日目はそこから10キロｍほどを5時間弱歩いて、果無山脈の最高峰「冷水山」（ひやみずやま１２６１・９ｍ）に至る。そこから十津川に下りてくるのに、さらに10km余、数時間をみなければならない。これでは、とても尾鷲からのこのこ出かけていくわけにいかない。今から20～30年前までの果無山脈縦走は、アプローチが長く、その上ハードな行程で、「行きたい行きたい」と思いながら、とても出かけられるようなところではなかったのである。

果無とは「谷かすかにして嶺遠し、因りて無果という」（「日本与地通誌」）らしいが、その語感からは、「どこまでも果てしなくつづく山々」と解しても大差ないだろう。この山が山好きの人々によって、歩き始められたのは昭和12年ころのことと仲西政一郎さんは記す。「田辺の牛の鼻から十津川の平谷桑畑20里というのが果無山脈の全容だが、縦走して楽しいのはそのうちの東端部、直線距離にして約25キロ、高度１０００ｍ前後の山々の集まりである。」とも言っている。因みに「日本山名事典」に「果無山脈」というのはこの山ひとつだけである。

3月27日、早朝5時、尾鷲スタート。熊野で同行の18名と合流。7

全員集合写真

縦走路への登山口案内板

安堵山遠望

時半、本宮・道の駅到着。乗用車四台と参加者をふたつのグループに分ける。二台は果無集落の最上部に駐車。そこから小辺路の果無峠を経て、果無山脈縦走路に入り、冷水山を目指す。上り道の多いハードなコース。私達の班は発心門王子の前を通過して、林道本宮龍神線をひた走る事小一時間、冷水山直下に駐車する。降り立った地点の標高は１０００ｍほど。朝の空気は冷たいが、セーターなどを着込んで寒さに備える。安堵山（１１８３・７ｍ）が、すぐ近くに見えている。安堵山の名の由来は、西暦１３３２年、北朝正慶元年、南朝元弘2年のこと、大塔の宮護良親王が吉野で敗れて、十津川周辺にのがれ、道なき道を登り来て、はるか彼方にやっと人家を見つけ、あれはどこかとたずねたところ、十津川なりとの返事に「ああ十津川か、余は安堵せり」と言ったとかの伝承によるという。ところが、異本には、見つけた人家は十津川ではなく高野山であったとある。「太平記」巻五の「大塔の宮熊野落事」を少し丁寧に読んでみたが、都落ちは事実らしいものの、彼等のたどったコースはどこなのか確定しがたい。とりあえず地元に残る伝承のひとつとして受け止めておきたい。駐車地点から、急坂を登ること30分余で、冷水山の山頂に着く。午前9時過ぎであったろうか。なんと、私たちは、尾鷲から4時間余で果無山脈の最高地点に立ったのだ。昔は考えられなかったこと。山間を縫うように張り巡らされた林道のお陰である。

冷水山は一等三角点。南のほうに、法師山（１１２０・５ｍ）の独特の美しい三角錐が天に向かっているし、その横に大塔山（１１２１・８ｍ）が同じ三角錐ながら穏やかな形を見せている。大雲取や小雲取りも小さく見えている。実は、山頂には先客があった。日本山岳会関西支部の25名のグループ。前日は竜神温泉に泊まって、そこからマイクロバスで、私たちとは反対方向から上って来て、私たちとほぼ同じ所から登り始めていた。便利になったとはいえ、関西や関東からはまだまだアプローチに時間がかかるので、果無を縦走する人は少ない。この日は私達の18名を加えて、43名の登山者という事になる。それでも、このコースでは大賑わいというべきか。ほぼ同時に山頂に立ったので、果無の集落に降り立つまで、先になったり後になったりして、特に休憩場所では、たびたび一緒になったのである。

カヤノダン、公文の崩え、（崩えを杖と読ましていたが、くえが本来であろう。明治22年の十津川大豪雨のときの崩れの一つと思われる。）公文谷の頭。（公文とは大塔の宮のこととか）と１１００ｍ強のピークを越えながら、ゆったりとした稜線を全体としてはゆるやかに下っていく。右側（南側）の遠く山の重なりの谷間に、集落が見える。注意してみると大鳥居も見える。本宮町がはるかに見えているのだ。左側（北側）には、ところどころに山の斜面にへばりついたような集落が見える。十津川村の上湯川の集落であろう。道は本宮町と十津川村の境を、従って、和歌山県と奈良県の県境に沿って続いている。歩く事、二時間半、越前タワを経てミョウガタワという場所で向こうから上がってくる仲間とであった。向こうは８名、私たちは10名、昔フォークダンスの時やったように、右手を交互に握りあって、お互いの歩きをたたえあった。そこでみんなで弁当をたべ、また上と下に向かって歩き出した。それぞれの車のキーをチェンジしたかどうか、何回も確認した。　ブナの平、石地力山を越えて果無峠に下りた。標高１１１４ｍ。ここは熊野古道小辺路の果無越えと交差するところ。法匡印塔の台座と第17番の観音菩薩石像が祀られ、峠らしい広さの休憩場所。熊野古道中最大の難所といわれる大雲取り越えよりもはるかの高地点にある。熊野古道の中でも小辺路は、古道というよりは山歩きに近く、１０００ｍを越える峠が４ヶ所ほどあって、世界遺産ブームもここまでは及んでいない。歩いているのは、山行グループ二つだけで、他には一人も歩いていなかった。私たちは蕨尾へ通じる急な道を下った。道脇には町石を兼ねた33体の観音石像がきれいに設置され、その一つ一つを確認しながら、時には十津川を挟んだ対岸の大前山や玉置山を眺めた。これらの石像は地元の人たちが大正11年（１９２２）に建立したものという。まだまだ人々の神仏への畏敬の念が、真剣みを帯びていた頃の営みである。

「紀伊山地の霊場と参詣道」が世界遺産に登録されてから、本宮大社周辺のように爆発的に参詣客の増えたところもあれば、小辺路のように静かなところもある。ただ紀伊山地の真の豊かさは、果無山脈の縦走路のようなところにこそ存在していると以前から考えていたし、果無越えを歩いてその認識に間違いのないことを実感した。

「名を聞くより、やがて面影は推しはからるる心地する」と言ったのは兼好法師だが、名前を聞いただけですぐさま、その人の顔立ちなんかは思い浮かぶものだと言いつつ、「かねて思ひつるままの顔したる人こそなけれ」と、実際会ったときには、想像していたような美しい人に出会ったことはないと落胆している。名前が美しい割りに、それに相応した人のいないことを嘆いているのだ。人と山の違いこそあれ、私が果無山脈の縦走で得たものは、その山の名前を聞いて「推しはか」ったものよりも数段すぐれていた。この日の歩行距離は18㎞を越えていたが、早春のやや冷たい風の中の山行に心の底から満足していた。

果無山脈縦走
冷水山—公文の頭—石地力山—果無峠

◉2010年5月9日　参加者62名

台高山脈や大峰山脈は紀伊山地を南北に走るのに対し、果無山脈は同じ紀伊山地を東西に横断している。「はてなし」という山脈名は「無終」とも表記されるように、どこまで行っても終わりがないとの意味だが、私のなかでは、重畳たる山また山の紀伊山地の奥深く、山のあなたの空遠くのその奥にある山脈という印象が強い。どちらにしてもこの果無山脈という名にずっと以前から魅惑されていた。

1967年刊の「紀州の山々」(紀州山の会編、創元社)に63年前の「秘境の国境尾根　果無山脈縦走」を見る。早朝に田辺を出発し、国鉄バスで福定へ、それから13㎞ほど歩いて登山口である小森に夕方に着き、宿泊。2日目には、10㎞余を歩いて、安堵山を経て冷水山に到着。テント泊。「冷水に着けば、もう7割縦走は成功したと考えて良いだろう」と記す。3日目は、冷水から果無峠をへて蕨尾まで19㎞余を5時間45分で歩くことになっている。バスで帰ったのか、十津川で1泊か。この時代は2泊3日のテント泊が標準で、コースタイムは、食料・寝袋・水・雨具等で、1人12kgの装備としている。

私たちの歩いたコースは、かつての縦走の後半部分を1日で歩こうというもの。国道と林道の整備が、尾鷲や熊野からの日帰りでの果無山脈縦走を可能にした。

午前7時10分、マイクロバス3台に分乗して「昴の郷」の駐車場を出発。数分で国道168号線にでて、南下。十津川を眼下に、果無山脈が十津川に落ち込む急崖を切り割った道路を進む。長さ298mの「果無隧道」を含む9つのトンネルを越える。新宮と五条を結ぶ国道工事で、最後まで残っていた区間。竣工は昭和34年8月。十津川村を南北に縦断する国道の完成は、そんなに古いことではない。本宮町に入り、萩のところで「広域林道龍神本宮線」を上り始める。発心門王子跡、三越峠を通過。数日前の大雨で、小石が道路に散らばっている。そのつど、車を止めて三人の運転手さんが取り除いている。速水さんや田村さんも手伝っているのが見える。下見の時には1時間余で到着したが、そのせいで冷水山登り口まで1時間40分を要した。30分ほど急坂を上ると、冷水山の頂。

「果無は上湯川と熊野を屏風のように遮って東西に連亙する長大な山脈であるが、この尾根筋にもずっと道が通じていて、20年(1940年頃)くらい前までは良く燃えていた。このムネ筋はススキがずっと生えこんでいて、歩き難くなると通る人が勝手に火をつけたからである。冷水峠(果無山脈の最高峰・1262m)の東肩には大変冷やっこい水の湧くところがあってヒヤミズといい、ムネ筋での作業の折の基地になっていた。昔は上湯川、出谷の人々はめいめい4里のウネ道を越えて熊野三里の萩までトオシ(しょっちゅう)米麦・塩などを買いに出かけた。(中略)なんにんか連れ立って坂を下りる時は、調子を合わすために唄を歌った。これをクダリ節またはヤマオロシ節といった。

思う男がうね坂越せば　涼しい風吹け空曇れ
面白いぞよこのうね坂は　石の車で乗りおろす」
（「十津川」昭和36年刊）

今回の山行では、３つの三角点に触れるという貴重な体験をした。しかも一等三角点（冷水山１２６２ｍ）、二等三角点（石地力山１１３９ｍ）、三等三角点（公門谷の頭１１５５ｍ）と3種類の三角点を１日にして目にできて、三角点の計測と撮影を趣味としている牛場さんなどは上機嫌であった。山頂からの眺望は、それぞれに紀伊山地の奥深さを知ることができて見事だったが、冷水から東に直近の一等三角点の山釈迦ケ岳も遥かに見えていたし、石地力からは、延々と歩いたこの日の経路を振り返ることができてなんともいえぬ感慨をおぼえた。冷水の北側の麓には上湯川の集落が見えた。明治22年には、上湯川58戸、出谷１０４戸あわせて１６２戸あり、村立の小学校もあった。が、大水害の後、23戸が北海道新十津川へ移住し、以後人口減少が続く。

「かってこの山のふもとの上湯川村仏峠には上湯川小学校がありましたが、学校統合により昭和四十五年三月をもって廃校となりました。友とすごした学びやから見る冷水山の雄姿はすばらしく、全校登山で山頂より海を見たときの感動は未だ忘れえぬ思い出であります。今日この場所より確認しがたいほどに朽ち果て杉山に没しつつある校舎に思いを馳せ、その歴史の証として〈いっとうてん〉と親しみ呼んだこの山頂に本文を記します。

平成七年十二月十七日　統合当時五年生　榊本真仁

（平成十八年十二月再建）」

小さなかわいらしい説明版が、上湯川小学校の側を向いて立っていた。なお、上湯川地区の現在の戸数は33、人口は59人、一戸平均1・8人で、明治22年比8割の減少であり、統合先の殿井にある西川第二小学校の現在の全校児童数は７名、その中にこの地区からの通学生はいないとの事。私は前夜、昴のホテルに泊まったが、夕食時宴会場から「ウサギ追いしかの山　コブナ釣りしかの川」と合唱する声が聞こえていた。偶然だが、当夜上湯川小学校同窓会が開かれていたのだ。そのなかに榊本さんがいたかどうか。

麓の人たちが「いっとうてん」と呼んだ冷水は、一等三角点の山としては知名度が低く、明治44年の測図（大日本帝国陸地測量部　大正2年発行　5万分の1「龍神」）中の、果無山脈のうち、山名の記されているのは和田峰、安堵山の二峰だけで、冷水山の地点には三角点の記号はあるものの山の名はない。「この山名が国土地理院の地形図に記載されたのは平成十年版から」と『紀州・熊野の峠道』（風媒社、２０１０年1月発行）の中で著者である小板橋淳さんは説明している。換言すれば、冷水山という名が地図上に明記されるようになったのは10年ほど前のことである。

実は、この日の山行で縦走しているのは私たちのグループだけだったが、登山口に車を置いて一人で、「公門谷の頭」まで来ていた人がいた。それが小板橋さんだった。間違った看板を訂正していた彼に私は「いい本を出されましたね」と声をかけると、「読んでくれましたか」と応え、私たちはしばらく挨拶と情報交換をした。１９３８年生まれの彼は、落ち着いた感じで、冷水の方へと帰っていった。電話で話したことはあったが、面と向かい合うのは始めてだった。風媒社の編集者に電話でその話をしたら、「面白い出会いですね」と感心していた。

十津川村や果無山脈や小辺路の果無越えなどについても、話したいことがいっぱいあって尽くせない。それほど、今回の山行は中身の濃いものであった。

果無山脈縦走　安堵山から冷水山

◉2015年9月13日　参加者38名

深田久弥（1903＝明治36—1971＝昭和46、68歳で没）が「日本百名山」の連載を始めたのは1959年（昭和34）のこと。第1回は鳥海山と男体山とある。その書き出し。「名山と呼ばれるにはいろいろの見地があるが、山容秀麗という資格では、鳥海山は他に落ちない。眼路（眼に見える限り）限りなく拡がった庄内平野の北の果てに、毅然とそびえ立ったこの山を眺めると、昔から東北第一とあがめられてきたことも納得できる。」雪渓を踏みしめてやっとたどりついた山頂からの眺めも見事だったが、庄内平野から遠望した鳥海山がよかった。日本海に落ち込んでいく秀麗な山容は、今でも眼に焼きついている。深田が百名山の冒頭に取り上げたのは当然と思う。彼は百名山の選定に当たって、三つの基準をおいた。

第一は山の品格である。人間にも人格の高下があるように、山にも山格というべきものがあるという。第二は、山の歴史を尊重するという。第三は個性のある山であること。「山の格」「山の歴史」「山の個性」、この三つの観点から百名山を選んだという。安堵山や冷水山、それらを含む果無山系は候補に上がらなかったのだろうか。ハテナシという神秘的で魅惑的な名を持ち、紀伊山地の奥深くに大塔の宮の伝承をいただく安堵山や地元の人が「イットウテン」と親しんで呼ぶ冷水山などを擁する果無の山々を、深田は百名山に考えなかったのだろうか、「関西で選んだ伊吹山、大台ケ原山、大峰山」三山。鈴鹿の山も考えたが御在所岳は遊園地化していたこと、藤原岳は高さが足りないことで三度も尋ねたが満足しなかった。大台山系については、スカイライン開通前の1960年（昭和35年）の二月に訪れていることについては、すでに「又剣」で触れた。百名山を単行本として出版したときの後記で「むしろ奥高野の山々からひとつ選ぶべきだったかもしれない」と記し「私はまだそこを知らない」と筆をおいている。深田が、奥高野に足を踏み入れ果無を含む多くの山々を歩いておれば、それらのうちのいくつかは、きっと百名山の中に記録されていたに違いない。かえすがえすも残念なことである。

ただ、百名山選定の三つの条件のほかに、付加的条件として標高大よそ1500m以上という線を引いている。筑波山（876m）と開聞岳（924m）を例外としているが、奥高野の山々が高さの点で彼を満足させなかったかもしれない。

ほとんど廃道になっていた果無山脈の縦走路が、京阪神の岳人や大学の山岳部の人たちに注目されるようになったのは、昭和32年に出された山のガイドブック「近畿の山」あたりがきっかけらしい。昭和30年代の山行は、田辺から入って大森山の麓で一泊、そこから大森山、安堵山、冷水山を経て、果無集落に下りるか、公文の谷の分岐から萩集落にくだって十津川周辺で一泊するかというコース。山中1泊2日、麓で2泊、都合4泊5日の日程だったようだ。したがって、あの深田さんをしても簡単に出かけることのできない遥かな奥高野の山々だったに違いない。

早朝午前6時に尾鷲を出て、午前9時には標高1100m近くの安堵山登り口に到着していた。安堵山まで20分ほどで登り、折り返し冷水山まで1時間余。山頂で昼食と記念撮影をして、午後2時には登り口まで帰っていた。龍神温泉にまで足を伸ばしても、午後6時過ぎには尾鷲に帰ることができた。当日は国道311号線の九重と玉置口の間が拡張開通の日だったので、帰りがさらに快適なドライブとなった。

「紀伊半島中部を東西に横切る果無山脈の主脈は、西側の和田の森から千m級の尾根が約20キロ程続き、熊野古道小辺路が越す果無峠の東、十津川渓谷で終わる。果無山脈の最高峰は、標高1262mの冷水山であるが、この名前が国土地理院の地形図に記載されたのは、平成十年版からで、一等三角点峰にしては知名度の低い山である。」

（『紀州・熊野の峠道』小板橋淳、風媒社）

一等三角点の記でも点名は「果無山」となっていて、果無山なのか冷水山なのかという時代があったようだ。

安堵山については三等三角点の山頂で、少しおしゃべりをしたが、急なことで事前にしっかりと学習していなかったので、改めて報告します。

天保11年（1840）3月15日刊行の「紀伊続風土記」は江戸時代後期の紀州藩の浦村について知る貴重な文献だが、その巻の七十三、牟婁郡栗栖川荘兵生村の項に「安堵ガ峯」についての説明がある。きちんと引用した文献がないので、全文を口語に直して紹介する。

「村の東北にあたる山峰なり。麓より登り七十町、樹木欝茂して登るに道なし。樹間を攀じてわずかに登るを得るという。山の東北は和州十津川に接し、頂より十八町下りて西北は日高郡山地の庄につづく。元弘の乱に大塔宮、切目の五体王子の夢の告げを得たまい、熊野の方を避けて、大和十津川に赴きたまう時に、熊野の兇徒、道を遮らんことを恐れしに、この峯を越えて始めて十津川の地なれば、峠に登りて安堵せし山とのたまう。これより安堵ガ峯というなり。」（以下略）

この書によれば、150年前の紀州藩の人々は、栗栖川村の奥深く、十津川との境に「安堵ガ峯」という高い山があって、その山の由来は都から落ちてきた大塔宮が「十津川村を見て安堵した」という故事からきていると考えていたと知ることができる。

さて大塔宮護良親王（1308―1935）の熊野落ちのことは、「太平記」によれば、元弘2年、西暦でいえば1332年のこと、いわゆる南北朝の時代なので、北朝の元号では正慶元年ということになる。南都般若時から逃れた大塔宮は、紀伊路を藤代、和歌とたどり「切目の王子に着きたまふ」ということになる。「その道の程、三十余里が間には絶えて人里もな」いような山道を歩き、山伏姿の家来9人とともに「十津川に着せたまひける」となる。実は太平記では、安堵山と思われるような高所を越えたというような記述はない。1332年の十津川への都落ちと、切目からのコースをたどったという記述からの創作なのである。

十津川へ入った宮は、竹原八郎や戸野兵衛など土地のものの世話になるが、彼らの詮索もまた郷土史の課題となる。ただ十津川に入るに際して、安堵山から冷水のルートをたどったことについては、私も疑念を抱いてない。懐かしい歴史の道なのである。

あとがき

深くて豊かな紀伊山地の山々や、それをゆったりと貫く古道などを18年間にわたって歩きつづけてきた。

廃校へ廃村へとつづく渓の春

紀伊山地の中心を縦横に貫く鉄道は竣工することはなかったので、「廃線」という語とは縁がないが、地方の青少年を都市に集中させることで発展してきたこの国の近代は、高度経済成長政策の実施を極みに、中山間村を激しく衰退させ、山村を歩いていても人に会うことが少なくなってきた。

たとえば小辺路の旅宿跡である水ヶ峰集落跡や、那智烏帽子山に向かう山林の中の俵石集落跡、東の川沿いの廃村など、村人たちは山での生活を捨てて村を去っていった。

紀伊山地の山々や古き道を歩きつづけることは、これらの村々の歴史や文化を旅することでもあった。

20名前後のスタッフと数十名の山行参加者に支えられて、18年間歩きつづけてきた。なにもできない私は、山行終了後1週間以内に山行記を記し、参加者の皆さんに送り続けてきた。

18年の記録をまとめるのは容易ではなかった。乱暴に東紀州を北と南に分け、それ以外を以北と以南に分けた。異論の多いところだが、便宜上の分類なのでお許しいただきたい。

今回も編集の一切は風媒社の劉永昇さんにお願いした。全体の記録の整理・地図化等はスタッフの一人で畏友の内山勝稔さんに力を貸していただいた。記して感謝の意を表したい。

この18年間の私の最大の旅は、10年前の「サンチャゴへの巡礼道」を歩きつづけた40日の紀行であったし、身体的には一昨年の5月の心臓バイパス手術であっただろう。この二つの旅の経験が、私を心の底から支えた。

２０１８年3月の那智高原山行を最後に、私ども「東紀州10マウンテンの会」は会を閉じることにした。

寂しいことは寂しいが、始めがあれば終わりのあるのがこの世の習い。

全ての皆さんに感謝して、終わりにしたい。

時に共に歩きつづけたスタッフの皆さんには心から感謝したい。

思い出すこと重なり重なり去年今年

２０１８年3月

川端　守

スタッフで下見山行（2014年4月13日、龍仙山・馬山）

東紀州の山々

〈東紀州の10マウンテンの会〉18年の記録

二〇一八年四月一日　第一刷発行

（定価二〇〇〇円＋税）

著　者　川端　守・東紀州10マウンテンの会

発行者　山口　章

発行所　風媒社

名古屋市中区大須一－一六－二九

電話〇五二－二一八－七八〇八

http://www.fubaisha.com/　mail : info@fubaisha.com

印刷・製本／モリモト印刷

ISBN978-4-8331-5348-5